高等教育法学系列精编教材

新编国际经济法

主　编：赵哲伟

副主编：谢菁菁

撰稿人：（以撰写章节先后为序）

赵哲伟　吴　用　李　英　杨逢柱

张江涛　臧　立　谢菁菁

对外经济贸易大学出版社

中国·北京

图书在版编目（CIP）数据

新编国际经济法/赵哲伟主编．—北京：对外经济贸易大学出版社，2010

高等教育法学系列精编教材

ISBN 978-7-81134-783-8

Ⅰ.①新… Ⅱ.①赵… Ⅲ.①国际经济法-高等学校-教材 Ⅳ.①D996

中国版本图书馆 CIP 数据核字（2010）第 155328 号

新编国际经济法

赵哲伟 **主编**

责任编辑：汪友年

对外经济贸易大学出版社

北京市朝阳区惠新东街 10 号 邮政编码：100029

邮购电话：010-64492338 发行部电话：010-64492342

网址：http://www.uibep.com E-mail：uibep@126.com

北京市山华苑印刷有限责任公司印装 新华书店北京发行所发行

成品尺寸：185mm×230mm 22.25 印张 446 千字

2010 年 8 月北京第 1 版 2010 年 8 月第 1 次印刷

ISBN 978-7-81134-783-8

印数：0 001-3 000 册 定价：34.00 元

目　　录

第一章

国际经济法绪论

内容提要

国际经济法是20世纪50年代以后随着国际经济贸易交往的发展而逐渐形成的一门新兴的法律学科。在现代社会，国际交流日趋繁多，学习和研究国际经济法的现实意义不言而喻。理解和掌握国际经济法的概念与特征，了解国际经济法的发展历程，掌握国际经济法的法律渊源和基本原则以及国际经济法的主体，对于正确学习和研究国际经济法是十分重要的。

第一节 国际经济法的概念

一、国际经济法的概念与范围

国际经济法（International Economic Law）是20世纪第二次世界大战之后逐渐发展起来的一门新型的法律学科，它是调整自然人、法人、国际经济组织和国家等法律关系主体在跨国经济交往中所形成的法律关系的各种规范的总和。

当今世界是一个政治多极化、经济全球化的时代，知识经济和高新技术产业得到迅猛发展，国际交往日益频繁，其中跨国经济贸易活动尤其突出，因此形成的国际经济关系十分广泛，一般包括国际贸易关系、国际投资关系、国际金融货币关系、国际技术转让关系和国际税收关系等。由此可见，以国际经济关系作为调整对象的国际经济法的范围也相当广泛，大体上可分为国际贸易法、国际投资法、国际金融法、国际技术转让法和国际税法等。

在学术界，对于国际经济法的界定和调整范围，一直存有争议，分歧较大，其中主要有下列两种观点：

第一种观点认为，国际经济法是国际公法的一个新分支学科。这种观点认为，国际经济法仅是调整各国政府之间、国际组织之间以及政府与国际组织之间的经济关系的法律规范的总和。因此，它属于国际公法的范畴，是国际公法的一个分支，是“经济的国际法”。这种观点被称为国际经济法的“狭义论”。传统国际公法主要调整的是国家政府之间、国际组织之间以及国家与国际组织之间的政治关系，而忽视了它们之间的经济关系。随着国际经济关系的发展，传统国际公法已不能适应新的经济关系的需要，而产生了专门调整国际经济关系的新分支，即国际经济法。因此，国际经济法的内容仅限于调整国际经济关系的各种国际公约、条约和属于公法性质的各种惯例。这一观点的代表人物主要有：英国的施瓦曾伯格、詹姆斯，法国的卡罗、朱亚尔、弗洛里，德国的艾尔勒和日本的金泽良雄等。

第二种观点认为，国际经济法是调整超越一国国境的经济关系的法律规范，是一门新出现的独立的法律部门。这种观点认为，国际经济法并非国际公法的一个分支，而是与国际公法并列的独立的法律部门。这种观点被称为国际经济法的“广义论”，已被广为接受。① 国际经济法调整的范围，不仅包括政府间、政府与国际组织间以及国际组织间的相互的经济关系，而且包括不同国家的个人间、法人间、个人与法人间以及与他国政府和国际组织间的各种经济关系。因此，它不单纯是国际公法的分支，它的内涵和外延已突破了国际公法的限制，是一门新兴的、独立的边缘学科。这一观点的代表人物主要有：美国的杰塞普、斯太纳、杰克逊、弗里德曼，德国的哈姆斯和日本的樱井雅夫等。

国际经济法所调整的国际经济关系是十分复杂多变的，具有自身的显著特性，现已成为令人瞩目的法学研究的新领域。从国际社会发展的历程来看，各国社会发展具有趋同化的特点，特别是在现今经济全球化的背景下，更好地关注和研究国际经济关系具有不可忽略的现实意义。一般认为，法律学科分类是以调整对象来划分的，独立的法律部门具有独特明显的自成一体的调整对象。国际经济法能否成为一门独立的法律部门，取决于它所调整的对象是否具有这种独特性。对此的观点虽然不尽相同、莫衷一是，但将国际经济法作为一门独立的法律部门来研究，能够更好地适应国际经济贸易交往的现实和法律教育的需要。因此，本书的撰写采用上述第二种观点。

二、国际经济法的特征

一般认为，国际经济法具有以下特征：

---

① 郭寿康，赵秀文．国际经济法．北京：中国人民大学出版社，2009：29.

（一）国际经济法的主体具有广泛性

国际经济法的主体是指在跨国经济交往的法律关系中能够享受权利和承担义务的法律人格者，一般包括自然人、法人、国家和国际经济组织等。

（二）国际经济法的调整对象具有多样性

国际经济法的调整对象是指国际经济法所调整的特定的社会关系，即国际经济关系，它既包括国际法上的关系，也包括国内法上的关系，而且在一项具体的国际经济关系中，往往同时具有双重的经济关系。由此可见，国际经济法既调整国家间、国际经济组织间、国家与国际经济组织间所发生的经济关系；又调整自然人、法人同国家、国际经济组织间，一国自然人、法人同他国自然人、法人之间所发生的经济关系。同时，国际经济法既调整国际经济统制关系，即纵向关系；也调整国际经济流转关系，即横向关系。在这里，国际经济统制关系是指国家、国际经济组织根据国际条约或国内立法对国际经济活动进行管理和调节所形成的经济关系，这是一种纵向的行政管理关系，如外贸管制、外汇管理、投资保护等。国际经济流转关系是指自然人、法人、国家、国际经济组织相互之间发生的跨越一国国境的经济交往关系，这是一种双方当事人横向的、平等的经济交往关系。

（三）国际经济法的规范具有综合性

由于国际经济法的调整对象是复杂多样的，国际经济法并不局限于某一特定的法律规范，它不仅包括国际法规范，如国际条约、国际惯例等，也包括国内法规范，如各国公司法、税法、外资法等；不仅包括规范国际经济法主体在国际经济交往中的权利与义务的实体性规范，也包括解决国际经济贸易争议的程序性规范；不仅包括国家、国际经济组织对国际经济关系进行调整的强制性规范，也包括对国际经济关系进行调整的任意性规范。因此，国际经济法的规范具有综合性的特点，它是有关国际法规范、国内法规范、实体法规范、程序法规范、强制性规范和任意性规范的总和。

三、国际经济法与相邻部门法的关系

众所周知，事物具有普遍联系的特点，各法律部门之间也有一定的联系。

国际经济法与国际公法、国际私法、国内经济法有着密切的联系。它们在法律主体、调整对象、法律规范的表现形式或法律渊源等方面相互交叉、相互依存，但由于学科的特点，国际经济法与相邻的部门法又有显著的区别。

（一）国际经济法与国际公法的关系

国际公法与国际经济法既有密切联系，又有明显区别，它们的不同之处主要表现在：（1）主体不同：国际公法的主体限于国家和各类国际组织；国际经济法的主体则包括自然人、法人、国家和国际经济组织。（2）调整对象不同：国际公法主要调整国际公法主体之间的政治、外交、军事等非经济领域的关系；国际经济法则调整其主体在经济领域的各种关系。(3) 法律渊源不同：国际公法的渊源主要是国际公约和国际惯例；国际经济法的渊源则是经济领域的国际条约和国际惯例，以及有关国内立法。由此可见，国际公法中涉及经济方面的行为规范是国际经济法的重要渊源，而国际经济法的渊源并不局限于国际公法中涉及经济方面的行为规范。两者在部分内容上有一定的渗透和交叉，但从整体而言，两者有着本质的区别，是各自独立的法律部门。

(二) 国际经济法与国际私法的关系

在法学界，关于这两门学科之间的关系争议较大，众说纷纭，观点殊异。本书在这里所指称的国际私法，主要是指涉外民事法律适用法，即在各国民商法相互冲突的情况下，对于涉外民商事关系，指出应当适用哪国法律来解决的法律。在此前提下，国际私法与国际经济法的区别主要有：(1) 主体不同：国际私法的主体，通常为不同国籍的自然人、法人以及各种民间性国际组织，国家和各国政府间国际组织一般不是国际私法的主体；国际经济法的主体则包括超越一国国界的自然人、法人，以及国家和各种国际经济组织。(2) 调整对象不同：国际私法调整跨越一国国界的私人经济关系和人身关系；国际经济法则主要调整其主体之间的经济关系。(3) 调整方式不同：国际私法是关于民商事的法律适用法，亦即冲突法，起间接调整作用；国际经济法则主要是实体法，起直接调整作用。由此可见，从整体而言，两者具有明显的不同特征，它们所发挥的作用不可相互替代。

(三) 国际经济法与国内经济法的关系

在这里，国内经济法是指各国分别制定的有关经济方面的各种国内立法。国内经济法调整的对象是国家需要干预的社会经济关系，一般包括市场主体调控关系、宏观经济调控关系、社会分配调控关系。经济法调整对象是通常所说的纵向经济关系，与民法所调整的横向经济关系有区别。因此，国内经济法主要调整国内主体之间的经济关系，若具有涉外因素，则属于国际经济法的调整范围。各国国内的涉外经济立法是国际经济法整体中的重要组成部分。

第二节 国际经济法的产生与发展

一、国际经济法的萌芽阶段

从世界法律史可知，国际经济法的萌芽、产生和发展，是国际经济交流、合作与国际经济秩序发展的必然要求。

国际经济法的萌芽，可以追溯到公元前地中海沿岸亚、欧、非各国之间出现的对外贸易规则和商事习惯法。当时，随着古希腊城邦的兴起，地中海沿岸的国际贸易活动日趋频繁。在长期实践的基础上，各国商人之间约定俗成，逐渐形成了一些处理国际商业交易的各种习惯和制度。这些习惯和制度经常被援引作为处理国际商事纠纷的依据，日积月累，逐步发展成为有拘束力的判例法和习惯法，它们实质上就是国际经济法的最初萌芽。

这些商事惯例最早出现于地中海东部的罗得岛，被称为罗得法。它主要是海上运输中关于海难救助、共同海损的规定。后来，罗马法中的万民法也对国际商务往来规则作了规定，在古代就已经逐步推行于西欧大陆。到了中世纪，欧洲逐渐形成了国际性商事习惯法，师承了罗马法中的国际商事原则。其中 13 世纪编纂的《康索拉多海商法典》是颇负盛名、影响最大的法典。

随着时间的推移，在 17 世纪前后，欧洲各国的国内立法中普遍吸收了这些商事习惯法所蕴含的法理原则和规章制度，内容涉及货物买卖合同、海上运输与保险、汇票以及破产程序等。但是，当时的这些国际性商事习惯法主要调整的是私人之间的跨国经贸关系，它所涉及的法律关系主体主要是私人而不是国家。

二. 国际经济法的产生阶段

一般认为，现代意义上的国际经济法产生于西方资本主义时期，是资本主义发展到垄断阶段的产物。随着资本主义生产方式的产生和发展，商品和资本跨越国界而大量流动，使得许多国家的生产、流通和消费具有了世界性；另一方面，一些国家为了保护本国工商业，严格采取关税壁垒和非关税壁垒的措施，实行贸易保护主义。为了适应这种形势，许多国家和国际组织积极谋求新的法律措施，对这种新产生的国际经济关系加以调整和保护。19 世纪以来，国际社会出现了一些与此有关的国际公约和国际惯例，其中影响较大的有：1883 年《保护工业产权巴黎公约》，1886 年《保护文学艺术作品伯尔尼公约》，1891 年《商标注册马德里协定》，1910 年《关于统一船舶碰撞若干法律规定的国际公约》，1924 年《关于统一提单若干法律规定的海牙公约》，1930 年《统一汇票法公约》和 1931 年《统一支票法公约》等。其中具有代表性并标志着国际经济法正式产生的是 1944 年在美国布雷顿森林会议上签订的《国际货币基金协定》、《国际复兴开发银行协定》和 1947 年在日内瓦签订的《关税及贸易总协定》。在此期间，许多国家还制定了调整国家间贸易和商业关系的双边或多边条约或国内法，从而极大地丰富了国际经济法的内容。

三、国际经济法的发展阶段

20 世纪第二次世界大战结束之后，许多殖民地、半殖民地国家相继独立，国际社会发生了重大变化，国际经济关系也相应地产生转折，因此国际经济法的发展进入了一个崭新的阶段。在这一阶段，追求利润全球化的跨国公司发展迅速，国际社会也建立了联合国以及其他国际组织如世界银行、国际货币基金组织、世界贸易组织、世界知识产权组织等，这些新形势都对国际经济法的发展提供了新的机遇和挑战。①

时至今日，作为最大的全球性国际组织的联合国在制定国际经济法律方面的重要作用是不容忽视的。特别值得一提的是联合国大会 1962 年通过的《关于自然资源永久主权的决议》、1974 年通过的《建立国际经济新秩序宣言》、《行动纲领》和《各国经济权利与义务宪章》，它们为新的国际经济秩序的建立奠定了基础，起着纲领性和指导性的作用。此外，联合国和其他国际组织以及各国之间通过的调整国际经济关系的国际公约或国际惯例，如《关于解决国家与他国国民之间投资争议公约》、《联合国国际货物销售合同公约》、《联合国国际货物多式联运公约》、《多边投资担保机构公约》、《国际贸易术语解释通则》（2000 年文本）、《联合国国际海上货物运输公约》、《国际商事合同通则》、《跟单信用证统一惯例》、《托收统一规则》、《联合国全程或部分海上国际货物运输合同公约》等，在世界范围内已经形成了一系列国际经济交往的原则、规则和制度，构成了国际经济法的重要内容。

由此可见，国际经济法是国际经济关系发展到一定阶段的必然产物，它正在为促进新的国际经济秩序和法律秩序形成的过程中不断得到发展和完善。

第三节　国际经济法的渊源

一般认为，国际经济法的渊源是指国际经济法的主要表现形式，包括国内渊源和国际渊源。② 国内渊源主要指各国的国内立法；国际渊源包括国际条约、国际惯例以及重要的国际组织的决议。

一、国际条约

国际条约是指国际法主体之间为了确定相互之间权利义务关系而达成的协议。有关

① 贺小勇. 国际经济法学. 北京：中国政法大学出版社，2008：3.

② 赵云. 国际经济法学. 北京：科学出版社，2008：6.

国际经济关系的国际条约，是国际经济法最重要的渊源，而其中调整国际经济关系的带有普遍性的国际公约和多边条约更是国际经济法的直接渊源。

按照缔结条约主体的多少，国际条约可以分为多边条约和双边条约。双边条约是由两个国际法主体之间缔结的调整双边经济权利义务关系的条约，一般包括商务条约、通商航海条约、贸易协定、支付协定、贷款协定、经济援助协定、投资保护协定、避免双重征税协定和技术转让协定等。双边条约原则上只对缔约国有约束力，因而并不直接构成国际经济法的渊源。但如果许多双边条约有类似或相同的规定，它们就可以成为国际经济法的规则和制度，从这个意义而言，双边条约是国际经济法的渊源。

多边条约是指由多个国家通过国际组织或国际会议共同制定的有关经济权利义务的行为规范。多边条约大都属于国际公约的性质。其中主要有：《联合国国际货物销售合同公约》、《关税及贸易总协定》、《多边投资担保机构公约》、《关于解决国家与他国国民之间投资争议公约》、《保护工业产权巴黎公约》、《国际货币基金协定》等。这些多边条约或国际公约带有普遍性，表达了世界上绝大多数国家对所调整的国际经济关系的意愿，因而直接构成了国际经济法的渊源。

二、国际惯例

国际惯例是指在国际交往中，经过长期反复实践、逐步形成、具有确定内容、为世人所知晓的行为规范。国际惯例的适用必须得到国家的承认和允许，经过当事人的选用。这一点与国际条约不同。

国际惯例可以区分为国际私人商务惯例和国际公法意义上的国际惯例。前者调整不同国籍的私人之间、国家与他国私人之间或国际经济组织与私人之间的经济关系，后者调整国际法主体主要是国家之间的经济关系。从国际商贸实践可以看出，前者被大量采用，因此，我们说构成国际经济法渊源的国际惯例是指国际私人商务惯例。

随着国际经贸的发展，国际惯例适用的场合逐渐增多，目前大都已形成成文的规定，不少成文的国际经济贸易惯例是由某些国际组织或商业团体制订的。其中重要的有：国际法协会制定的《华沙—牛津规则》，国际商会制定的《国际贸易术语解释通则》、《跟单信用证统一惯例》、《托收统一规则》等。成文的国际惯例虽然形式上与成文法相同，但它毕竟不是主权国家通过立法程序制定的，更不是国家之间缔结的条约。在国际商务实践中，由于国际惯例一般具有任意性，只有在当事人双方明确表示援引某项惯例时，该惯例才对双方当事人产生效力。而且对于这类国际惯例，一般允许当事人作出修改或补充。

三、重要的国际组织的决议

重要的国际组织的决议是指普遍性的国际组织所作出的有关国际经济关系的规范性决议。根据国际法原则，国际组织并无立法权，国际组织通过的决议一般不具有法律强制力。但是，符合国际法公认原则而具有普遍意义的国际组织的决议，具有法律效力，应当看做是国际法的渊源。重要国际组织所作出的规范性决议，在很大程度上具有国际法的性质，体现了国际社会的共同意志，因而具有法律约束力。如 1974 年 5 月第 6 届特别联大全体会议通过的《建立国际经济新秩序宣言》和《行动纲领》，1974 年 12 月联大全体会议通过的《各国经济权利与义务宪章》，其中所确立的国家对自然资源永久主权原则，建立新的国际经济秩序原则等，都已得到了国际社会公认，因此具有国际法效力，它们是国际经济法渊源的重要组成部分。

四、国内立法

国内立法作为国际经济法的渊源，是指各国制定的关于调整涉外经济关系的法律、法令、条例和规定等规范性文件，亦即一国的涉外经济法。在国际经贸发展迅速的现今社会，一国为了便于开展对外经济贸易活动，往往参照国际上通行的实践，结合本国国情，制定本国专门适用于对外经济关系的法律，如涉外投资法、对外贸易法、外汇管理法、涉外合同法、海关法、税法、专利法、商标法等，这些国内的涉外经济法可以成为国际经济法的渊源。

值得一提的是，有些国家如欧美发达国家的立法，除极少数专门适用于涉外经济活动者外，绝大多数法律既适用于国内经济活动，又适用于涉外经济活动。而大多数发展中国家与此不同，它们的涉外经济立法是单独适用的，与其他国内立法是有区别的。我国亦如此。

除了国内立法外，在英美法系国家，法院判例常常可以成为国际经济法的渊源，但在我国，判例则不能成为国际经济法的渊源。

第四节　国际经济法的基本原则

国际经济法的基本原则是指被各国公认的、具有普遍约束力的、适用于国际经济法各个领域的并构成国际经济法基础的法律原则。国际经济法基本原则是指导国际经济活动的基本原则，国际经济法中各项具体法律制度的建立和运用都必须受国际经济法基本原则的指导和制约。① 1974 年 12 月联合国大会通过了《各国经济权利与义务宪章》，其中第一章确立了国际经济关系的 15 项基本原则：（1）各国主权、领土完整和政治独立；（2）一切国家主权平等；（3）互不侵犯；（4）互不干涉内政；（5）公平互利；（6）和平共处；（7）各民族权利平等以及实行民族自决；（8）和平解决国际争端；（9）对于以武力造成的、使得一个国家失去其正常发展必需的自然资源的不正义情况，应予补救；（10）真诚履行各种国际义务；（11）尊重人权以及各种基本自由；（12）不谋求霸权和势力范围；（13）促进国际社会正义；（14）开展国际合作以谋发展；（15）内陆国家在上述原则范围内享有进出海洋的自由。上述原则对于建立和完善国际经济法基本原则具有重要的现实意义和参考作用，在国际经济实践中，目前已确立的国际经济法基本原则主要有：

一、经济主权原则

主权原则是国际法最基本的原则，国家主权一般包括政治主权、经济主权、社会主权和文化主权等。经济主权是国家主权不可分割的组成部分，是国家主权在经济权利上的具体体现。

经济主权原则表现为国家对其全部财富、自然资源和经济活动享有永久主权，包括占有权、使用权、收益权和处置权，并可以自由行使此项权利。经济主权原则大体上包括以下几个问题：

（一）各国对境内一切自然资源享有永久主权

各国境内的自然资源是该国民族生存和发展的物质基础，它包括陆地资源和海洋资源。1962 年 12 月联大通过的《关于自然资源永久主权的宣言》规定，为了勘探、开发和处置自然资源而输入外国资本时，应当切实遵守各有关东道国针对上述投资活动制定的各种规章准则，并且应当认真注意确保东道国对本国自然财富和自然资源的主权绝对不受损害。

此外，1974 年 5 月联大通过的《建立国际经济新秩序宣言》规定：每一个国家对本国的自然资源以及一切经济活动拥有完整的、永久的主权。为了保护这些资源，各国有权采取适合本国情况的各种措施，对本国的资源及其开发事宜加以有效的控制管理，包括有权实行国有化或把所有权转移给本国国民。这种权利是国家享有完整的永久主权的一种体现。任何国家都不应遭受经济、政治或其他任何形式的胁迫，阻挠它自由地、充分地行使这一不容剥夺的权利。

---

① 田晓云．国际经济法．北京：人民法院出版社，2004：27.

（二）管理和监督外国投资及跨国公司的权利

联合国《建立国际经济新秩序宣言》和《各国经济权利与义务宪章》都规定，东道国对于本国境内的一切经济活动享有完整的、永久的主权，对境内的外国资本和跨国公司享有管理监督权。各国有权根据本国的法律和条例，对境内的外国资本实行管辖和管理，有权对境内跨国公司的经营活动加以管理监督，有权采取各种措施，以确保跨国公司的经营活动切实遵守本国的法律、条例和规章制度，符合本国的经济政策和社会政策。

东道国对境内外国资本和跨国公司活动的管辖权，实质上是从东道国对境内自然资源享有永久主权所派生出来的另一种权利，并且成为东道国经济主权的一个有机组成部分。

在东道国从事经营活动的跨国公司必须严格遵守东道国的政策、法律，服从东道国的管理监督，不得干涉东道国的内政，损害东道国的合法利益。

（三）对外国资产拥有实行国有化或征用的权利

国家是否有权对外国资产实行国有化或征用，是长期以来颇有争议的问题。

发达国家和发展中国家对此观点殊异。经过长期激烈论战，1962 年联大通过了《关于自然资源永久主权的宣言》，它意味着在国际社会上开始普遍承认各国有权把外国控制的自然资源及其有关企业收归国有或加以征用，同时规定，国家实行国有化或征用时，应给予原业主适当的赔偿。1973 年联大第 28 届会议通过决议，规定国有化的赔偿问题以及因赔偿引起的争端，均应按照实行国有化的国家的国内法加以解决。1974 年联大通过的《各国经济权利与义务宪章》明文规定："每个国家都有权把外国资产收归国有、征用或转移其所有权。在这种场合，采取上述措施的国家应当考虑本国有关的法律、条例以及本国认为有关的一切情况，给予适当的补偿。"由此可见，国际法基本文件也已肯定了国家有权实行国有化或征用，但国家需承担给予适当赔偿的义务。

二、公平互利原则

公平互利原则是指所有国家在法律上一律平等，有权充分切实地参与决策过程，特别是有权通过相应的国际组织公平分享由此而得的成果。《建立国际经济新秩序宣言》强调，国际经济新秩序应当建立在彼此公平相待的基础上，国际社会一切成员国应当根据公平原则，开展最广泛的合作，借以消除经济差距，达到共同繁荣。国际经济法强调公平互利原则，主要有以下两点内容：

第一，在各国经济交往中，国家不论大小强弱，它们的法律地位是完全平等的，彼此之间都应尊重对方国家的主权，遵守东道国的法律。每一国家在参与解决国际经济问题的过程中拥有同等的表决权。在开展国际经济事务中，不得以强凌弱，以大欺小，蛮横地剥夺弱小国家参与解决国际经济问题的权利。

第二，在国际经济关系上，应当做到互利。互利是指各国在相互关系中，应当做到对有关各方都有利。国际交往不仅是政治上的需要，更重要的是为了经济上的利益。各国当事人在签订协议时，应平等互利，权利义务对等，保证各方当事人公平合理地分享经济利益。任何一方不得利用经济或技术上的优势胁迫对方签订不平等协议。

此外，在国际经济交往中，这一原则还要求任何国家对于本国境内的外国投资者或经营者，都应给予国民待遇。不能借口保护或发展民族经济，而对它们采取歧视待遇或变相的限制，以致使它们得不到公平合理的收益。

发达国家在与发展中国家进行经济交往中，除了遵守公平互利原则外，还应给予发展中国家某种优惠的条件即普惠待遇，而不应强求互利，这已为现代国际关系所确立。

三、国际合作以谋发展原则

国际合作以谋发展原则要求发达国家与发展中国家相互在经济、社会、文化、科学和技术等领域中进行合作，以促进整个世界特别是促进发展中国家的经济进步和社会进步。

1974 年 5 月联大通过的《建立国际经济新秩序宣言》规定，发达国家的利益同发展中国家的利益不能再相互分隔开，发达国家的繁荣和发展中国家的增长和发展是紧密相连的。整个国际大家庭的繁荣取决于它的组成部分的繁荣。在发展方面的国际合作，是所有国家都应具有的目标和共同责任。

这项原则的基本目标就是实行世界经济结构改革，建立公平合理的国际经济新关系和新秩序，使全球所有国家都实现普遍繁荣，所有民族都达到更高的生活水平。为此，所有国家都有责任在经济、文化、科技方面进行合作与交流，以谋求共同发展，这已属于各国应尽的国际义务。

因此，一切国家都应在国际经济交往中，严格尊重他国主权平等，不附加任何有损于他国主权的条件，而对发展中国家加速本国经济发展和社会进步的各种努力，给予合作；按照这些国家的发展需要和发展目标，提供有利的外部条件，扩大对它们的积极支持，使全球所有国家实现更普遍的繁荣。

四、约定必须遵守原则

约定必须遵守原则或称有约必守原则，是一条古老的民商法原则，它是指民商事关系的当事人之间一旦依法订立了合同，对于约定条款的内容必须认真遵守和履行。现在，这一原则被援引运用于国家与国家之间的政治、经济等方面的外交关系，成为国际经济法的主要原则之一。

约定必须遵守原则成为国际经济法的基本原则之一，是由国际经济关系本身的基本要求所决定的。国家之间、不同国籍的当事人之间签订的各种经济条约、经济合同，只有在缔约各方或立约各方都诚信遵守和切实履行的条件下，才能产生预期的经济效果，才能维持和发展正常的国际经济交往和国际经济关系。

就国家间条约而言，约定必须遵守原则指的是当事国一旦参加签订双边经济条约或多边经济条约，就在享受该项条约赋予的国际经济权利的同时，也受到该条约和国际法的约束，必须信守条约的规定，实践自己作为缔约国的诺言，履行自己的国际经济义务。反之，缔约国不履行自己应负的国际义务，就意味着侵害了他方缔约国的国际权利，构成了国际侵权行为或国际不法行为，就要承担由此引起的国家责任。1969 年通过的《维也纳条约法公约》对此作了规定。1974 年联大通过的《各国经济权利与义务宪章》确立的15 项国际经济关系基本原则中，也要求各国真诚地履行各种国际义务。

就自然人、法人之间或他们与国家之间订立的合同而言，约定必须遵守原则指的是有关各方当事人一旦达成协议，依法订立合同，就必须履行或解除合同，不得单方擅自改变合同。任何一方没有合法原因不履行或不完全履行合同义务时，对方均有权请求履行或解除合同，并就不履行或迟延履行合同所造成的损失要求赔偿。

在我国，根据《民法通则》、《民事诉讼法》的有关规定，我国缔结或参加的国际条约同我国法律有不同规定的，适用该国际条约；但是，我国声明保留的条款除外。这说明，我国十分重视约定必须遵守原则，对于我国参与缔结的国际条约，予以优先适用。

当然，对于约定必须遵守原则的适用也不是没有限制的，对其的限制主要有：

（一）合同或条约必须是合法、有效的

就合同而言，无论是合同的形式还是合同的内容都必须合法，方能有效。由于各国政治、经济、文化、社会等差异，对于什么是违法合同，什么是合法合同，判断的标准不一，一般通过国际私法规范来确认准据法。在通常情况下，除当事人依法自选准据法外，判断合同合法与否，一般应以东道国法律作为标准。这是因为东道国的法律往往与国际经济合同具有最密切的联系。

就条约而言，贯彻约定必须遵守原则，前提条件也应是条约必须合法、有效。凡是以欺诈、强迫手段签订的不平等条约，凡是违背主权平等原则和侵害他国经济主权的国际经贸条约，都自始无效，应当将它们绝对排除在约定必须遵守原则的范围之外。

（二）合同或条约受“情势变迁”的制约

“情势变迁”是民商法上的一个概念，指的是在合同依法订立并且发生法律效力以后，在履行完毕以前，当初作为合同订立的有关事实和情势，由于发生了当事人无法预见的客观情况而发生根本变化。在这种情况下，允许当事人对合同中原有约定内容加以

变更，而不必承担相应的违约责任。

在国际法领域，一般也可适用这一原则，即如果由于不可预见的情势变迁或事态变化而使国际条约中所规定的某项义务，危及缔约国一方的生存或重大发展，该缔约国一方应当有权要求解除这项义务。

对于国际条约而言，某一缔约国与另一缔约国签订条约之后，由于发生了缔约当时完全不能预料到的根本性情势变化，使前者在条约原有规定的事项上已蒙受或将蒙受严重损害，以致与后者在权利义务的利害关系上出现严重的不对等、不平衡、不公正，则前者可以援引“情势变迁”原则，以保护本国的正当权益。

1969 年通过的《维也纳条约法公约》和 1983 年《关于国家和国际组织相互间条约的维也纳条约法公约》都对情势变迁原则及其适用作了详细规定。

第五节 国际经济法的主体

一般认为，国际经济法的主体是指在国际经济法律关系中享有权利和承担义务的法律人格者。目前，国际经济法的主体主要有自然人、法人、国家和国际经济组织。①

一、自然人

自然人是国际经济法律关系最早的当事人。当前，自然人仍然是国际经济法律关系的积极参与者。自然人能否成为国际经济法主体，首先取决于其是否具有权利能力和行为能力。

自然人的权利能力，是指自然人享有权利和承担义务的资格，是其作为权利主体的前提。自然人的权利能力具有同其自身不可分离的属性，是法律赋予自然人终生享有的。各国法律一般规定，自然人的权利能力始于出生，终于死亡。应当指出，法律上所称的死亡，不仅指生理上的死亡，也指依法宣告的死亡。

自然人的行为能力，是指自然人通过自己的行为实际取得权利和承担义务的资格。它是以自然人的意识能力为基础的，只有达到一定年龄并且理智正常者，才能正确认识其所从事活动的意义，也才能行使和履行有关的权利和义务。各国法律一般规定，自然人的行为能力始于达到一定年龄并且具有或恢复正常理智，终于死亡或丧失正常理智。各国法律主要根据年龄和身体状况，将自然人分为完全行为能力人、限制行为能力人和无行为能力人。能够成为国际经济法主体的自然人，首先必须是完全行为能力人。

---

① ［日］中川淳司，等．国际经济法．白巴根，译．北京：北京大学出版社，2007：2.

自然人主体资格主要是由其本国法律规定的，这样就可能出现以下情形：一自然人根据一国法律具有主体资格，而根据另一国法律则不具有这种主体资格。因此，确定自然人的国籍在国际经济法中就显得特别重要。根据各国普遍的立法和实践，自然人的权利能力和行为能力依其属人法确定，而属人法就是特定自然人的本国法或住所地法。

国际条约和各国法律一般都承认，具有权利能力和行为能力的自然人是国际经济法律关系的合格当事人。

二、法人

一般而言，法人是依法定程序成立，拥有独立的财产，具有已的组织机构，能以自己的名义享有权利和承担义务并能独立参与诉讼活动的社会组织。随着国际经济交往活动的发展，法人由于其资金筹集、组织管理和运作以及承担责任方式等多方面的优势，已成为国际经济法律关系中无可争辩的最积极、最有活力和数量最多的当事人。

法人要成为国际经济法的主体，首先必须具有权利能力和行为能力。

法人的权利能力，是指法人依法享有权利和承担义务的资格。法人的权利能力从法人依法成立时产生，在法人依法被撤销、解散、被宣告破产或其他原因而终止时消灭。法人依法被宣告破产时，应进行清算，在清算期间，法人仍被视为继续存在，直到清算完毕才终止其权利能力。

法人的行为能力，是指法人以自己的行为取得权利和承担义务的资格，与其权利能力的范围一致，并且同时发生，同时消灭。法人的行为能力主要通过法人的法定代表人来实现。法定代表人以法人的名义参与经济活动。其行为产生的法律后果由法人承担。

法人国籍的确定在国际经济法中也非常重要。按照多数国家的实践或冲突法规定，法人的权利能力适用法人的属人法。法人的属人法不仅决定法人是否存在、是否具有一般权利能力而且还决定法人的内部关系、特殊的权利能力以及行为能力等问题；法人国籍是法人属人法的依据。因此，法人国籍的确定，与其权利能力和法律适用问题密切相关。

关于法人国籍的确定，各国立法实践和有关理论包括设立地规则、住所地规则、准据法规则、资本控制规则和复合标准规则等，其中，设立地规则和住所地规则最具代表性，为绝大多数国家的立法实践所采用。

关于法人的住所，有两种不同的观点：一种认为，法人的住所是指其管理中心地，即法人的权力和管理机构作出决策和实行中心管理的地点；另一种观点则认为，法人的住所是指其营业中心地，因为法人的中心往往不在权力和管理机构所在地，而在它进行营业活动的地方，并在营业活动中心地实现其目的。

由于各国立法关于法人权利能力和行为能力的规定不同，在国际经济交往活动中，势必发生法人能力的确认问题。多数国家的法律规定，法人的能力依法人属人法。法人属人法指法人国籍所属国的法律。不过，由于各国关于确定法人国籍所适用的准据法不同，各国的法人属人法内容也不尽相同。①

任何法人都是根据某一国家（或地区）的法律设立的，严格地说，其法人资格只在该国（或地区）境内有效。外国法人要在内国以其独立的法律人格进行活动，必须由内国承认其法人资格，内国承认外国法人的法律意义，只是使外国法人原已具有的法人资格在内国得到确认，即内国承认属于外国法律制度的事实情况的法律效力，并非由此创设一个新法人或者使外国法人转变为内国法人。

外国法人在内国被承认为法人后，虽具有法人的一般权利能力，但外国法人在内国的权利能力和行为能力须受内国法调整。一般来说，外国法人在内国被承认后，可在其章程范围内享有与内国同类法人同等的权利。各国根据本国国情给予外国法人国民待遇、最惠国待遇或优惠待遇等。除国际条约另有规定外，各国有权自由规定外国法人在内国享有的权利和进行经济活动的范围。例如，各国有权禁止或限制外国法人在国防和关系国家经济要害部门投资。

国际条约和各国法律一般都承认法人的国际经济法主体资格，法人能否成为特定国际经济法律关系的主体，取决于其权利能力的范围。该范围由设立法人的宗旨决定，并且明确规定于其章程和有关法律中。

三、国家

目前，国家为了加强对本国经济活动的干预、管理和发展同其他国家的经济关系，也越来越多地介入传统上属于私人的经济交往领域，像自然人、法人一样，作为国际经济法主体直接参与国际经济活动。但是，由于国家本身身份的特殊性，国家在国际经济关系中享有特殊的主体地位。

国家作为主权者，具有独立参加国际关系的能力和直接享有和承担国际法权利和义务的能力。国家的经济权利能力和行为能力，一般指国家在国际经济交往活动中享有权利和实现权利的法律能力。国家的经济权利能力和行为能力，首先表现在国家有权同其他国家或国际经济组织签订有关调整国际经济关系的条约或协定，如贸易协定、贷款协定、投资保护协定以及避免双重征税协定等。国家的缔约权与缔约能力是一致的，但由哪个机构代表国家行使缔约权，则由各国宪法具体规定。

国家的经济权利能力和行为能力，还表现在国家有权直接参与国际经济贸易活动，成为国际经济合同的当事人。参与这类活动表明，国家享有由主权派生出来的所有权

---

① 田晓云．国际私法．北京：北京大学出版社，2010：118.

利，具有完全的权利能力和行为能力。许多发展中国家的政府机构，如印度的农业部、阿根廷的全国谷物委员会等，都有权参加对外经济贸易活动，直接在国际市场上销售或采购商品。

在国际经济贸易活动中，特别需要严格区分以国家名义签订的国际经济合同和以独立法人资格的国有企业名义签订的国际经济合同。因为在前一种情况下，由国家作为法律主体，以国库财产为基础承担有关法律责任；而在后一种情况下，则由国有企业依法在其所支配的财产或资金范围内承担法律责任。

国家成为国际经济法的主体涉及“国家及其财产豁免”问题。国家及其财产豁免原则是国家主权原则派生出来的独立的国际法原则。国家作为一个主权者，在国际法上享有豁免权已是一项公认的国际法原则。国家财产豁免权，是在国际交往日益扩大，国家直接参与国际经济活动的情况下而产生的。国家及其财产豁免的主要内容是：一是司法管辖豁免，是指未经一国同意，他国不得在他国法院对其起诉或以其财产作为诉讼标的。二是诉讼程序豁免，是指一国法院在外国国家明确表示放弃司法管辖豁免，接受诉讼时，也不能认为所在国家的全部诉讼法规对它都适用，特别是不得要求外国提供诉讼保全，不得以外国在其境内的财产作为诉讼担保加以查封或扣押。三是强制执行豁免，是指即使一国同意在他国作为被告或主动作为原告参加民事诉讼，未经该国同意，不得根据法院判决对其实行强制执行。

在19世纪中期至末期，由于国家参与国际经济贸易活动日益增多，欧洲少数国家在司法实践中，相继采取了对国家及其财产豁免原则的适用范围予以限制的立场。学说上相应出现了“限制豁免论”或“职能豁免说”，主张把国家行为区分为主权行为（或称公法行为、统治权行为）和非主权行为（或称私法行为、事务权行为），对前者仍适用国家及其财产豁免原则，对后者则不予适用。其主要理由是：（1）国家参与国际经济合同行为是属于私法性质的非主权行为，应同主权行为区别对待。（2）在国际经济合同行为中，合同双方当事人的法律地位理应平等，作为合同当事人一方的国家不应在处理合同争端时因主张豁免而使另一方当事人居于不平等的地位。

目前，在实践中，越来越多的国家倾向于限制豁免论。①

四、国际经济组织

与国家一样，国际经济组织也是国际经济关系的当事人。国际经济组织一般是指为了共同的经济目标，通过国际条约建立的常设组织机构和经济职能的国家联合。国际经济组织有广义和狭义之分。广义的国际经济组织是指两个或以上国家政府或民间团体为

① 赵云．国际经济法学．北京：科学出版社，2008：10.

了实现共同的经济目标，通过一定的协议形式建立的具有常设组织机构和经济职能的组织。狭义的国际经济组织限于国家政府和组织，不包括非政府间组织。这里所述“国际经济组织”是指狭义的。

国际经济组织具有以下的基本特征：(1) 它是国家之间的组织，不是凌驾于国家之上的组织。由于国际经济组织的所有权力都是由其成员国通过缔结条约授予的，它不具有凌驾于其成员国之上的权力；(2) 国际经济组织的成员一般是国家，但在某些特殊情况下，非主权实体也取得了一些国际经济组织的正式成员或准成员资格；(3) 调整国际经济组织成员间关系的基本原则是国家主权平等原则，各成员国无论大小、强弱、富贫，根据国家主权平等原则，法律地位是平等的；(4) 调整国际经济组织成员间的法律规范是国际经济组织法；(5) 各经济组织有明确的宗旨、原则、方针、政策和措施。它们在相当程度上指导着各自的国际经济活动；(6) 各经济组织各自制定规范性文件，如公约、条约、协议、宪章、协定、宣言、决议等。

国际经济组织可分为以下几种主要类型：(1) 全球性国际经济组织。全球性国际经济组织主要指对全球的经济发展进行调节并产生影响的国际经济组织。这种组织一般属于联合国系统，是联合国的机构或专门机构，成员资格向世界各国开放的、调整国际经济重要事务的国际组织。如作为联合国主要机构之一的经济及社会理事会，作为联合国专门机构的国际货币基金组织、世界银行集团。当然，也有少数不属于联合国系统的，如世界贸易组织。此类国际经济组织由于宗旨涉及国际货币、金融、贸易等重要领域，且成员众多，具有普遍性，在调整国际经济关系方面发挥了重要作用。(2) 区域性国际经济组织。区域性的国际经济组织是在一定地域范围内对经济发展进行调节并产生影响的国际经济组织。这种组织由经济发展水平相近、政治制度相似的同一区域的若干国家组成，其目的主要是依靠集体力量实现各国单独难以实现的经济和政治目标，这是战后国际经济组织的一种新形式。区域性经济组织可进一步分为两类：一类是以促进本地区的全面经济合作为目标，这种组织被称作区域经济一体化组织；另一类则关注经济活动的特定方面，如阿拉伯货币基金组织只关注区域内成员的货币合作，这种组织被称为一般区域性经济组织。(3) 专业性国际经济组织。专业性国际经济组织主要是指在某一具体经济领域活动的组织，它主要包括初级产品出口国组织和国际商品组织。初级产品出口国组织又可称为原料生产国和输出国组织。它是发展中国家为反对国际垄断资本的掠夺和剥削，维护本国民族经济利益而设立的国际经济组织。此类组织主要有石油输出国组织、阿拉伯石油输出国组织、铜矿出口国政府联合委员会、天然橡胶生产国联盟、国际铝矾土协会、香蕉输出国联盟、非洲国家咖啡组织、可可生产者联盟、水银生产国集团和东南亚木材生产者联盟等。国际商品组织是根据国际商品协定建立的国际经济组织。国际商品协定是某种国际商品的出口国与消费国就该商品购销与稳定价格等问题缔结的政府间多边贸易协定。战前这类协定只有小麦和糖两种。战后，各有关国家先后签订了小麦、糖、锡、咖啡、橄榄油、纺织品、可可和天然胶等协定。专门性国际经济组织的特点是根据某些协定的经济目标的内容开展工作，具有较强的专业性和业务性。

国际经济组织是世界经济秩序的重要组成部分，它在世界经济中的作用主要有：首先，国际经济组织是国际经济活动的主体就经济问题进行协商和合作的场所。国际经济组织是国际经济交往中建立的一种纽带，是现代国家以及其他经济活动主体进行经济交流与合作的一种经常形式。国际经济组织对经济领域国际合作的促进主要是收集和传播信息，提供一个合作决策得以作出的场所，同时为执行这种决策，将决策化为行动提供行政机制。其次，国际经济组织是制定调整国际经济活动法律规范并对经济活动进行管理和监督的机构。经济管理和监督可能是多边的、区域的、双边的和国家的，其中多边的和区域的经济管理往往求助于国际经济组织。从各成员的共同利益出发对经济活动进行监督和管理是国际经济组织的重要职能之一，它往往通过制订各成员统一执行的法律规范来执行这种职能。很多国际经济组织制定的原则、规则、规章、制度成为它所调整的领域普遍遵守的基本准则。再次，国际经济组织提供了解决国际经济争端的途径。为了使国际经济交往顺利进行，国际经济组织常为争端当事方提供一个交流的渠道，使争端尽可能通过友好方式解决。它还往往提供一个专门的争端解决机构和设计一套争端解决程序，以便为争端解决提供一个权威方案，甚至规定惩罚措施，保证争端解决方案得到执行。最后，国际经济组织还对建立国际经济新秩序，推动世界经济一体化起着重要的作用。

根据国际法，国际组织一般具有在国际层面上的权利能力，如提起国际权利请求或国际诉讼的能力、缔结条约的能力、建立外交关系的权利和承认其他国际法主体的权利。作为国际人格或国际法的主体，国际组织具有国际法上的一定的权利能力，相应地，在无相反约定的情况下，也具有国内法上的权利能力。换言之，除非明示规定了限制条件，国际组织具有在国际法和国内法上的符合其宗旨和职能的权利能力。

国际经济组织的权利能力，一般具体表现为具有缔约、取得和处置财产以及进行法律诉讼的能力，并享有特权和豁免权。在国内立法中明示承认国际组织权利能力的是美国《国际组织豁免法》，在该法第一章第二节，美国明确承认国际组织在创立该组织的基本文件范围内，具有签约、取得和处置不动产和动产以及提起诉讼的权利能力。

思考题

1. 简述国际经济法的概念和特征。
2. 国际经济法的渊源有哪些？

3. 简述国际经济法的基本原则。
4. 试述国际经济法的主体。

课外阅读书目

余劲松，吴志攀．国际经济法．北京：北京大学出版社，2009.
郭寿康，赵秀文．国际经济法．北京：中国人民大学出版社，2009.
王传丽．国际经济法．北京：法律出版社，2009.
贺小勇．国际经济法学．北京：中国政法大学出版社，2008.
田晓云．国际经济法．北京：人民法院出版社，2004.

第二章

国际货物买卖法

内容提要

国际贸易法长期以来一直以有形货物买卖为交易的内容，国际货物买卖是国际贸易传统中的主要部分。国际货物买卖法的渊源包括三部分：其一为各国的有关国际货物买卖的国内立法及其冲突规范；其二为国际货物买卖公约；其三为国际货物买卖惯例。国际货物买卖合同的法律制度始终是国际货物买卖法中的核心问题，包括合同的成立与合同当事人的权利义务、违约救济和风险转移问题。《联合国国际货物销售合同公约》是国际货物买卖法最重要的国际法律渊源，此外，一些国际经贸惯例对国际货物买卖也具有重要的意义。

第一节　国际货物买卖立法与惯例

国际货物买卖的法律渊源，主要包括三部分：一为各国的有关国际货物买卖的国内立法；二为国际货物买卖公约；三为国际货物买卖惯例。

一、各国的国内立法

各国国内商事立法最初来源于对商人习惯法的吸收。这些商人习惯原本是在商人之间适用，随着政治和经济的发展，各国开始了将商人的习惯法纳入国内立法的进程。这一过程一般被认为是资本主义发展时期国家为维护本国商人利益以及贯彻本国的对外贸易政策的产物。各国把商人习惯法纳入国内法并非按统一的方法进行，而是基于不同的政治和社会原因，采用了不同的实施方法。如法国的全国性商事法典的编纂最初起源于路易十四的《商事条例》（Ordonnance sur le Commerce）和《海事条例》（Ordonnance sur le Marine），此后这一过程被法国大革命所中断，直到 1807 年颁布《法国商法典》。

德国商法典的编纂进程则是希望通过对法典的编纂来推进德国政治统一运动。1897 年，德国编纂了《德国商法典》。英国则是由曼斯菲尔德大法官通过国王法院的判例完成了将商人习惯法纳入普通法（Common Law）的过程。

在大陆法系国家，商法作为规范商主体和商行为的立法也是规范平等主体之间财产关系的法律规范。在对商事关系的规范中，有两种立法模式：一种是以法国和德国为代表的民商分立体系，如法国于 1804 年制定《法国民法典》、1807 年制定《法国商法典》。一种是以意大利和瑞士为代表的民商合一体系，在民法典之外并无商法典，将商法包括货物买卖法的内容规定在民法典中。在日本，情形与德国较为相似，现行的商法典由总则、公司、商行为及海商等四编组成，商行为编中有关于买卖的专章。

英美法系国家没有像大陆法系国家一样采用法典化的立法模式，而是通过判例法的形式辅之以制定法来调整货物买卖关系。在英国，《1893 年的货物销售法》是在货物贸易领域中非常重要的制定法，这部法律经过三次修订，现行的是 1979 年的版本。它规定了合同的成立、合同的效力、合同的履行等规则，既适用于国内货物买卖，也适用于国际货物买卖。在美国，调整货物买卖最重要的立法是《统一商法典》（UCC），这部法典是由美国统一州法全国委员会和美国法学会共同拟定的，虽然这两个机构只是民间团体，但是由于《统一商法典》被除路易斯安那州在外的其他 49 个州所共同采用，因此，可以说，《统一商法典》在美国是具有法律拘束力的法典。有关货物买卖的部分规定在该法典的第二编。

二、国际货物买卖公约

（一）有关国际货物买卖的国际立法

国际货物买卖公约是国际货物买卖法的重要渊源，是国际货物买卖法律统一化进程的重要媒介。在国际货物贸易中最初形成的商人习惯法是具有国际性的，到 19 世纪，各国陆续将这些规则纳入了本国的国内立法中。而各国的政治、经济等外部条件的差异又使得各国对此的立法并不完全一致。经济交往的全球性和世界市场的形成，又要求调整国际贸易领域的法律能最大程度地实现统一，于是，就出现了国际贸易法的统一进程。在这个过程中，各国缔结国际公约是其中最为重要的一种形式。

在致力于国际货物买卖公约的制定过程中，很多国际经济组织都作出了自己的贡献。其中，联合国国际贸易法委员会、罗马国际统一私法协会、海牙国际私法会议是其中最为重要的立法组织。

罗马国际统一私法协会根据 1926 年的多边条约建立，起草了 1964 年的两个海牙公约。其一为《国际货物买卖统一法公约》（海牙第一公约），其二为《国际货物买卖合同成立统一法》(海牙第二公约)。这两个公约都已正式生效，但参加这两个公约的国家并不是很多。一般认为导致这种情形的原因是公约受大陆法系的传统影响较大，没有考虑到英美法系国家的情形；而且对发展中国家的利益也考虑不够；此外，公约的用词比较晦涩，内容较为繁琐。这些因素限制了这两个公约的作用，因此它们在国际货物买卖法的统一化过程中虽然是最早的国际公约，但并未能真正达到统一国际货物贸易法的目的。

联合国国际贸易法委员会于1966年12月成立，其成立的宗旨就在于协调和制定有关国际贸易的法律和规则，促进国际贸易法的统一，减少国际贸易的法律障碍，最终促进国际间贸易的发展。该委员会在致力于国际贸易法统一的进程中起了重要的作用，特别是在维护发展中国家的利益和建立新的国际经济秩序方面颇有成效。在国际货物买卖领域，制定了两个重要的公约：一是1978年《联合国国际海上货物运输公约》(又称汉堡规则)，二是为1980年《联合国国际货物销售合同公约》(简称《公约》)。前者主要是在海商法领域对长期以来反映船方利益的一些规则作了修订，后者则在国际货物买卖合同领域得到了广泛的认同。

海牙国际私法会议成立于1893年，它是根据意大利的著名法学家孟西尼的提议成立的。该组织主要活动在于统一冲突法规范，订立国际统一冲突法公约。在国际货物买卖领域，海牙国际私法会议为配合1980年的《联合国国际货物销售合同公约》制定了《联合国国际货物销售合同法律适用公约》。

(二)《联合国国际货物销售合同公约》

这一公约是由联合国国际贸易法委员会在1964年两个海牙公约的基础上制定的新的国际货物买卖统一法。《公约》于1980年4月10日在维也纳召开的会议上获得通过。这一公约除了将1964年的两个公约合二为一，而且充分尊重了不同法系和不同社会、经济和法律制度的国家的共同利益，特别是对发展中国家的利益予以特别的考虑，因此它获得了更大程度的认可。《公约》在一定程度上实现了发展中国家的愿望。我国参与了《公约》制定的全过程，签署并核准了《公约》。《公约》于1988年1月1日起正式对我国生效。现将《公约》的一些宏观性和结构性的问题在此作一概述。

1.《公约》的基本结构和基本原则

《公约》除序文外，分为四个部分，共101个条文。第一部分是《公约》的适用范围和规则；第二部分是合同的订立；第三部分是货物的销售，包括总则、卖方的权利义务、买方的权利义务、风险转移等制度；第四部分为最后条款，规定了对《公约》的批准、接受、核准和加入，对《公约》的保留，《公约》的生效以及缔约国的申明退出。

有关《公约》基本原则的规定表现在《公约》的序文中。这些原则贯穿于整个

《公约》的全文，是《公约》制定的指针，也是对《公约》进行解释的重要依据。依据《公约》的基本精神，其基本原则包括：建立新的国际经济秩序原则；公平互利原则；兼顾不同社会、经济和法律制度原则以及促进国际贸易发展原则。

2.《公约》的适用范围

《公约》的适用范围是指《公约》能在何种情形下适用，涉及主体的范围与客体的范围。《公约》在第一部分从积极和消极两个方面对这一问题作出了规定。

(1)《公约》适用的主体范围

《公约》适用的主体范围是指《公约》适用于哪些主体之间所缔结的合同。① 根据《公约》第1条第1款（a）项的规定，营业地在不同国家的当事人之间所订立的货物销售合同，如果这些国家是缔约国，即属于《公约》的调整范围。也就是说，营业地在不同的缔约国之间的当事人所订立的合同属于《公约》的调整范围。

② 根据《公约》第1条第1款（b）项的规定，营业地在不同国家的当事人之间订立的合同，这些国家和其中一个国家虽非缔约国，但如果国际私法规则导致适用某一缔约国的法律，也属于《公约》的调整范围。根据这一条款，如果合同的主体，其中一方或者双方的营业地都不在《公约》的缔约国，而双方之间缔结的合同经国际私法的指引，以某一个缔约国的法律作为准据法，那么也可予以适用。根据国际私法的规则，对合同准据法的确定，首先考虑当事人的意思自治，如果当事人选择以《公约》本身或者以某一缔约国的法律为准据法，就符合该款的规定。此外，根据特征履行学说，若用最密切联系的观点选择了缔约国的法律作为准据法，也符合本条款的规定。

由此可见，《公约》中对于主体范围的规定，是以主体的营业地作为惟一的标准，对于当事人的国籍则在所不论。

(2)《公约》适用的客体范围

《公约》从积极的方面明确规定，《公约》只适用于销售合同的订立和买卖双方的权利和义务问题。此外，对供应尚待制造或生产的货物的合同也被包括在内。

《公约》从消极的方面明确规定了一些不在《公约》调整范围内的货物买卖和其他事项：

第一，对以下六种标的的货物销售不包括在内：① 提供私人、家庭使用的货物的销售；② 经由拍卖的销售；③ 根据法律执行令状或其他令状的销售；④ 公债、股票、投资证券、流通票据或货币的销售；⑤ 船舶、船只、气垫船或飞机的销售；⑥ 电力的销售。

第二，《公约》不适用于补偿贸易合同（即一方提供尚待制造或生产的货物，而订购货物的一方保证供应这种制造或生产所需的大部分重要材料的合同），也不适用于来料加工、来件装配和咨询服务合同（即供应货物一方的绝大部分义务在于供应劳动力或其他服务的合同）。

第三，《公约》明确规定对如下事项不予规定：① 合同的效力，或任何其他条款的效力，或任何惯例的效力。关于合同的效力及其他条款的效力，涉及各国对合同这一法律行为效力的价值判断，尤其是其中是否符合法律和公序良俗，各国的规定有很大的分歧，因此公约对此不作规定。② 合同对所售货物所有权可能产生的影响；有关所有权转移的时间，在各个国家的争议也是很大的，而且也涉及各国的基本法律框架。因此，公约对此也不作出明确规定。③ 公约不适用于卖方就货物对任何人所造成的死亡或伤害的责任，即不包括产品质量责任。有关产品质量责任问题，涉及各国对于消费者的特殊保护，也包括对本国市场的监督和控制程度，各国对此规定歧义很多，因此公约也不予规定。

3. 《公约》的性质

一般来讲，条约对于缔约国具有当然的法律拘束力，这是国际法上约定必须遵守原则的体现。《联合国国际货物销售合同公约》作为国际条约，对于缔约国当然具有法律拘束力。而且，根据各国对条约在国内法上适用的转化或纳入程序，条约对各国的当事人也具有法律拘束力。

根据《公约》第6条的规定，双方当事人可以相约不适用《公约》，虽然他们的营业地所在国是缔约国；他们也可以减损《公约》的任何规定或改变其效力，但必须尊重营业地所在缔约国已经作出的保留。

由此看来，《公约》虽然具有法律拘束力，但只是一种任意性的规定，表现为《公约》可以被当事人所任意增删，只受缔约国保留条款的影响。但是，《公约》显然仍保留有法律的特点，因为如果符合《公约》规定的当事人不对《公约》的适用作出明示排除的话，那么《公约》就可以自动予以适用。这也是《公约》与国际商事惯例的区别所在，后者之所以有拘束力，是因为当事人对它进行了明示的选择，如果当事人不选择，就不能自动适用。

4. 《公约》的保留

条约的保留是指条约的缔约方所作出的旨在排除或摒弃条约的某一条款对其适用的申明。条约的保留是对约定必须遵守原则的一个例外。一般而言，如果条约没有明确禁止保留，缔约国就可以保留，只要这种保留不至于影响条约的宗旨和原则。当然如果条约本身允许进行保留，缔约国就可以在条约规定的范围内进行保留。

根据《公约》的规定，除《公约》明文许可的保留外，不允许作任何其他的保留。《公约》允许就“合同的订立”部分或“货物销售”部分作保留，允许对“国际私法导致适用”的规定作保留，允许就合同的形式问题作保留。

5. 《公约》与贸易惯例

《公约》第9条对惯例在国际货物买卖法中的地位作了明确的规定，认为：(1) 双方当事人业已同意的任何惯例和他们之间确立的任何习惯做法，对双方当事人均有拘束力。(2) 除非另有协议，双方当事人应视为已默示同意对他们的合同适用双方当事人已知道或理应知道的惯例，而这种惯例，在国际贸易上已为有关特定贸易所涉合同的当事人所广泛知道并为他们所经常遵守。根据《公约》第 9 条的规定，国际贸易惯例不仅具有自动适用的效力，而且，这种惯例的存在对当事人而言只要是理应知晓就应予以适用。

6.《公约》与国际货物买卖的法律适用

《公约》作为统一的实体法，其突出的优点就在于能够从根本上消除法律冲突，但这种完全通过统一实体法的形式来解决冲突却只能是一种一体化的趋势而已，各国由于其独特的政治、经济、宗教和文化背景必然会产生各种冲突，而且这些冲突不可能由《公约》来统一化，《公约》明确规定了一些不予调整的事项，因此在这些领域就不存在统一的实体法。所以，这就需要用国际私法予以调整。而且，这种情形显然在相当长的时期不会改变。

《公约》第 7 条第 2 款特别规定："凡本公约未明确解决的属于本公约范围的问题，应按照本公约所依据的一般原则来解决，在没有一般原则的情况下，则应按照国际私法规定适用的法律来解决。"可见，《公约》的制定者认为，仲裁机构或者司法机构在利用《公约》解决案件时，应该充分利用《公约》的一般原则作为依据。

7.《公约》的解释

根据《公约》的规定，解释《公约》有三项应予以考虑的事项：首先，解释应考虑到《公约》的国际性质。也就是《公约》本身是兼顾了不同法系、不同社会制度国家的利益的立法，因此，在对其作解释时，仍然应该把握《公约》的这一国际性质。其次，解释应促进《公约》的统一适用。《公约》是统一实体法，因此，在解释《公约》时应尽可能体现《公约》的这一本质特征。最后，对《公约》的解释应考虑《公约》的调整对象，也就是《公约》是关于合同的统一实体法公约，因此，有关合同的一些基本原则应该予以尊重，比如应考虑诚实信用原则等。

8. 我国对《公约》的适用

我国是《公约》最早的缔约国之一，参与了《公约》的全部起草过程，并且于 1986 年批准了《公约》,《公约》于 1988 年对我国正式生效。

我国对《公约》作了两项保留，其一是针对《公约》的第 1 条第 1 款（b）项的规定。该项规定旨在扩大《公约》的适用范围，但我国对此作了保留。这就意味着对我国,《公约》只适用于营业地位于不同的缔约国之间的当事人之间所缔结的国际货物销售合同。其二是针对第 11 条所作的保留。第 11 条主要是规定合同的形式可以非要式主义，即既可以用书面形式也可以用口头形式。我国对此作了保留，强调营业地位于中国的缔约方缔结的国际销售合同必须采用书面形式。

三、国际货物买卖惯例

（一）有关国际货物买卖的国际惯例

除了国际公约外，各种民间性机构也制定了许多标准规则和共同条件。这些标准规则和共同条件在性质上属于国际货物买卖惯例，一般来讲，它们带有很大的随意性，并不是法律规范，由当事人选择予以适用，如果当事人不作选择的话，则并无法律拘束力。但由于这些贸易惯例在长期的实践中为当事人所经常采用，而且又经过编纂和完善，因此，对于从事国际贸易的商人而言，这些商业惯例具有非常重要的作用。

关于国际货物买卖的国际惯例主要有1932年《华沙—牛津规则》、《1941年修订美国对外贸易定义》、由国际商会制定的《国际贸易术语解释通则》等。其中最有影响、并在实践中得到广泛使用的是国际商会编纂的《2000年国际贸易术语解释通则》。

1.《华沙—牛津规则》

1928年国际法协会华沙会议编纂了CIF方面的惯例，后经协会于牛津会议修订，因而定名为《华沙—牛津规则》。该规则21条，且完全是针对“成本加运费、保险费合同”（CIF）制定的。它反映了对CIF合同中买卖双方权利、义务的一般解释，具有较大的影响。

2.《1941年修订美国对外贸易定义》

1919年美国9个商业团体联合制定了《美国出口报价及其缩写条例》，1941年对上述文件进行了修订，改称为《1941年修订美国对外贸易定义》。该定义在北美地区广泛使用。该定义对美国贸易中经常使用的贸易术语作了解释，具体规定了在各种不同的贸易术语中，买卖双方在交货方面的权利与义务，包含了“离岸价”（FOB）、“船边交货价”（FAS）、“到岸价”（CIF）、“离岸加运费价”（C&F）、“原产地交货价”（Ex Point of Origin）、“码头交货价”（Ex Dock）六种贸易术语的解释。但应该注意，该贸易术语中的内容与《国际贸易术语解释通则》中的规定不太一样。美国把FOB笼统地解释为在任何一种运输工具上交货。因而，从美国进口货物签订FOB合同时，必须在FOB后加Vessel，并列明装运港名称时，才表明卖方在装运港船上交货。

在风险的划分上，美国不是以装运港船舷为界，而是以船舱为界，即卖方负担货物装到船上为止所发生的一切丢失和残损。在费用负担上，美国规定买方要支付卖方协助提供出口单证的费用以及出口税和因出口而产生的其他费用。

3.《国际商事合同通则》

国际统一私法协会于1971年决定成立一个委员会来探求阐述国际商事合同一般原则的可行性，经过14年的努力，《国际商事合同通则》（以下简称《通则》）于1994年5月通过。

《通则》适用于一切国际商事合同，包括国际货物买卖、国际知识产权转让、国际服务贸易、国际投资交易等商事领域的合同。但是《通则》不适用于“消费者合同”。

《通则》共分八个部分，即前言和总则、合同的订立、合同的效力、合同的解释、合同的内容、合同的履行和不履行七章，对国际商事合同的各种基本问题作了全面、完整的规定。根据《通则》前言的规定，除当事人约定其合同适用《通则》外，在双方当事人未选择合同准据法时，也可以适用《通则》。在双方选择的合同准据法不能提供解决问题的有关规则时，也可以由《通则》提供解决问题的方法。此外，《通则》还可用于解释或补充国际统一法，例如在某一国际货物买卖合同适用《联合国国际货物销售合同公约》的情况下，该公约对某一问题未作规定，则可以用《通则》来解释或补充。

(二)《国际贸易术语解释通则》

1. 国际贸易术语的概念

国际贸易术语是指按照交货地点和方式不同，划分买卖双方在交货的风险、责任和费用负担上的专门用语。由于其与货物的价格构成有密切的关系，因此又被称为价格术语。国际贸易术语一般用简写的英文字母表示，其主要内容涉及以下几个方面：(1) 双方当事人的基本合同义务；(2) 适用的运输方式和费用分配；(3) 交货的地点和交货的方式；(4) 货物的风险转移；(5) 在运输、保险、价格构成、过境运输的清关手续等方面责任的分配。贸易术语对于国际贸易的当事人而言，简单明了，简化了合同订立的磋商时间和交易成本，双方权利义务关系清楚，是加速贸易进程的重要工具。当然，贸易术语在不同地区的含义也可能产生歧义，因此需要对贸易术语作统一的编纂。

2.《国际贸易术语解释通则》的形成与历史发展

《国际贸易术语解释通则》(International Rules for the Interpretation of Trade Terms)，又称为“国际商业术语”(International Commercial Terms，简称 Incoterms)。该通则是巴黎国际商会以国际贸易中应用最为广泛的国际惯例为基础，首次于 1936 年公布的具有国际性的通则的解释。此后，该通则先后在 1953 年、1967 年、1976 年、1980 年、1990 年和 2000 年 6 次补充和修订，现行的是 Incoterms 2000。该通则制定的目的在于对国际贸易合同中最普遍使用的术语的解释提供一套具有国际性通用的解释，使从事国际商业的人们在这些术语因国家不同而有不同解释的情况下，能选用确定而统一的解释。

3. Incoterms 2000 下各组贸易术语的主要内容

E 组贸易术语只有 EXW 一个，意思是工厂交货（指定地点）。在这一贸易术语下，卖方承担的责任最小。卖方的主要义务是：在所在地或其他指定的地点（工厂、工场或仓库）把货物交给买方处置，即履行了交货义务；承担交货以前的费用和风险。买方的责任是自备运输工具将货物运至指定的目的地，承担卖方交货后的费用和风险，自费办理出口结关手续。一般情况下，如果买方无法完成出口结关手续的，不应使用这一贸易术语。

F组的贸易术语包括FCA、FAS、FOB。其共同的特征在于卖方必须将货物交至买方所指定的承运人。FCA（全称 Free carrier... named place），意思是货交承运人（指定地点）；FAS（全称 Free alongside ship... named port of shipment），意思是船边交货（指定装运港）；FOB（全称 Free on board... named port of shipment），意思是船上交货（指定装运港）。

在F组贸易术语中，卖方的责任是在出口国承运人所在地（包括港口）将货物交给买方指定的承运人履行自己的交货义务；自费办理货物的出口结关手续；自费向买方提交与货物有关的单证或相等的电子单证。买方的责任在于自费办理货物的运输和保险手续并支付费用；自费办理货物的进口和结关手续等。在F组贸易术语中，FOB是以货物越过船舷作为风险和费用的分界点；FAS是以指定装运港买方指定装货地点的船边作为为风险和费用的交界点；在FCA中，则是以货交承运人的时间和地点作为临界点。此外，根据 Incoterms 2000 的新规定，在FCA术语中，如卖方在其所在地交货，则当货物交付给买方指定承运人所提供的运输工具时，完成交货，即卖方负责装货；在其他情况下，当货物在卖方的车辆上尚未卸货而交给买方指定的承运人或其他人处置时，即完成交货。另外，FAS、FOB只适用于海运和内河航运，而FCA可适用于一切形式的运输方式。

C组包括CFR、CIF、CPT、CIP四个贸易术语，其共同的特点在于卖方必须签订运输合同和交纳运输费用，但货物灭失或损坏的风险以及装船和启运后发生事件所产生的额外费用，卖方不承担责任。CFR（全称 Cost and Freight... named port of destination），意思是成本加运费（指定目的港）；CIF（全称 Cost, Insurance and Freight... named port of destination），意思是成本、保险费加运费（指定目的港）；CPT（全称 carriage paid to... named place of destination），意思是运费付至（指定目的地）；CIP（全称 carriage, Insurance Paid to... named place of destination），意思是运费、保险费付至（指定目的地）。

在C组的贸易术语中，卖方的责任是：（1）自费办理货物的运输手续并交纳运输费用；在CIF和CIP术语中，卖方还应该按伦敦保险业协会货物保险条款险别自费办理投保手续并交纳保险费用，这种投保的险别是最低的险别；（2）在CFR和CIF术语中，承担货物在装运港越过船舷以前的风险和费用；在CPT和CIP术语中，承担货交承运人以前的风险和费用；（3）自费办理货物出口及结关手续；（4）向买方提交与货物有关的单据或相等的电子单证。买方的责任是：（1）在CFR和CPT术语中自费投保并支付保险费用；（2）在 CFR 和 CIF 术语中，承担货物在装运港越过船舷以后的风险和费用；在 CPT 和 CIP 术语中，承担货物提交承运人以后的风险和费用；（3）自费办理货物进口的结关手续。在 C 组贸易术语中，CFR 和 CIF 贸易术语适用于海上或内河运输；CPT 和 CIP 则可适用于任何方式的运输。

D 组包括 5 个贸易术语，即 DAF、DES、DEQ、DDU、DDP，其共同的特点在于卖方必须承担把货物交至目的地国家所需的全部费用和风险，所以又被称为到货合同。DAF（全称 Delivered at Frontier — named place），意思是边境交货（指定地点）；DES 全称 Delivered Ex ship... named port of destination），意思是目的港船上交货；DEQ（Delivered Ex Quay... named port of destination），意思是目的港码头交货（指定目的港）；DDU（全称 Delivered Duty Unpaid — named place of destination），意思是未完税交货（指定目的地）；DDP（全称 Delivered Duty Paid…named place of destination），意思是完税后交货（指定目的地）。

在 D 组贸易术语中，卖方的责任是：（1）除 DEQ 外，将货物运至约定的目的地或目的港，在运输工具上将尚未卸下的货物交买方处置即完成交货；DEQ 条件下，卖方则要承担将货物在目的港卸货的义务；（2）承担货物交货前的全部风险和费用；（3）自费办理出口结关手续、交纳费用，在 DDP 术语中，卖方不但自费办理货物出口结关手续，还要办理货物进口的海关手续并交纳进口关税及其他税、费。买方的责任是：（1）承担货物在目的地（港口）交货后的一切风险和费用；（2）除 DDP 贸易术语外，自费办理进口结关手续。在 D 组中，DES 和 DEQ 主要用于海上和内河航运；DAF 可用于陆地交界交货的各种运输方式；DDU 和 DDP 可用于任何运输方式。

4. 以 FOB 为例，阐明贸易术语下买卖双方的具体权利义务

在我国目前的对外贸易业务中，FOB、CIF 和 CFR 三种贸易术语使用最为广泛，而 FCA 贸易术语为《国际贸易术语解释通则》所倡议。贸易术语采用了权利义务相对应的规定，将每一贸易术语分为十项。以下就以 FOB 为例介绍买卖双方的具体权利义务。

FOB 是指卖方在指定的装运港，将货物装上船越过船舷后，履行其交货义务。根据《国际贸易术语解释通则》的规定，在根据 FOB 术语成交时，卖方承担的责任与义务有：

（1）提供符合合同规定的货物。卖方应提供符合买卖合同所规定的货物及商业发票或相应的电子单据。如果合同有规定，尚须提供符合合同要求的其他凭证。

（2）许可证、批准证件及海关手续。卖方自负风险和费用以取得出口许可证或其他官方批准证件，并办理货物出口所需要的一切海关手续。

（3）运输和保险。卖方无订立运输合同义务，无订立保险合同义务。

（4）交货。卖方应在约定的装运港，依照该港口的习惯做法，并在规定的日期或

期限内，将货物装上买方指定的船只。

（5）风险转移。除买方应负风险责任外，卖方承担货物灭失或损坏的一切风险，直至货物在指定装运港越过船舷为止。

（6）费用划分。除买方应付费用外，卖方支付货物的一切费用，直至货物在指定装运港越过船舷时为止；还应支付出口所需的办理海关手续的费用，以及各种为出口而应支付的关税、捐税和其他官方费用。

（7）通知买方。卖方应给予买方充分的通知，告知货物已经装船。

（8）交货凭证、运输单据或相应的电子单据。卖方自付费用向买方提供通常的单据，证明货物已按规定装船。

（9）检查、包装、标记。卖方应支付其履行交货义务所需的检查费用，自费提供按买方签约前已知有关该运输的状况所要求的包装，包装上应适当地加有标志。

（10）其他义务。根据买方要求，并由买方承担风险和费用，给予一切协助为买方取得由装运地国和（或）原产地国签发或传送的关于货物进口以及必要时经由其他国家过境运输所需的单证或相应的电子单据。按买方要求向其提供投保所需的必要信息资料。

买方所应承担的责任包括：

（1）支付价款。买方应根据买卖合同中的规定支付货款。

（2）许可证、批准证件及海关手续。买方自负风险和费用以取得进口许可证或其他官方批准证件，并办理货物进口以及在必要时经由其他国家过境运输所需的一切海关手续。

（3）订立运输合同。买方自费签订自装运港承运货物的合同。

（4）受领货物。买方应根据合同的规定受领货物。

（5）风险转移。买方承担货物自指定的装运港越过船舷时起灭失和损坏的一切风险。如果买方未按照有关规定给予通知，或者买方指定的船只未能按时到达，或者买方未能受领货物，或者买方早于规定时间结清货物，则从买卖合同规定交货的约定日期或期限届满之日起，买方承担货物灭失或损坏的一切风险，但应以该项货物已划拨在本合同项下为限。

（6）费用划分。买方支付货物的一切费用，自货物在指定的装运港越过船舷时起。买方亦应支付以下情况所发生的任何额外费用：由于买方指定的船只未能按时到达，或者买方未能受领货物，或早于规定时间结清货物；或者由于买方未按照规定给予卖方通知，但应以该项货物已划拨在本合同项下为前提。另外，买方应支付货物进口或者必要时经其他国家所应支付的一切关税、捐税和其他官方费用，以及办理海关手续所需要的费用。

(7) 通知卖方。买方应给予卖方以充分明确的通知，告知船名、装运地以及所需时间等。

(8) 接受交货凭证、运输单据或相应的电子信码等交货证明。

(9) 检验货物。除非另有约定，买方支付货物装运前检验的费用，但出口国有关当局强制的检验除外。

(10) 其他义务。买方支付为取得卖方所提供的单据或相应的电子单据所产生的一切费用，并偿付卖方根据该款提供协助所产生的费用。

5. 对贸易术语中的几个特别问题的说明

(1) "船舷为界"的确切含义

在 FOB、CFR、CIF 贸易术语中均以在装运港船舷作为划分风险的界限。"船舷为界"是指货物在装上船以前的风险，包括在装船时货物跌落码头或海中所造成的损失，均由卖方承担；在货物装上船后，包括在起航前和运输过程中的损失则由买方承担。

(2) 常用贸易术语的变形

在国际贸易术语中，由于各国和地区对于"装船"和"卸船"的概念并没有统一的解释，在装卸费用的负担上各国的惯例和习惯做法也不完全一致，故常常引发争议。因此，为了明确责任，在援用 Incoterms 2000 中的贸易术语时，买卖双方可以通过在常用贸易术语之后加列装卸费由何方负担的附加条件来解决上述争议。由此就形成了贸易术语的变形。不过应当注意的是，贸易术语的变形只是用以解决装卸费用的分担问题，并不影响贸易术语下交货地点和风险划分的界限。

① FOB 贸易术语的常见变形

通常而言，FOB 术语下卖方要承担装船的主要费用，但不包括货物装上船后的理舱费和平舱费。但是，该贸易术语也存在若干变形：

第一，FOB Liner Terms（FOB 班轮运输）。在班轮运输条件下，一般由船方管装管卸，装卸费打入班轮运输费中，则装船费用均由买方承担。所以，采用此变形，卖方不负担装船的有关费用。

第二，FOB Under Tackle（FOB 吊钩下交货）。此变形指卖方负担费用将货物交到买方指定船只的吊钩处，但吊装入舱及其他费用由买方负担。

第三，FOBST（FOB Stowed and Trimmed，FOB 理舱费、平舱费在内）。此变形表明卖方承担包括理舱费和平舱费在内的各项装船费用。

② CIF 贸易术语的常见变形

通常而言，CIF 术语下卖方负责将合同规定的货物运往约定的目的港，支付正常的费用，但不承担货物到目的港的卸货费用。但是，该贸易术语也存在若干变形：

第一，CIF Liner Terms（CIF 班轮运输）。在班轮运输条件下，一般由船方管装管卸，装卸费打入班轮运输费之中，则卸船费用均由卖方承担。所以，采用此变形，买方不负担卸船的有关费用。

第二，CIF Landed（CIF 卸至码头）。此变形下，由卖方承担将货物卸至码头上的各项有关费用，包括驳船费和码头费。

第三，CIF Ex Tackle（CIF 吊钩下交接）。此变形下，卖方负责将货物从船舱吊起卸到船舶吊钩所及之处（码头上或驳船上）的费用。在船舶不能靠岸的情形时，租用驳船的费用和货物从驳船卸至岸上的费用则由买方负担。

第四，CIF Ex Ship's Hold（CIF 舱底交货）。按此条件成交，货物运抵目的港在船上办理交接后，自船舱底起吊直至卸到码头的卸货费用均由买方负担。

（3）贸易术语中的保险险别问题

在 CIF 和 CIP 贸易术语中，卖方要承担货物至目的港（地）的保险费用，根据《2000 年国际贸易术语解释通则》的解释，一般情形下，卖方应当按照双方协商确定的险别投保；但在双方没有确定投保险别时，则由卖方按惯例投保最低的险别，保险金额一般是在合同价格的基础上加成 10%。

第二节　国际货物买卖合同

一、国际货物买卖合同与国际货物买卖法

国际货物买卖是一种货物跨越国界的流动，是一种交易，是资源在国际市场上的一次新的配置。合同作为平等主体之间的协议，是交易的外在载体，而合同法则是促进交易的法律制度，是实现财富增长的法律制度。

国际货物买卖合同是指营业地位于不同国家的当事人跨越国界的进行国际有形货物交易而缔结的协议。这里的“国际”，特指当事人的营业地跨越国界，而与当事人的国籍无关。国际货物买卖合同，从性质上讲，也是一种合同，因此举凡合同法的基本原理和规则都可以适用，比如平等原则、契约自由、意思自治、诚实信用等制度。另外，合同作为一种典型的法律行为，其应符合的基本构成要件也应予以适用，如当事人的主体必须适格，当事人应具有完全的民事权利能力和民事行为能力；当事人之间的意思表示必须真实一致且不存在瑕疵；合同必须不违背法律和公序良俗。

国际货物买卖合同的特殊性，在于它涉及营业地在不同国家的当事人的利益，因此具有涉外性，而各国关于合同法的规定又有所歧异。国际社会对此作了统一各国货物买卖立法的努力，在一定程度上实现了货物买卖法的统一，当然，这种统一仍

然是有限的，有没有达成一致协议的部分，还需要由各国的国内立法予以调整。国际货物买卖法涉及国际货物买卖合同、国际运输合同、国际保险合同、国际支付等横向流转方面的立法，同时也包含了关于对国际货物买卖进行纵向管制的立法。其中，国际货物买卖合同涉及从合同的订立到合同的履行的法律制度，一直以来是国际货物买卖法的核心内容。

二、国际货物买卖合同成立的实质要件

合同的成立与否，一般从两个角度来判断：一为实质要件，即双方是否达成合意；二为合同是否要求有特别的形式要件。关于买卖合同的订立，各国基本都采用要约和承诺的方式。合同作为当事人设立、变更和中止民事权利义务关系的协议，本质上是一种双方当事人的合意，而达成合意的过程就是对合同条款的协商过程，这一程序就是通过要约和承诺完成的。

（一）要约

1. 要约的定义

根据《联合国国际货物销售合同公约》第 14 条第 1 款的规定，要约是指“要约人向一个或一个以上的特定的人提出的订立合同的建议，如果十分确定并且表明要约人在接到承诺时就承受约束的意旨，即构成要约”。

2. 要约的构成

一项订立合同的建议，如果要成为要约而取得法律拘束力，必须符合一定的条件。根据《公约》的定义，要约一般应符合三个条件：

（1）要约是向一个或一个以上特定的当事人提出。当然，这个条件只是一个一般性质的规定，《公约》在第 14 条第 2 款又进一步规定，如果某项意思表示符合要约的其他要求，且要约人明确表明其是以要约的目的提出的，则也可视为要约。我国的合同法采用了这一观点，所以在对要约的定义中并没有将其视为必要的条件。

（2）要约内容十分明确肯定。《公约》规定，在国际货物销售合同中，要约内容“十分确定”是指至少应指明货物的名称，明示或默示地规定货物的价格或确定货物价格的方法，明示或默示地规定货物的数量或确定货物数量的方法。这就表明，只要符合这三个条件，就可以看做内容肯定，至于其他条款的内容可以以后商定或按照商业惯例和相关法律规定确定。

（3）要约必须表明一旦受到承诺即受其拘束的意思。应该说，这一个条件是要约构成要件中的核心要素。如果情况表明一项意思受到承诺，而意思的发出者却可以并不受拘束，那么这种意思表示就绝非要约，而只能作为要约邀请。

所谓要约邀请，又被称为要约引诱，是指希望他人向自己发出要约的意思表示。我

国在外贸实践中所作的虚盘，就是一种要约邀请。这种虚盘是有保留的表示愿意按一定条件达成交易的意思表示。常常不规定有效期，或者表明即使对方接受也仍需受发虚盘人的最后确认为准。一般以“以我方最后确认为准”或“以未售出为条件”等语词来否定愿意受对方接受的拘束。

3. 要约的效力

（1）要约的生效时间

关于要约生效的时间，是指要约在何时起产生拘束力。英美法系采用“发信主义”，大陆法系采用“到达主义”。《联合国国际货物销售合同公约》第 15 条和《国际商事合同通则》第 2、3 条都规定采用到达主义，即要约于到达受要约人时起生效。我国《合同法》第 16 条第 1 款也作了相同的规定。但应该注意的是，到达受要约人，不是指一定要送到受要约人手中才算到达，只要送到受要约人所能控制的地方就可以视为已到达。

另外，随着电子数据传输的发展，电子商务成为新兴的交易平台和方式，这给合同法带来不少冲击。在要约的生效时间上，联合国国际贸易法委员会制定的《电子商业示范法》中规定，除非发端人与收件人另有协议，数据电文的发出时间以它进入发端人或代表发端人发送数据电文的人控制范围之外的某一信息系统的时间；如未制定特定系统，该数据电文进入收件人的任何系统的首次时间视为到达时间。我国《合同法》第 16 条也采纳了这一规定。

（2）要约的撤回和要约的撤销

要约的撤回，是指要约在发出之后，但在要约生效以前，要约人欲使该要约不发生法律效力而作的意思表示。要约撤回的条件是要约撤回的通知于要约送达受要约人之前或者同时到达受要约人。在这种情形下，要约未发生法律效力，不会给受要约人带来不利之影响，也不会对市场的交易秩序产生影响。因此，各国法律都允许要约的撤回。《公约》对此也采用了相同的规定。

要约的撤销，是指要约人在要约发生法律效力之后，承诺发出以前，欲使该要约失去法律效力的意思表示。在要约能否被撤销的问题上，英美法系和大陆法系之间的理论迥异，英美法系采用对价理论，认为要约作为诺言，在被承诺以前，并无对价，因此无拘束力。① 大陆法系一般认为要约一旦生效，则不得被撤销。如《德国民法典》规定，

---

① 但英美合同法对此规定也有若干例外：其一，如美国《合同法重述》第 87 条规定，“如果要约人应当合理预见其要约会使受要约人在承诺以前采取具有某种实质性的行为或不行为，并且，该要约的确导致了这种行为，该要约在为避免不公正的范围内具有拘束力”。其二，美国《统一商法典》第 2－205 条规定，“商人购买或出售货物，以经签字的书面文件作成的要约，通过其条件保证其有效，这样的要约即使缺乏对价，在规定的期限内，或虽未规定期限，在一段合理的期限内，是不可撤销的，而不可撤销的期限为 3 个月”。

除非要约人在要约中明确注明有不受拘束的词句，否则要约人必须受要约的拘束。《公约》在这个问题上协调了两大法系的不同做法。《公约》第16条第2款规定，在未订立合同之前，只要撤销通知于受要约人发出承诺以前送达受要约人，要约可以撤销。这就基本采纳了英美法系的做法。但在"但书"部分规定了两种情形下不得撤销：①要约写明或以其他方式表示要约是不可撤销的；②受要约人有理由信赖要约是不可撤销的，并本着这种信赖行事，则要约不能撤销。这就体现了大陆法系的信赖原则。《国际商事合同通则》第2.4条第2款采用了与《公约》相同的规定。我国《合同法》第18、19条也作了同样的规定。

（3）要约的失效

要约失效的原因主要有以下情况：第一，要约被拒绝。如果受要约人在收到要约后以主动的行为来明确表示不接受要约，构成要约拒绝。有时，受要约人在承诺中对要约的条款作了实质性的变动，这构成新的要约，对原来的要约也构成拒绝。第二，在规定的承诺期限内，受要约人没有作出承诺。第三，要约因被撤销而失效。

（二）承诺

1. 承诺的概念及承诺的方式

承诺是指受要约人同意接受要约的全部条件以缔结合同的意思表示，在商业术语中，被称为接受。在一般情形下，承诺生效后合同即成立。

承诺的方式，根据《公约》的规定，承诺可以采用明示通知的方式也可以采用行为表示同意，但缄默或不行为本身并不构成承诺。明示的方式可以包括口头或书面方式。所谓以行为来承诺，就是根据交易习惯或当事人的约定以受要约人的特定行为用默示的方式表示接受。缄默和不行为本身不同于默示，缄默和不行为是没有任何行为表示。应该注意的是，如果没有事前的约定或者双方长期的交易习惯，那么如果要约人在要约中规定如果不答复本身就构成承诺的要约是没有拘束力的，因为在通常情形下，受要约人有行为和不行为的自由，可以接受也可以拒绝要约。但如果在长期的交易习惯中都认可了以缄默和不行为作为接受的方式，则可使其成为一种承诺的方式。

2. 承诺的条件

（1）承诺必须是由受要约人作出的。一般而言，要约应向特定的人发出，所以承诺必须是由特定的人作出。一个并不知道要约的人所作出的意思表示只能被看成是要约而不是承诺。

（2）承诺应在有效的期间内作出。如果要约规定了承诺的有效期限，则承诺应在规定的期间内作出；如果要约没有规定期限，则应在合理的时间内作出。

（3）承诺的内容应与要约保持一致。承诺的内容与要约的一致是合同成立的核心要素。两大法系对此都采用了相同的原则。如果承诺与要约不一致，则只能被视为一个新的要约。不过，对这一问题，虽然早期合同法采用的是绝对一致即所谓镜像原则(Mirror Rule)，但现在各国对此都有所突破。如美国 UCC 第 2-207 条第 1 款规定，“在合理的时间内寄送的承诺表示或确认书，只要确定并且及时，即使与原要约的条款有所不同或对其有所补充，仍具有承诺的效力，除非承诺中明确规定，以要约人同意这些不同的条款为承诺生效的条件”，第 2 款规定，“补充条款对合同作了实质性改变，则不构成合同的组成部分”。可见，承诺对要约的变更应区分为实质变更和非实质变更。但如何进行区分？《公约》第 19 条规定，有关货物价格、付款、货物质量和数量、交货地点和时间、一方当事人对另一方当事人的赔偿责任范围或解决争端等添加或不同条件，均视为在实质上变更要约的条件。

但这是否就意味着上述的任何一项变更都构成实质性变更呢？本书认为，在具体的合同中，某一条款是否具有实质意义，应视合同的具体情形而定，当然，在国际货物销售合同中，上述这些条款的变更一般被认为必然影响双方的权利和义务。但这种条款应被看成提示性条款，而非必然绝对条款。此外，实质性条款也不限于上述各项，应区分不同情况。

3. 承诺生效的时间

一般认为，承诺生效的时间就是合同的成立时间。确定承诺生效的时间还与合同订立的地点、法院的管辖及法律的选择适用等有密切的联系。承诺生效的时间应区分承诺的方式来确定。

(1) 明示通知等非对话方式作出的承诺

大陆法系国家在承诺的生效时间上采用的是到达主义。如《德国民法典》第 130 条规定：“在向另一方作出意思表示时，如果另一方不在场，那么意思表示以其到达另一方时发生效力。”根据到达主义，承诺必须是到达要约人时起才生效，如果由于邮局或其他外在原因而致使承诺丢失或迟延到达，则由发出承诺方自负其责。

英美法系认为，承诺作为一般原则，应送达要约人，且为要约人所真正了解才能生效。但如果承诺是以电报或信件传达时，承诺则一经投邮，就产生法律效力，因此又称为“投邮主义”。这种理论当然是为了缩短要约人撤销要约的时间，使合同尽快成立，以协调要约人与受要约人之间的利益。

《公约》第 18 条规定“承诺于表示同意的通知送达要约人时起生效”。《国际商事合同解释通则》也作了相同的规定，并且解释认可到达主义优先投邮主义的理由是，有关传递的方式是由受要约人自行选择的，因此他应承担其选择而带来的风险。《公约》尽管在承诺的生效时间上采用了到达主义，但《公约》规定，承诺一经作出，就可以起到排除要约人撤销要约的可能性。因此，可以说，《公约》在承诺的生效时间上也平衡了两大法系的利益。

（2）对话方式（口头方式）的承诺

如果以口头形式来发出要约，那么，“出乎口者入乎耳”，要约马上生效，同时受要约人在没有特别约定的情形下，也应当以口头的方式作出承诺。

（3）以行为作出的承诺

如果根据要约的规定，或者根据交易习惯，受要约人以行为作出的承诺，承诺的生效时间于该行为作出之时起生效，无须受要约人另行发出通知。

4. 承诺到达的期限

如果要约人在要约中明确规定承诺的期限，那么承诺就应该在要约规定的时间到达。在计算有关的期限时，应遵循下列原则：

（1）如果要约人在电报和信件中规定承诺期限，从电报交发时刻或信上载明的发信日期起算，如未载明日期，则从信封上邮戳日起算。如果以电话、电传等快速通讯方式规定，则从要约到达受要约人时起算。

（2）在计算的期限内，如果有正式假日或非营业日，应计算在内。但如果承诺是在正式假日或非营业日期间到达要约人，则应顺延到下一个营业日。

如果要约中并没有规定承诺的期限，《公约》规定，应适当考虑交易的情况，包括要约人使用的通讯方法的迅速程度，在一段合理的时间内送达要约人。

5. 逾期承诺的法律问题

逾期承诺是指承诺未能在要约所规定的期间到达要约人。一般而言，逾期承诺应被视为新的要约，不能发生承诺的法律效力。

逾期承诺可分为两种情况：其一是可归因于受要约人的逾期承诺。这种情形下，逾期承诺仍然可保留其承诺的效力，如果要约人毫不迟延地用口头或书面发出通知的方式表明愿意接受这一逾期的承诺。其二是不可归责于当事人的原因而造成的逾期承诺。即如果该承诺在传递正常的情形下，本可以及时到达要约人，但由于其他原因而未能如期到达的，该承诺应为有效的承诺，除非要约人毫不迟延地通知受要约人，该承诺已失效。《公约》和我国合同法对此作了相同的规定。

可见，《公约》采用了区分逾期的不同原因来判断逾期承诺的性质，这种做法当然是值得称道的。另外，《公约》的规定也表明不论是哪种情形，只要构成逾期的承诺，就并不绝对产生法律效力。毕竟，这种区分的目的主要是针对受要约人而言的，对于要约人而言，他完全可以在规定的承诺时间以后自由地处置要约项下的承诺而不承担任何法律责任。

6. 承诺的撤回

承诺在生效以前可以撤回。因为承诺生效以后合同就已经成立，所以不存在承诺的撤回问题。当然，由于不同法系采用的承诺生效的时间不同，因此承诺撤回只有在采用大陆法系的到达主义条件下才存在。《公约》规定，承诺可以撤回，如果撤回通知于承诺生效以前或同时到达要约人。

三、国际货物买卖合同的形式要件

（一）书面形式的采用

《公约》第 11 条规定，销售合同无须以书面订立或书面证明、在形式方面也不受任何其他条件的限制，销售合同可以用包括证人在内的任何方法证明。也就是说，《公约》对于合同的形式采用非要式主义的做法。

《公约》第 12 条规定，如果一方当事人营业地所在的缔约国对合同的形式问题作了保留的，当事人不得变更其效力。我国在 1988 年加入《公约》时，基于当时在我国生效的《涉外经济合同法》的规定，以及我国在长期的外贸实践中都采用了书面形式的做法，而且书面形式便于确定合同内容等因素的考虑，根据《公约》的第 96 条，对《公约》第 11 条的规定申明保留，即只要一方当事人营业地在中国，其缔结的国际货物销售合同就应该采用书面的方式来订立。

对此，在 1999 年《合同法》未颁布以前，没有任何法律上的争议，这是一个典型的国际法上条约保留的问题。但是，我国 1999 年《合同法》的颁布使原来适用的《涉外经济合同法》失效，而 1999 年《合同法》基于鼓励交易的原则，对合同的形式基本采用了非要式主义。如《合同法》第 10 条规定，当事人订立合同，有书面形式、口头形式和其他形式；法律、法规另有规定的，当事人另有约定的除外。这种规定带来了一个问题，我国在加入《公约》时对《公约》的第 11 条作了保留，而且目前，对于《公约》第 11 条的保留也没有作出任何撤回保留的通知，这就意味着关于合同的形式问题应适用我国的国内法，而国内法上的这种规定能否被认为是要求书面形式的规定呢？这主要面临着对“法律另有规定”的解释，国家对《公约》的保留能否被认为是法律的另有规定，本书认为不应作这样的解释。因为，我国对《公约》第 11 条的保留，根据国际法条约保留的规定，只是排除这一条在国内法上的适用，因而应适用国内法，而不应被理解为我国对这一条的保留就绝对排除非要式主义的采纳，只要我国国内法对此作相应的修改，那么，本着对促进交易的态度，以及避免使解释陷入循环解释的圈子，应该认为，我国目前已经没有绝对要求必须以书面形式缔结国际货物销售合同。

（二）书面形式的含义

根据我国《合同法》第 11 条的规定，书面形式是指合同书、信件和数据电文（包括电报、电传、传真、电子数据交换和电子邮件）等可以有形表现所载内容的形式。

在各国的合同法中，采用书面形式的作用包括使合同具有确定性、公开性，具有证据法上的作用，在有些要式合同中书面形式还是合同效力的实质要件。

合同的书面形式有多种，其中电子数据交换（Electronic Data Interchange，简称EDI）和电子邮件（英文简称e-mail）是新的通讯技术带来的新的载体。

电子数据交换，是一种在公司、企业间传输单据、发票等商业文件进行贸易的电子化手段，通过计算机通讯网络用一种国际公认的标准格式对数据和信息进行交换和处理。电子数据交换20世纪60年代始于欧洲和美国，70年代数字通讯技术加快了EDI技术的推广，80年代进入了一个新的发展阶段。EDI是一种将计算机、通信和现代管理技术相结合的产物。EDI全球化的基础是有一个通行的标准，目前主要使用的是1985年由联合国欧洲经济委员会和国际标准化组织共同开发的《行政、商业和运输电子数据交换规则》（Electronic Data Interchange for Administration，Commerce and Transport，UN/EDIFACT）。

EDI是一种在封闭性体系中的电子数据的传输，随着Internet的快速发展，多种快捷的电子交易手段出现，如电子邮件。电子邮件中的电子信件可以在计算机网络系统传送，用户可以随时用计算机使用口令开启信箱，收发信件。

1996年联合国国际贸易法委员会制定了《电子商业示范法》。该法就数据电文的法律承认、书面、签字、原件、数据电文的证据力、留存、合同的订立和有效性、当事各方对数据电文的承认、归属、收讫的确认、收发数据电文的时间和地点等作了明确的规定。

第三节　买卖双方的义务

《联合国国际货物销售合同公约》对买卖双方的权利义务都作出了规定，但这种规定只是任意性的规定，如果双方当事人另有约定，则公约的规定并不适用。

一、卖方的义务

根据《联合国国际货物销售合同公约》的规定，卖方承担的义务包括按照合同和《公约》的规定交付货物、移交一切与货物有关的单据并转移货物的所有权。

（一）交付货物以及相关单据

交付货物和相关单据是卖方的主要义务之一。卖方应在合同规定的时间和地点交付货物和单据。如果合同对交货的时间与地点没有作出规定，则应适用该合同所应适用的准据法的规定。

1. 交货的地点

《公约》对于无合同约定下的交付货物的时间和地点作了详细的规定：

（1）货交第一承运人。合同涉及货物的运输，卖方的交货义务就是把货物交给第一承运人，但以卖方将交付的货物加标记或以装运单据或其他方式表明有关货物已被特定化于合同项下为前提。

（2）特定地点。合同没有涉及卖方应负责运输事宜，如果出售的是特定物，或者是从某批特定的存货中提取的货物，或者是尚待加工生产或制造的未经特定化的货物，而双方当事人在订立合同时已经知道这些货物存放在这个地方，或者已经知道它们将在某个地方生产或制造，则卖方应在该地点把货物交给买方处置。

（3）卖方营业地。除上述情况外，在其他的情况下，卖方的交货义务是在其订立买卖合同时的营业地点把货物交给买方处置。

2. 交货的时间

《公约》规定，如果合同中规定了交货的日期，或从合同中可以确定交货的日期，则卖方应在该日期交货；如果合同中规定了交货的期间，或从合同中可以确定一段时间，则除情况表明买方有权选定一个具体日期外，卖方有权决定在这段期间内的任何一天交货；在其他情况下，卖方应在订立合同后的一段合理的时间内交货。

3. 单据的交付

《公约》规定，移交货物的单据，是卖方 一项主要义务。根据该《公约》的规定，如果卖方有义务移交有关货物的单据，他必须按照合同规定的时间、地点和方式移交这些单据。有关货物的单据包括提单、保险单和商业发票、领事发票、原产地证书、重量证书或品质检验证书。如果卖方在上述时间以前已经移交了这些单据，他可以在这个时间届满以前对单据中任何不符合合同之处加以修改。

（二）卖方对货物的权利担保义务

权利担保是指卖方应保证对其所出售的货物享有合法的权利，没有侵犯任何第三方权利，并且任何第三方都不会就该项货物向买方主张任何权利。

《公约》规定，卖方所交付的货物必须是第三方不能提出任何权利或请求的货物，并且卖方所交付的货物不得侵犯任何第三方的工业产权或其他知识产权。

1. 一般权利担保

一般权利担保是指卖方应保证对其交付的货物享有合法的权利，不存在任何未向买方所披露的设置于该货物之上的担保物权，如抵押权或留置权等。

2. 知识产权担保

《公约》规定，卖方所交付的货物，必须是第三方不能根据工业产权或其他知识产权主张任何权利或要求的货物，但以卖方在订立合同时已知道或不可能不知道的权利或要求为限，而且这种权利或要求根据以下国家的法律规定是以知识产权为依据的：（1）如果双方当事人在订立合同时预期货物将在某一国境内转售或做其他使用的国家的法律；(2) 在任何情形下，根据买方的营业地国家的法律。但如果买方在订立合同时已知或不可能不知此项权利的除外；如果此项权利的发生是因卖方要遵循买方所提供的技术图样、图案、程式的例外。

可见，《公约》基于知识产权的地域性，在一个国家受保护的知识产权可能在另一国不受保护。因此，《公约》对于卖方的知识产权担保没有像对一般权利担保那样要求绝对。《公约》采用了主观过错标准，并辅之以对侵犯特定国家知识产权法律的推定过错作为卖方承担知识产权权利担保的要件。

（三）卖方对货物的品质担保义务

卖方所提交的货物必须是与合同相符的货物，即为卖方对货物的品质担保义务。《公约》第 35 条明确规定：(1) 卖方交付的货物必须与合同所规定的数量、质量和规格相符，并必须按照合同所规定的方式装箱或包装。(2) 除双方当事人业已另有协议外，货物除非符合以下规定，否则即为与合同不符：① 货物适用于同一规格货物通常使用的目的；② 货物适用于订立合同时曾明示或默示地通知卖方的任何特定目的，除非情况表明买方并不依赖卖方的技能和判断能力，或者这种依赖对他是不合理的；③ 货物的质量与卖方向买方提供的货物样品或式样相同；④ 货物按照同类货物通用的方式装箱或包装，如果没有此种通用方式，则按照足以保全和保护货物的方式装箱或包装；⑤ 如果买方在订立合同时知道或者不可能不知道货物不符合同，卖方无须按上款负有此种不符合同的责任。

另外，《公约》还规定了卖方承担上述义务的时间，即卖方应对货物在风险转移于买方时所存在的任何不符合的情形承担责任，即使这种不符合合同的情况是在风险转移于买方之后才明显表现出来。《公约》还规定，在某些情况下，卖方对货物在风险移转于买方之后所发生的任何不符合合同的情形亦应承担责任，如果这种不符合合同情形的发生是由于卖方违反了他的某项义务，包括违反关于货物在一定期间内将继续适合于其通常用途或某种特定用途的保证。

二、买方的义务

根据《联合国国际货物销售合同公约》的规定，买方的基本义务是支付价款和收取货物。

（一）支付货款

在买卖合同中，卖方交付货物与买方支付价款是合同最基本的权利义务，两者互为对流条件。买方应该按照合同的约定履行必要的付款手续，确定货物的价格和支付价款的时间和地点。

（二）收取货物

收取货物是买方的一项基本义务。根据《公约》的规定，买方应采取一切理应采取的行动，以便卖方能交付货物。这就要求买方采取合作的态度，以使卖方能如期履行自己的交货义务，特别是在由买方负责办理运输事宜的合同中。买方有义务在合同规定的时间和地点接受货物。

第四节 违约救济

买卖合同成立以后，在买卖双方之间形成了全面适当履行合同的义务，合同对双方当事人都具有法律拘束力。在合同的履行过程中，有时可能会出现违约的事由，如卖方不交货、交货与合同不符、迟延交货等；买方可能出现拒绝付款、拒收货物等情形。各国法律都规定，一方违约而致使另一方的权利受到损害时，受损害的一方可以采取法律上的救济方法来维护自己的合法权益。

一、卖方违约时的救济方法

《公约》规定，在卖方违约时，买方可以享有的救济方法包括：

第一，要求卖方实际履行合同义务。对于实际履行这种救济方式，大陆法系和英美法系的态度不同。大陆法系国家认为实际履行是对不履行合同的一种主要的救济方法，如《德国民法典》规定，债权人可以要求债务人实际履行合同。而英美法系国家则认为合同的主要救济方法是损害赔偿而不是实际履行。只有当金钱赔偿不足以弥补受害人损害时，衡平法才考虑用实际履行来满足债权人的需要。

《公约》在实际履行这一救济方法的运用上兼顾了两大法系的做法。首先，《公约》规定了卖方不履行合同的义务时，买方可以要求卖方实际履行。这是采用了大陆法系的做法。但《公约》又规定，一方当事人要求另一方当事人履行某项义务时，法院不能仅仅依《公约》的规定就作出实际履行的判决，除非法院依照其本身的法律规定，对不属于《公约》范围内的类似销售合同愿意这么做。这就表明《公约》的这一规定将是否采用实际履行的问题交给了各个法系国家的法院依自身的法律来处理。

第二，要求卖方交付替代物。如果卖方交付的货物与合同规定不符，且这种情形已构成根本违反合同，买方可要求卖方交付替代物。《公约》对这一救济方法采用了慎重的态度，要求卖方的交付构成根本违约。

第三，要求卖方对货物进行修补。对与合同不符的货物修补使之与合同的规定相符。

第四，给卖方一段合理的额外时间。这是《公约》针对卖方迟延交货而规定的一种买方可采用的救济方法。这种额外时间的规定意味着买方在这段宽限期内，不能采用其他的救济措施。这种规定的实质是《公约》鼓励交易原则的一种体现。《公约》规定，只有在这种合理的宽限期之后，卖方仍然不履行合同，或者在这段时间内，卖方申明将不履行合同，买方才享有宣告合同无效的权利。

第五，要求减价。《公约》规定，如果卖方所交货物与合同规定不符，不论货款是否已付，买方可以要求减价。减价应按实际交付的货物在交货时的价值与符合合同的货物在当时的价值两者之间的比例计算。但如果卖方已对货物不符合合同的规定作了补救，或者买方拒绝卖方对此作出补救，则买方无权采用这种救济办法。

第六，损害赔偿。损害赔偿是《公约》规定的一种最为主要的救济方式。买卖双方都可以采用，而且这种救济方式可以与其他任何的救济方式并存。《公约》第五章第二节专门对其作了规定。

(1) 损害赔偿的原则及责任范围。《公约》规定，一方当事人违反合同应负的损害赔偿额，应与另一方当事人因他违反合同而遭受的包括利润在内的损失额相等。但这种损害赔偿不得超过违反合同一方在订立合同时，依照他当时已知或应知的事实和情况，对违反合同预料到或理应预料到的可能损失。也就是说，《公约》对于损害赔偿制度的责任范围包括了预期利润在内，但仅以其在订立合同时可以预见到的损失为限，此外违约责任的损害赔偿并不以过失为要件，只要给另一方当事人造成损失就应承担责任。

(2) 卖方在违约时，买方要求损害赔偿的权利并不因采用了拒收货物、宣告合同无效等救济措施而丧失。《公约》对买方在宣告合同无效的一段合理时间内，以合理方式购买替代物的损害赔偿额作了规定，此时买方可以取得合同价格和替代价格之间的差价。如果买方没有采取实际买进，那么原合同的价格与宣告合同无效时的时价之间的差价就是损害赔偿的额度。

(3) 在要求进行损害赔偿时，一方应尽到减轻损失的义务。根据《公约》的规定，声称另一方违约的合同的一方，应按情况采取合理措施，减轻因违约而造成的损失，包括利润方面的损失。如果不采取这种措施，则违约一方可要求从损害赔偿中扣除原应可以减轻的损失数额。

第七，宣告合同无效。宣告合同无效是一种最为严厉的救济方式，它意味着一个已经成立的合同无效，宣告合同无效就解除了双方在合同中规定的义务，如果已部分或全部履行，就应该互相返还从对方得到的东西，使合同归于未成立以前的状态。因此，宣告合同无效会使社会财富浪费，不利于财富的增进，不利于交易，所以《公约》对于这一救济措施采用了非常谨慎的态度。《公约》规定，只有在根本违反合同时，才可以采用宣告合同无效。所谓根本违反合同，是指一方当事人违反合同的结果，使另一方当事人蒙受损失，以至于实际上剥夺了他根据合同规定有权期待得到的东西。除非违反合同的一方并不预知，且一个同等资格、通情达理的人处于相同情况中也没有理由预知会产生这种结果。可见，《公约》对根本违反合同主要是从违约的程度上来考虑的，但也采用了主客观结合的态度。

值得注意的是，按照《公约》的规定，撤销合同并不终止违约一方对其违约所引起的一切损害赔偿责任，也不终止合同中关于解决争议的任何规定。

二、买方违约时的救济方法

买方违约，主要指买方拒付货款和拒收货物。卖方在买方违约时的救济方法，可以有两种：一种是物权法上的救济，主要是保留对货物所享有的权利，包括所有权的保留和留置权等。从本质讲，这是一种对债的担保物权。另一种是债权法上的救济，包括提出损害赔偿之诉、要求实际履行、宣告合同无效等。物权方面的救济与债权方面的救济的主要区别在于，前者是卖方对货物的权利，是一种对物权；后者是卖方对买方的权利，是一种对人权、一种诉权，必须通过诉讼来实现其权利。

《公约》在这里的规定主要是债权方面的救济，主要有以下几种：

第一，按合同规定履行义务。卖方在买方不履行付款义务时，可以规定一段合理的额外时间，让买方履行义务。在这段时间内，卖方不能采用其他救济措施。

第二，如果买方在规定的合理时间内声明不履行合同，或在合理时间后不履行合同，可以采用宣告合同无效的方法。

第三，请求损害赔偿。当买方违反其合同义务或《公约》所规定的义务时，卖方有权请求损害赔偿；而且根据《公约》的规定，卖方请求损害赔偿的权利，不因其已采取上述其他补救方法而受到影响。

第四，要求支付利息。如果买方没有支付价款或任何其他拖欠金额，卖方有权对这些款额收取利息，但这并不妨碍卖方根据《公约》可以取得的损害赔偿。

三、预期违约

预期违约是指在合同订立后，履行期限到来以前，出现一方明确拒绝履行或无力履行合同的情形。根据《公约》的规定，如果在订立合同后，另一方当事人由于下列原因显然将不履行其大部分重要义务，一方当事人可以中止履行义务：（1）他履行义务的能力或他的信用有严重缺陷；（2）他在准备履行合同或履行合同中的行为显示他将不履行其主要义务。出现预期违约，在大陆法系的合同法中一般规定为不安抗辩权的行使。

预期违约的结果是使另一方当事人可以中止履行合同，如买方有预期违约的事实，则卖方可以停止发货或对在途货物行使停运权；在卖方预期违约时，买方可以停止付款。此外，预期违约时，一方中止履行合同必须将自己中止履行义务的决定及时通知到对方。如果对方提供了充分的担保，则应该继续履行合同。一方中止履行合同义务时，应有明显的事实和充分的证据，否则由此而造成的损失应自负其责。当然，预期违约如果构成了根本违约，也可以宣告合同无效而不是中止履行合同。

四、分批交货合同中的违约救济

第一，对于分批交付的货物的合同，如果一方当事人不履行对任何一批货物的义务，便对该批货物构成根本违约，则另一方当事人可以宣告合同对该批货物无效。

第二，如果一方当事人不履行对任何一批货物的义务，使另一方当事人有充分的理由断定对今后各批货物将会发生根本违约，该另一当事人可以在一段合理时间内宣告合同无效。

第三，买方宣告合同对任何一批货物的交付为无效时，可以同时宣告合同对已交付的或今后交付的各批货物均为无效，如果各批货物之间是相互依存的，不能用于当事人订立合同时的预期目的，如合同的标的是成套的机械设备或生产线流程。

第五节　货物所有权与风险的转移

一、货物所有权的转移

货物所有权的转移是国际货物销售合同的目的，是卖方最重要的义务，货物所有权从何时起由卖方转移到买方，切实关系到买卖双方的利益。在《联合国国际货物销售合同公约》中，考虑到各国对所有权转移的差异比较大，《公约》除了规定卖方的所有权担保义务之外，对涉及所有权何时转移以及合同对所有权可能产生的影响都没有规定。因此，关于所有权的移转就应该根据当事人所选择的国际惯例以及各国的国内法律来解决。

（一）国际惯例的规定

在国际惯例中，目前对所有权的转移作了规定的是 1932 年的《华沙—牛津规则》和国际商会的《国际销售示范合同》。包括国际商会制定的《国际贸易术语解释通则》在内，对所有权的转移都没有规定，这就进一步说明关于所有权的变动在各国的分歧确实很大。

根据《华沙—牛津规则》的规定，在 CIF 合同中，货物所有权移转于买方的时间，应当是卖方把装运单据交给买方的时间。也就是说，所有权的转移时间不是采用当事人的意思主义于合同订立时转移，也不是从实际交货时转移，而是在交单时转移。

此外，根据国际商会《国际销售示范合同》的规定，如果双方当事人已经有效地保留货物所有权，则在完全付清价款以前，或依照另外的约定，货物的所有权不发生转移。

（二）各国国内法的规定

1. 英国法的规定

在英国的货物买卖法中，所有权问题十分重要，与风险和保险利益的归属等直接相关。英国对所有权的转移区分了特定物与非特定物两种情形分别加以规定。

（1）对于特定物，按照《英国货物买卖法》第17条的规定，货物的所有权应在双方当事人意图转移时转移于买方，也就是直接采用了当事人的意思主义作为所有权转移的时间。

如果双方当事人在合同中对此没有作出明确的规定，法院可根据合同的条款、双方当事人的行为以及当时的具体情况来确定订约双方的意图。一般来说，对于无保留条件的特定物的买卖合同，如该特定物已处于可交付的状态（deliverable state），则货物的所有权在合同订立时即移转于买方；如果卖方还要对特定货物为某种行为，才能使之处于可交付的状态，如对货物作修理更换才符合交货条件，则货物的所有权在卖方履行此项行为且为买方知晓时移转于买方；如果货物已处于可交付状态，但卖方还须对货物进行丈量、称重、检验等行为才能确定具体价金的，则完成上述行为且为买方所知晓时转移于买方；如果货物是按“试验买卖”（Sale on Approval）条件交付，如买方明示接受货物则所有权转移，或如果买方在收到货物后在合同规定的时间或合理时间内不退货，则推定所有权发生转移。

（2）非特定物，通常是指仅凭说明（by description only）进行交易的货物，在将货物特定化之前，其所有权不移转于买方。所谓特定化（identification），就是把符合说明书的且处于可交货状态的货物无条件地划拨于合同项下的行为（unconditionally appropriate to the contract）。这种划拨行为可以由卖方提出征得买方的同意，也可以由买方提出征求卖方的同意。买方在表示同意时，可以明示表示同意，也可以默示同意；可以在划拨之前作出同意的表示，也可以在划拨之后予以确认。

一般来说，如果按照合同的规定，卖方已将货物交给了买方或者承运人或者其他受托人以便交付货物，而且又没有保留对货物的处分，则可以认为卖方已经无条件地把货物划拨于合同项下。因此，可以说，对于非特定物的转移，英国规定自交付时起转移。

《英国货物买卖法》还明确规定了货物的所有权保留，即无论是在特定物的买卖中，或者是在非特定物的买卖中，即使在货物已经特定化之后，卖方都可以保留对货物的处分权，在卖方所要求的条件得到满足以前（通常是指在买方支付贷款以前），货物的所有权仍不移转于买方。

2. 美国《统一商法典》的规定[①]

根据美国《统一商法典》的规定，货物所有权转移的前提是该货物被确定在合同项下（identified under the contract）。货物的所有权在卖方完成实际交货的时间和地点转移：(1) 如果货物涉及运输，但无须卖方将货物运至某一特定地点，则在交付发运时，货物所有权转移；如果规定应在特定目的地交付，则在目的地交付货物时转移。(2) 如果货物无须移动，且卖方要向买方交付所有权凭证，则交付凭证时转移；如果货物已确定在合同项下且无须交付所有权凭证，则合同订立时所有权转移。

与英国的规定不同的是，根据美国《统一商法典》的规定，卖方保留货物的所有权只能起到担保权益的作用，但这并不影响货物所有权的转移时间。

3.《法国民法典》的规定

《法国民法典》对于所有权的转移采用了债权意思主义的物权变动模式。其第 1583 条规定："当事人双方就标的物及其价金相互同意时，即使标的物尚未交付，价金尚未支付，买卖即告成立，而标的物的所有权也于此时在法律上由卖方转移于买方。"可见，在法国法的规定上，所有权的转移，既不需要交付或登记，也不需要所谓的独立于买卖合同的物权合同，只要有当事人之间的买卖合同这种债权的意思表示，就可以实现物权的变动。

在法国的司法实践中，所有权的转移还适用下列原则：对种类物的买卖，在货物特定化之后，所有权发生转移；在附条件的买卖中，买方确认后所有权转移；当事人有约定的，在约定时转移。

4.《德国民法典》的规定

《德国民法典》对于所有权的转移采用了物权形式主义的物权变动模式。其第 929 条第 1 款规定："为转让一项动产的所有权，必须由物的所有人将物交付于债权人，以及双方就所有权的移转达成的合意。"也就是说，在德国法上，所有权的转移属于物权法上的范畴，债权契约只能产生债权法上的作用，如欲发生物权变动，必须有独立于债权契约之外的物权契约，即物权行为独立。此外，仅有物权的合意还不足以引起物权变动，还需要存在特定的形式。在货物买卖等涉及动产的交易中，就需要通过交付这一行为来实现公示的作用，从而最终完成所有权的转让。在卖方必须交付物权凭证时，则通过交付物权凭证完成所有权的转移。

5. 我国《民法通则》的规定

我国《民法通则》第 72 条第 2 款规定："按照合同或者其他合法方式取得财产的，

---

① 苏号朋．美国商法．北京：中国法制出版社，2000：177－181.

财产所有权从财产交付时起转移，法律另有规定的或者当事人另有约定的除外。”我国《合同法》对此也作了类似的规定。从目前的情形看，我国在所有权问题的转移上，采用的是债权形式主义。也就是说，在法律和当事人没有约定的情形下，所有权的转移并不是采用纯粹的债权意思主义，也没有要求有独立于债权合同以外的物权行为，但采取了交付这一形式要件的规定，所以可以被归纳为债权形式主义。①

二、风险的转移

在合同法上，风险有广义和狭义之分。广义的风险包括可归责于当事人的事由所导致的损失，也包括不可归责于当事人事由而发生的损失。狭义的风险则仅指不可归责于当事人的事由带来的非正常的损失。在国际货物买卖合同中，风险通常是指狭义的风险，指货物在高温、水浸、火灾、严寒、盗窃或查封等非正常情况下发生的短少、变质或灭失的损失。

风险的负担的含义历来存在争议。大陆法系的学者普遍认为，风险的负担就是价金风险的负担问题，即仅仅解决当出卖人交付的标的物的债务不能履行或部分不能履行时，买受人是否仍然应支付价金的问题。② 价金风险实际是债务人因标的物灭失而履行债务不能时，债务人的履行利益风险的分配。英美法系的学者对此则有不同看法，美国学者科宾（Cobin）论述道：“如果合同当事人所允诺的特定履行成为不可能时，允诺进行履行的一方，应由其承担损失其财产价值的风险，同时，他还要承担不能获得约定的交换物（价金）的风险。另一方当事人也要承担一定的风险，即他可能得不到合约履行本来可以给他带来的利益。另一方面，他却不承担无故支付价金的风险。”可见，这里所论述的风险包括货物本身灭失的风险、因一方不履行合同而带来的买方是否支付价金的风险，而且还包括买方的履行利益和期待利益丧失的风险。

买卖合同中卖方因标的物毁灭不能履行合同而导致的债权人履行利益的风险负担，在各国民法上都由合同法中的给付不能制度予以分配。也就是卖方因不可归结于自己的原因而不能履行合同义务时，债的关系消灭，卖方无须继续履行合同，即买方的履行利益的风险由买方自行负担。

同样，对于卖方因标的物毁灭而不履行合同，导致买方期待利益的灭失的风险的分配，各国一般通过违约免责事由予以解决。在此种情形下，各国一般认定为不可抗力，

---

① 关于大陆法系各国所有权转移模式的论述，参考：王轶．物权变动论．北京：中国人民大学出版社，2001.

② 对此，法国、德国、日本和我国的学者都有类似的论述。王轶．物权变动论．北京：中国人民大学出版社，2001：335－336.

而免除卖方的违约责任，也就是买方的期待利益的风险由买方自行负担。《联合国国际货物销售合同公约》第 79 条也有类似的规定："当事人不履行义务，不负责任，如果他能证明此种不履行义务，是由于某种非他能控制的障碍，而且由于这种障碍，没有理由预期他在订立合同时能考虑到或能避免或克服它或它的后果。"

由此可见，在买卖合同中，风险作为一个独特的法律制度应主要是指标的物灭失的风险和价金风险的问题。由于在国际货物买卖中，标的物的交付与价金的支付互为对价，也就是说，如果由卖方自行承担标的物灭失的风险，则由卖方负责价金的风险，买方无须支付价金。反之，如果货物灭失的风险转移于买方，则由买方负责价金支付的风险。因此，标的物灭失的风险与价金风险并没有必要分离开来。风险的转移时间在风险的分配上起着重要的作用，影响买卖双方对于风险的负担。

（一）各国国内法就风险转移的规定

对于风险的负担，大致有两种立法体例：一种是将标的物灭失的风险与标的物所有权的归属相联系；另一种是将标的物灭失的风险与所有权归属相分离。

1. 风险与所有权相联系

这种做法，又被称为物主承担风险。英国法、法国法和德国法等都属于此类。根据 1893 年《英国货物买卖法》第 20 条的规定，除双方当事人另有约定外，在货物的所有权转移于买方之前，货物的风险由卖方承担，但所有权一经转移于买方，则不论货物是否已经交付，其风险即由买方承担。但是，如果由于买卖双方中任何一方的过失，致使交货迟延，应由过失方承担风险。法国在所有权转移上采用意思主义，在风险转移上，《法国民法典》第 1624 条规定，自物件应交付之日起，即使尚未实现交付，债权人即成为所有人，并负担物件受损的风险，但如交付人延迟交付，则风险由交付人承担。德国法在所有权转移上采用了物权形式主义，规定动产所有权的转移自交付时起。在风险的转移上，《德国民法典》第 446 条规定，自交付买卖标的物时起，意外灭失或意外毁损的危险责任转移于买受人。可见，其风险的转移时间与所有权的转移时间是一致的。我国《合同法》第 142 条规定，标的物毁损、灭失的风险，在标的物交付之前由出卖人承担，交付之后由买受人承担，但法律另有规定和当事人另有约定的除外。由于我国在所有权问题上采用的也是同一规则，因此，也可以认为我国在合同的风险转移上采用了所有人主义。

2. 风险与所有权转移相分离

这一做法的代表性立法是美国《统一商法典》和《瑞士债务法》。美国《统一商法典》将所有权的转移与风险的转移相分离，原则上以交货时间作为风险的转移时间，而不考虑货物的所有权是否已经转移。该法规定了当事人可自由选择风险的转移时间，如采用 FOB、CIF 等贸易术语。在双方没有选择时，则分三种情形：其一，涉及运输，如果合同不要求将货物运到特定的目的地，则货交承运人时起风险转移于买方，即使卖方保留了权利；如果需要将货物运至特定目的地，则风险于在目的地向买方提交货物或者让买方可以接受货物时，转移于买方。其二，如果不涉及移动即可交付，则买方在收到代表货物所有权的凭证时转移，或者保管人确定货物买方已占有货物时转移。其三，除上述情形以外的情况，如果卖方是商人，则风险应在买方收到货物后转移，而不是在提示交付时起转移。

（二）《联合国国际货物销售合同公约》对风险转移的有关规定

1.《公约》对风险转移的基本划分原则

（1）《公约》允许双方当事人在合同中约定有关风险转移的规则，并承认当事人的约定优先

双方当事人可以在合同中使用某种国际贸易术语（如 FOB、CIF 等），或以其他办法来规定货物损失的风险从卖方移转于买方的时间及条件。如果双方当事人在合同中对此作了具体规定，其效力将高于《公约》的规定。

（2）风险转移的前提条件是货物被划拨在合同项下

划拨，又称为特定化，是指对货物采取计量、包装或加上标记或向买方发出通知等方式表明货物已被归结在特定的合同项下，卖方不得再随意调换或挪作他用。第 67 条第 2 款和第 69 条第 3 款都明确规定，货物被划拨到合同项下以前，不发生风险的转移。

（3）违约对风险转移的影响

《公约》第 66 条规定，如果货物在风险移转给买方后发生灭失或损坏，买方支付货款的义务并不因此解除，除非这种灭失或损坏是由于卖方的行为或不行为所造成的。根据这项规定，一旦风险移转于买方之后，买方就承担货物灭失或损害的风险，买方负责价金的支付，而不得以此为理由拒付货款；但是，如果这种损失是由于卖方的行为或不行为所造成的，则不受此限。

《公约》第 70 条规定，如果卖方已根本违反合同，则风险的转移并不损害买方因此种违反合同而可以采取的各种补救措施。这两个条款的规定显然是令人费解的。事实上，对第 66 条的理解关键在于如何看待货物的灭失是由卖方的行为或不行为所造成的。

本书认为，这里应该表明卖方交付的货物的违约应该足以使买方拒绝收取货物，才能影响货物风险的转移。举例说明，如果卖方按合同应交付大米 200 吨，但卖方在交付时就已有 100 吨大米与合同不符，却并不是根本违约，然后在运输中遭遇风险，致使全部货物灭失。按《公约》的规定，如果风险已转移到买方，则买方应负责货物灭失的风险，支付 200 吨的价款，但卖方交付的 100 吨与合同不符的大米，买方可以要求卖方减价或者承担违约责任等补救措施。但是如果在本案中，卖方所交付的大米根本不符合合同的规定，如装载在有毒的船舱中，那么卖方的违约就影响了风险的转移，买方可以

采用宣告合同无效的方式使风险不发生转移。显然，这种理解应区分卖方的违约程度，对第 66 条的解释应与第 70 条相同。

我国《合同法》则采用了这种方式，区别两种不同情形进行了规定。第 147 条规定："出卖人按照约定未支付有关标的物的单证和资料的，并不影响标的物毁损、灭失风险的转移。"可见，这里规定了卖方的一般违约不影响风险转移。第 148 条规定："因标的物的质量不符合质量要求，致使不能实现合同目的的，买受人可以拒绝接受标的物或者解除合同。买受人拒绝接受标的物或者解除合同的，标的物毁损、灭失的风险由出卖人承担。"这一条实际就规定了卖方的根本违约使风险不发生转移。

2.《公约》对风险转移时间的规定

《公约》以交货时间作为风险转移的时间。当然，《公约》本身对于所有权的转移并没有规定。在具体的交付时间上《公约》规定了以下几种情况：

（1）《公约》第 67 条规定，如果买卖合同涉及货物的运输，但卖方没有义务在某个特定地点交付货物，则自货物按照合同交付给第一承运人以转交给买方的时候起，风险就移转给买方承担。如果卖方有义务在某个特定地点把货物交付给承运人，在货物于该地点交付给承运人以前，风险不移转给买方承担。卖方有权保留控制货物处分权的单据，但并不影响风险的转移。

（2）货物在运输途中出售时风险何时移转。《公约》第 68 条规定，对于在运输途中销售的货物，从订立合同时起，风险就转移到买方承担。但是，如果情况表明有此需要，从货物交付给签发载有运输合同单据的承运人时起，风险就由买方承担。尽管如此，如果卖方在订立合同时已知或应当知道货物已经遗失或损坏，而他又不将这一事实告知买方，则这种遗失或损坏应由卖方负责。这一条款规定是"海上路货"（Floating Cargo）的情形，在外贸实践中是指卖方先把货物装上开往某个目的地的船舶，然后再寻找适当的买主订立买卖合同，这种交易就是在运输途中进行的。

在运输途中出售货物时，其风险如何划分是一个十分困难的问题，因为在订立买卖合同时，货物已经装在运输工具上，买卖双方都可能不大清楚货物是否有损坏或灭失等情事，如果货物在运到目的地后发现损坏或灭失，往往很难判断这种损失究竟是发生在运输过程的哪个阶段，是在订立买卖合同之前还是在订立买卖合同之后。因此，难以确定这种损失的风险究竟应当由卖方还是由买方承担。对此，公约采用了相对简单的处理方式。对于在运输途中出售的货物，原则上从订立合同时，风险就移转给买方承担；如果情况表明有需要时，风险转移的时间可提到订立合同之前，即提到将货物交付给承运人的时候转移。至于何谓"情况表明有需要"，则需要根据具体案情来确定。

但无论如何，如果卖方在订立买卖合同时已知道或理应知道货物已发生灭失或损坏，而他又隐瞒这一事实不告知买方，则卖方应当自己承担风险。这种规定，当然是公平的，因为，如果卖方已知货物已经发生灭失仍然与他人订立合同，实际已经是一种欺诈，因此，合同本身就没有效力，风险当然也就不能转移于买方。

(3) 在买卖合同并不涉及货物的运输问题，即由买方自行安排运输的情况下，风险从何时起由卖方移转给买方，《公约》第69条作了如下规定：从买方收受货物时起，或者如果买方不在适当时间内收受货物，则从货物已交给他处置但他不收取货物从而违反合同时起，风险从卖方转移到买方。如果买方有义务在卖方营业地以外的某一特定地点接受货物，则当交货时间已到，而买方知道货物已在该地点交给他处置时，风险开始转移。这一条不仅规定了风险转移的时间，而且对因买方的违约而导致的风险的移转也作了明确的规定，买方的接受货物迟延的违约并不影响风险从卖方转移到买方。

思考题

1. 简述《国际贸易术语解释通则》的主要内容。
2. 比较FOB、CIF、CFR和FCA、CIP、CPT的区别和联系。
3. 试述要约的构成要件。
4. 试述国际货物销售合同卖方的义务。
5. 简述卖方违约时买方采取的救济措施。
6. 试述国际货物销售合同风险转移的理论。

课外阅读书目

[英] 施米托夫．国际贸易法文选．赵秀文，译．北京：中国大百科全书出版社，1993.

郭寿康，赵秀文．国际经济法．北京：中国人民大学出版社，2009.

沈木珠．国际贸易法研究．北京：法律出版社，2010.

第三章

国际货物运输法

内容提要

国际货物运输是国际贸易的一个重要环节，是实现国际贸易目标的重要手段。买卖双方订立买卖合同之后，还需要订立货物运输合同，但国际货物运输合同相对独立于买卖合同，分别属于不同的法律体系来调整。国际货物运输方式多种多样，一般分为国际海上货物运输、国际航空货物运输、国际铁路货物运输和国际货物多式联运。

第一节 国际海上货物运输

一、国际海上货物运输的概念与种类

（一）国际海上货物运输的概念

国际海上货物运输是指由承运人使用船舶经海道将托运人的货物从一国的某港口运至另一国某港口的运输方式。由于海上运输通过能力大、运量大、运费低等特点，海运量在国际货物运输总量中占 80% 以上；但海洋运输也存在受气候和自然条件的影响较大，航期不易准确，风险较大以及速度相对较低等不足之处。

（二）国际海上货物运输的种类

国际海上货物运输分为班轮运输和租船运输两种方式。

1．班轮运输

班轮运输（Liner Service）是海洋运输的一种方式，又称定期船运输，它是指船舶按照固定的航线和预先公布的船期表，以既定的港口顺序在固定港口之间运送货物的运输。班轮运输适合于货流稳定、货种多、批量小的杂货运输。在班轮运输合同中，货主称托运人，船主称承运人。

班轮运输分为两种形式：（1）正规班轮运输，也称定线定期班轮运输，即指定船舶严格按照预先公布的船期表（sailing schedule）和航线航行，到港和离港时间固定；（2）非正规班轮运输，指不定期、不定港、不定船的定线班轮运输，即除了停靠几个固定的港口外，其余港口则要视货物情况而决定是否停靠，事先不能编制一定期间的船期表。

班轮运输的特点有：（1）班轮运输具有“四相对固定”的特点，即相对固定航线、相对固定港口、相对固定船期和相对固定费率，这是班轮运输的最基本特征；（2）班轮运价内包括装卸费用，即货物由承运人（船主）负责配载装卸，承运与托运双方不计滞期费和速遣费；（3）承运人对货物从货物装上船起，到货物卸下船止负责，即“舷至舷”（Rail to Rail）或“钩至钩”（Tackle to Tackle）；（4）班轮运输货物的数量比较灵活，货主按需订舱，特别适合于一般件杂货和集装箱货物的运输；（5）承运双方以签发的提单为依据享有权利（包括责任豁免）并承担义务，该单据受统一的国际公约的制约。

2. 租船运输

租船运输（Charter），也称为不定期船运输（Tramp Service）或租船，是按照租船运输合同的约定由租船人向船主租赁船舶用于货物运输的一种方式。租船运输特别适合于大宗散货的整船运输，有关航线和港口、运输货物以及航行的时间等，都按照承租人的要求，由船舶所有人确认。在租船合同中，货主称船舶承租人（charterer），船主称船舶出租人。

租船运输分为以下三种形式：（1）航次租船运输（Voyage Charter），也称“程租”，是指船舶出租人向承租人提供船舶或者船舶的部分舱位用以海上货物运输的一种方式。由于所租航次不同，航次租船运输又可分为：① 单航次程租（Single Voyage Charter），即只租一个航次的租船运输；② 往返航次程租（Round Voyage Charter），指承租往返航次的租船运输；③ 连续航次程租（Consecutive Voyage Charter），指承租连续航行几个单航次或几个往返航次的租船。（2）定期租船运输（Time Charter），也称“期租”，是指船主向承租人提供约定的由其配备船员的船舶，承租人按照约定的期间和约定的用途使用船舶并支付租金的运输。（3）光船租船运输（Demise Charter/Bareboat Charter），是指船主向承租人提供不配备船员的船舶，承租人在约定的期间内占有、使用船舶，并向船主支付租金的租船运输。其与定期租船不同的是，船主不提供船员，仅将船舶本身交给租船人使用。

租船运输的基本特点是：（1）租船运输是以租船合同为依据的，租船合同条款由船主和承租方双方共同商定；（2）一般由船主与承租方各自或共同的租船经纪人达成租船合同；（3）船主按照租船人的要求来提供相应的船舶，租船合同不定船期，不定航线；（4）租金率根据市场行情而定；（5）租船合同中订明船舶营运中有关费用的支出，根据不同的租船方式由船主和承租方分担；（6）租船运输适宜大宗货物运输；（7）各种租船合同均有相应的标准合同格式。

二、提单

（一）提单的概念与法律作用

1. 概念

《海牙规则》和《维斯比规则》没有对“提单”（bill of lading，B/L）给予定义，而《汉堡规则》和中国《海商法》则有明确规定。《汉堡规则》第1条规定：“‘提单’是指一种用以证明海上运输合同和货物由承运人接管或装船，以及承运人据以保证交付货物的单证。单证中关于货物应交付指定收货人或按指示交付或交付提单持有人的规定，构成此种保证。”中国《海商法》第71条对提单的规定与《汉堡规则》的定义基本相同：“提单，是指用以证明海上货物运输合同和货物已经由承运人接收或者装船，以及承运人保证据以交付货物的单证。提单中载明的向记名人交付货物或者按照指示人的指示交付货物，或者向提单持有人交付货物的条款，构成承运人据以交付货物的保证。”

2. 法律作用

（1）提单是证明承运人已接管货物和货物已装船的凭证。提单对于将货物交给承运人运输的托运人来说，具有货物收据的功能。托运人将货物交给承运人后，承运人应立即签发提单，证明承运人已按提单上的内容收到了货物，所以，提单一经承运人签发，即表明承运人已将货物装上船舶或已确认接管。提单作为货物收据，不仅证明收到货物的种类、数量、标志、外表状况，而且还证明了承运人收到货物的时间。

（2）提单是代表货物权利的物权凭证。对于合法取得提单的持有人，提单具有物权凭证的功能，即谁持有提单，谁就有权提取货物，而作为一种物权凭证，法律允许提单进行买卖和自由转让。

（3）提单是托运人和承运人关于海上货物运输合同成立的证明文件。由于约束承托双方的提单条款只是由承运人单方拟定，且提单签发时间是在承运人接收货物或将货物装船之后，即履行在前，签发在后，所以提单本身并不是运输合同，而只是运输合同的证明。

（二）提单的基本条款

提单是一种通常是由承运人来拟定的标准格式文件，其通常包括载明与货物有关的事项的正面条款和载明承运人的权利义务的背面条款。

1. 正面条款

《海牙规则》第3条第3款规定：“承运人或船长或承运人的代理人在收受货物归

其照管后，经托运人的请求，应向托运人签发提单，其上载明下列各项：(a) 与开始装货前由托运人书面提供者相同的、为辨认货物所需的主要唛头，如果这项唛头是以印戳或其他方式标示在不带包装的货物上，或在其中装有货物的箱子或包装物上，该项唛头通常应在航程终了时仍能保持清晰可认；(b) 托运人用书面提供的包数或件数，或数量，或重量；(c) 货物的表面状况。”

《汉堡规则》第 15 条第 1 款规定：“提单记载的事项中，必须包括下列事项：(a) 货物的品类，辨认货物必需的主要标志，如属危险品，对货物的危险特性所作的明确说明，包数或件数及货物的重量或以其他方式表示的数量等，所有这些项目均由托运人提供；(b) 货物的外表状况；(c) 承运人的名称和主要营业所；(d) 托运人的名称；(e) 如托运人指定收货人时，收货人的名称；(f) 海上运输合同规定的装货港及承运人在装货港接管货物的日期；(g) 海上运输合同规定的卸货港；(h) 如提单正本超过一份，列明提单正本的份数；(i) 提单的签发地点；(j) 承运人或其代表的签字；(k) 收货人应付运费金额或由收货人支付运费的其他说明；(l) 第 23 条第 3 款所提到的声明；(m) 如属舱面货，货物应该或可以装在舱面上运输的声明；(n) 如经双方明确协议，应列明货物在卸货港交付的日期或期限；和 (o) 按照第 6 条第 4 款规定，协议的任何增加的赔偿责任限额。”

中国《海商法》借鉴了《汉堡规则》的规定，该法第 73 条规定：“提单内容，包括下列各项：(一) 货物的品名、标志、包数或者件数、重量或者体积，以及运输危险货物时对危险性质的说明；(二) 承运人的名称和主营业所；(三) 船舶名称；(四) 托运人的名称；(五) 收货人的名称；(六) 装货港和在装货港接收货物的日期；(七) 卸货港；(八) 多式联运提单增列接收货物地点和交付货物地点；(九) 提单的签发日期、地点和份数；(十) 运费的支付；(十一) 承运人或者其代表的签字。提单缺少前款规定的一项或者几项的，不影响提单的性质；但是，提单应当符合本法第七十一条的规定。”

2. 背面条款

提单的背面条款，主要规定了承运人的权利义务，同样由各班轮公司拟订，实践中，各国班轮公司的提单背面条款虽各不相同，但主要内容类似，通常都订有以下主要条款：

(1) 首要条款 (Paramount Clause)。首要条款是指明确指出提单适用哪一项国际公约或国内法的条款。世界上有许多国家的提单均载有该条款。《中国远洋运输公司提单条款》也订立有该条款，其中第 3 条规定：“有关承运人的义务、赔偿责任、权利及豁免应适用《海牙规则》，即 1924 年 8 月 25 日在布鲁塞尔签订的关于统一提单若干法律规定的国际公约。”

（2）管辖权（Jurisdiction）条款。管辖权条款是指明确指出争议在何地解决的条款。除提单上已指定的法律外，各种提单条款基本都规定承运人主要营业所所在地对因提单产生的争议案件有管辖权并适用营业所所属国的法律。1983 年《中国远洋运输公司提单条款》第 2 条规定："凡出自本提单或与本提单有关的一切争执均应按照中国法律，在中华人民共和国的法院解决或在中华人民共和国仲裁。"

（3）责任期间（Period of Responsibility）条款。责任期间条款是指明确指出承运人对货物承担责任的起止期间的条款。

（4）装货、卸货和交货（Loading，Discharging and Delivery）条款。该条款是明确规定托运人在装货港提供货物和收货人在卸货港提取货物的义务的条款，即托运人和收货人都应以船舶所能装卸的速度尽快并连续地提供和提取货物。否则，由此引起的有关损失均由托运人、收货人负担。如果卸货港无人提取货物或者收货人迟延、拒绝提取货物的，船长可以将货物卸在仓库或者其他适当场所，由此产生的费用和风险由收货人承担。

（5）驳船费（Lighter Age）条款。该条款是为了明确驳船费由托运人、收货人负责的条款。该驳船费的产生是由于某些港口的习惯或受港口条件的限制，当船舶到达港口时，船舶不能靠近泊位装卸货物，而必须通过雇用驳船来完成。

（6）运费和费用（Freight and Charges）条款。该条款是明确托运人、收货人支付运费和有关费用的条款。

（7）留置权（Lien）条款。该条款是保护承运人的合法利益的条款，明确承运人可因货方未付运费、空舱费、滞期费和任何其他货方应付的款额、无论何人应付而未付的共同海损分摊费用以及因对以上款项的请求而引起的费用对货物以及任何单证行使留置权，并有权出让或处置货物。如果出售货物所得不足抵偿应收款额和引起的费用，承运人有权向货方收回其欠额。

（8）迟延（Delay）条款。该条款是明确承运人迟延交付责任的条款。该条款一般规定，除因承运人本人的过失之外，承运人对于因托运人、收货人的原因致使货物迟延交付造成的损失概不负责。

（9）活动物、甲板货（Live Animal，Deck Cargo）条款。《中国远洋运输公司提单条款》第 15 条规定，舱面货、活动物和植物的接受、装载、运输、保管和卸载均由货方承担风险，承运人对其灭失或损坏不负赔偿责任。

（10）冷藏货物（Refrigerated Goods）条款。《中国远洋运输公司提单条款》第 17 条规定，冷藏货舱在装货之前，承运人除必须取得船级证书外，还应取得船舶检验机构的验船师或其他合格人员的证书，表明该冷藏舱位和冷藏机适于安全收受，载运和保管冷藏货物；收货人应在船舶备妥交货时立即接收冷藏货物，否则，承运人可以将货物卸在岸上，其风险和费用均由货方负责。

(11) 集装箱货物 (Container Goods) 条款。由于集装箱运输高效益、高效率、高协作等特点，为了发挥集装箱运输的优势、适应集装箱运输发展的需要，因此提单通常列入有关集装箱货物条款以明确承托双方在集装箱运输情况下的责任。

(12) 危险货物 (Dangerous Goods) 条款。《中国远洋运输公司提单条款》第14条规定：① 在事先未向承运人提出货物性质的书面通知，并按运输中可能适用的任何法律或规章的规定，在货物、集装箱或其他包装的外部加以标明之前，货方保证不交运具有危险性、易燃性、放射性和（或）任何有害性质的货物。② 无论何时发现承运的货物未能遵照上述①款的规定，或发现货物属于违禁品，或在运输中为装货港、卸货港、挂靠港或任何地方、水域的任何法律或规章所禁止，承运人有权将该货物予以处置使其不能为害，或投弃海中或卸下，或由承运人任意处置而不予赔偿。货方应就任何种类的灭失、损坏或赔偿责任，包括运费损失和直接或间接的由该运输所引起的或造成的任何费用担负责任并向承运人赔偿。③ 如果遵照上述①款的规定承运的任何货物对船舶或货物造成危险时，则应同样予以处置使其不能为害，或投弃海中，卸下或由承运人任意处置而不予赔偿，但如有共同海损则不在此限。

(13) 换船、转船与转运 (Substitution of Vessel, Transshipment and Forwarding) 条款。该条款是明确承运人具有根据需要换船、转船与转运自由的条款。我国《中国远洋运输公司提单条款》第13条规定，如有需要，承运人可将货物交由属于其自己的船舶或属于他人的船舶，或以其他运输工具直接或间接地运往目的港口和转船、卸船、卸岸、在岸上或水面上储存以及重新装船转运，以上费用由承运人负担，但风险由货方负担，承运人的责任仅限于其本身经营的船舶所完成的那部分运输。

(14) 选港 (Options) 条款。《中国远洋运输公司提单条款》第13条规定，选港货的卸货港必须在船舶到这列名为选港的第一个港口48小时之前向船舶代理人宣布，如未宣布，承运人可以选择在第一个或任何一个选港卸货，即应认为运输合同已经履行。任何选港货必须为本提单项下货物的总数量。

(15) 共同海损与救助 (General Average and Salvage) 条款。该条款是明确共同海损理算地和理算规则以及救助费用的支付等事项的条款。另外，该条款还规定，货物托运人、收货人或货物所有人应在共同海损中与承运人一起分担可能构成或可能发生的具有共同海损性质的牺牲、损失或费用，并应支付关于货物方面所发生的救助费用和特殊费用，而不论救助船舶是否属于承运人所有或由其经营。

(16) 双方有责碰撞 (Both-to-Blame Collision) 条款。该条款是指如有船舶由于他船疏忽以及本船船长、船员、引水员或承运人的受雇人在驾驶或管理船舶中的行为、疏忽或不履行职责而与他船碰撞，则本船的货物所有人应就他船亦即非载货船舶或其所有人所受一切损失或所负一切赔偿责任，给予本船承运人赔偿。

（17）战争、传染病、冰冻、罢工等（War，Epidemics，Ice，Strikes，etc.）条款。几乎所有提单都规定了在发生上述不可抗力事件，致使船舶和货物不能安全抵达卸货港卸货时，承托双方的权利义务。

（18）地区条款（Local Clause）条款。该条款规定关于运往美国或从美国运出的货物，尽管有本提单的任何其他条款，本提单应遵守美国《1936 年海上货物运输法》的规定。承运人或船舶对此种货物的灭失或损失所负赔偿责任，在任何情况下每件或如此种货物不以包件运送则每一通常计费单位不超过美国合法货币 500 元，但是托运人在此种货物装船前已将其性质和价值加以申报并被载入提单者不在此限。

（三）提单的种类

根据不同的角度，可以对提单作出不同的分类：

1. 按货物是否已装船分类

（1）已装船提单（shipped or on board B/L），是指承运人将货物装上指定的船只后签发的提单。由于这类提单上面注有载货船舶名称和装货日期，对收货人按时收到货物有保障，因此买卖合同一般都要求卖方提供已装船提单。

（2）备运提单（received for shipment B/L），是指承运人收到托运人的货物但未装船期间签发给托运人的提单。由于这种提单上面没有载明装船日期，也没有具体的载货船舶名称，且此类提单对货物能否装运无确切保障，买方、受让人和银行一般不愿接受。但是，备运提单若经承运人加注“已装船”（on board）字样，并注明承运船名、装船日期并由承运人签字，则可转化为“已装船提单”而被银行接受。

2. 按货物表面状况有无不良批注分类

（1）清洁提单（clean B/L），是指货物装船时，表面状况良好，承运人在签发提单时对货物的表面状态未加任何有货损、包装不良或其他有碍结汇批注的提单。在国际贸易中，买方、货物受让人和银行一般都要求卖方提供清洁提单。

（2）不清洁提单（unclean B/L，or foul B/L），是指承运人对收到的货物的表面状况加有货物外表状况不良或货物存在缺陷或包装破损等不良批注的提单，如注明“包装不固”、“破包”、“钩损”、“捆扎松失”、“沾有油污”等字样。但是，并不是所有经批注的提单都为不清洁提单，国际航运工会于 1951 年规定，下列三种内容的批注不能视为不清洁：第一，没有说明货物或包装不能令人满意，只是批注“旧包装”、“旧箱”、“旧桶”等；第二，强调承运人对于货物或包装性质所引起的风险不负责任；第三，否认承运人知悉货物内容、重量、容积、质量或技术规格。这三项内容已被大多数国家和船运组织所接受。

3. 按收货人的抬头方式分类

（1）记名提单（straight B/L），又称收货人抬头提单，是指在提单的收货人栏内，具体写明收货人的名称，发给指定收货人的提单，如“交给某某公司”等字样。由于这种提单只能由提单内指定的收货人提货，不能转让，因而又称为不可流通的提单。记名提单虽然可以避免提单在流通过程中遗失、被盗或被冒名背书的风险，使货物始终控制在货主手中，但它却失去了提单流通的便利性。记名提单在国际贸易中很少使用，一般只有在运送贵重物品、援助物资或展览品时才采用。

（2）不记名提单（open B/L，bearer B/L），又称空白提单、持票人提单。这种提单在收货人一栏内不填明具体的收货人或指示人名称而仅填写“交与持票人”（to bearer）字样，无论何人持有这种提单，其都可以向承运人提取货物。不记名提单转让或提货手续十分简便，提单持有人不需作任何背书，只要把提单交给受让人即可，因此货物也容易被无权利人提走，从而引起纠纷。由于这种提单在流通过程中风险较大，在国际贸易中也极少使用。

（3）指示提单（order B/L），是指在提单收货人栏中仅填有“凭指示”（to order of...）或“凭指定”（to order）字样的提单。指示提单是一种有价证券，具有证券所具备的流通性质，提单持有人可仅以背书方式将其转让，无须其他手续，十分快捷简便。在国际贸易中，指示提单是使用得最为普遍的一种提单。

4. 按运输过程是否转船分类

（1）直达提单（direct B/L），是指货物从装运港装船后，中途不经换船、不需转运而直接驶达卸货港卸货的提单。在国际贸易中，信用证如规定货物不准转船，卖方就必须取得承运人签发的直达提单，银行才接受卖方办理议付货款的请求。

（2）转船提单（transshipment B/L），是指船舶在装运港装货后，不直接驶向目的港而在中途港口换船并把货物转运至目的港的提单。这种提单一般都注有“在某某港转船”的字样。由于货物在中途经换船转运，这不仅会增加货物受损或其他风险，还可能因为中途的换装船延误到货时间。因此，买方通常都要求直达运输，并在信用证内明确规定不许转船。但有时，由于运输条件有所限制，在中途转船反而可以达到使货物更快地到达卸货港的目的，因此在这种情况下，买卖双方可以约定使用转船提单。

（3）联运提单（through B/L），是指托运人对需经两种或两种以上的运输方式（如海陆、海河、海空等）联合运输的货物办理托运手续并缴纳全程运费之后，由第一承运人签发的，包括运输全程并能凭此在目的港提取货物的提单。联运提单的签发人对货物运输全程负有责任，货物在运输途中一旦受损，签发人就有义务赔偿货主的损失，之后其有权向分段运输的实际承运人索赔。

5. 按提单内容的繁简分类

（1）全式提单（long form B/L），也称繁式提单，是指通常应用的既有正面内容又在提单背面列有承托双方权利义务等详细条款的提单。

（2）简式提单（short form B/L），又称略式提单，是指仅保留全式提单正面必要项目，如船名、货名、标志、件数等记载，而略去提单背面全部条款的提单。

（四）提单的风险和防范

1. 提单在签发时的风险

（1）预借提单和倒签提单。清洁提单是托运人据以结汇的重要凭证。所谓清洁提单，根据《跟单信用证统一惯例》第34条的规定，是指货物单据上并无明显声明货物或包装有缺陷的附加条文或批注者。若运输单据上有该类附加条文或批注，除信用证明确规定可接受外，银行当拒绝接受。因此，为顺利结算，托运人往往采取预借提单和倒签提单的手段。在货物尚未装船或尚未装船完毕的情况下，由承运人提前签发已装船提单，使卖方能赶在信用证有效期届满前顺利结汇，即预借提单。在货物装船完毕后，承运人以早于该票货物实际装船完毕的日期作为提单签发的日期，以使提单的签发日期（即货物装船日期）符合信用证关于装运期的规定，即倒签提单。这两种提单虽有区别，但都是欺诈的表现，为各国法律和海运惯例所不允许。

（2）凭保函签发提单。在国际海上货物运输实践中，托运人往往向承运人出具保函，让承运人签发清洁提单，并保证赔偿承运人因签发清洁提单而遭到的损失。一旦收货人持清洁提单向承运人索赔，承运人必须赔付收货人。但承运人持保函向托运人追偿时，则要依据托运人的信誉和要补偿的理由是否与保函中所保事项完全一致来决定承运人是否能够得到补偿。且承运人没有按照货物的实际情况签发提单，已违背了民事活动诚信的原则，往往构成对善意收货人的欺诈，若承运人提请诉讼，根据法律，任何有欺诈性的合同、协议或保证都不具有法律上的约束力，因此法院不会依据保函来判决保函项下发生货损的责任方，承运人因赔偿收货人或提单持有人而遭受的损失可能得不到赔偿。

（3）伪造提单。在国际贸易中，海运提单是一份具有决定性意义的文件和单证：卖方可凭此结汇、收取货款（但必须与信用证的要求完全吻合）；承运人可凭此收取运费和其他费用，同时可据此行使运输合同中的各项权利；收货人可凭此提取船载货物，除记名提单外，船方交货的原则是“认单不认人”。正因为提单具有如此重要性，所以利用伪造提单进行欺诈的情况也屡见不鲜。在国际贸易实践中，伪造提单的情况大致分为以下三种：第一种情况是买卖合同的卖方伪造提单，骗取货款。第二种情况是租船人伪造提单，骗取运费或租金。有些承租人通过签发假提单，骗取货方运费后即销声匿迹，而此时船东因未收到承租人的租金而留置货方的货物，使货方在此种情况下承担着很大的风险。第三种情况是托运人（卖方）与承运人恶意串通，伪造提单及其他运输事实，骗取货款。在实践中，这种情况较为常见。

2. 提单在流转时的风险

（1）提单流转中提单持有人所承担的风险。在现代国际贸易中，银行在收到托运人提交的包括提单等的单证后，仅有合理谨慎的审核义务，以确定提单在表面上是否符合信用证的要求。事实上，提单表面记载和信用证上的要求相符的条件在实际操作中还是比较容易满足的。因此，提单持有人有可能因提单存在着银行无法识别的漏洞而承担较大的风险。

（2）提单流转中银行所承担的风险。在提单流转中银行所承担的风险主要有：① 开证行在支付货款或已承担此项义务后，买方无力付款赎单，开证行只得直接处分提单。假如，这时提单项下的货物存在严重的货损货差，抑或价格暴跌，以致不足以偿付货款；或者提单根本就是伪造的，提单项下根本没有货物。② 开证行支付货款后，买方凭提单取货，但后来买方失去还款能力。③ 开证行在支付货款后，仅留下一式三份正本提单中的两份，而将另一份交与开证申请人，开证申请人可将该份提单背书转让给第三人，第三人凭单提货。倘若在这之后开证申请人失去还款能力，而银行原以为可凭提单主张货物所有权，殊不知银行手中的提单已因第三人凭第三份提单提取货物后自动失效。

3. 提单在交货时的风险

（1）有单无货。在国际贸易的实践中，常常出现提单持有人提不到货物的情况，造成这种情况的原因主要有三种：一是发货人伪造提单，骗取货款；二是承运人或其代理人将货物交付给非正式提单持有人，使得正式提单持有人提不到货物；三是承运船舶在中途将货物盗卖。

（2）单货不符。单货不符一般有两种情况，一是数量不符，二是质量不符。导致单货不符的主要原因有二：其一，在出具保函的情况下，承运人会应托运人要求，不在提单上作瑕疵批注，从而导致单货不符；其二，货物在运输途中也可能因为承运人的过错导致货差或货损，从而造成单货不符。

（3）无人提货。造成无人提货的原因主要有三：① 提单还未流转至收货人手中；② 提单在银行或托运人、收货人以外的其他人手中；③ 其他原因。

（五）有关提单的国际公约

1. 《海牙规则》（Hague Rules）

《海牙规则》，全称是《统一提单若干法律规定的国际公约》（International Convention for the Unification of Certain Rules of Law Relating to Bill of Lading）。《海牙规则》于 1924 年 8 月 25 日由 26 个国家在布鲁塞尔签订，1931 年 6 月 2 日生效。由于公约草案是 1921 年在海牙通过，因此定名为《海牙规则》。《海牙规则》使得海上货物运输中有关提单的法律得以统一，在促进海运事业发展、推动国际贸易发展方面发挥了积极作用，是最重要的和目前仍被普遍使用的国际公约。但是，由于《海牙规则》较多地维护了承运人的利益，在风险分担上很不均衡，因而引起了作为主要货主国的第三世界国家的不满，纷纷要求修改《海牙规则》，建立航运新秩序。我国于 1981 年承认该公约。

2.《维斯比规则》(Hague-Visby Rules)

《维斯比规则》，全称是《关于修订统一提单若干法律规定的国际公约的议定书》(Protocol to Amend the International Convention for the Unification of Certain Rules of Law Relating to Bill of Lading)，或简称为“1968 年布鲁塞尔议定书”（The 1968 Brussels Protocol)，1968 年 2 月 23 日在布鲁塞尔通过，于 1977 年 6 月生效。《维斯比规则》是在第三世界国家的强烈要求下，折中各方意见，对《海牙规则》中明显不合理或不明确的条款作局部的修订和补充。

3.《汉堡规则》(Hamburg Rules)

《汉堡规则》，全称是《1978 年联合国海上货物运输公约》(United Nations Convention of the Carriage of Goods by Sea，1978)。于 1976 年由联合国贸易法律委员会草拟，1978 年经联合国在汉堡主持召开有 71 个国家参加的全权代表会议上审议通过。《汉堡规则》全面修改了《海牙规则》，其内容在较大程度上加重了承运人的责任，保护了货方的利益，代表了第三世界发展中国家的意愿，该公约已于 1992 年生效。由于签字国大多是非主要航海国家，目前《汉堡规则》对国际海运业影响不是很大。

4. 有关提单的国际公约的主要内容

(1)《海牙规则》的有关规定

第一，关于承运人的义务。承运人必须在开航前和开航当时，谨慎处理，使船舶适航；适当地配备船员、装备船舶和配备供应品；使货舱、冷藏舱、冷气舱和该船其他载货处所适于并能安全地收受、载运和保管货物。承运人应当妥善地、谨慎地装载、搬移、积载、运输、保管、照料和卸载所运货物。不论承运人或船舶，对由于下列原因引起或造成的货物灭失或损坏，都不负责任：① 船长、船员、引航员或承运人的受雇人员在驾驶船舶或管理船舶中的行为、疏忽或不履行职责；② 火灾，但由于承运人实际过失或私谋所造成者除外；③ 海上或其他可航水域的风险、危险或意外事故；④ 天灾；⑤ 战争行为；⑥ 公敌行为；⑦ 君主、当权者或者人民的扣留或拘禁，或依法扣押；⑧ 检疫限制；⑨ 托运人或货主，其代理人或代表的行为或不行为；⑩ 不论由于任何原因所引起的局部或全面罢工、关闭、停工或劳动力受到限制；⑪ 暴动或骚乱；⑫ 在海上救助或企图救助人命或财产；⑬ 由于货物的固有缺陷、质量或瑕疵所造成的体积或重量的损失，或任何其他灭失或损害；⑭ 包装不充分；⑮ 标志不充分或不当；⑯ 经谨慎处理仍不能发现的潜在缺陷；⑰ 非由于承运人的实际过失或私谋，或承运人的代理人或受雇人员的过失或疏忽所引起的任何其他原因，但请求此项免责利益的人应当负举证责任，表明灭失或损害既非由于承运人的实际过失或私谋，又非由于承运人的代理人或受雇人员的过失或疏忽所造成。

第二，关于承运人的赔偿责任限制。不论是承运人或船舶，在任何情况下对货物或与货物有关的灭失或损害其中每件或每计费单位超过一百英镑或与其等值的其他货币的部分，概不负责，除非托运人于装货前已就该项货物的性质和价值提出声明，并已在提单上注明的，不在此限。经承运人、船长或承运人的代理人与托运人双方协议，可规定不同于此规定的另一最高限额，但该最高限额不得低于上述数额。如承运人在提单中，故意谎报货物性质或价值，则在任何情况下，承运人或船舶，对货物或与货物有关的灭失或损害，都不负责。

第三，关于托运人的义务。托运人应被视为已在装船时向承运人保证，由他提供的标志、件数、数量和重量均正确无误；并应赔偿给承运人由于这些项目不正确所引起或导致的一切灭失、损坏和费用。承运人的这种赔偿权利，并不减轻其根据运输合同对托运人以外的任何人所承担的责任和义务。对于任何非因托运人、托运人的代理人或其受雇人员的行为、过失或疏忽所引起的使承运人或船舶遭受的灭失或损坏，托运人不负责任。

(2)《维斯比规则》的有关规定

第一，关于承运人的责任限制。① 不论是承运人或船舶，对超过每件或每单位相当于 10 000 法郎，或按灭失或受损货物毛重计算每公斤相当于 30 法郎（两者之中以较高者为准）的货物或与货物有关的灭失或损害，在任何情况下，概不负责，除非货物的性质和价值已由托运人在货物装运前声明，并在提单上注明。② 可赔偿的总额应参照该货物根据合同从船上卸下或本应卸下的当时当地的价值计算。货物价值应按商品交换价格确定，或者，如无此种价格，按现时市场价格计算；如无商品交换价格和现时市场价格，参照相同品种和质量的货物的正常价值确定。③ 如货物是以集装箱、货盘或类似的运输工具集装，则提单中载明的装在此种运输工具中的件数或单位数，应视为本款所述件数或单位数。除上述情况之外，此种运输工具应视为一个包件或单位。④ 一个法郎是指一个含有纯度为千分之九百的黄金 65.5 毫克的单位。将裁判的赔偿金额折合成本国货币的日期，应按受案法院所在地法律确定。

第二，关于承运人的受雇人员或代理人的法律地位。如果此种诉讼是对承运人的受雇人员或代理人（该受雇人员或代理人并非独立合同人），该受雇人员或代理人有权援引承运人依照本公约可援引的各项抗辩和责任限制。但是，如经证明，损害系受雇人员或代理人故意造成，或明知可能造成损害而轻率地采取的行为或不行为所引起，该承运人的受雇人员或代理人便无权引用本条各项规定。

(3)《汉堡规则》的有关规定

第一，关于承运人的责任原则。如果引起货物的灭失、损坏或延迟交付的事故发生在第4条定义的承运人掌管货物的期间，承运人对由于货物的灭失、损坏以及延迟交付所造成的损失，应负赔偿责任，除非承运人证明，其本人及其受雇人和代理人已为避免事故的发生及其后果而采取一切所能合理要求的措施。承运人应对下列事项负赔偿责任：① 由火灾所引起的货物灭失、损坏或延迟交付，如果索赔人证明，火灾是由于承运人、其受雇人或代理人的过失或疏忽所造成；② 经索赔人证明，由于承运人、其受雇人或代理人在可能合理地要求他采取避免或减轻其后果的一切措施方面的过失或疏忽所造成的货物的灭失、损害或延迟交付。在船上发生火灾影响货物时，如果索赔人或承运人要求，应根据航运惯例，对火灾的起因和情况进行检验，并根据要求，向索赔人和承运人提交检验人的报告。

第二，关于承运人的责任期限。承运人对货物的责任期限包括货物在装货港、运输途中和卸货港处于承运人掌管之下的期间。“在下述期间，承运人应被视为已经掌管货物：(a) 自承运人从下述各方接管货物时起：(i) 托运人或代其行事的人；或者 (ii) 根据装货港适用的法律或规章，须将货物交其装运的当局或其他第三方；(b) 直至他按下列方式交付货物之时为止：(i) 将货物交付收货人；或者 (ii) 如果收货人不向承运人提货，则依照合同或在卸货港适用的法律或特定商业习惯，将货物置于收货人支配之下；或者 (iii) 根据卸货港适用的法律或规章，将货物交付所需交付的当局或其他第三方。”

第三，关于承运人的责任限制。承运人对于货物的灭失或损坏所造成的损失的赔偿责任，以受灭失或损坏的货物每件或每一其他装运单位相当于835计算单位或毛重每公斤相当于2.5计算单位的金额为限，二者之中以较高者为准；按照第5条规定，承运人对延迟交付的赔偿责任，以相当于所延迟交付货物应付运费的2.5倍金额为限，但不超过海上运输合同规定的应付运费总额。

第四，关于托运人的责任。托运人对承运人或实际承运人所受损失或船舶所受损坏，不负赔偿责任，除非这种损失或损坏是由于托运人、托运人的受雇人或代理人的过失或疏忽所致。托运人的任何受雇人或代理人对此项损失或损坏亦不负赔偿责任，除非该损失或损坏是由他的过失或疏忽所致。“托运人必须以适宜的方式，在危险货物上加危险标志或标签；当托运人将危险货物交与承运人或实际承运人时，托运人须将货物的危险性质和必要时所应采取的预防措施通知承运人和实际承运人，如果托运人未通知，且承运人或实际承运人未以其他方式得知其危险性质，则：(a) 托运人应对承运人或实际承运人因装运这类货物而造成的损失负赔偿责任；并且 (b) 可以根据情况随时将该货卸下、销毁，或使之无害，而无须给予赔偿；如果在运输期间是在了解其危险性质的情况下接管货物的，则任何人不得援用本条第2款的规定；如果在不适用或者不得援用本条第2款 (b) 项的规定，而危险货物对生命或财产造成实际危险时，可以根据情况需要，将其卸下、销毁，或使之无害，除有分摊共同海损义务或按第5条规定承运人负有赔偿责任外，无需给予赔偿。”

第五，关于提单。《汉堡规则》对于提单应载明的事项作了较为详细的规定。

第六，关于保函的效力。《汉堡规则》第17条规定：“1. 托运人应被视为已就其为列入提单的有关货物的一般性质、标志、件包数、重量及数量的准确性，向承运人作出保证。托运人须就由于此种事项之不准确而造成的损失，给予承运人赔偿。即使托运人已转让提单，托运人仍应负赔偿责任。承运人取得此种赔偿的权利，并不能限制其根据海上运输合同对托运人以外的任何人所负的责任；2. 托运人为就承运人或代其行事的人，未对由托运人提供以载入提单的事项或货物的外表状况作出保留而签发提单所引起的损失，而据以给予承运人赔偿的任何保函或协议，对包括受让提单的收货人在内的第三方，一概无效；3. 除非承运人或代其行事的人意图对包括信赖提单中所载货物情况的收货人在内的第三方进行欺诈，而不将本条第2款所述保留载入，此种保函或协议对托运人有效。在发生欺诈的情况下，如果未予列入的保留是关于由托运人提供以载入提单的事项，承运人便无权根据本条第1款向托运人要求赔偿；4. 在本条第3款所述意图欺诈的情况下，承运人应对包括信赖其所发提单中所载货物情况的收货人在内的第三方所受任何损失，负赔偿责任，而不能享受本公约中规定的责任限度的利益。

三、《鹿特丹规则》

2008年12月11日，联合国第63届大会第67次会议于纽约审议通过了联合国国际贸易法委员会提交的《联合国全程或部分海上国际货物运输合同公约》（United Nations Convention on Contracts for the International Carriage of Goods Wholly or Partly by Sea），并决定于2009年9月23日在荷兰鹿特丹开放签署，公约简称为《鹿特丹规则》（Rotterdam Rules）。与之前三个主要的已生效的国际海上货物运输公约——《海牙规则》、《维斯比规则》和《汉堡规则》相比，《鹿特丹规则》是统一国际海上货物运输立法的一次新尝试，必将对国际航运和贸易产生深远的影响。

《鹿特丹规则》共有18章96条，主要围绕船货双方的权利义务、争议解决及公约的加入与退出等作出一系列规定，其主要的内容和变革有：

第一，调整范围。与《海牙规则》“钩至钩”或“舷至舷”及《汉堡规则》“港至港”的调整范围不同，为适应国际集装箱货物“门到门”运输方式的变革，《鹿特丹规则》的调整范围扩大到“门至门”运输，国际海运或包括海运在内的国际多式联运货物运输合同均在公约的规范范围之内，公约排除了国内法的适用，使公约成为最小限度的网状责任制，拓宽了公约的适用范围，有利于法律适用的统一。

第二，电子运输记录。与前述三个公约不同，《鹿特丹规则》明确规定了电子运输记录，确认其法律效力，并将电子运输记录分为可转让与不可转让电子运输记录。该规定适应了电子商务的发展，具有一定的超前性，势必加速运输单证的流转速度并提高安全性。

第三，承运人的责任。承运人必须在开航前、开航当时和海上航程中恪尽职守使船舶处于且保持适航状态，适航义务扩展到贯穿航程的始终。承运人根据公约对货物的责任期间，自承运人或履约方为运输而接收货物时开始，至货物交付时终止。承运人责任基础采用了完全过错责任原则，废除了现行的“航海过失”免责和“火灾过失”免责。公约规定，未在约定时间内在运输合同规定的目的地交付货物，为迟延交付，承运人承担迟延交付的责任限于合同有约定时间，未采纳《汉堡规则》规定的合理时间标准。公约对船货双方的举证责任和顺序作了较为具体的规定，这是以前立法所没有的。承运人的单位责任限制有较大幅度的提高。总的来说，承运人的责任比以前加重了。

第四，托运人的义务。托运人应交付备妥待运的货物，及时向承运人提供承运人无法以其他合理方式获取而合理需要的有关货物的信息、指示和文件。托运人应在货物交付给承运人或履约方之前，及时将货物的危险性质或特性通知承运人，并按规定对危险货物加标志或标签。托运人对承运人承担赔偿责任的责任基础是过错原则，对于承运人遭受的灭失或损坏，如果承运人证明，此种灭失或损坏是由于托运人违反其义务而造成的，托运人应负赔偿责任。增设单证托运人，单证托运人是指托运人以外的同意在运输单证或电子运输记录中记名为“托运人”的人，单证托运人享有托运人的权利并承担其义务。

第五，海运履约方。《鹿特丹规则》下没有实际承运人的概念，但创设了海运履约方制度，是指凡在货物到达船舶装货港至货物离开船舶卸货港期间履行或承诺履行承运人任何义务的履约方。内陆承运人仅在履行或承诺履行其完全在港区范围内的服务时方为海运履约方。海运履约方与托运人之间不存在直接的合同关系，而是在承运人直接或间接的要求、监督或者控制下，实际履行或承诺履行承运人在“港至港”运输区段义务的人，突破了合同相对性原则。海运履约方承担公约规定的承运人的义务和赔偿责任，并有权享有相应的抗辩和赔偿责任限制。班轮运输条件下的港口经营人作为海运履约方将因此受益。

第六，批量合同。批量合同是指在约定期间内分批装运特定数量货物的运输合同，其常见的类型是远洋班轮运输中的服务合同。公约适用于班轮运输中使用的批量合同，除承诺的货物数量外每次运输项下承托双方关于货物运输的权利、义务或责任等方面适用公约的规定。公约赋予批量合同当事人双方较大的合同自由，允许在符合一定条件时背离公约的规定自行协商合同条款，这是合同自由在一定程度上的回归。

第七，货物交付。公约赋予收货人收取货物的强制性义务，当货物到达目的地时，要求交付货物的收货人应在运输合同约定的时间或期限内，在运输合同约定的地点接受交货，无此种约定的，应在考虑到合同条款和行业习惯、惯例或做法以及运输情形，能够合理预期的交货时间和地点接受交货。公约还对无单放货作出规定，将航运实践中承运人凭收货人的保函和提单副本交货的习惯做法，改变为承运人凭托运人或单证托运人发出的指示交付货物，且只有在单证持有人对无单放货事先知情的情况下，才免除承运人无单放货的责任。如果单证持有人事先对无单放货不知情，承运人对无单放货仍然要承担责任，此时承运人有权向上述发出指示的人索要担保。公约为承运人实施上述无单放货设定了条件，即可转让运输单证必须载明可不凭单放货。

第八，控制权。公约首次在海上货物运输领域规定货物的控制权。货物控制权是指根据公约规定按运输合同向承运人发出有关货物的指示的权利，具体包括就货物发出指示或修改指示的权利，此种指示不构成对运输合同的变更；在计划挂靠港或在内陆运输情况下在运输途中的任何地点提取货物的权利；由包括控制方在内的其他任何人取代收货人的权利。在符合一定条件下，承运人有执行控制方指示的义务；在无人提货的情况下，承运人有通知托运人或单证托运人请其发出交付货物指示的义务。

第九，权利转让。签发可转让运输单证的，其持有人可以通过向其他人转让该运输单证而转让其中包含的各项权利，主要是请求提货权、控制权。权利转让的同时，义务并不当然同步转让。作为运输单证的受让人，即非托运人的持有人，只有其行使运输合同下的权利，才承担运输合同下的责任，并且这种责任以载入可转让运输单证或可转让电子运输记录为限或者可以从中查明。

第十，诉讼与仲裁。公约专章规定了诉讼和仲裁，除批量合同外，索赔方有权在公约规定的范围内，选择诉讼地和仲裁地，且运输合同中的诉讼或仲裁地点，仅作为索赔方选择诉讼或仲裁地点之一。各国对这两章的内容分歧很大，为了不致影响到公约的生效，允许缔约国对这两章作出保留。

第二节　国际航空货物运输

一、国际航空货物运输的概念与种类

国际航空货物运输是指托运人与承运人约定，采用航空器作为运输工具，将货物从一国境内运到另一国境内或经停另一国境内约定地点的运输。①

① 赵云．国际经济法学．北京：科学出版社，2008：180.

国际航空运输通常采用两种方式：

第一，班机运输。班机（scheduled flights）是指具有固定开航时间、航线和停靠航站的飞机。通常为客货混合型飞机，货舱容量较小，运价较贵，但由于航期固定，有利于客户安排数量不大的鲜活产品或急需商品的运输。

第二，包机运输。包机运输（chartered carrier）是指一个或若干个包机人（即发货人或航空货运代理公司）按照与航空公司约定的条件和费率，租赁整架飞机，从一个或几个航空站装运货物至指定目的地的运输方式。包机运输可分为整架包机和部分包机两种。整架包机是指包租整架飞机，部分包机则是指由几家航空货运代理公司或发货人联合包租一架飞机或者由航空公司把一架飞机的舱位分别卖给几家航空货运公司装载货物的包机方式。与班机运输相比，包机运输的载运数量较大。

二、有关国际航空货物运输的国际立法

目前，调整国际航空货物运输关系的国际公约主要有三个：

（一）1929 年《华沙公约》

该公约的全称是《关于统一国际航空运输某些规则的公约》（Convention for the Unification of Certain Rules Relating to International Air Carriage），由于它是1929 年在华沙签订的，故简称 1929 年《华沙公约》（Warsaw Convention），是国际航空运输领域最基本的公约。该公约自 1933 年生效，目前已有 140 多个国家和地区参加了该公约。我国于 1958 年正式加入该公约。

（二）1955 年《海牙议定书》

《海牙议定书》（Hague Protocol）的全称是《修改 1929 年 10 月 12 日在华沙签订的国际航空运输某些规则的公约的议定书》，1955 年签订于海牙，故简称 1955 年《海牙议定书》，亦有人称之为《华沙公约修订本》。该议定书共 3 章 27 条，修改了《华沙公约》责任限制、运输单证的项目、航行过失免责及索赔事项等方面，使其更好地满足了国际航空运输发展的需要。该议定书于 1963 年 8 月 1 日生效，目前已有 136 多个成员国。我国在 1975 年加入该议定书。

（三）1961 年《瓜达拉哈拉公约》

该公约的全称是《统一非订约承运人所办国际航空运输某些规则以补充华沙公约的公约》，由于该公约是在 1961 年 9 月 18 日签订于墨西哥的瓜达拉哈拉，因此简称 1961 年《瓜达拉哈拉公约》（Guadalajara Convention）。《瓜达拉哈拉公约》的签订旨在使《华沙公约》中有关承运人的各项规定适用于非运输合同承运人即实际承运人，也就是订约承运人以外，根据订约承运人授权办理全部或部分运输的人。该公约自 1964 年 5 月 1 日起生效，目前已有 50 多个成员国。我国尚未加入该公约。

上述三个调整国际航空货物运输的公约都是独立的公约，对某个国家来说，可以参加其中的一个，或同时参加两个或三个。就参加国之间的关系来说，如果某个国家同时参加了上述三公约，则它与《华沙公约》参加国之间的关系适用《华沙公约》的规定；与《海牙议定书》参加国之间或与同时参加《华沙公约》和《海牙议定书》国家之间的关系适用《海牙议定书》的规定；与同时参加上述三公约国家之间的关系亦适用《海牙议定书》的规定，因为《瓜达拉哈拉公约》是以适用《华沙公约》或《海牙议定书》的有关规定为前提的。

（四）《蒙特利尔公约》

随着历史的发展，《华沙公约》中的某些规定已显陈旧，而且相关修订文件数量较多。为了使《华沙公约》及其相关文件现代化和一体化，ICAO（国际民间航空组织）起草定稿了《蒙特利尔公约》，并在1999年5月在蒙特利尔召开的国际航空法大会上由参加国签署。中国和其他51个国家在该大会上签署了该项公约。到2007年7月，已经有78个国家批准该公约，我国于2005年2月28日批准。公约已经于2003年11月4日生效。

《蒙特利尔公约》的正式名称是《统一国际航空运输某些规则的公约》(Convention For The Unification Of Certain Rules For International Carriage By Air)，其制定目的在于确保国际航空运输消费者的利益，对在国际航空运输中旅客的人身伤亡或行李损失，或者运输货物的损失，在恢复性赔偿原则基础上建立公平赔偿的规范体系。

三、国际航空货物运输法的主要规定

（一）《华沙公约》规定的制度

由于大多数国家加入了《华沙公约》，现以《华沙公约》为主，结合《海牙议定书》和《瓜达拉哈拉公约》的修改和补充，对国际航空货物运输的若干规则简述如下：

1. 空运单证

1929年《华沙公约》把空运单证称为空运托运单（air consignment note，ACN）。

按照《华沙公约》的规定，空运托运单主要包括以下内容：（1）空运托运单的填写地点和日期；（2）起运地和目的地；（3）约定的经停点；（4）托运人的名称和地址；（5）第一承运人的名称和地址；（6）收货人的名称和地址；（7）货物的性质；（8）货物的包装件数、包装方式、特殊标志或号码；（9）货物的重量、数量、体积或尺寸；（10）如果运费已经议定，就写明运费金额、付费日期和地点以及付款人；（11）如果是货到付款，就写明货物的价格，必要时还应写明应付的费用；（12）货物和包装的外表情况；（13）声明的货物价值；（14）空运托运单的份数；（15）随同空运托运单交给承运人的凭证；（16）经过约定写明运输期限，并概要说明经过的路线；（17）一项运输应受公约有关责任规则约束的声明。

在空运单证方面，1955 年《海牙议定书》对《华沙公约》的修改主要有两处：一是《海牙议定书》把空运单证改称为空运单（air waybill，AWB）；二是空运单上所须载明的货运资料项目比《华沙公约》的要求有所删减。至于其他内容，均与《华沙公约》有关空运托运单的规定相同。

2. 承运人的责任与豁免

《华沙公约》第 20 条规定："承运人如果证明自己和他的代理人为了避免损失的发生，已经采取一切必要的措施，或不可能采取这种措施时，就不负责任；在运输货物和行李时，如果承运人证明损失的发生是由于驾驶上、航空器的操作上或领航上的过失，而在其他一切方面承运人和他的代理人已经采取一切必要的措施以避免损失时，就不负责任（但实际上承运人从来没有引用过这项抗辩理由，因为这一点对于旅客人身伤亡是不适用的，而且如果承运人对货物提出这项抗辩理由，一旦上述疏忽行为构成故意的不当行为（wilful misconduct）时，承运人就要对旅客伤亡承担无限责任。因此，1955 年《海牙议定书》已把《华沙公约》的这一项免责规定予以删除）。"第 21 条规定："如果承运人证明损失的发生是由于受害人的过失所引起或助成，法院可以按照它的法律规定，免除或减轻承运人的责任。"

公约要求承运人证明"他和代理人已采取一切必要措施以避免损失"，这表明证明没有过失的举证责任在承运人身上，如果承运人不能证明其没有过失，那么他就被推定为有过失，就要对货物的损失承担责任。

3. 承运人的责任限制

《华沙公约》规定，承运人对货物的毁灭、损坏、遗失或延迟交货，每公斤赔偿责任限额为 250 金法郎，除非托运人事先声明了一个较高的价值并支付所需的附加费。在这种情况下，承运人的赔偿责任应以托运人所声明的金额为限，除非承运人能证明托运人所声明的金额超出了交货时货物的实际价值。

《瓜达拉哈拉公约》规定："实际承运人和缔约承运人及其受雇人和代理人在雇佣代理范围内行事的，对实际承运人所办运输的赔偿总额不应超过根据该公约可能判定缔约承运人或实际承运人赔偿的最高数额，且上述任何人不应承担超过对他适用的限额。"

4. 托运人的基本权利和义务

《华沙公约》规定，托运人的基本义务是：（1）对其在航空托运单上填写的关于货物的各项说明和声明的真实性、正确性负责；（2）对于因为这些说明和声明不合规定、不正确或不完备而使承运人或任何其他人遭受的一切损失；（3）提供各种必需的资料，以便在货物交付收货人以前完成海关、税务或公安手续，并且应该将必需的有关证件附在航空货运单后面。除非由于承运人或其代理人的过失，这种资料或证件的缺乏、不足或不合规定所造成的任何损失，应该由托运人对承运人负责；（4）支付规定的费用。

在履行上述义务的前提下，托运人享有下述权利：托运人在履行运输合同所规定的一切义务的条件下，有权在起运地航空站或目的地航空站将货物提回，或在途中经停时中止运输、或在目的地或运输途中交给非航空货运单上所指定的收货人、或要求将货物退回起运地航空站，但不得因为行使这种权利而使承运人或其他托运人遭受损害，并且应该偿付由此产生的一切费用。

5. 索赔通知与诉讼时效

《华沙公约》规定：如果有损坏情况，收件人应该在发现损坏后，立即向承运人提出异议，如果是行李，最迟应该在行李收到后3天内提出，如果是货物，最迟应该在货物收到后7天内提出。如果有延误，最迟应该在行李或货物交由收件人支配之日起14天内提出异议；任何异议应该在规定期限内写在运输凭证上或另以书面提出；除非承运人方面有欺诈行为，如果在规定期限内没有提出异议，就不能向承运人起诉。

1955年《海牙议定书》对此期限略作修改，其规定：对货物遭受损害时收货人提出书面申诉的时间由7天延长至14天；对延迟交货时收货人提出书面申诉的时间由14天延长至21天。

《华沙公约》对有关空运合同的诉讼时效作出如下规定："诉讼应该在航空器到达目的地之日起，或应该到达之日起，或从运输停止之日起两年内提出，否则就丧失追诉权；诉讼期限的计算方法根据受理法院的法律决定。"

6. 诉讼管辖权

《华沙公约》规定："有关赔偿的诉讼，应该按原告的意愿，在一个缔约国的领土内，向承运人住所地或其总管理处所在地或签订契约的机构所在地法院提出，或向目的地法院提出；诉讼程序应根据受理法院的法律规定办理。"《瓜达拉哈拉公约》也作了类似规定。

（二）《蒙特利尔公约》规定的制度

《蒙特利尔公约》的最大修改体现在国际旅客航空运输方面，在国际货物航空运输方面也作了部分修改。与旧华沙公约体系相比，《蒙特利尔公约》基本上保留了《华沙公约》的结构，同时还吸收了《海牙议定书》、《瓜达拉哈拉公约》、《蒙特利尔第3号议定书》、《蒙特利尔第4号议定书》、《危地马拉议定书》的部分内容，关于旅客、行李与货物运输的凭证和当事方的责任更加详细，修改了承运人责任制度和赔偿损害的范围。

1. 关于旅客伤亡的双梯赔偿与延误的限额赔偿

《蒙特利尔公约》第 17 条规定："对于因旅客死亡或者身体伤害而产生的损失，只要造成死亡或者伤害的事故是在航空器上或者在上、下航空器时发生的，承运人就应当承担责任，即严格责任；同时，由于公约考虑到发达国家和发展中国家的利益要求，不再对旅客的伤亡赔偿仅仅规定单一的限额，而是规定双梯责任制。承运人证明有下列情形的，不应当承担责任：(一) 损失不是由于承运人或者其受雇人、代理人的过失或者其他不当作为、不作为造成的；或者 (二) 损失完全是由第三人的过失或者其他不当作为、不作为造成的。"对于客运延误造成的旅客损失，公约仍实行限额赔偿，即每位旅客限制在 150 特别提款权。

2. 对于因托运行李毁灭、遗失或者损坏而产生的损失赔偿

《蒙特利尔公约》规定：对于因托运行李毁灭、遗失或者损坏而产生的损失，只要造成毁灭、遗失或者损坏的事件是在航空器上或者在托运行李处于承运人掌管之下的任何期间内发生的，承运人就应当承担责任。但是，行李损失是由于行李的固有缺陷、质量或者瑕疵造成的，在此范围内承运人不承担责任。关于非托运行李，包括个人物件，承运人对因其过错或者其受雇人或者代理人的过错造成的损失承担责任。承运人承认托运行李已经遗失，或者托运行李在应当到达之日起 21 日后仍未到达的，旅客有权向承运人行使运输合同所赋予的权利。对行李的毁灭、遗失、损坏或延误，公约实行限额赔偿，即对每位旅客的责任限制在 1 000 个特别提款权，除非交运行李时特别申报其价值。

3. 在货物毁灭、遗失或损坏方面，公约实行严格责任

《蒙特利尔公约》规定："对于因货物毁灭、遗失或者损坏而产生的损失，只要造成损失的事件是在航空运输期间发生的，承运人就应当承担责任；但是，承运人证明货物的毁灭、遗失或者损坏是由于下列一个或者几个原因造成的，在此范围内承运人不承担责任：(一) 货物的固有缺陷、质量或者瑕疵；(二) 承运人或者其受雇人、代理人以外的人包装货物的，货物包装不良；(三) 战争行为或者武装冲突；(四) 公共当局实施的与货物入境、出境或者过境有关的行为。航空运输期间，不包括机场外履行的任何陆路、海上或者内水运输过程，但是，此种运输是在履行航空运输合同时为了装载、交付或者转运而办理的，在没有相反证明的情况下，所发生的任何损失推定为在航空运输期间发生的事件造成的损失。承运人未经托运人同意，以其他运输方式代替当事人各方在合同中约定采用航空运输方式的全部或者部分运输的，此项以其他方式履行的运输视为在航空运输期间。"关于限额赔偿的例外，由于《华沙公约》第 25 条有关责任限制的例外表述不明确，因此，《蒙特利尔公约》取消了"有意和不良行为"的说法，而是在第 30 条第 3 款具体规定："经证明，损失是由于受雇人、代理人的故意或者明知可

能造成损失而轻率地作为或者不作为造成的，不适用本条第一款和第二款关于责任限额的规定，但货物运输除外。”

4. 法院管辖权方面

《蒙特利尔公约》规定，除《华沙公约》规定的四种法院（承运人住所地、主要营业地、订立运输合同的承运人营业机构所在地、航程目的地所在地的法院）有管辖权外，还有第五种法院有管辖权，即在发生事故时旅客的主要且永久居所所在国法院，要使该法院拥有这类案件的管辖权，还需要满足承运人使用自己的航空器或者根据商务协议使用另一承运人的航空器经营到达该国领土或者从该国领土始发的旅客航空运输业务，并且在该国领土内该承运人通过其本人或者与其有商务协议的另一承运人租赁或者所有的处所从事其旅客航空运输经营这个条件；公约还增加了仲裁条款：在符合本条规定的条件下，货物运输合同的当事人可以约定，有关本公约中的承运人责任所发生的任何争议应当通过仲裁解决。此协议应当以书面形式订立。

第三节　国际铁路货物运输

一、国际铁路货物运输的概念与特点

国际铁路货物运输（international carriage of goods by railway）是现代化的运输方式之一，它表现为有关国家通过成立国际铁路合作组织，联合两个或两个以上国家的铁路，按照共同签署的有关协定，在由两个及两个以上国家铁路部门承担的货物运输中，由参加国铁路共同使用一份运输票据，在由一国铁路向另一国铁路移交货物和车辆时，不需要收发货人参加，并以连带责任共同办理一批货物的全程铁路运输的一种运输方式。

国际铁路货物运输具有如下特点：（1）涉及境外铁路部门。每运送一批货物都要涉及两个或两个以上国家、国境站。（2）运输条件高。每批货物的运输条件都要符合有关国际联运的规章、规定。（3）办理手续复杂。由于每运送一批货物都要涉及两个或两个以上国家、国境站，因此在办理国际铁路联运时，其运输票据、货物、车辆及有关单证都必须符合有关规定和一些国家的正当要求。（4）发货人只需在发站办理一次性托运手续，使用一份铁路联运票据，即可将货物运抵另一国的铁路到站，完成货物的跨国运输。（5）运输责任方面采用统一责任制。①（6）铁路运输的准确性和连续性强。

① 王传丽，史晓丽．国际贸易法．北京：中国政法大学出版社，2009：205－206.

铁路运输几乎不受气候影响，一年四季可以不分昼夜地进行定期的、有规律的、准确的运转。(7) 铁路运输速度比较快，远远高于海上运输。(8) 铁路运输量远远高于航空运输和汽车运输。(9) 铁路运输成本较低，运输费用仅为汽车运输费用的几分之一到十几分之一；运输耗油约是汽车运输的二十分之一。(10) 铁路运输较海上运输更加安全可靠。(11) 初期投资大。铁路运输需要铺设轨道、建造桥梁和隧道，建路工程艰巨复杂，需要消耗大量钢材、木材还要占用土地，其初期投资大大超过其他运输方式。

二、有关国际铁路货物运输的国际立法

(一)《国际铁路运输公约》

早在19世纪中期，一些国家就签订协约开展国际铁路客货联运，1890年欧洲国家在瑞士首都伯尔尼签订了《国际铁路运送规则》，并于1893年生效。1934年该公约修改后称为《国际铁路货物运输公约》(International Convention Concerning the Carriage of Goods by Rail, CIM，简称《国际货约》)，1938年9月开始施行。之后又经过1952年、1961年、1970年的修改，1980年5月9日，《国际铁路旅客和行李运输公约》(International Convention Concerning the Carriage of Passengers and Luggage by Rail, CIV) 与《国际铁路货物运输公约》(CIM) 合并为一个新的公约《国际铁路运输公约》(Berne Convention Concerning International Carriage by Rail, COTIF)，于1985年5月1日生效。之后其又经过1990年（1991年6月1日生效）、1999年的两次修改。COTIF是主要规范欧洲国家间货物、旅客及行李的运输问题的公约。

(二)《国际货协》(CMIC)

北大西洋公约组织于1951年11月在波兰首都华沙召开欧洲各国部长运输会议，在原苏联代表的提议下起草并通过了《国际铁路货物联合运输协定》(Agreement concerning International Carriage of Goods by Rail，简称《国际货协》)和《国际铁路旅客联合运输协定》(简称《国际客协》)。1954年中国、朝鲜、蒙古正式参加上述公约。1974年7月1日该公约的修订本生效。我国对外铁路货物运输主要以《国际货协》为依据。

三、《国际货协》的主要内容

(一) 协定的适用范围

《国际货协》规定：“适用于缔约国铁路方面之间的国际直通货物联运，协定对铁路部门、发货人、收货人都有拘束力。但不适用于：① 发、到站都在同一国内，而用发送国列车只通过另一国家过境运送货物；② 两国车站间，用发送国或到达国列车通过第三国过境运送的；③ 两邻国车站间，全程都用某一方列车，并据这一铁路的国内

规章办理货物运送的情况。”

（二）合同的订立

《国际货协》第 6 条规定：“发货人在托运货物的同时，应对每批货物均填写附件第 2 号之 1 格式的运单和运单副本，签字后向发站提出。发货人的签字，可用印刷法或加盖戳记。运单应随同货物从发站至到站按运送全程附送。”第 7 条规定：“从发站承运货物（连同运单一起）时起，即认为运送合同业已缔结。货物的承运以运单上加盖发站日期戳为凭。运单在加盖戳记后，即是缔结运输合同的凭证。”

（三）承运人的权利义务

第一，承运人的责任期间。根据《国际货协》的规定，从签发运单时起至终点交付货物时止为承运人的责任期间。

第二，核查运单和货物。该协定规定：“铁路有权检查发货人在运单中所记载的事项是否正确。只限在海关和其他规章规定的情况下，以及为保证途中行车安全和货物完整时，才得在途中检查货物内容。”

第三，执行或拒绝变更合同。根据《国际货协》的规定，铁路只有在下列情况，才有权拒绝变更运送合同或延缓执行这种变更：（1）应执行变更运送合同的铁路车站，接到申请书或发站或到站的电报通知后无法执行时；（2）违反铁路营运管理时；（3）与参加运送铁路所属国家现行法令和规章有抵触时；（4）在变更到站的情况下，货物的价值不能抵偿运到新到站的一切费用时，但能立即交付或能保证这项费用的款额时除外。在上款所述的情况下，铁路应将不能变更运送合同的阻碍事项，尽可能立即通知发货人或收货人。如铁路不能预见这种阻碍，而已变更了运送合同时，由发货人或收货人（视由何人提出变更运送合同申请而定）对由此而产生的一切后果负责。

第四，连带责任。《国际货协》第 21 条规定：“按国际货协运单承运货物的铁路，应负责完成货物的全程运送，直到在到站交付货物时为止，如向非参加国际货协铁路的国家办理货物转发送时，直到按另一种国际协定的运单办完运送手续时为止。每一继续运送的铁路，自接收附有运单的货物时起，即作为参加这项运送合同，并承担因此而发生的义务。”

第五，免责。《国际货协》第 22 条规定：“如承运的货物，由于下列原因，发生全部或部分灭失、减量或毁损时，铁路对这项灭失、减量或毁损不负责任：（一）由于铁路不能预防和不能消除的情况；（二）由于货物的特殊自燃性质，以致引起自燃、损坏、生锈、内部腐坏和类似的后果；（三）由于发货人或收货人的过失或由于其要求，而不能归咎于铁路；（四）由于发货人或收货人装车或卸车的原因所造成；（五）由于发送路规章许可，使用敞车类货车运送货物；（六）由于发货人或收货人的货物押运人未采取保证货物完整的必要措施；（七）由于容器或包装的缺点，在承运货物时无法从其外表发现；（八）由于发货人用不正确、不确切或不完全的名称托运违禁品；（九）由于发货人在托运应按特定条件承运的货物时使用不正确、不确切或不完全的名称，或未遵守本协定的规定；（十）其他情况。”

第六，留置权。该协定第17条规定：“为保证核收运送合同中一切费用，铁路有货物留置权。留置权的效力，保留到铁路对货物终止管理时为止。留置权的效力，应根据货物交付地国家法令和规章确定。

第七，赔偿限额。根据《国际货协》第22条的规定，铁路赔偿损失的款额，在任何情况下，均不得超过货物全部灭失时的金额。

（四）托运人的权利义务

根据《国际货协》的规定，托运人承担以下义务：

第一，发货人应对其在运单中所记载的和声明的事项的正确性负责。

第二，发货人必须将在货物运送全程为履行海关手续和其他所需要添附的文件附在运单上，否则发站应拒绝承运货物。

第三，托运人在填写运单的同时，要提交全部货物和付清运费和有关费用。其提交的货物不得属于下列货物：邮政专运物品，炸弹、炸药和军火，不属于《国际货协》附件（四）中所列的危险物品，重量不足10公斤的零担货物。

第四，运送费用的支付和计算。该协定第13条规定：“运送费用（包括货物运费、押运人乘车费、杂费和运送上的其他费用）按下列规定计算：（一）邻国铁路车站间运送时——发送国和到达国铁路的运送费用，应按各国铁路国内运价计算，如这些铁路间定有直通运价规程时，则按运送合同缔结当日有效的直通运价规程计算；（二）过境运送时——发送国和到达国铁路的运送费用应按各该铁路国内运价规程计算；而过境铁路的运送，费用按运送合同缔结当日有效的统一货价计算。货物运费，以发货人在运单中所记载的国境站为经路，按最短里程计算。如货物通过其他国境站运送而较发货人在运单中记载的经路更短时，应按通过这些国境站的最短里程计算运费。在国境站将货物换装入另一轨距的车辆或更换车辆轮对时，杂费（包括换装货物时由铁路供给加固用设备和材料：支柱、铁丝、钉车、垫木等费用）应按下列规定计算：（一）如由到达路换装货物和更换车辆轮对时，应按该路国内运价规程核收；（二）在其他情况下均按统一货价核收。”

第五，变更合同。按照《国际货协》的规定，运送合同的变更权利，属于发货人和收货人。发货人对运送合同可作下列变更：（1）在发站将货物领回；（2）变更到站，此时，在必要的情况下应注明货物应通过的国境站；（3）变更收货人；（4）将货物返还发站。收货人对运送合同可作下列变更：（1）在到达国范围内变更货物的到站；（2）变更收货人。只有在货物尚未从到达路国境站发出时，收货人才有权在到达路国境站根据本协定办理运送合同的变更。

（五）赔偿请求与诉讼时效

《国际货协》第28条规定，发货人和收货人有权根据运输合同提出赔偿请求，赔偿请求以书面方式由发货人向发送站，或由收货人向收货站提出。铁路自提出赔偿请求之日（此日应以发信邮局戳记或铁路在收到直接提出的请求书时出具的收据为凭）起，必须在180天内审查这项请求，并答复赔偿请求人，在全部或部分承认赔偿请求时，支付应付的款额。发货人或收货人在请求得不到答复或满足时，有权向受理赔偿请求的铁路所属国家的法院提起诉讼。

根据运送合同向铁路提出的赔偿请求和诉讼，以及铁路对发货人或收货人关于支付运送费用、罚款和赔偿损失的要求和诉讼，可在9个月期间内提出；但货物运到逾期的赔偿请求和诉讼，应在2个月期间内提出。①

第四节　国际货物多式联运

一、国际货物多式联运的概念

1980年《联合国国际货物多式联运公约》规定，国际多式联运（international multimodal transport）是指按照多式联运合同，以至少两种不同的运输方式，由多式联运经营人将货物从一国境内的接管地点运至另一国境内指定交付货物的地点的运输，是一种以实现货物整体运输的最优化效益为目标的联运组织形式。为履行单一方式运输合同而进行的该合同所规定的货物接送业务，不应视为国际多式联运。

从上述定义可以看出，国际货物多式联运有如下特点：（1）它必须是国际间的货物运输；（2）它必须是两种或两种以上不同运输工具的联合运输；（3）它必须是国际多式联运经营人对承运的货物负全程运输责任；（4）它必须签发全程多式联运单证，实行全程单一费率。

我国《海商法》第102条对多式联运合同作出了以下规定："本法所称多式联运合同，是指多式联运经营人以两种以上的不同运输方式，其中一种是海上运输方式，负责将货物从接收地运至目的地交付收货人，并收取全程运费的合同。前款所称多式联运经营人，是指本人或者委托他人以本人名义与托运人订立多式联运合同的人。"

---

① 王传丽，史晓丽．国际贸易法．北京：中国政法大学出版社，2009：205－210.

二、《联合国国际货物多式联运公约》的主要内容

1980年5月24日在日内瓦举行的联合国国际联运会议第二次会议上，与会的84个贸发会议成员国一致通过了《联合国国际货物多式联运公约》。该公约的实质部分由总则、单据、联运人的赔偿责任、发货人的赔偿责任、索赔和诉讼、补充规定、海关事项及最后条款八个部分组成，主要内容如下：

（一）多式联运合同双方当事人

多式联运合同的订约双方，一方称为发货人，另一方称为多式联运经营人（combined transport operator，简称联运人）。《联合国国际货物多式联运公约》第1条规定："'发货人'是指其本人、或以其名义、或其代表同多式联运经营人订立多式联运合同的任何人，或指其本人、或以其名义、或其代表将货物实际交给多式联运经营人的任何人；'多式联运经营人'是指其本人或通过其代其行事的他人订立多式联运合同的任何人，他是委托人，而不是发货人的代理人和参加多式联运的承运人的代理人或代表他们行事，他承担履行合同的责任。"

（二）多式联运单证

国际多式联运单证是指证明多式联运合同以及证明多式联运经营人接管货物并负责按合同条款交付货物的单证。该单证包括双方确认的取代纸张单证的电子数据交换信息。国际多式联运单证其本身不是多式联运合同，只是多式联运合同的证明，同时又是多式联运经营人收到货物的收据和凭其交货的凭证，在实践中一般称为国际多式联运提单（Multimodal Transport B/L）。

按照公约的规定，多式联运单证应当载明下列事项：（1）货物品类、识别货物所必需的主要标志、对危险货物的危险特性的明确声明、包数或件数、货物的毛重或以其他方式表示的数量，所有这些事项由发货人提供；（2）货物外表状况；（3）多式联运经营人的名称和主要营业地；（4）发货人名称；（5）收货人的名称，如已由发货人指定；（6）多式联运经营人接管货物的地点和日期；（7）交货地点；（8）在交付地点交货的日期或期间，如双方有明确协议；（9）表示该多式联运单证为可转让或不可转让的声明；（10）多式联运单证的签发地点和日期；（11）多式联运经营人或经其授权的人的签字；（12）如双方有明确协议，每种运输方式的运费，或者应由收货人支付的运费，包括用以支付的货币，或者关于运费由收货人支付的其他说明；（13）预期经过的路线、运输方式和转运地点，如在签发多式联运单证时已经确知；（14）其他等。

（三）联运人的赔偿责任

根据本公约，多式联运经营人对货物的责任期间，自其接管货物之时起到交付货物时为止。具体而言，在下述期间，货物视为在多式联运经营人掌管之下：（1）自多式

联运经营人从下列一方接管货物之时起：① 发货人或代其行事的人；或者② 根据接管货物地点适用的法律或规章，货物必须交付运输的当局或其他第三方；（2）直到他以下列方式交付货物时为止：① 将货物交给收货人；或者② 如果收货人不向多式联运经营人提取货物，则按照多式联运合同或按照交货地点适用的法律或特定行业惯例，将货物置于收货人支配之下；或者③ 根据交货地点适用的法律或规章，将货物交给必须向其交付的当局或其他第三方。

如果多式联运经营人根据第 16 条（赔偿责任基础）对货物的灭失或损坏造成的损失负赔偿责任，其赔偿责任以灭失或损坏的货物的每件或其他货运单位计不得超过 920 计算单位的数额，或按毛重每公斤计不得超过 2.75 计算单位的数额，以较高者为准。虽有上述赔偿责任限制的规定，国际多式联运如果根据合同不包括海上或内河运输，则多式联运经营人的赔偿责任按灭失或损坏货物毛重每公斤不得超过 8.33 计算单位的数额为限。

（四）索赔与诉讼

多式联运经营人应不迟于在灭失或损坏的事故发生后连续 90 日内，或在按照第 14 条第 2 款（b）项的规定（将货物交给收货人；或者如果收货人不向多式联运经营人提取货物，则按照多式联运合同或按照交货地点适用的法律或特定行业惯例，将货物置于收货人支配之下；或者根据交货地点适用的法律或规章，将货物交给必须向其交付的当局或其他第三方）交付货物后连续 90 日内（以较迟者为准），将说明此种灭失或损坏的一般性质的书面通知送交发货人。未送交这种通知，即为多式联运经营人未由于发货人、其受雇人或代理人的过失或疏忽而遭受任何灭失或损害的初步证据。

根据本公约有关国际多式联运的任何诉讼，如果在 2 年期间内没有提起诉讼或交付仲裁，即失去时效。但是，如果在货物交付之日后 6 个月内，或者，如果货物未能交付，在本应付之日后 6 个月内，没有提出说明索赔的性质和主要事项的书面索赔通知，则在此期限届满后即失去诉讼时效。时效期间自多式联运经营人交付货物或部分货物之日的次日起算，或者如果货物未交付，则自货物本应交付的最后一日的次日起算。

接到索赔要求的人可在时效期间的任何时候向索赔人提出延长时效期间的书面声明。此种期间可通过另一次声明或多次声明，再度延长。如果另一适用的国际公约没有相反规定，根据本公约被认定负有赔偿责任的人，即使在上述各款规定的时效期间届满后，仍可在起诉地国家法律所许可的期限内提起追偿诉讼，但所许可的限期，自提起此种追偿诉讼的人已解决对其提出的索赔，或在对其本人的诉讼中接到诉讼传票之日起算，不得少于 90 日。

原告可在他选择的法院根据本公约提起有关国际多式联运的诉讼，如果该法院按其所在国法律规定有权管辖，而且下列地点之一是在其管辖之范围内：（1）被告主要营业所，或者，如无主要营业所，被告的习惯住所地；或者（2）订立多式联运合同的地点，而且合同是通过被告在该地的营业所、分支或代理机构订立；或者（3）为国际多式联运接管货物的地点或交付货物的地点；或者（4）多式联运合同中为此目的所指定的并在多式联运单证中载明的任何其他地点。根据本公约有关国际多式联运的任何诉讼程序均不得在上述条款所没有规定的地点进行。本条各款并不妨碍各缔约国对于临时性或保护性措施的管辖权。虽有本条上述各项规定，如果当事双方在索赔发生之后达成协议，指定原告可以提起诉讼的地点，该协议有效。

按照本条的各项规定，当事人可用书面载明的协议，规定将根据本公约发生的有关国际多式联运的任何争议提交仲裁。仲裁应依索赔人的选择，在下列地点之一提起：（1）下列各地所在国中的任一地点：① 被告的主要营业所，或者如无主要营业所，则被告的习惯住所地；或者② 订立多式联运合同的地点，而且合同是通过被告在该地的营业所、分支或代理机构订立；或者③ 为国际多式联运接管货物的地点或交付货物的地点；（2）仲裁条款或协议中为此目的所指定的任何其他地点。

思考题

1. 简述国际海上货物运输法律制度。
2. 国际航空货物运输法律制度有哪些？
3. 简述国际货物多式联运的法律制度。

课外阅读书目

余劲松，吴志攀．国际经济法．北京：北京大学出版社，2009.
王传丽，史晓丽．国际贸易法．北京：中国政法大学出版社，2009.
赵云．国际经济法学．北京：科学出版社，2008.

第四章

国际货物运输保险法

内容提要

本章主要介绍国际货物运输保险法的基本概念、基本原则和法律特征；分析了国际货物运输保险合同的含义、法律特征、承保的风险和费用以及保险责任期间；讨论了国际海上货物运输保险的基本含义、承保的风险和费用、中国人民保险公司保险条款的保险险别及其保险范围、伦敦保险协会条款的保险险别和保险范围以及海上货物运输保险的索赔和理赔程序；介绍了国际航空货物运输保险的发展现状以及保险险别和责任范围；介绍了国际陆上货物运输保险的常见保险险别和责任范围。

第一节 国际货物运输保险合同

国际货物运输保险是一种服务贸易，是国际货物贸易得以顺利完成的必要条件，在国际贸易中具有重要的地位。国际货物运输保险属于财产保险的一种，在国际上，至今尚不存在统一的货物运输保险法；实践中，保险人和被保险人之间的权利与义务由各国国内法、当事人之间订立的国际货物运输保险合同以及合同的准据法来确定。国际货物运输保险合同成为确定当事人之间权利和义务的重要依据。

一、国际货物运输保险合同概述

（一）国际货物运输保险合同的含义

1. 国际货物运输保险合同

国际货物运输保险合同，是指国际货物的进出口商对该进出口货物按照一定的保险险别向保险公司投保，缴纳保险费，当货物在国际运输途中遭遇合同约定风险或损失时，由保险公司对进出口货物遭遇保险事故造成的损失和产生的费用承担赔偿责任的协议。

国际货物运输保险合同根据合同载明的货物运输方式的不同，可以分为海上货物运输保险合同、陆上货物运输保险合同、航空货物运输保险合同、邮包运输保险合同以及多式联运保险合同等。

2. 国际货物运输保险合同的特点

国际货物运输保险合同除了具有一般保险合同的特点，即双务有偿合同、射幸合同、最大诚实信用合同、要式合同、附合合同和诺成合同以外，国际货物运输保险合同还具有以下特征：

（1）涉外合同。国际货物运输保险合同是一个复杂的涉外合同，合同的主体、客体和内容都可能具有涉外性质。就合同主体而言，投保人可能是外国人，保险人也可能是外国的保险机构。就合同标的而言，是国际运输中的货物，虽然保险合同的标的物的所有权还没有发生转移，即投保人还没有获得货物的所有权，但是投保人已经承担了相应的风险，对运输中的货物具有了保险利益，需要向保险公司投保以分散风险。就合同内容而言，双方需要根据国际货物运输合同本身以及合同的准据法来确定，在合同内容包含涉外因素或者保险合同的准据法为外国法、国际条约或国际惯例时，国际运输保险合同的涉外性质就更为明显。

（2）可转让合同。在国际贸易中，每笔成交的货物，从卖方交至买方手中，基本上都需要国际货物运输保险。而作为国际货物的进口方，有时需要将进口的货物转卖到其他国家或者本国的其他地区，进口方可能在货物还没有到达目的地之前就需要将货物运抵其他地方。这时候，国际货物运输保险合同通常随着保险标的、保险利益的转移而转移，无须通知保险人，也无须征得保险人的同意。只要保险单按照用背书或其他可以接受习惯方式加以转让即可。

（3）合同解除的限制性。如果国际货物运输保险属于航次保险，根据我国保险法、海商法等法律的相关规定，国际货物运输保险自保险责任开始后，合同当事人不得解除合同。一方面，国际货物运输保险合同的标的在运输当中，保险标的的所有权和保险利益可能随时发生转移，合同解除可能使得相关权利人的合理预期利益落空，不利于国际贸易的正常发展；另一方面，国际货物运输保险合同已经在履行当中，合同解除将会给合同当事人带来诸多的不便，解除合同不具有经济的合理性。

此外，被保险人的多变性、保险利益的转移性、保险标的的流动性、承担风险的广泛性、承担价值的定值性以及保险利益的特殊性也是国际货物运输保险合同的重要特点。

二、国际货物运输保险合同的基本原则

在国际上，虽然至今尚不存在统一的国际货物运输保险法，但是国际货物运输保险属于财产保险的一种，保险法的基本原则也适用于国际货物运输保险合同，而且在国际货物运输保险合同中，保险法的基本原则显得更为突出。

（一）最大诚实信用原则

国际货物运输保险合同中的最大诚实信用原则，是指国际货物运输保险合同的当事人应以诚实信用为基础订立和履行保险合同，该原则主要体现在订立合同时的告知义务和履行合同时的保证义务方面。

就保险人而言，告知表现为说明的义务。根据我国保险法的规定，订立保险合同时，保险人应向投保人说明保险合同的条款内容。根据我国海商法的规定，合同订立前，被保险人应将其知道的或在通常业务中应当知道的有关影响保险人据以确定保险费率或确定是否承保的重要情况，如实告知保险人。违反告知义务的，可能会导致保险合同无效和使得合同一方有权解除保险合同。

国际货物运输保险合同的最大诚信原则，要求投保人和保险人对于重大事实必须披露、对于重要事实的陈述必须真实、不得违反保证义务，否则，守约方可以解除保险合同。

（二）保险利益原则

保险利益，也称可保利益，是指被保险人对保险标的所具有的合法的利害关系。被保险人对保险标的应当具有保险利益，不具有保险利益的，保险合同无效。根据我国保险法的规定，投保人对保险标的应当具有保险利益，投保人对保险标的不具有保险利益的，保险合同无效。保险利益原则可以使被保险人无法通过不具有保险利益的保险合同获得额外利益，以避免将保险合同变为赌博合同。保险利益可以表现为现有利益、期待利益或责任利益。

货物在从卖方仓库运送到买方仓库的整个运输过程中，是买方还是卖方对货物具有保险利益，应由买方还是卖方向保险公司投保？在国际贸易中，买卖双方对货物具有的保险利益是由双方所承担的货物在运输途中的风险决定的。而国际贸易采用的贸易术语又具体规定了买卖双方对运输途中的货物承担的责任、费用和风险。① 所以，在国际贸易中，只有具有保险利益的被保险人才可以向保险人主张请求支付保险金。

（三）补偿责任原则

损失补偿责任原则是指在保险事故发生而使被保险人遭受损失时，保险人必须在责

---

① 孟恬，马君．国际货物运输与保险．北京：对外经济贸易大学出版社，2008：258－259.

任范围内对被保险人所受的实际损失进行补偿。国际货物运输保险合同属于补偿性的财产保险合同，因此，在发生超额保险和重复保险的情况下，保险人只赔偿实际损失，因为保险的目的是补偿，不能超过保险价值。

在国际货物运输保险合同中，不是一概不承认超额保险。根据国际惯例，保险公司可以接受投保人以不超过国际买卖合同价款的110%作为保险金额进行投保，其中不超出买卖合同标的10%的保险金额可以看做标的物的运费。

（四）近因原则

近因原则是常用的用以确定保险人对保险标的的损失是否负保险责任以及负何种保险责任的一条重要原则。在法律上，近因是指主要的、决定性的、直接的原因。虽然我国保险法及海商法均没有对近因原则进行明文规定，但在国际货物运输保险实践中，近因原则是常用来确定保险人对保险标的的损失是否负保险责任以及负何种保险责任的一条重要原则。

综上所述，保险法的基本原则也同样适用于国际货物运输保险合同，如果投保人对于保险标的不具有保险利益，保险合同就不能成立，更谈不上法律效力问题；如果在国际货物运输保险合同订立过程中，投保人和保险人没有尽到最大诚实信用原则，守约方可以获得解除合同的权利。

三、国际货物运输保险合同的承保风险与损失

国际货物运输保险合同中，保险人承担的约定风险即保险事故主要包括意外事故和自然灾害带来的风险和损失。

（一）国际货物运输保险合同承保的风险

国际货物运输保险合同中，保险人承担的风险主要包括自然灾害、意外事故以及外来风险。

1. 自然灾害

自然灾害，是指国际货物在运输中可能遭遇雷电、海啸、地震、飓风、火山爆发等恶劣气候或自然灾害。

2. 意外事故

意外事故，是指国际货物在运输中可能遭遇的颠覆、搁浅、触礁、沉没、碰撞、失踪、火灾、爆炸等意外事故。在国际海上货物运输保险合同中，自然灾害和意外事故统称海上风险。

3. 外来风险

外来风险，是指海上风险以外的其他外来原因所造成的风险，包括一般外来风险和特殊外来风险。

一般外来风险，是指偷窃、沾污、渗漏、破碎、受热受潮、串味、生锈、钩损、淡

水雨淋、短少和提货不着、短量、碰损等。这种风险在国际货物运输保险合同中多以一般附加险的形式出现。

特殊外来风险，是指战争、罢工等由于军事、政治、社会等特殊外来原因所造成的风险。这种风险在国际货物运输保险合同中多以特殊附加险的形式出现。

（二）国际货物运输保险合同承保的损失

在国际货物运输保险合同中，保险人承担赔偿责任的损失既包括全部损失，也包括部分损失，这取决于投保人在订立保险合同时投保的保险险种和各国的法律规定。

1. 全部损失

在国际货物运输保险合同中，保险标的遭受的全部损失包括实际全损和推定全损两种情况。

实际全损，是指货物全部毁灭或因受损而失去原有用途，或被保险人已无可挽回地丧失了保险标的。发生实际全损，保险人有义务按照国际货物运输保险合同的约定向被保险人全额支付约定的保险金。

推定全损，是指货物受损后对货物的修理费用，加上继续运到目的地的费用，估计将超过其运到后的价值，在这种情况下，可以把货物视为遭受全损。

2. 部分损失

在国际货物运输保险合同中，保险标的除遭受全部损失以外，还包括部分损失。在国际海上运输货物保险中，部分损失分为共同海损、单独海损和单独费用。①

（1）共同海损。共同海损，是指在同一海上航程中，船舶、货物和其他财产遭到共同危险，为了共同安全，有意地、合理地采取措施所直接造成的特别牺牲、支出的特殊费用，并各受益方按比例分摊的法律制度。②

（2）单独海损。单独海损，是指自然灾害、意外事故或不可抗力所直接造成的船舶或货物的损害。

（3）单独费用。单独费用，是为了防止货物遭受承保风险造成的损失或灭失而支出的费用。由于在保险单上通常都载有“诉讼与营救条款”（Sue and Labour Clause），也即防止损害条款，一般都能得到保险人的赔偿。

四、国际货物运输保险合同的保险责任期间

根据国际实践，国际货物运输保险合同的保险人的保险责任期间是从保险标的运离保险合同载明的起运地仓库或储存处开始运输时起，至保险标的被运至保险合同载明的

---

① 王传丽．国际贸易法．修订版．北京：中国政法大学出版社，2003：159.

② 陈安．国际经济法学．4版．北京：北京大学出版社，2007：556.

目的地收货人的最后仓库或储存处，或者被保险人用作分配、分派或非正常运输的其他储存处为止。记载保险人的保险责任期间的条款通常称为“仓至仓”条款。

如果保险标的没有抵达上述仓库或储存处所，则保险人的保险责任到最后卸货地后满60天为止。在国际航空运输保险中，保险人的保险责任到货物卸离飞机后满30天为止。如果货物在上述60天内（航空运输是在30天内）需要被运至保险单所载目的地之外的其他地点，则保险人的保险责任从货物开始转运时终止。

综上所述，国际货物运输保险合同是财产保险合同的一种，除具有一般财产保险合同的内容和特点外，国际货物运输保险合同在承保的风险和损失、保险利益、保险责任期间以及可转让性等方面具有自身的特点。

第二节 国际海上货物运输保险

一、国际海上货物运输保险概述

国际海上货物运输保险，在法律上表现为国际海上货物运输保险合同，是指保险人与享有可保利益的被保险人之间按照约定对于在海上运输途中的货物，因遭受自然灾害或意外事故所造成的损害给予经济补偿的一种财产保险合同。

需要指出的是，海上货物运输保险合同中的货物是特定的。英国《海上保险法》附录保险单的解释规则规定：“货物一词是具备商品性质的货品，不包括个人行李或船上使用的库存品及供应物资。如果没有任何相反的习惯，甲板上所载的货物及活牲畜必须另行承保，不得列在一般货物名下。”也就是说，一般货物通常不包括牲畜或装载于甲板上的货物，若这两种货物需要投保海上货物运输保险，则必须在保险单中特别载明并加收保险费。至于个人的行李、衣物以及随身佩戴的饰物与银行钞票，虽然也可以作为保险标的，但并非普通货物，其性质、价值应在保险契约内特别注明。[①]

二、国际海上货物运输保险的保障范围

（一）国际海上货物运输保险的承保风险

1. 海上风险

海上风险一般是指货物在海上航行中发生的或随附海上运输所发生的风险。在现代海上保险业务中，保险人所承担的海上风险有特定范围：一方面它并不包括一切在海上

---

① 温世扬，杨树明，樊启荣．保险法．2版．北京：法律出版社，2007：276．

发生的风险，另一方面它又不局限于航海中所发生的风险。也就是说，海上风险是一个广义的特定概念，它既指海上航行中所特有的风险，也包括一些与海上运输货物有关的风险。

保险人承保的海上风险都在保险单中或保险条款中明确约定，保险人只负责在保单中列明的风险造成的保险标的物的损失。我国现行的海运货物条款及英国伦敦保险协会货物新条款所承保的海上风险，从性质上可以划分为自然灾害和意外事故两大类。

（1）自然灾害（Natural Calamities）。所谓自然灾害，就一般意义上讲，是指不以人的意志为转移的由于自然界力量所引起的灾害。它是客观存在的、人力不可抗拒的灾害事故，是保险人承保的主要风险。在海上货物运输保险中，自然灾害并不是泛指一切由于自然力量所引起的灾害。按照我国 1981 年 1 月 1 日修订的《海洋运输货物保险条款》的规定，所谓自然灾害仅指恶劣气候、雷电、海啸、洪水等人力不可抗拒的灾害。

① 恶劣气候（Heavy Weather）。恶劣气候一般指海上的飓风（八级以上的风）、大浪（三米以上的浪）引起的船体颠簸倾斜，并由此造成船体、船舶机器设备的损坏，或者因此而引起的船上所载货物的相互挤压、碰撞所导致的货物的破碎、渗漏、凹瘪等损失。

② 雷电（Lightning）。雷电常在积雨云层中产生，若云层之间、云和地面之间电位差增大到一定程度时，就会发生猛烈的放电现象，这就是雷电。云层和地面之间的放电，往往会危及人的生命和财产，并造成损失。国际海上货运保险承保的雷电是指货物在海上运输过程中由于雷电所直接造成的，或者由于雷电引起的火灾造成的货物的灭失或损害。

③ 海啸（Tsunami）。海啸是由地震或风暴而造成的海面的巨大涨落现象，按其成因可分为地震海啸和风暴海啸两种。地震海啸是伴随地震而形成的，即海底火山爆发或海岸附近地壳发生断裂，引起剧烈的震动，产生高达十余米的大浪，从而造成船货的损失。风暴海啸为强大低气压通过时，海水异常升起的现象，也会对在海上航行的船舶、货物造成损失。

④ 洪水（Flood）。洪水是指因江河泛滥、山洪爆发、湖水上岸及倒灌或暴雨积水，致使保险货物遭受泡损、淹没、冲散等损失。

⑤ 地震（Earthquake）。地震是指由于地壳发生急剧的自然变化，使地面发生震动、坍塌、地陷、地裂等造成的保险货物的损失。

⑥ 火山爆发（Volcanic Eruption）。火山爆发是指由火山爆发产生的地震及喷发出的火山岩灰造成的保险货物的损失。

另外，根据英国伦敦保险协会 1982 年的《协会货物条款》（Institute Cargo Clause，ICC），在保险人承保的风险中，属自然灾害性质的风险除上述各项外，还有浪击落海以及海水、湖水、河水进入船舶、驳船、运输工具、集装箱、大型海运箱或储存处所等，具体如下：

① 浪击落海（Washing Overboard）。浪击落海通常指存在舱面上的货物在运输过程中受海浪冲击落海而造成的损失。我国现行《海洋运输货物保险条款》的基本险别不保此项风险，此项风险在附加险的舱面险中承保。

② 海水、湖水或河水进入船舶、驳船、运输工具、集装箱、大型海运箱或储存处所（Entry of Sea，Lake or River Water into Vessel Craft，Hold，Conveyance，Container，Lift-Van or Place of Storage）。这种风险不仅包括由于海水，而且也包括由于湖水和河水进入船舶等运输工具或储存处所造成的被保险货物的损失。

（2）意外事故（Accident）。意外事故是指人或物体遭受到外来的、突然的、非意料中的事故，如船舶触礁、碰撞、飞机坠落、货物起火爆炸等。

在海上保险业务中，所谓意外事故并不是泛指海上发生的所有意外事故。按照我国1981年1月1日修订的《海洋运输货物保险条款》的规定，意外事故是指运输工具遭受搁浅、触礁、沉没、碰撞以及失火、爆炸等；根据英国伦敦保险协会新的《协会货物条款》，除了上述意外事故外，陆上运输工具的倾覆或出轨也属意外事故的范畴。由此可见，海上货物运输保险所承保的意外事故，也不囿于在海上所发生的意外事故。①

① 火灾（Fire）。在海上货物运输中，火灾是最严重的风险之一。火灾是指由于意外、偶然发生的燃烧失去控制，蔓延扩大而造成的船、货的损失。海上货物运输保险不论是直接被火烧毁、烧焦、烧裂，还是间接被火熏黑、灼热或为救火而致损失，均属于火灾风险。

在国际货物运输保险合同中，凡因上述原因及其他不明原因所致的火灾损失，保险人均负责赔偿。但是，由于货物固有瑕疵或在不适当的情况下运送引起的货物自燃，则不属保险人的承保责任范围。

② 爆炸（Explosion）。爆炸一般是指物体内部发生急剧的分解或燃烧，迸发出大量气体和热力，致使物体本身及其周围的其他物体遭受猛烈破坏的现象。货物在海上运输过程中，因爆炸而受损的情况较多，如船舶锅炉爆炸使货物受损，货物自身因气候温度变化的影响产生作用引起爆炸而受损。

③ 搁浅（Grounding）。搁浅是指船舶在航行中，由于意外或异常的原因，船底与水下障碍物紧密接触牢牢地被搁住，并且保持一定时间失去进退自由的状态。

若船舶仅从障碍物上面或旁边擦过而并未受阻，或船底与水下障碍物的接触不是偶然的或异常的原因造成，如规律性的潮汐涨落而造成船舶搁浅在沙滩上，则不能以搁浅

---

① 孟悟，马君．国际货物运输与保险．北京：对外经济贸易大学出版社，2008：284－285.

的名义向保险公司要求赔偿。

④ 触礁（Stranding）。触礁是指船舶在航行中触及海中岩礁或其他障碍物如木桩、渔栅以及沉船的残骸等造成的一种意外事故。

⑤ 沉没（Sunk）。沉没是指船舶因海水侵入，失去浮力，船体全部沉入水中，无法继续 航行的状态，或虽未构成船体全部沉没，但已大大超过船舶规定的吃水标准，使应浮于水面的部分侵入水中无法继续航行，属沉没责任。如果船体只有部分侵入水中而仍可航行，则不能视为沉没。

⑥ 碰撞（Collision）。碰撞是船舶在海上航行中的一项主要风险。货物运输保险承保的碰撞风险是指载货船舶同水以外的外界物体，如码头、船舶、灯塔、流冰等，发生的猛力接触，因此造成船上货物的损失。若发生碰撞的是两艘船舶，则碰撞不仅会带来船体及货物的损失，还会产生碰撞的责任损失。

⑦ 失踪（Missing）。在航行中失去联系，达到一定时间仍杳无消息，可按“失踪”论处，有的国家规定为6个月，也有的国家规定为12个月。

⑧ 投弃（Jettison）。投弃也称抛货，是指船舶在海中航行遭遇危难时，为了减轻船舶的载重，以避免全部损失，而将船上的货物或部分船上用具有意地抛入海中，这种行为即为投弃。因投弃带来的货物损失属投弃责任。

按照伦敦保险协会旧协会货物条款的规定，投弃仅指共同海损行为的投弃，不包括非共同海损行为的投弃。但现行新的《协会货物条款》已取消了这一限制，规定凡因投弃造成的损失，保险人都予以赔偿，而不问其是否为共同海损的行为所致。我国现行的《海洋运输货物保险条款》同伦敦保险协会旧协会货物条款一样，仅指共同海损的投弃。①

⑨ 吊索损害（Sling Loss）。吊索损害是指被保险货物在起运港、卸货港或转运港进行装卸时，从吊钩上摔下来而造成的货物损失。

⑩ 海盗行为（Piracy）和船长、船员的不法行为（Barratry of Master and Mariner）。海盗行为，是指发生在沿海国家管辖范围以外的海域或上空，通过暴力或威胁手段旨在扣留人或者掠夺财物的非法行为。海盗是船舶在公海上航行时遭遇到的海上一般风险，在我国现行的海运货物保险条款中，海盗行为被列入战争风险。

此外，船长、船员的不法行为也被视为意外事故。船长、船员的不法行为是海上货物运输过程中较为常见的一项风险，例如丢弃船舶、纵火焚烧、凿漏船体、违法走私造成船舶被扣押或没收、故意违反航行规则而遭受处罚等。在我国，此项风险属海运货物罢工险的承保范围。由此可见，海上货物运输保险所承保的意外事故，也不囿于在海上

---

① 孟恬，马君．国际货物运输与保险．北京：对外经济贸易大学出版社，2008：287．

所发生的意外事故。

2. 外来风险

外来风险是指海上风险以外的其他外来原因所导致的风险。国际货物运输保险中所指的外来风险必须是意外的、事先难以预料的、而不是必然发生的外来因素，如货物在运输过程中可能发生的沾污、串味而造成的损失。货物的自然损耗和本质缺陷等属必然发生的损失，不包括在外来风险中。

在国际海上货物运输保险业务中，保险人除了承保上述各种海上风险外，还承保外来风险所造成的损失，外来风险可分为一般外来风险和特殊外来风险。

（1）一般外来风险。我国货运保险业务中承保的一般外来风险有以下几种：

① 偷窃（Theft，Pilferage）。偷窃是指整件货物或包装内一部分货物被人暗中窃取，不包括公开的攻击性劫夺。

② 提货不着（Short-Delivery & Non-Delivery）。提货不着是指货物在运输途中由于不明原因被遗失，造成货物未能运抵目的地，或运抵目的地时发现整件短少，没有交给收货人。

③ 渗漏（Leakage）。渗漏是指流质或半流质的货物在运输途中因容器损坏而引起的损失。

④ 短量（Shortage in Weight）。短量是指被保险货物在运输途中或货物到达目的地发现包装内货物数量短少或散装货重量短缺。

⑤ 碰损、破碎（Clashing and Breakage）。前者指金属和金属制品等货物在运输途中因受震动、颠簸、碰撞、受压等造成的凹瘪、变形，后者主要指易碎物品在运输途中因受震动、颠簸、碰撞、受压等而造成的破碎。

⑥ 钩损（Hook Damage）。钩损主要指袋装、捆装货物在装卸、搬运过程中因使用手钩、吊钩操作而致货物的损坏。

⑦ 淡水雨淋险（Fresh and Rain Water Damage）。淡水雨淋险是指直接由于淡水、雨水以及冰雪融化造成货物的水渍。

⑧ 生锈（Rusting）。生锈是指金属或金属制品的一种氧化过程。海运货物保险中的生锈，是指货物在装运时无生锈现象，在保险期内发生锈损。

⑨ 玷污（Contamination）。玷污是指货物同其他物质直接接触而受污染，如布匹、纸张、食物、服装等被油类或带色的物质污染。

⑩ 受潮受热（Sweating & Heating）和串味（Taint of Odour）。受潮受热，是指由于气温变化或船上通风设备失灵而使船舱内水蒸气凝结，造成舱内货物发潮、发热；串味，是指被保险货物受其他带有异味货物的影响，引起串味，失去了原味。

（2）特殊外来风险。特殊外来风险主要指由于军事、政治、国家政策、法令以及行政措施等风险。常见的特殊外来风险有战争、罢工、交货不到和拒收等。在国际货物运输保险合同中，特殊外来风险需要由特殊附加险来承保。

（二）国际海上货物运输保险的承保损失

在国际海上货物运输保险中，保险人承保的由于上述海上风险和外来风险所造成的损失，按照损失程度可以划分为全部损失与部分损失。

1. 全部损失（Total Loss）

全部损失简称“全损”，是指被保险货物由于承保风险造成的全部损失或视同全部损失的损害。在国际海上货物运输保险业务中全部损失分为实际全损和推定全损。

（1）实际全损（Actual Total Loss，ATL）。实际全损，是指货物全部毁灭或因受损而失去原有用途，或被保险人已无可挽回地丧失了保险标的。发生实际全损，保险人有义务按照国际货物运输保险合同的约定向被保险人全额支付约定的保险金。

（2）推定全损（Constructive Total Loss，CTL）。推定全损是指被保险货物在海上运输中遭遇承保风险之后，虽未达到完全灭失的状态，但是可以预见到它们的全损将不可避免，或者为了避免全损，需要支付的抢救、修理费用加上继续将货物运抵目的地的费用之和将超过保险价值。推定全损并非客观现实，它是根据海上出险情况对保险标的损失状况的一种逻辑推定，故称推定全损。

推定全损是海商法上特有的概念，也只有发生在国际海上货物运输保险中，发生推定全损的情况下，被保险人才可以无条件将受损货物的所有权益（包括所有权）为代价请求保险人全额支付保险合同的保险金，即向保险人发出委付（Abandonment）通知，保险人可以接受也可以拒绝。所谓委付，是指被保险人在保险标的处于推定全损状态时，向保险人声明愿意将保险标的的一切权益，包括财产权及一切由此而产生的权利与义务转让给保险公司，而要求保险公司按全损给予赔偿的一种行为。当然，被保险人也可以按部分损失进行索赔。

2. 部分损失（Partial Loss）

在国际货物运输中，保险标的除遭受全部损失以外，还包括部分损失。在国际海上货物运输保险中，部分损失分为共同海损、单独海损和单独费用。①

（1）共同海损（General Average）。共同海损，是指在同一海上航程中，船舶、货物和其他财产遭到共同危险，为了共同安全，有意地、合理地采取措施所直接造成的特别牺牲、支出的特殊费用，并各受益方按比例分摊的法律制度。②

共同海损的成立应满足一定的条件：① 必须是船舶、货物和其他财产在国际海上

---

① 王传丽．国际贸易法．修订版．北京：中国政法大学出版社，2003：159.
② 陈安．国际经济法学．4版．北京：北京大学出版社，2007：556.

航程中遭遇共同危险，危险是客观存在而不是臆造的，危险是共同面对的而不是仅为一方的利益而面对。② 采取的措施必须是合理的、有效的。所谓“合理”，是指以最小的牺牲或费用来获得船货共同安全的措施。如需要采取抛弃货物措施，一般应先抛弃价值小、重量大的货物。③ 作出的牺牲和费用，即发生的损失必须是直接的、特殊的和异常的，共同海损的牺牲和费用超出了船舶在正常营运中承运人所应当承担的责任。④ 措施必须有效果。采取共同海损措施后，必须使得船货或其他财产部分或全部获救，倘若船货和其他财产最终全损，则不存在获救财产作为共同财产海损分摊的经济基础，共同海损不成立。⑤ 牺牲和费用是人为的，而不是意外。

（2）单独海损。单独海损，是指自然灾害、意外事故或不可抗力所直接造成的船舶或货物的损害，也即在国际海上货物运输中，非任何人的有意行为造成的，只涉及船舶或货物单独一方利益的部分损失。这种损失只能由受损方自己承担。保险人对这种损失是否承担赔偿责任取决于当事人投保的险别以及保险合同是如何约定的。

（三）国际海上货物运输保险的承保费用

国际海上货物运输中，海上风险除了会造成被保险货物的损失，还会带来大量的费用支出。在海上货物运输保险中，保险人负责赔偿的费用主要有施救费用和救助费用。保险单上通常都载有“诉讼与营救条款”，也即防止损害条款，一般都能得到保险人的赔偿。

1. 施救费用（Sue & Labor Charges）

施救费用，亦称诉讼及营救费用或损害防止费用，是指被保险货物在遭遇承保责任范围内的灾害事故时，被保险人或其代理人、雇佣人员或受让人，为了避免或减少货物损失，采取各种抢救与防护措施所支出的合理费用。

为了鼓励被保险人对受损货物积极采取抢救措施减少灾害事故对被保险货物的损坏和影响，防止损失的进一步扩大，减少保险赔款的支出，我国和世界各国的保险法或保险条款一般都规定，保险人对被保险人所支付的施救费用应承担赔偿责任，赔偿金额以不超过该批货物的保险金额为限。

海运货物保险合同中有关施救费用的规定，是一项补充性的保险合同或独立的协议，因而施救费用的赔付不受保险标的损失赔款的影响。对此，我国《海商法》第 240 条第 1 款规定：“被保险人为防止或者减少根据合同可以得到赔偿的损失而支出的必要的合理费用，为确定保险事故的性质、程度而支出的检验、估价的合理费用，以及为执行保险人的特别通知而支出的费用，应当由保险人在保险标的损失赔偿之外另行支付。”

根据以上规定，如果保险标的受损，经被保险人等进行抢救并支付了费用，但仍未能获救而遭受全部损失时，保险人除了应支付保险标的全部损失的赔偿之外，还应在另一个保险金额的限度内赔偿被保险人因抢救保险标的而支付的施救费用，亦即保险人对保险标的损失的赔偿和对施救费用的赔偿两者之和不得超过两个保险金额。①

2. 救助费用（Salvage Charges）

救助，即海难救助，是指救助方在海上或者与海相通的水域，对被救助方遇险的船舶和其他财产进行的使其脱离危险的行为。② 救助费用是指海上保险财产在遭遇承保范围内的灾害事故时，由保险人和被保险人以外的第三者采取救助措施并获成功，由被救方付给救助方的一种报酬。救助费用一般都可列为共同海损的费用项目，因为通常它是在船、货各方遭遇共同危险的情况下，为了共同安全由其他船舶前来救助而支出的费用。

综上所述，国际海上货物运输保险承保的风险和损失，不仅包括海上风险，而且包括外来风险，乃至为减少保险标的损失所支付的费用。海上货物运输保险所承保的意外事故，包括但不囿于在海上所发生的意外事故。

三、国际海上货物运输保险险别与条款

（一）我国海洋运输货物保险险别与条款

在我国对外贸易中，进出口货物运输保险一般都尽量采用中国保险条款，但在出口中有时应国外商人的要求，也可以使用国际上通用的伦敦保险协会货物条款或对方国家的保险条款。协会货物条款在国际保险市场上应用十分广泛，在全世界范围内约有 2/3 的国家，在发展中国家中约有 3/4 的国家都在采用这些条款。

为了适应我国对外经济贸易不断发展的需要，中国人民保险公司根据我国保险工作的实际情况，参照国际保险市场的习惯做法，自 1956 年起陆续制定了各种涉外保险业务条款，总称为《中国保险条款》（China Insurance Clause，CIC），而国际货物运输保险条款是它的重要组成部分。国际海上货物运输保险的险种比较多，习惯上把它们分成基本险、附加险及专门险三类。详见表 4 - 1。

我国海洋运输货物的保险险别，按照能否单独投保可以划分为基本险与附加险两类。基本险所承保的主要是自然灾害和意外事故所造成的货物损失或费用，附加险所承保的是其他外来风险所造成的损失或费用。此外，我国海洋运输货物的保险险别还有专门险，即根据海上货物运输特性而承保的专门险别。

---

① 孟恬，马君．国际货物运输与保险．北京：对外经济贸易大学出版社，2008：298．

② 陈安．国际经济法学．4 版．北京：北京大学出版社，2007：553．

表 4-1 **中国海洋运输保险种类**

中国海洋运输保险种类	基本险	平安险	
		水渍险	
		一切险	
	附加险	一般附加险	盗窃、提货不着险，淡水雨淋险，短量险，混杂、玷污险，渗漏险，碰损，破碎险，串味险，钩损险，受潮受热险，包装破裂险，锈损险
		特别附加险	交货不到险、进口关税险、舱面险、拒收险、黄曲霉素险、港澳存仓火险
		特殊附加险	战争险、战争险的附加费用险、罢工险
	专门险	海洋运输冷藏货物保险	
		海洋运输散装桐油保险	

1. 基本险

基本险亦称合同主险，同国际保险市场的习惯做法一样，我国海洋运输货物保险的基本险分平安险、水渍险和一切险三种。这三种基本险的承保责任，在中国人民保险公司 1981 年 1 月 1 日修订的《海洋运输货物保险条款》中“责任范围”一节中分别作了详细的规定。

(1) 平安险 (Free from Particular Average，FPA)，平安险原文的含义是“单独海损不赔”。平安险的承保责任范围包括：

① 被保险货物在运输途中由于恶劣气候、雷电、海啸、地震、洪水等自然灾害造成整批货物的全部损失或推定全损。

② 由于运输工具遭受搁浅、触礁、沉没、互撞、与流冰或其他物体碰撞以及失火、爆炸等意外事故造成货物的全部或部分损失。

③ 在运输工具已经发生搁浅、触礁、沉没、焚毁等意外事故的情况下，货物在此前后又在海上遭受恶劣气候、雷电、海啸等自然灾害所造成的部分损失。

④ 在装卸或转运时由于一件或数件落海造成的全部或部分损失。

⑤ 被保险人对遭受承保责任内危险的货物采取抢救、防止或减少货损的措施而支付的合理费用，但以不超过该批货物的保险金额为限。

⑥ 运输工具遭遇海难后，在避难港由于卸货所引起的损失以及在中途港、避难港由于卸货、存仓和运送货物所产生的特别费用。

⑦ 共同海损的牺牲、分摊和救助费用。

⑧ 运输契约订有“船舶互撞责任”条款，根据该条款规定应由货方偿还船方的损失。船舶发生互撞后，货方如果向他船获得了100%赔偿时，应按本船的过失比例将获得的赔偿金额退还给本船承运人。该部分货损风险则转由保险人承担。

从平安险责任范围的具体内容可以得知，实际上它仅对由于自然灾害所造成的单独海损不赔，而对于意外事故所造成的单独海损也负责赔偿。不仅如此，如果在运输途中运输工具发生过搁浅、触礁、沉没、焚毁的意外事故，则不论在事故发生之前或之后由于自然灾害所造成的单独海损，它也要负责。所以，不能按“单独海损不陪”的字面意思来理解平安险的保险责任范围。由于平安险的承保责任范围不广泛，一般多适用于大宗、低值粗糙的无包装货物，如废钢铁、木材、矿砂等。

（2）水渍险（With Particular Average，WPA）。水渍险也是我国保险业沿用已久的名称，原文的含义是“单独海损也赔”。它的承保责任范围是：

① 平安险所承保的全部责任。

② 被保险货物在运输途中，由于恶劣气候、雷电、海啸、地震、洪水等自然灾害所造成的部分损失。

从水渍险的具体责任范围可以得知，其责任范围包括了由于海上风险（包括自然灾害和意外事故）所造成的全部损失（包括实际全损和推定全损）和部分损失（包括单独海损和共同海损）。

水渍险虽对单独海损负责赔偿，但对锈损、碰损、破碎以及散装货物的部分损失不负责任。因此，一些不易损坏或虽易生锈但不影响使用的货物或旧货物以及散装的原料，如大五金板、钢管、旧汽车或旧机械、旧机床、散装化肥及化工原料和散装的金属原料等，常投保水渍险。

（3）一切险（All Risks）。一切险的保险责任范围，除包括平安险和水渍险的责任以外，还包括被保险货物在运输途中由于外来原因所造成的全部或部分损失。具体而言，一切险是平安险、水渍险和11个一般附加险的总和。

总之，一切险的承保责任也是有一定的范围的，它的承保责任虽较平安险和水渍险为广，但保险人并不对任何风险所致损失都负赔偿责任。对于一些不可避免的、必然发生的风险所造成的损失，如货物的内在缺陷和自然损耗所致损失，以及运输延迟、战争和罢工等所致损失，保险人均不负赔偿责任。由于一切险的承保责任范围是三种基本险中最广泛的一种，因而适宜于价格较高、可能遭受损失因素较多的货物投保。

除了基本险的保险责任外，中国人民保险公司也对保险险别的除外责任进行了规定，也即对于国际海上货物运输保险中的货物，如果发生不属于保险合同约定保险事故的，中国人民保险公司不负责赔付。《海洋运输货物保险条款》除外责任的规定主要包括下列各项：

① 被保险人的故意或者过失引起的损失。

② 属于发货人责任导致的损失。

③ 损失责任开始前，被保险货物已经存在品质的不良或者货物的数量短差造成的损失。

④ 由于被保险货物自然损耗、本质缺陷、特性以及市价跌落、运输迟延引起的损失或费用。

⑤ 属于中国人民保险公司海洋运输货物战争险条款或者货物运输罢工险条款中约定的责任范围和除外责任的。

2. 附加险

在国际货物运输中，除了基本险所承保的由于自然灾害和意外事故所造成部分或全部损失和费用外，国际贸易货物在运输过程中还可能遭遇到由于外来原因引起的风险和损失。为了分散国际货物运输中的风险，满足投保人的特别需要，保险人在基本险条款之外制定了各种附加险条款。这些附加险是基本险的扩大和补充，不能单独投保，只能附加在基本险之上。我国保险业习惯将附加险分为一般附加险、特别附加险和特殊附加险三种。

（1）一般附加险。目前中国人民保险公司承保的一般附加险主要有下列 11 种：

① 偷窃、提货不着险。这一险别主要承保在保险有效期内，被保险货物被偷走或窃取以及货物抵达目的地后整件未交的损失。提货不着是指货物的全部或整件未能在目的地交付给收货人。在这一险别下，为了便于确定责任，对于偷窃的损失，被保险人必须在及时提货后 10 天之内申请检验。对于整件提货不着，被保险人必须向有关责任方、海关或有关当局取得证明。

② 淡水雨淋险。这一险别承保货物在运输途中由于淡水或雨淋所造成的损失。淡水包括船上淡水舱、水管漏水和舱汗等。淡水是与海水相对而言的，由于平安险和水渍险只对海水所致的各种损失负赔偿责任，因此，淡水雨淋险是扩展平安险和水渍险保险责任的附加险别。

③ 短量险。承保货物在运输途中因外包装破裂、破口、扯缝造成货物数量短缺或重量短少的损失。对散装货物通常均以装船重量和卸船重量作为货物短少的依据，但不包括正常的途耗。

④ 混杂、玷污险。承保被保险货物在运输过程中，因混进杂质或被污染或与其他货物解除所引起的损失。

⑤ 渗漏险。这一险别主要承保流质、半流质、油类等货物由于容器损坏而引起的渗漏损失，以及因液体外流而引起的用液体盛装的货物的变质、腐烂等损失。

⑥ 碰损、破碎险。本险别承保货物在运输过程中，因震动、碰撞、受压造成的碰损和破碎损失。被保险货物在运输途中因遭遇自然灾害或意外事故而造成的碰损、破碎损失，已经包括在平安险和水渍险的责任范围之内，碰损、破碎险则扩展承保由于一般外来原因所造成的碰损、破碎损失。

⑦ 串味险。承保货物在运输过程中，因受其他带异味货物的影响造成串味的损失。

⑧ 钩损险。承保袋装、捆装货物在装卸或搬运过程中，由于装卸或搬运人员操作不当，使用钩子将包装钩坏而造成货物的损失。

⑨ 受潮受热险。承保货物在运输过程中，由于气温突然变化或船上的通风设备失灵，使船舱内的水蒸气凝结而引起货物受潮或由于温度增高使货物发生变质的损失。

⑩ 包装破裂险。承保货物在运输过程中因包装破裂造成短少、玷污等损失。

⑪ 锈损险 。承保金属或金属制品类货物，在运输过程中因生锈造成的损失。由于裸装的金属板、块、条、管等货物在运输过程中难免都要发生锈损，因而保险公司对此类货物一般不愿承保。

以上 11 种一般附加险不可以单独投保，投保人可以在投保平安险或水渍险时选择加保一般附加险。但基本险为一切险时则不需加保，因为一切险的责任范围已包括上述 11 种一般附加险所承保的风险。

（2）特别附加险。特别附加险和特殊附加险是指一般附加险别之外的不属于一切险承保范围内的附加险别。特别附加险所承保的风险大多同国家行政管理、政策措施、航运贸易惯例等因素有关。特别附加险主要有下列险别：

① 交货不到险（Failure to Delivery）。交货不到险的承保责任是指被保险货物从装上船时开始，如果在预定抵达日期起满 6 个月仍不能运到原定的目的地交货，则不论何种原因，保险公司均按全部损失赔偿。

② 进口关税险（Import Duty Risk）。有些国家对进口货物征收关税，不论货物是否完好，一律按完好时的价值十足计征，进口关税险就是针对上述情况而设立的特殊附加险别。在这一险别下，如果被保险货物发生保险责任范围内的损失，而被保险人仍须按货物的完好状态完税时，保险公司即对该受损部分货物所交纳的关税负赔偿责任。

③ 舱面险（On Deck Risk）。海运货物一般都是装在轮船舱内的。保险公司承保的国际海洋运输货物险，在制定货物运输的责任范围和费率时，都是以舱内运输作为考量的基础，因此，对于货物装载舱面所发生的损失，保险公司不负赔偿责任。但是，有些物由于体积大、有毒性、有污染性或者易燃易爆特点等，根据航运习惯必须装在舱面上。舱面险就是为了对这类货物的损失进行经济补偿而设立的附加险别。由于货物装载舱面易受损，遭受水湿雨淋等情况更是司空见惯。保险人为了避免承保的责任过大，通

常接受在平安险的基础上加保舱面险，而不愿接受在一切险的基础上加保本险。如果投保人加保了舱面险，保险人除了按原来承保险别范围负责外，还对货物被抛弃或被风浪冲击落水的损失负责。

④ 拒收险（Rejection Risk）。拒收险的保险责任是补偿货物在进口时，由于各种原因被进口国的有关当局拒绝进口或没收所造成的损失。

⑤ 黄曲霉素险（Aflatoxin）。黄曲霉素是一种致癌毒素，发霉的花生、油籽、大米等一般都含有这种毒素。各国卫生当局对这种毒素的含量都有严格的限制标准。如果某种进口粮食作物的黄曲霉素含量超过限制标准，就会被拒绝进口，或者被没收，或者被强制改变用途。黄曲霉素险就是承保由此所造成的损失的险别。对于被拒绝进口的或强制改变用途的货物，被保险人有义务进行处理。对于因拒绝进口而引起的争执，被保险人也有责任申请仲裁。

⑥ 出口货物到香港（包括九龙在内）或澳门存仓火险责任扩展条款（Fire Risk Extension Clause for Storage of Cargo at Destination HongKong, Including Kowloon, or Macao）。我国出口到港澳地区的货物，有些是向我国内地在港澳地区的银行办理押汇。在货主向银行还清货款之前，货物的权益属于银行，因而在这些货物的保险单上注明过户给放款银行。如被保险货物抵达目的地后，货主尚未还清款项，往往就将其存放到过户银行指定的仓库中。为使货物在存仓期间如果发生火灾能得到赔偿，就特别附加这一险别。这一险别保险期限，是从货物运入过户银行指定的仓库时开始，直到过户银行解除货物权益或运输责任终止时起计算满 30 天为止。

（3）特殊附加险包括战争险、战争险的附加费用险及罢工险。

① 海运战争险（Ocean Marine Cargo War Risk）。战争险包括海运、陆运、空运和邮包战争险，它们都属于特殊附加险。各种战争险都是承保直接由于战争或类似战争行为引起的被保险货物的损失。由于运输方式和运输工具不同，所以各种战争险在具体承保责任和保险期限上有些差异。

② 海运货物战争险的附加费用险（Additional Expense War Risks）。被保险人之所以需要投保本险别，原因是战争险只负责由于战争、类似战争行为所引起的损失，而不负责由于战争所引起的费用。这一险别主要承保由于战争后果所引起的附加费用。

③ 罢工险（Strikes Risk）。罢工险承保货物由于罢工者、被迫停工的工人或参加工潮、暴动、民众斗争的人员的行为，或任何人的恶意行为所造成的直接损失和上述行为所引起的共同海损的牺牲、分摊与救助费用。

罢工险负责的损失必须都是直接损失，对于间接的损失是不负责的。按照国际保险市场的习惯做法，被保险货物如已投保战争险，在加保罢工险时，一般不再加收保险费。中国人民保险公司也照此办理。

3. 海洋运输货物专门保险

国际海上运输货物专门保险是根据海上运输货物特性而承保的专门险别，如海洋运输冷藏货物保险、海洋运输散装桐油保险等。

（1）海洋运输冷藏货物保险（Ocean Marine Insurance Frozen Products）。一些需要冷藏运输的鲜货，如鱼、虾、肉以及蔬菜、水果等，为了使其在运输过程中保持新鲜程度，一般都须经过特别处理后装入冷藏舱内。有时由于灾害事故和外来风险可能使冷藏失灵造成鲜货腐败或损失，为了弥补这种损失，习惯上投保冷藏险。海洋运输冷藏货物保险的险别主要有冷藏险和冷藏一切险。

① 冷藏险（Risk for Shipment of Frozen Products）。冷藏险的责任范围除负责由于冷藏及其停止工作连续达24小时以上所造成的货物腐烂的损失外，其他赔偿责任与水渍险相同。

② 冷藏一切险（All Risks for Shipment of Frozen Products）。冷藏一切险的责任范围，除包括冷藏险的各项责任外，还负责赔偿被保险货物在运输中由于外来原因所造成的鲜货的腐烂或损失。

（2）海洋运输散装桐油保险。海洋运输散装桐油保险的责任范围除了负责海洋运输货物保险所负责任外，还负责不论任何原因造成的散装桐油数量短少、渗漏超过免赔率部分的损失，以及不论任何原因所致被保险桐油的玷污或变质损失。

（二）伦敦保险业协会货物保险条款

1. 伦敦保险业协会货物保险条款概述

在世界海运保险中，英国是一个历史悠久和业务比较发达的国家。长期以来，它所制定的各种保险规章制度，包括海运保险单格式和保险条款，对世界各国有着广泛的影响。目前，世界上有很多国家在海上保险业务中直接采用了英国伦敦保险协会所制定的《协会货物条款》（ICC）或者在制定本国保险条款时参考或部分地采用了上述条款。

英国协会货物条款最早制定于1912年，它是为了补充、修正沿用已久、内容陈旧过时的S. G. 保险单（船、货保险单）而制定的。为了适应不同时期法律、判例、商业、航运等方面的变化和发展，协会货物条款需要经常进行修订，最近一次的修订完成于1981年并自1982年1月1日起在伦敦保险市场开始使用。根据伦敦保险协会的规定，S. G. 保险单和旧的1963年1月1日开始生效的协会货物条款已自1983年3月31日起在伦敦保险市场停止使用，自1983年4月1日起改用新的保险单格式和新的协会货物条款。

2. 伦敦保险业协会货物保险险别

新的海运货物保险条款与旧的条款相比，条款的结构上有很大变化，详见表4－2。

表 4-2　**新旧海运货物保险条款对比**

旧条款名称	新条款名称
货物一切险条款 (Institute Cargo Clause-All Risks)	协会货物条款（A） [Institute Cargo Clause（A），ICC（A）]
协会货物水渍险条款 (Institute Cargo Clause-WA)	协会货物条款（B） [Institute Cargo Clause（B），ICC（B）]
协会货物平安险条款 (Institute Cargo Clause-FPA)	协会货物条款（C） [Institute Cargo Clause（C），ICC（C）]
协会战争险条款 (Institute War Clause)	协会战争险条款（货物） (Institute War Clause-Cargo)
协会罢工、暴动和民变险条款 (Institute Strikes Riots & Civil Commotions Clause)	协会罢工险条款（货物） (Institute Strikes Clause-Cargo)
	恶意损害险条款 (Malicious Damage Clauses)

由上表可以得知，伦敦保险协会的海运货物保险新条款主要有六种，即协会货物条款（A）、协会货物条款（B）、协会货物条款（C）、协会战争险条款（货物）、协会罢工险条款（货物）和恶意损害险条款。

3. 协会货物保险主要险别的承保风险与除外责任

（1）ICC（A）的承保风险和除外责任。ICC（A）的承保风险，根据伦敦保险协会对新条款的规定方法，对 ICC（A）是采用“一切风险减除外责任”的办法。即除了“除外责任”项下所列风险保险人不予负责外，其他风险均予负责。ICC（A）的除外责任主要如下：

① 一般除外责任。如归因于被保险人故意的不法行为造成的损失或费用；自然渗漏、自然损耗、自然磨损、包装不足或不当所造成的损失或费用；保险标的内在缺陷或特性所造成的损失或费用；直接由于延迟所引起的损失或费用；由于船舶所有人、租船人经营破产或不履行债务所造成的损失或费用；由于使用任何原子或核武器所造成的损失或费用。

② 不适航、不适货除外责任。所谓不适航、不适货除外责任，是指保险标的在装船时，如被保险人或其受雇人已经知道船舶不适航，以及船舶、装运工具、集装箱等不适货，保险人不负赔偿责任。

③ 战争除外责任。如由于战争、内战、敌对行为等造成的损失或费用；由于捕获、

拘留、扣留等（海盗除外）所造成的损失或费用；由于漂流水雷、鱼雷等造成的损失或费用。

④ 罢工除外责任。罢工者、被迫停工工人造成的损失或费用以及由于罢工、被迫停工所造成的损失或费用等。

（2）ICC（B）的承保风险和除外责任。对于ICC（B）的承保风险，根据伦敦保险协会的规定，其承保风险的做法是采用“列明风险”的方法，即在条款的首部开宗明义地把保险人所承保的风险一一列出。

对于ICC（B）的除外责任，它与ICC（A）的除外责任基本相同，但有下列两点区别：

① ICC（A）只对被保险人的故意不法行为所造成的损失、费用不负赔偿责任外，对于被保险人之外的任何个人或数人故意损害和破坏标的物或其他任何部分的损害要负赔偿责任。但在ICC（B）下，保险人对此也不负赔偿责任。

② ICC（A）将海盗行为列入保险范围，而ICC（B）对海盗行为不负保险责任。

（3）ICC（C）的承保风险和除外责任。ICC（C）承保风险比ICC（A）、（B）要小得多。它只承保“重大意外事故”，而不承保“自然灾害及非重大意外事故”。

ICC（C）的除外责任，与ICC（B）的完全相同。

综上所述，ICC（A）的承保风险类似我国的“一切险”，ICC（B）的类似“水渍险”，ICC（C）的类似“平安险”，但比“平安险”的责任范围要小一些。

4. 协会货物保险主要险别的保险期限

保险期限，亦称保险有效期，是指保险人承担保险责任的起止期限。英国伦敦保险协会海运货物条款（A）、（B）、（C）与上节所述我国海运货物保险期限的规定大体相同，也是“仓至仓”，但比我国条款规定得更为详细。

四、国际海上货物运输保险的索赔和理赔

国际海上货物的保险理赔，又称为国际海上货物的保险赔偿，是指处理保险赔偿案的全过程，包括损失通知、保险索赔、损失确定、责任审定、赔偿金额计算、赔款支付等程序和步骤①，主要包括被保险人的索赔和保险人的理赔。

（一）国际海上货物运输保险的索赔

1. 国际海上货物运输保险索赔的含义

国际海上货物运输保险的索赔，是指在国际货物运输保险合同的责任期间内，保险标的发生了保险合同约定的保险事由，被保险人依据合同约定和法律规定的程序，向保险人主张请求支付保险金的行为。

---

① 温世扬，杨树明，樊启荣．保险法．2版．北京：法律出版社，2007：288.

国际海上货物运输保险的被保险人在提出保险索赔时，要注意自己的减少损失的义务。被保险人减少损失的义务来源于合同的约定和法律规定。在绝大多数情况下，财产保险合同中对被保险人减少损失的义务都有明确规定，因此，它是一项合同义务。例如，在海上保险合同中，从传统的 S. G. 保单到今天的伦敦协会货物保险条款和伦敦协会船舶保险条款，不仅对被保险人避免和减少承保损失的义务，而且对被保险人由此产生费用的补偿责任，均作出了具体的规定。①

此外，被保险人的减损也是法定的。例如，我国 2009 年 2 月 28 日修订通过并于 2009 年 10 月 1 日生效的《保险法》第 57 条规定："保险事故发生时，被保险人应当尽力采取必要的措施，防止或者减少损失。保险事故发生后，被保险人为防止或者减少保险标的的损失所支付的必要的、合理的费用，由保险人承担；保险人所承担的费用数额在保险标的损失赔偿金额以外另行计算，最高不超过保险金额的数额。"总之，被保险人在提出索赔前，要注意减少保险标的物损失的合同义务和法定义务。

2. 国际海上货物运输保险的索赔程序和时效

（1）索赔程序。被保险人要主张保险索赔，应当在保险事故发生后一段时间内，按照合同约定和法律程序进行索赔。

① 损失通知。损失通知是保险人履行赔付责任的前提条件。保险事故一旦发生，被保险人应当及时通知保险人。损失通知的形式可以口头形式，也可以书面形式，通常保险合同没有具体约定。损失通知的时间取决于合同的约定，合同没有约定的应当在合理的时间内及时通知保险人。

② 提供相关的证明文件。国际海上货物运输保险的标的一旦出现，应该及时获取相关机构出具的出险和损失证明文件，即检验报告或联合检验报告。被保险人在进行索赔时，除了出具检验报告外，还要提供其他的单证，包括保险单或保险凭证正本、运输契约、发票、装箱单、磅码单、向第三方责任人请求赔偿的函件、货损或货差证明、索赔清单、海事报告等。

（2）索赔时效。国际海上运输保险合同的被保险人提出保险索赔，应当在索赔时效内提出。

《保险法》第 26 条第 1 款规定："人寿保险以外的其他保险的被保险人或者受益人，向保险人请求赔偿或者给付保险金的诉讼时效期间为二年，自其知道或者应当知道保险事故发生之日起计算。"第 184 条规定："海上保险适用《中华人民共和国海商法》的有关规定；《中华人民共和国海商法》未规定的，适用本法的有关规定。"《中华人民共和国海商法》第 264 条规定："根据海上保险合同向保险人要求保险赔偿的请求权，

---

① 陈欣．保险法．北京：北京大学出版社，2000：183．

时效期间为二年，自保险事故发生之日起计算。”所以，确认国际海上货物运输保险合同的诉讼时效为2年，是没有问题的，关键是诉讼时效的起算点从何时起算。根据特别法优于普通法的原则，海上货物运输保险合同的诉讼时效以《海商法》的规定为准，即自保险事故发生之日起计算。

此外，应当指出的是，被保险人必须在1年内向保险人提出赔偿请求，否则，保险人可以援引《海商法》第253条的规定拒绝或减少赔付保险金。①《海商法》第253条规定：“被保险人未经保险人同意放弃向第三人要求赔偿的权利，或者由于过失致使保险人不能行使追偿权利的，保险人可以相应扣减保险赔偿。”因为根据《海商法》257条的规定，海上货物运输向承运人要求赔偿的请求权，时效期间为1年，自承运人交付或者应当交付货物之日起计算。保险人向被保险人支付保险金后取得的代为求偿权是法定债权的让与，时效作为实体权利，也应当包括在受让的权利之内，因此，保险人行使代位求偿权向第三人要求赔偿的权利的诉讼时效也是1年。如果被保险人在1年后再向保险公司主张索赔，同时自己也没有向应当负责的第三方主张权利，保险公司将予以拒赔或部分拒赔。

（二）国际海上货物运输保险的理赔

1. 国际海上货物运输保险理赔的含义

国际海上货物运输保险的理赔，是指保险人接到被保险人的出险通知和索赔主张后，判定保险人是否承担责任、承担多大责任和支付保险金的过程。保险人的理赔关系到被保险人是否可以获得预期的保险合同利益，各国保险法一般都予以明确规定。

我国2009年修订的《保险法》第23条规定：“保险人收到被保险人或者受益人的赔偿或者给付保险金的请求后，应当及时作出核定；情形复杂的，应当在三十日内作出核定，但合同另有约定的除外。保险人应当将核定结果通知被保险人或者受益人；对属于保险责任的，在与被保险人或者受益人达成赔偿或者给付保险金的协议后十日内，履行赔偿或者给付保险金义务。保险合同对赔偿或者给付保险金的期限有约定的，保险人应当按照约定履行赔偿或者给付保险金义务。保险人未及时履行前款规定义务的，除支付保险金外，应当赔偿被保险人或者受益人因此受到的损失。任何单位和个人不得非法干预保险人履行赔偿或者给付保险金的义务，也不得限制被保险人或者受益人取得保险金的权利。”所以，保险人在接到被保险人的出险通知和索赔请求后，应当按照合同约定和法律规定，及时履行自己的理赔义务。

2. 国际海上货物运输保险理赔的程序

国际海上货物运输保险理赔的程序大致分为三大部分，即保险人承担责任的认定、

① 王中，王晓菡．外贸法律实务．北京：对外经济贸易大学出版社，2004：101．

保险标的损失的确定和赔偿金额的计算。

(1) 保险人承担责任的认定。在国际海上货物运输保险合同中，保险人最主要的责任和义务就是损失发生以后的赔偿责任。但是保险合同的签订并不必然导致保险人赔付保险金，保险人支付保险金额需要满足一定的条件：① 合同约定的保险事故以及发生；② 损失是合同约定的保险事故引起的，即损害和保险事故之间存在法律意义上的因果关系；③ 保险事故发生在保险期间；④ 不涉及法律或者保险合同的除外责任，即如果保险标的遭受的损害是因为法律或合同除外责任项下的原因所致，则保险人不负责赔偿①；⑤ 被保险人在诉讼时效内主张权利且不丧失对引起保险事故第三人的权利，即如果被保险人超过诉讼时效主张权利或虽然主张权利但是使得保险人丧失向第三人主张权利并获得赔偿的机会，保险人可以拒赔。

(2) 保险标的损失的确定。国际海上货物运输保险中，货物损失发生以后，需要及时检验，获取损失的情况、损失的原因、损失的后果之后才能进行下一步的分析，进一步划定保险责任。

① 损失检验。货物出险之后，货物的收货人或者其代理人应立即通知保险人或其指定的代理机构申请检验。如果收货人延迟检验，保险人有权就扩大的损失拒赔。为了安全准确起见，被保险人或收货人及其他们的代理人不宜擅自申请其他的检验人代为检验，最好与保险人的或其指定的代理人一起联合检验。申请费用由收货人垫付，在保险人审定损失责任后，若属于保险责任范围的，保险人连同保险金一起偿还给收货人。

② 找出损失原因。货损发生之后，从损失的表面往往很难判断损失的责任，有时需要通过损失检验并综合分析各种因素来确定事故发生的原因，特别是认定出险原因是不是保险法意义的近因，以明确保险人对哪些损失予以赔付。

③ 责任认定。在完成损失检验和损失原因之后，就进入责任认定程序。保险责任主要是依据保险合同的约定或保险单条款来认定的，当然以保险法律许可的范围为限。

(3) 赔偿金额的计算。保险人赔付的保险金额除了直接损失以外，还包括因修复、施救而发生的相关费用、整理和检验费用等。在定值保险合同中，如果货物发生全损或推定全损，保险人应全部全额赔付保险金，不论实际的损失是否超过保险价值。不定值保险情况下的全损赔付则必须按照实际价值进行赔偿。如果发生的是部分损失，则要按照损失和保险价值的比例，结合保险金额进行赔付。

---

① 温世扬，杨树明，樊启荣．保险法．2版．北京：法律出版社，2007：289.

第三节　国际航空货物运输保险

一、国际航空货物运输保险概述

（一）国际航空货物运输保险的含义

国际航空货物运输保险是以飞机为运输工具的货物运输保险。近年来，随着航空货物运输的发展，航空运输货物保险业务也在迅速发展。不过，由于国际航空货物运输的历史简短，不像海运货物那么发达且自成一体，相应地，国际航空货物运输保险法律也没有国际海上货物运输保险法律那么完善。

（二）国际航空货物运输保险的相关保险条款

在英国，伦敦保险协会在1965年才开始制定有关航空运输货物的保险条款。现行协会空运货物保险条款只有三种，即《协会空运货物条款（不包含邮递）》〔Institute Cargo Clauses（Air）-Excluding Sending by Post〕、《协会空运货物战争条款（不包含邮递）》〔Institute War Clauses（Air Cargo）-Excluding Sending by Post〕以及《协会空运货物罢工险条款》〔Institute Strikes Clauses（Air Cargo）〕。这些条款的首部均标明“本条款仅供新的海上保险单格式使用”，这意味着航空货物运输保险没有独自的保险单格式，空运货物保险条款必须与海上保险单格式连用。在实际业务中，对空运货物保险条款有关术语的解释，也常需参照英国海上保险法的规定。①

为了适应我国对外贸易发展的需要，中国人民保险公司也接受办理航空货物运输的保险业务并于1981年制定了《航空运输货物保险条款》，规定了航空运输险和航空运输一切险两种基本险条款以及航空运输货物战争险的附加险条款。

二、国际航空货物运输保险的险别和保险责任期间

（一）国际航空货物运输保险的基本险和保险责任期间

1. 航空运输险

该险种的承保责任范围与海洋运输货物保险条款中的水渍险大致相同，主要承保如下范围：

（1）被保险货物在运输途中遭受雷电、火灾、爆炸或由于飞机遭受恶劣气候或其他危险事故而被抛弃，或由于飞机遭受碰撞、倾覆、坠落或失踪等意外事故所造成的全

---

① 孟怙，马君．国际货物运输与保险．北京：对外经济贸易大学出版社，2008：359.

部或部分损失。

(2) 被保险人对遭受承保范围内危险的货物采取抢救、防止或减少货损的措施而支出的合理费用，但以不超过该批被救货物的保险金额为限。

2. 航空运输一切险

航空运输一切险的承保责任范围除包括上述航空货物运输险的责任外，还负责被保险货物由于被偷窃、短少等一般外来原因所致的全部或部分损失。航空运输险和航空运输一切险的除外责任与海洋运输货物险的除外责任基本相同。

3. 航空运输险和航空运输一切险的保险责任期间

国际航空运输货物保险的两种基本险的保险责任采用“仓至仓”条款，但与海洋运输货物险的“仓至仓”责任条款有所不同。如果货物运达保险单所载明目的地而未运抵保险单所载明的收货人仓库或储存处所，则以被保险货物在最后卸载地卸离飞机后满 30 天为止。如在上述 30 天内被保险货物需转送到非保险单所载明的目的地时，则以该项货物开始转运时终止。该规定大大短于国际海上货物运输保险的卸离海轮后满 60 天的规定。

(二) 国际航空货物运输保险的附加险和保险责任期间

1. 航空运输货物战争险

该险种是航空运输货物险的一种附加险，只有在投保了航空运输险或航空运输一切险的基础上，经过投保人与保险公司协商方可加保，加保时须另加付保险费。

加保航空运输货物战争险后，保险公司承担赔偿在航空运输途中由于战争、类似战争行为、敌对行为或武装冲突以及各种常规武器和炸弹所造成的货物的损失，但不包括因使用原子或热核制造的武器所造成的损失。

2. 航空运输货物战争险的保险责任期间

航空运输货物战争险的保险责任期限是自被保险货物装上保险单所载明的起运地的飞机时开始，直到卸离保险单所载明的目的地的飞机时为止。如果被保险货物不卸离飞机，则以飞机到达目的地当日午夜起计算满 15 天为止。如被保险货物在中途转运时，保险责任以飞机到达转运地的当日午夜起计算满 15 天为止。等到装上续运的飞机，保险责任再恢复有效。

第四节　国际陆上货物运输保险

国际陆上货物运输保险主要承保以火车、汽车等陆上运输工具进行货物运输的保险。根据 1981 年 1 月 1 日修订的中国人民保险公司陆上运输货物保险条款，陆运货物保险的基本险有陆运险和陆运一切险两种。此外，为适应冷藏运输货物的需要而专设的陆上运输冷藏货物保险也具有基本险的性质。在附加险方面，陆运货物的附加险有陆上运输货物战争险。海运货物保险中的一般附加险，如偷窃、提货不着险、淡水雨淋险等，也适用于国际陆上货物运输在投保基本险的基础上加保。

一、国际陆上货物运输基本险和保险责任期间

（一）陆运险

陆运险的承保责任范围与国际海上货物运输保险条款中的水渍险类似，其承保范围包括：（1）被保险货物在运输途中遭受暴风、雷电、洪水、地震等自然灾害。（2）运输工具遭受碰撞、倾覆、出轨；或在驳运过程中因驳运工具遭受搁浅、沉没；或由于遭受隧道塌方、崖崩或失火、爆炸等意外事故所遭受的全部或部分损失。（3）被保险人对遭受承保范围内危险的货物采取抢救、防止或减少货损的措施而支出的合理费用，但以不超过该批被救货物的保险金额为限。

（二）陆运一切险

陆运一切险的承保责任范围与国际海上货物运输保险条款中的一切险类似。保险公司除承担上述陆运险的赔偿责任外，还负责被保险货物在运输途中由于一般外来原因所造成的全部或部分损失。

（三）陆运险和陆运一切险的保险责任期间

陆运货物保险条款采用“仓至仓”责任，包括正常运输过程中的陆上和与其有关的水上驳运在内。如货物未抵达目的地仓库或储存处所，则以被保险货物在最后卸货的车站满60天为止。

二、国际陆上货物运输附加险和保险责任期间

陆上运输货物战争险是国际陆上货物运输险的一种附加险，只有在投保了陆运险或陆运一切险的基础上，经过投保人与保险公司协商方可加保。这种陆运战争险，国外私营保险公司大都是不保的，中国人民保险公司为适应外贸业务需要，接受加保，但目前仅限于火车运输，若使用汽车运输则不能加保。加保陆上运输货物战争险须另增加支付保险费。

加保陆上运输货物战争险后，保险公司负责赔偿在火车运输途中由于战争、类似战争行为和敌对行为、武装冲突所致的损失，以及各种常规武器包括地雷、炸弹所致的损失。但是，由于敌对行为使用原子或热核武器所致的损失和费用，以及根据执政者、当权者或其他武装集团的扣押、拘留引起的承保运程的丧失和挫折而造成的损失除外。

陆上运输货物战争险的责任期间与海运战争险相似，以货物置于运输工具时为限，

即自被保险货物装上保险单所载起运地的火车时开始到卸离保险单所载目的地的火车时为止。如果被保险货物不卸离火车，则以火车到达目的地的当日午夜起计算满 48 小时为止；如在运输途中转车，不论货物在当地卸载与否，保险责任以火车到达该中途站的当日午夜起计算满 10 天为止。如货物在此期限内重新装车续运，仍恢复有效。①

三、国际陆上货物冷藏货物险（专门险）和保险责任期间

陆上运输冷藏货物险是陆上运输货物险中的一种专门保险。其主要责任范围除负责陆运险所列举的自然灾害和意外事故所造成的全部或部分损失外，还负责赔偿由于冷藏机器或隔温设备在运输途中损坏所造成的被保险货物解冻溶化而腐败的损失。但对于因战争、工人罢工或运输延迟而造成的被保险货物的腐败或损失以及被保险冷藏货物在保险责任开始时未能保持良好状况、整理、包扎不妥或冷冻不合规格所造成的损失除外。

陆上运输冷藏货物险的保险责任期间自被保险货物运离保险单所载起运地点的冷贮仓库装入运送工具开始运输时生效，包括正常陆运和与其有关的水上驳运在内，直至货物到达目的地收货人仓库为止。但是最长保险责任的有效期限以被保险货物到达目的地车站后 10 天为限。中国人民保险公司的该项保险条款还规定，装货的任何运输工具，必须有相应的冷藏设备或隔离温度的设备，或供应和贮存足够的冰块使车厢始终保持适当的温度，保证被保险冷藏货物不致因溶化而腐败，直至目的地收货人仓库为止。

四、国际陆上货物运输保险的除外责任

根据国际陆运货物保险条款的规定，保险公司对由于以下原因造成的货物损失，不负赔偿责任：（1）被保险人的故意行为或过失造成的损失；（2）属于发货责任引起的损失；（3）在保险责任开始前，被保险货物存在品质不良或数量短差造成的损失；（4）被保险货物的自然损耗、本质缺陷、特性及市价跌落、运输延误造成的损失和费用；（5）本公司陆上运输货物战争险条款和货物运输罢工险条款规定的责任范围和除外责任。

上述国际陆上货物运输保险的索赔时效，自被保险货物在最后目的地车站全部卸离车辆后计算，最多不超过 2 年。

思考题

1. 结合国际贸易术语通则，如何理解国际货物运输保险中的保险利益原则？

---

① 孟恬，马君．国际货物运输与保险．北京：对外经济贸易大学出版社，2008：359.

2. 如何理解国际货物运输保险合同的可转让性？
3. 如何确定保险人在国际海上货物运输保险合同中的义务？
4. 国际海上货物运输保险的索赔程序是如何进行的？

课外阅读书目

王传丽．国际贸易法．修订版．北京；中国政法大学出版社，2003.
孟怙，马君．国际货物运输与保险．北京：对外经济贸易大学出版社，2008.
王中，王晓菡．外贸法律实务．北京：对外经济贸易大学出版社，2004.

第五章

国际货物贸易支付法

内容提要

国际货物贸易支付的要素包括支付工具和支付方式。支付工具是资金转移的载体，主要有货币和票据两种。支付方式是当事人选择的支付货款的程序和方法，传统上主要有汇款、托收、信用证三种。本章从比较法角度分析了票据制度，主要依据 URC522 和 UCP600 两个国际贸易惯例，介绍了托收、信用证制度。

第一节　国际货物贸易的支付工具

支付工具是资金转移的载体。国际货物贸易可以货币支付，也就是使用现金支付。国际货物贸易中，现金支付因需携带大量现金，不方便也不安全，所以很少采用。国际货物贸易几乎都是非现金支付，常用的支付工具是票据。

一、票据概述

（一）票据的概念

票据是指出票人依据票据法，由本人或委托他人见票时，或在票载日期无条件支付确定的金额给收款人或持票人的一种有价证券。各国票据法对票据的分类不尽相同，国际上一般认为票据包括汇票、本票和支票三种。

（二）票据的性质

1. 票据三大基本性质

（1）流通性。这是票据的首要性质，即票据可以按流通的方式转让。流通转让，简称流通（negotiation），又称议付、议让等。流通具有转让手续上简便、权利让渡上完整的特点。转让手续上，无须通知原债务人，仅凭交付或背书后交付即可完成转让。权利让渡上，只要票据受让人善意地支付了对价，就可以获得充分完整的票据权利，即使转让人权利有缺陷，受让人也不受影响。这与普通的债权转让（assignment）有实质区别，普通的债权转让需通知债务人方能有效，权利让渡上也不完整。

（2）无因性。所谓票据的无因性，是指票据如具备票据法上的条件，票据权利就成立，至于票据行为赖以发生的原因，在所不问。

（3）要式性。既然票据具有无因性，票据效力就独立存在，不受由基础关系涉及的法律行为的效力的影响。这时，判断票据有效性，就必须看票据的内容和票据行为是否符合票据法规定的必要形式，亦即以要式而非原因关系作为判断票据效力的依据。

2. 其他性质

（1）文义性，是指票据权利和义务取决于票据文字记载的内容，不受票据记载以外任何约定的约束。

（2）提示性。持票人行使票据权利时以占有票据为要件，为证明其权利，必须提示票据。不能提示票据者，无权享有票据权利，除非丧失票据时，经法院作除权判决，以判决代替票据行使权利。

（3）缴回性。持票人凭票获得付款时，必须将票据缴回付款人，并应依付款人要求签名证明款项收讫。

（4）设权性，与证权性相对。票据已签发，票据权利即告创立，并与创设该权利的基础关系分离，成为一种独立的、仅以票据为载体的权利。

（5）债权性。票据是一种债权凭证，持票人拥有债权，在票据上签名者是债务人。票据确立的债务人对债权人的应尽义务，主要是保证承兑及付款的义务，以及必要时由债务人自行清偿的义务。

（6）金钱性。票据的给付标的是金钱而非其他财物或有价证券。

（三）两大票据法体系

历史上曾存在三大票据法体系：法国法系（又称拉丁法系）、德国法系（又称日耳曼法系）和英国法系。目前则基本可分为两大体系，即日内瓦体系和普通法体系。日内瓦体系是指在日内瓦统一票据法公约的基础上形成票据法体系。1930 年和 1931 年在瑞士日内瓦举行了两次关于统一票据法的国际会议，通过的公约包括 1930 年《汇票和本票统一法公约》（Convention Providing a Uniform Law for Bills of Exchange and Promissory Notes）、1930 年《解决关于汇票和本票若干法律冲突的公约》（Convention for the Settlement of Certain Conflicts of Laws in connection with Bills of Exchange and Promissory Notes）、1931 年《支票统一法公约》（Convention Providing a Uniform Law for Cheques）、1931 年《解决关于支票若干法律冲突的公约》（Convention for the Settlement of Certain Conflicts of Laws in Connection with Cheques）四项公约，以及 1930 年《关于汇票、本票

以及支票印花税法公约》（Convention on the Stamp Laws in connection with Bills of Exchange and Promissory Notes）。日内瓦统一票据法公约以大陆法系为传统，协调了德国和法国法的分歧，使大陆法系各国的票据法逐渐趋于统一，而形成了日内瓦体系。采用日内瓦体系的主要是欧洲大陆国家、日本和一些拉丁美洲国家。普通法系的英国、美国等国，认为日内瓦公约的规定与英美法的传统和实践相矛盾，因此一直拒不参加日内瓦公约，而坚持其传统的票据法制度。因此，日内瓦公约并未达到统一各国票据法的目的，为改进这一情况，联合国国际贸易法委员会起草了国际的统一票据法，并于1988年联合国的第43次大会上正式通过了《联合国国际汇票和国际本票公约》（United Nations Convention on International Bill of Exchange and International Promissory Note），目前尚未生效。

二、汇票

（一）汇票的概念和分类

汇票是由出票人签发的，委托付款人见票时或在指定日期无条件支付确定的金额给收款人或持票人的票据。汇票是历史最悠久的票据形式，也是最典型的票据形式。

汇票可以按不同标准，从不同角度进行分类。

第一，根据汇票付款的时间区分，汇票可以分为即期汇票（sight bill）和远期汇票（time bill or usance bill）。前者是指持票人提示时或付款人见票时立即付款的汇票，后者是指汇票上记载了付款人于将来一定日期或特定的日期付款的汇票。

第二，根据出票人身份区分，汇票可以分为银行汇票（banker's draft）和商业汇票（trader's draft）。前者是银行签发的汇票，其付款人也是银行，通常用于资金转移业务中。后者是指由非银行签发的汇票，而由工商企业或个人作为出票人的汇票，广泛应用于各类经济交易中。

第三，根据附属单据情况区分，汇票可以分为光票（clean bill）和跟单汇票（documentary bill）。光票是指不附有可代表物权的货运单据的汇票，但有时可能附有发票或价格清单，主要用于资金转移中。跟单汇票是指附带有货运单据的汇票。商业汇票一般多为跟单汇票。跟单汇票下，持票人既受票据当事人的信用保证，又受所附货运单据代表的物权的保证，但持票人只能在资金和货物中得到其一。

（二）汇票的出票（issue）

1. 出票的概念

出票是指出票人签发票据并将其交付给收款人的票据行为。出票有以下含义：

（1）性质上为创设票据的行为，也是基础票据行为。

（2）形式上完整的出票行为应包括两个内容：一是由出票人作成票据。若要作成票据，必须在票据上依法记载一定事项。这要求：① 出票必须采取书面形式。② 签章。签章指签名、盖章或者签名加盖章。③ 出票要采取一定的款式，即记载事项要符合要求。

（3）从内容上看出票行为表现为一种支付的委托，即出票人委托或者命令付款人向收款人或持票人支付一定金额的行为。

2. 出票款式

汇票出票款式，即汇票出票时的记载事项，是指出票人根据票据法的规定在汇票上应为的或可以为的各种记载。票据为要式证券和文义证券，票据的款式影响票据的效力，要符合一定的款式要求。依我国票据法，票据出票款式主要包括绝对应当记载事项和相对应当记载事项。

（1）汇票的绝对应当记载项目

绝对应当记载项目，是指出票人必须在票据上记载，否则使票据无效的事项。关于绝对记载事项，两个票据法体系规定并不一致，我国规定为7项，下面逐一介绍。

① 表明“汇票”（exchange）的字样。票据正面应明确表明其名称，以与其他票据或单据相区别。这是日内瓦统一法和我国票据法的规定，英美票据法不作此要求。

② 无条件支付的书面委托（unconditional order in writing）。该记载事项表明了汇票的基本性质，也是区别于本票的首要标准。在英美法系国家，如果未表明汇票名称时，可依据这一项目来确认汇票。该记载事项具体包括两个方面的要求：第一，支付命令。作为付款命令，文字应直截了当，不应使用恳求、协商等语气。“请支付”（please pay）是命令；“如蒙惠予以付款我将不胜感激”则因过分客气而非命令。第二，无条件性，即汇票中的支付委托不得附有条件。汇票上附有条件会导致汇票无效，如附以下条件：“仅凭货运单据交付”，“需与交付合格货物后才付款”，或“从合同所购货物的销售收入中支付甲壹万元”。

③ 确定的金额（certain amount）。汇票的支付标的是金钱，金钱的数额必须确定。汇票金额应以文字和数字同时记载。如果两者间出现差异，我国票据法规定，票据无效。日内瓦统一法和英美票据法规定应以文字金额为准。

汇票金额作为绝对必要记载事项，应该书写清楚准确，不得涂改。我国票据法规定，票据金额、日期、收款人名称有更改者，票据无效。

④ 付款人名称。付款人是由出票人指定、按其命令或委托支付票款的当事人。按照日内瓦统一法、英国、日本和我国票据法，付款人是绝对应当记载事项，并且付款人名称必须明确；但美国和我国台湾地区“票据法”规定，若付款人欠缺，则以出票人为付款人。

⑤ 收款人名称。收款人也称为汇票的抬头，是由出票人在票面上记载指定可以凭

票领款的当事人。收款人的记载可以有三种方式：

第一，限制性抬头（restrictive order）。限制性抬头是对收款人进一步转让票据作出明确限制的抬头，可以作成"仅付 A"（Pay A only），或标明"不可转让"（not transferable）。限制性抬头的汇票无流通性。

第二，指示性抬头（demonstrative order; instructive order）。指示性抬头是最常见的抬头形式，有三种写法："付 A 或其指定人"（Pay A or order）、"付 A 之指定人"（Pay to the order of A）或"付 A"（Pay A）。第三种写法也称"记名式抬头"。指示性抬头的汇票可以转让，且必须经过背书才可以转让。

第三，来人抬头（bearer order）。来人抬头也称无记名抬头，以不记名、不确定的持票人为收款人。常见写法如下："付持票人"（Pay bearer），或"付 A 或来人"（Pay A or bearer），也可以在收款人处空白不记载。来人抬头汇票流通性很强，无需背书，仅通过交付即可转让。因此受让人无法知道汇票曾有的转让及当事人的真实情况，对持票人不利。日内瓦统一法和我国都不允许开立来人汇票，收款人名称是绝对必要记载事项。英美票据法则允许开立来人汇票。

⑥ 出票日期（date of issue）。日内瓦统一法和我国票据法都规定出票日期为绝对记载事项，若欠缺则汇票无效。但英美票据法并未将出票日期作为绝对必要记载事项，而是规定不能因为该项目欠缺无效，持票人可以补填出票日期，在没有充分相反证据前，填补的日期视为正确的日期。如果汇票转让，则汇票各债务人应以填补日期为准。

⑦ 出票人的签名（drawer's signature）。各国票据法都规定，汇票经出票人签名才能生效，如果欠缺出票人签名，或签名是伪造或未经授权的且事后未得到出票人追认的，出票人不承担汇票责任。

出票人可由本人签名或者委托代理人签名。法人机构出票时，由其代表人签名。代理人签名时，需注明委托人名称并表明代理人身份，否则由其对票据负责。

国外的票据实践要求手签，但我国规定签名为"签章"，即签名和/或盖章。自然人可以签名、盖章或签名加盖章，但必须使用本名。而法人机构或其他单位的签章，应为该单位的财务专用章或者公章，外加其法定代表人或者授权的代理人的签章。

（2）相对必要记载事项

所谓相对必要记载事项是指出票人应当记载的事项，但如果未记载不影响票据的效力，而依法予以推定的事项。根据我国法律规定，相对必要记载事项包括付款日期、付款地和出票地。

① 付款日期（tenor）。汇票的付款期限有两种，即期付款和远期付款。如果汇票没有记载付款期限，则以即期付款处理。因此付款期限不是一个绝对应当记载项目。

② 出票地（place of issue）。出票地是汇票上记载的签发汇票的地点。根据我国票

据法规定，汇票上未记载出票地的，出票人的营业场所、住所或者经常居住地为出票地。

③ 付款地（placement of payment）。付款地是指支付票据金额的地点。作为相对必要记载事项，根据我国票据法规定，汇票上未记载付款地的，付款人的营业场所、住所或经常居住地为付款地。

3. 汇票出票的效力

（1）对出票人的效力。出票人签发汇票后，即担保承兑和担保付款的责任。所谓担保承兑或担保付款，指出票人应保证汇票会被承兑或付款，持票人请求付款人承兑，或者付款人或承兑人付款时，如果遭到拒绝，出票人应就持票人的追索请求负一定偿还责任。

（2）对付款人的效力。付款人是票据关系人，而非债务人，不承担票据法上的义务。出票行为对付款人的效力，在于其取得对汇票进行承兑和付款的资格，而非义务。付款人是否承兑或者付款，由自己决定，但一旦它对汇票进行承兑，就成为承兑人，而承担票据责任。

（3）对收款人的效力。一旦出票，收款人成为票据债权人，即享有付款请求权和追索权。付款请求权是持票人向付款人请求支付票据金额的权利。付款请求权只是一种期待权，只有票据承兑之后，才成为现实的请求权。追索权，是指票据被退票时，持票人履行了保全手续后，要求承兑人、出票人、背书人、保证人以及其他票据债务人偿还票据及其他有关费用的行为。另外，收款人还有将票据转让的权利。

（三）汇票的背书（endorsement）

1. 背书的概念

背书是指持票人为将票据权利转让他人或将一定权利授予他人行使，在票据背面或粘单上记载有关事项并签名，然后将票据交付的票据行为。背书为一种附属票据行为。

2. 背书的种类

（1）空白背书和特别背书

这是以背书方式所作分类。空白背书（blank endorsement），又称无记名背书，是只有背书人签名，不注明被背书人，或只注明转让给来人的背书。日内瓦法系不准许创立无记名汇票，却允许空白背书，承认无记名汇票流通。在我国，除了为向付款人提示汇票领款而作背书外，其他背书都是为了转让汇票权利或者将一定的汇票权利授予他人行使，因此必须记载被背书人名称，不允许作成空白背书。

特别背书（special endorsement），也称完全背书、记名背书，不仅有背书人签名，而且记明受让人的名称。受让人如果转让汇票也需要完全背书。

（2）转让背书和非转让背书

转让背书是指以转让票据权利为目的的背书。根据我国票据法规定，转让背书必须转让汇票的全部金额给同一个人，将汇票金额部分转让或者将汇票金额分别转让给二人以上的背书无效，这称为背书的不可分割性。另外，背书应当是无条件的，如背书附有条件，要求履行该条件背书才能生效，则所列条件不具有汇票上的效力。

非转让背书是指不是为了转让票据权利，而是授予他人行使一定票据权利为目的的背书。

(3) 一般转让背书和特殊转让背书

转让背书可分为一般转让背书和特殊转让背书。一般转让背书是没有限制或特殊情形的背书，是最普通的背书。

特殊转让背书是指某方面具有限制或特别情形的背书，可分为：

① 限制转让背书（restrictive endorsement）。该类背书明确记载“不得转让”（not negotiable）或类似的文句，例如“只付给A”（pay A only）。依据我国票据法规定，若被背书人转让汇票，则背书人对持票人不承担票据责任。

② 限制背书人责任的背书（qualified endorsement）。例如在背书上加注“免于追索”（without recourse）文句，或者记载“免除担保承兑”或“免除担保付款”字样。对这类背书我国法律无明文规定，但可以认为该类背书属于附有条件的背书，所附条件不具有汇票上的效力。

③ 回头背书，是指以票据上的原债务人为被背书人的背书。原债务人为此取得了票据权利。根据民法原理，债权人和债务人归为一人时，构成混同，债权债务关系消灭。但为保证票据流通性，票据关系并不因此消火，被背书人仍可背书转让汇票。

④ 期后背书，是指在票据被拒绝承兑、拒绝付款或者超过付款提示期限后所为的背书。

(4) 托收背书和质押背书

这是非转让背书的分类。

① 托收背书，即委托收款背书。背书人背书的目的只是委托被背书人代为收款，而不是转让票据权利。该背书应明确记载委托收款或类似的文句，例如“付款给A银行进行托收”（Pay A Bank for collection）。

② 质押背书，又称质权背书、设质背书，是指以设定质权为目的的背书。这种背书中，背书人是出质人，被背书人是质权人。被背书人有权收取该汇票金额的权利，无论该质权担保的主债权是否到期，设质的汇票一旦到期，被背书人就可受领汇票金额，因此享有票据权利。如果被担保的债权到期日在汇票到期日后，质权人可以与出质人协议，将受领的汇票金额用于提前清偿所担保的债权，或者向与出质人约定的第三人提存，待主债权到期再用于偿还。

3. 转让背书的法律效果

（1）以背书转让权利，不必通知债务人即可发生转让的效力。

（2）以背书转让权利，新的权利人不承袭原权利人在权利上的瑕疵，债务人不得以自己与背书人之间存在的抗辩事由对抗被背书人。

（3）依背书转让权利后，转让人不退出债的关系，而成为新的债务人，受让人不仅对其直接转让人享有追索权，而且对票据上的所有背书人前手享有追索权。可见，背书人不仅对被背书人，而且对其后所有合法取得票据的人负担承兑和担保付款的责任。这种担保为法定义务而非约定义务，是为保障票据流通性而设定的。

（4）以背书转让权利，还发生权利证明的效力。只要最后持票人所持票据上的背书在形式上具有连续性，法律就推定其为正当的票据权利人。背书连续性是指背书人的背书签名与被背书人的背书签名应依次前后衔接。第一次背书的人应当是票据记载的收款人，从第二次背书起，每一次背书的背书人必须是前次背书的被背书人，最后持票人必须是最后背书的被背书人。

（四）承兑

1. 承兑的概念与内容

承兑是指远期汇票的付款人承诺在汇票到期日支付汇票金额的票据行为。完整的承兑行为包括两个内容：（1）由付款人在票面上签名，注明“承兑”（accepted）字样，并注明承兑日期、付款日期和地点。我国票据法规定，付款人承兑汇票必须在汇票正面记载“承兑”字样并签章。（2）承兑人将汇票交付给持票人以使汇票不可撤销。一般而言交付为实际交付，也可能为推定交付。推定交付为仅交付承诺通知书，注明汇票细节及承兑事实，若持票人同意当属有效，但持票人无义务接受推定交付。我国法律未规定推定交付。

2. 承兑的种类

（1）普通承兑（general acceptance），又称一般承兑、单纯承兑，是指付款人完全同意出票人的付款指示，在汇票上注明“承兑”字样并签章、记载付款日期，除此之外无附加条件。这是有效的承兑。

（2）限制承兑（qualified acceptance），又称非单纯承兑，是付款人虽承诺支付，但在付款时间、地点、金额、方式、当事人等汇票要件方面有不同于汇票记载的变动。对于限制承兑，日内瓦统一法规定，承兑应当是无条件的，但付款人为承兑时，得就汇票金额部分为之。我国票据法规定，付款人承兑汇票，不得附有条件；承兑附有条件的，视为拒绝承兑。因此依我国法律，不承认限制承兑的效力，付款人只能为单纯承兑或拒绝承兑。

3. 承兑的法律后果

就付款人而言，付款人可以拒绝承兑，但一旦承兑，则成为汇票债务人，并是第一债务人。承兑人的付款责任是绝对的付款责任，该责任只有票据权利因时效消灭方能免除。另外，承兑人须承担最终追索责任，追索终结前，承兑人的票据责任始终存在。付款人承兑后，出票人和背书人免于受到由于票据被拒绝承兑而引发的期前追索。承兑对持票人的效力是持票人的付款请求权由期待权变为现实权利。

（五）保证（guarantee）

1. 保证的概念

汇票保证是指汇票债务人以外的第三人，对业已存在的汇票债务进行保证的行为。保证人可以为出票人、背书人或承兑人提供保证，以提高票据的信用。

2. 保证的特征

（1）保证为要式行为。保证应为以下记载事项：① 表明“保证”的字样。② 写明保证人名称和住所。③ 注明被保证人的名称。如果被保证人名称欠缺，按我国票据法，已承兑的汇票，承兑人为被保证人；未承兑的汇票，出票人为被保证人。④ 保证人签名。⑤ 保证日期。如果未记载保证日期，依我国票据法，出票日期为保证日期。

我国票据法规定，保证不得附条件；附有条件的，不影响汇票的保证责任，即附条件记载视为未记载，仍按单纯保证发生效力。例如保证人附加“票据不得再转让”字样，就是附条件。但附条件的记载会发生民法上的证明效力。

（2）保证具有独立性。汇票保证的主债务因任何原因而无效时，除非款式欠缺而导致保证无效，保证人仍承担义务。这是汇票保证与民法上保证的一个重大区别。

（3）保证人与被保证人负同一责任。保证人同被保证人之间的责任完全相同，被保证人根据汇票应承担何种义务，保证人也承担该项义务。因此，汇票保证非附属债务，汇票的持票人可以不先向被保证人请求付款或追索，而直接向保证人提出付款请求或追索；另外，保证人也不享有先诉抗辩权。但我国票据法规定，“被保证的汇票，保证人应当与被保证人对持票人承担连带责任。汇票到期后得不到付款的，持票人有权向保证人请求付款，保证人应当足额付款”。可见，我国票据法规定的保证责任是连带责任，与同一责任并不完全相同。

（4）保证人清偿后取得票据权利。我国票据法规定，保证人清偿汇票债务后，可以行使持票人对被保证人及其前手的追索权。因为保证人清偿后，即取得汇票，成为汇票的持票人，所以他有权对被保证人及其前手行使追索权。至于被保证人后手，因保证人既然为被保证人提供保证，当其履行保证义务，为被保证人清偿债务后，自然不能再向被保证人后手追索。

（六）付款（payment）

1. 付款的含义和条件

付款是指汇票的付款人或代理付款人在汇票到期日或以后向持票人善意支付汇票金

额，导致票据关系消灭的行为。

付款需满足以下条件：

（1）由付款人支付。付款人包括已为承兑的付款人或未为承兑的付款人。付款，可以由本人支付，也可以由代理付款人支付。付款的意义在于消灭票据关系，而不能产生票据权利义务，因此属准票据行为。付款人以外的其他人为支付，不能消灭票据关系，只能转移债权。

（2）应在汇票到期日或以后付款。持票人按规定期限提示付款的，付款人必须当日足额付款。若提前支付，付款人自担风险和责任。

（3）向持票人善意支付。所谓善意支付，指付款人对持票人可能存在的权利缺陷并不知悉，同时，付款作出是在营业时间内，按照正常的业务规范进行的。依据我国票据法，付款人及其代理付款人以恶意或者有重大过失付款的，应当自行承担责任。善意付款人在向持票人支付后，如果汇票存在伪造背书情况，付款人能否解除自己的责任，各国法律规定不同。按照英国票据法，付款人即使善意向伪造背书后的汇票的持票人付款，即使该持票人获得汇票时曾支付对价，付款人也不能解除付款责任，汇票的真正所有人仍有权要求付款人再向他付一次款，此时付款人只能付款，再要求前述持票人返还付款。按日内瓦统一法和我国票据法，付款人只负责确认汇票背书表面连续，无须证明背书真实，因此只要核对清楚背书连续并付款，就解除了付款责任。

2. 付款人付款的效力

付款人在付款时要求持票人在汇票上签名注明“收讫”字样，并把汇票交给付款人。汇票一旦由付款人按票面金额全部付清后，汇票上的债权债务关系消灭，付款人因此取得要求出票人偿付的权利。该求偿权利因票据关系已经消灭，只能基于民法上付款人与出票人之间的委托付款合同关系行使。

（七）汇票的追索

1. 追索的含义

追索（recourse）是指票据被退票时，持票人履行了保全手续后，要求承兑人、出票人、背书人、保证人以及其他票据债务人偿还票据金额及其他有关费用的行为。

2. 有效追索的行使要件

（1）票据遭到退票。所谓退票（dishonor），又称拒绝兑付、拒绝承付，指持票人依据票据法规定作有效提示时，遭到付款人或承兑人的拒绝付款或拒绝承兑的行为。退票可以是实际退票，也可以是推定退票。前者指持票人正式提示时，付款人或承兑人明确表示拒绝付款或者拒绝承兑。后者指付款人根本不存在或无法找到，或者付款人已经逃匿、死亡、宣告破产或者责令停业，持票人已经不可能得到汇票金额。

（2）提出追索的人必须是持票人。已经接受追索并清偿了有关款项的前手当事人，可以持票人的身份向再前手追索。依据我国票据法规定，汇票的出票人、背书人、承兑人和保证人对持票人承担连带责任，持票人可以不按照汇票债务人的先后顺序，对其中任何一人、数人或者全体行使追索权。持票人对汇票债务人中一人或者数人已经进行了追索的，对其他汇票债务人仍可以行使追索权。持票人对承兑人的追索，多以诉讼方式进行，程序比较复杂。对于其他当事人的追索，只需凭汇票及拒绝证书等有关证明文件就可以进行，手续比较简单。因此，持票人大多先向前手进行追索。

（3）持票人必须严格遵循票据法关于追索保全的手续，具体如下：

① 持票人按期提示。如果不在一定期限内提示承兑和提示付款，丧失对其前手的追索权。

② 要取得拒绝证明或者退票理由书或其他合法证明。我国票据法规定，持票人不能出示拒绝证明、退票理由书或者未在规定的期限提供其他合法证明的，丧失对其前手的追索权。但是，承兑人或者付款人仍然应当对持票人承担责任。

③ 及时发出退票通知。退票通知，又称为拒绝事由通知或追索通知。我国票据法规定，持票人应当在收到退票有关证明之日起的 3 日内向其直接前手或全体前手发出通知，其前手应在自收到退票通知之日起 3 日内通知其再前手。同时规定，未按规定期限通知的，持票人仍可以行使追索权。因此造成债务人损失的，怠于通知的一方承担赔偿责任，但以汇票金额为限。因此在我国，退票通知并非追索的有效条件，未及时发出退票通知，并不丧失追索权。

（4）持票人在行使追索权时，不得超过法定的追索时效。追索权时效，我国票据法分三种情况予以规定：① 持票人对汇票出票人及承兑人的权利，自到期日起 2 年，对于即期汇票自出票日起 2 年，不行使即消灭。这也适用于追索。② 持票人对背书人的追索权，自被拒绝承兑或者被拒绝付款之日起 6 个月，不行使则消灭。③ 持票人对前手的再追索权，自清偿日或者被提起诉讼日起 3 个月，不行使则消灭。

3. 追索的效果

根据我国票据法规定，被追索人依照法律规定清偿债务后，就解除了票据责任。被追索人清偿债务后，与持票人享有相同的权利，可对其前手债务人行使再追索权利。但背书人作为持票人时，对其后手无追索权，即在背书人为持票人时，其后手的票据责任均免除。出票人作为持票人时，对其前手无追索权，即在出票人为持票人时，所有前手的票据责任均被免除。

三、本票

本票（promissory notes）是一人向他人签发的，保证即期或定期或在可以确定的将来的时间，对某人或其指定人或持票人支付一定金额的无条件书面承诺。根据我国票据法规定，本票是指出票人签发的，承诺自己在见票时无条件支付确定金额给收款人或者持票人的票据。我国不允许远期本票，只有见票即付一种；并且本票必须记载收款人名称，否则本票无效。

本票与汇票区别如下：（1）基本性质不同。本票为无条件的承诺，为已付证券；汇票为无条件的命令或委托，为委付证券。（2）基本当事人不同。本票只有两个基本当事人，即出票人和收款人；而汇票为三个，即出票人、付款人和收款人。但从一般意义上看，本票为汇票的变化形式，许多关于汇票的一般规定适用于本票。（3）出票人责任不同。本票等同于出票人已承兑汇票，出票人是主债务人；而汇票在承兑前，出票人是主债务人，承兑后，承兑人是主债务人。（4）远期票据提示程序不同。远期本票通常只需在到期日作一次提示付款即可，无须提示承兑；而远期汇票的提示包括两次，即提示承兑和提示付款。

本票可以分为商业本票和银行本票。商业本票（commercial promissory note）也称为一般本票，由工商业者或个人签发。银行本票（banker's promissory note）由银行签发，以银行信用为基础，信用等级普遍高于商业本票。我国票据法所规定的本票，只有银行本票一种。

四、支票

支票（check or cheque）是指银行存款客户向银行签发的，指示该银行从其存款中即期支付一定金额给某人或其指定人或持票人的无条件书面命令。从性质上看，支票是一种特殊的即期汇票，因此适用于即期汇票的规定很多可适用于支票。支票的基本当事人是出票人、付款人和收款人。在我国，支票的绝对必要记载事项中没有收款人一项，因此允许签发无记名支票，而本票和汇票是不允许签发无记名票据的。

支票有以下特点：

第一，支票的付款人为银行，并且出票人是在银行开立支票账户的客户。支票的收款人须在出票人的账户银行支取款项，而国际货物贸易中的买卖双方分处异国，支取款项比较困难，因此支票在国际货物贸易支付中使用有限。

第二，支票的签发必须以事实上存在资金为基础。如果出现“空头支票”，即支票金额超过支票账户金额，或超过付款行允许透支额度，则付款行不仅可以拒绝付款，而且有权征收罚金。

第三，支票必须即期支付。在票据上记载远期支付的文句不发生票据效力。

第四，在支票的提示期限上，我国要求出票人起 10 日内提示，若异地使用，其提示付款的期限由中国人民银行规定。支票逾期提示的，背书人的责任即告解除，至于出票人责任是否解除，则取决于出票人是否因持票人逾期提示而受损失。如果不受损失则仍须承担责任；若受损失，则可以就损失的额度解除对支票的责任。

第五，付款银行在收到合格票据提示时，只要出票人账户的资金足够，就必须当日支付持票人。

第二节 国际货物贸易支付方式

一、国际货物贸易支付方式概述

国际货物贸易支付是指通过货币或票据的给付，清偿国际货物贸易中所产生的债务的行为。国际货物贸易支付方式，作为支付货款的程序和方法，传统上主要有汇款、托收、信用证三种。

选择国际货物贸易支付方式要考虑以下问题：

（一）货币的选择

国际货物买卖合同中，可以选择的计价货币包括：卖方本国货币、买方本国货币或者第三国货币。货币的选择，首先要考虑货币的可兑换性，通常选择可自由兑换的货币。这种货币持有人可兑换为任何其他国家货币而不受限制。其次要考虑货币的稳定性及汇率的发展趋势。国际货物买卖合同多是远期合同（forward contract），合同订立时间和履行时间有较长间隔，双方因此存在着汇率风险，即货币汇率上涨下跌的风险。卖方希望使用汇率有上涨趋势的货币，买方则更愿意选择采用汇率有下跌趋势的货币。这时双方应协商好计价货币，必要时可采用两种或以上货币组合的计价方法；另外，还可作套期保值交易规避汇率风险。

（二）支付时间的选择

支付时间的参照系有两个，一是卖方交付货物的时间，二是卖方交单时间。卖方交付货物，是转移货物的占有，可以向买方直接交付，也可以通过交付承运人完成。国际货物买卖还存在“象征性交付”（symbolic delivery）或者说“单据交易”（documentary transaction）的特征，即卖方须交付合格的单据以证明其完成了交货义务而要求付款，买方则以收到合格单据作为付款的先决条件。

根据支付时间，付款可以分为：（1）预付款（advance payment），也就是先付款，后交货。（2）交付时付款（cash on delivery），可以是交单时付款，也可以是交货时付款。如果是交单时付款，卖方为获得单据，必须先向承运人发货，付款时间就发生在交货之后。（3）延期付款（deferred payment），是收到货物一段时间以后再支付货款，主要适用于消费品市场。（4）分期付款（payment by instalments），是指买卖双方在合同中规定，将全部货款分为若干部分，按期支付。国际货物贸易中主要用于大型融资性货物，如飞机、船舶等的付款。

支付时间的选择关系到买卖双方的信用风险以及资金负担平衡问题。

（三）信用风险控制

国际货物买卖中可能遇到多种风险，如货物在海上因意外灭损的风险。就国际货物买卖支付而言，风险主要有三种：市场风险、政治风险与信用风险。市场风险包括货物价格上涨或下跌的风险以及汇率风险。市场风险可通过运用期货与期权等金融工具作套期保值交易进行规避。政治风险是指合同一方由于所在国的政策、法律发生变化等政府原因对另一方造成损害的可能性。对于受到出口信贷支持的交易，卖方可以向出口信用保险机构办理政治风险保险。

国际货物贸易支付中，无论选择哪一种支付方式，重点关注的是信用风险。信用风险是指因为当事人一方本人“信用”出现问题，如违约或者丧失清偿能力而无力履行合同，从而对另一方造成损害的可能性。为降低信用风险，就卖方来说，最好是先收款，后发货，至少在收到货款之前不把货物或代表货物所有权的单据（如提单）交付买方；而就买方来说，最好是先收取货物，再支付货款，至少在卖方交付货物或代表货物所有权的单证之前，不予付款。另外，信用风险避免的办法还有：了解对方的资信，通过要求对方提供担保以保障付款，也可进行出口信用保险。

（四）资金负担平衡问题

交付货物时间与支付时间不一致，会使一方资金负担较重，而另一方资金负担较轻。如果是先交货后付款，卖方资金占用较大，反之，买方资金占用较大。本质上讲，资金负担不平衡是资金负担较重的一方向对方提供了商业信用，也即商业融资。解决资金负担不平衡的办法主要是依靠银行提供融资。

总之，国际货物买卖中，买卖双方可能会不信任对方，为了切身利益，会力求降低对方违约风险，使收受货物和货款更加安全。在资金方面，会尽量获得某种融资，或者由交易对方提供，或者由银行提供。基于对信用风险和资金负担的考虑，当事人会从汇款、托收和信用证中选择对自己最有利的支付方式。

二、汇款

（一）汇款概述

汇款（remittance），又称汇付，是指汇款人委托银行，将款项交付收款人的一种付款方式。

汇款业务涉及四个当事人：

第一，汇款人（remitter），为申请汇出款项者，在国际货物贸易中，通常是买卖合同的卖方。汇款人委托汇款时，须填写汇款申请书，提供所要汇出的金额并承担有关费用。

第二，汇出行（remitting bank），指接受汇款人委托汇出款项的银行，是进口地银行。汇出行如接受汇款申请书，汇出行与汇款人间成立委托合同关系。汇款人是委托人，汇出行是受托人。汇出行有义务依汇款申请书要求，确定汇款方式，把汇款正确、及时地汇给收款人。

第三，汇入行或解付行（receiving bank or paying bank），是接受汇出行委托解付汇款的银行。汇入行是出口地银行，是汇出行的海外代理行，其义务包括证实汇出行委托付款指示的真实性，通知收款人取款并及时付款。

第四，收款人或受益人（payee or beneficiary）。收款人是买卖合同的卖方，汇款金额的最终接受者，也即受益人。

（二）汇款方式

根据汇出行通知汇入行付款的方式，或银行间汇款委托书的不同的传递方式，汇款方式可以分为三种：

1. 电汇（telegraphic transfer，t/t）

电汇是使用电讯传递方式的汇款。传统的电讯方式为带密押的电报。20 世纪 60 年代后，电传代替了电报。现在大多数银行已经使用 SWIFT 系统①来发送汇款指令。这样，通过电汇，费用大为降低，安全性更加可靠，再加上汇款迅速，通常占 2 个营业日就可以进入收款人指定账户，使电汇成了最基本的汇款方式。

2. 信汇（mail transfer，m/t）

信汇是使用航空信函邮寄信汇委托书（m/t advice）或付款授权书（payment order）给汇入行而实现的汇款。信汇委托书和付款授权书都是汇出行向汇入行发出的委托其向收款人解付一定金额的书面通知。信汇委托书或付款授权书不需要密押，但要授权人员签名，汇入行以授权签名的真伪性来核查文件的真伪性。因使用航空信函，4～5 个营业日甚至一周资金才能到位，汇款人时间和利息损失较大。因此信汇转移的主要是小额的、非急需的资金。信汇的优点是费用低廉。

3. 票汇（remittance by a banker's demand draft，d/d）

票汇是汇出行依汇款人的申请，开立以汇入行为付款人的即期汇票（Banker's Demand Draft），指示其按票面金额付给汇票上指定的收款人或持票人的一种汇付方式。

---

① SWIFT 是环球银行金融电讯协会（Society for Worldwide Interbank Financial Telecommunication）的英文简称。该组织是一个国际银行同业间的非盈利性国际合作组织，总部设在布鲁塞尔。它采用全球性的计算机数据通讯网络为会员银行提供传递信息、账单等通讯服务，但不提供资金转移与清算服务。这可极大提高银行处理客户指令的效率，更快地实现跨国资金转移。SWIFT 传递信息使用密押，由电脑自动加注，并可由收件行电脑自动识别。

其程序是，汇款人填写票汇申请书，交款付费给汇出行，后者开立银行即期汇票交给汇款人，由汇款人自行寄给收款人，收款人在付款地向付款行提款。汇款委托书为即期银行汇票。汇出行是出票人，汇入行是付款人，收款人为汇票收款人。同电汇与信汇中汇出行直接将付款指令传送给汇入行不同，票汇中使用的付款指令（即银行汇票）是在银行系统外传递的，经汇款人、收款人之手间接传递到汇入行。所以票汇传递环节增多，耗时较长，安全性较差。其优势在于，汇出行只需出票，无须负责传递，因此手续费最低；另外，汇票具有流通性，可以转让，还可以委托往来银行托收，使用上较灵活。

（三）汇款在国际货物买卖中的用途

汇款的主要功能是转移资金，因此大量地用于非贸易结算中，例如信贷、外汇交易、捐赠、私人汇款等。

汇款也可以用于国际货物买卖，主要有两种情况：第一，预付款（payment in advance），指买方先将全部或者一部分货款汇付卖方，卖方收到货款后，依据买卖合同规定，在一定时间内或立即将货物发运至买方。随订单付现（cash with order）是其中典型的方式，即买方在发出订单时，或在订立买卖合同后，将部分或全部货款用汇付的方式付给卖方。第二，货到付款（payment after arrival of the goods），是卖方先发货、买方后付款的汇款方式。

国际货物买卖中汇款也可用于退赔款及其他小额费用的支付。另外，汇款可与其他支付方式结合使用，采用其他支付方式，但都离不开汇款，因为银行间的资金划拨最终就是以汇款方式完成的。因此，汇款不仅是独立的支付方式，也是其他支付方式的构成要素。

（四）汇款方式的优缺点

1. 汇款的优点

汇款和货物脱钩，银行不需要审查单据，也不负责垫款，只负责转移资金，因此手续简便、费用低廉。

2. 汇款的缺点

（1）资金负担不平衡。货到付款下卖方资金被占用，买方可以获得延期付款的商业信用，能较早地将货物转售，甚至无须使用自己的资金就可赚取转售利润。预付款中，买方资金被占压，卖方则可利用买方预付款备货和发货。

（2）风险较大。汇款交易凭双方商业信用，如果对方信用不好，发生违约，则容易遭受损失。因此，汇款主要运用于相互信任的贸易伙伴之间。为避免风险，当事人可在买卖合同中订立条款，要求对方提供银行保函（bank letter of guarantee）。预付款时，要求卖方申请银行开立“还款保函”（repayment guarantee）；货到付款下，要求买方申请开立“付款保函”（payment guarantee）。还款保函是指保证人依申请人（收到预付款的卖方）的要求向受益人（买方）开立的，保证申请人在收到预付款后会按买卖合同规定履行交货义务，如果违约，由保证人向受益人赔付一定金额的保函。付款保函是指保证人依申请人（买方）的请求向受益人（卖方）出具的，保证申请人在收到符合买卖合同规定的货物后会向受益人支付全部货款，如果违约，则由保证人赔偿受益人损失的保函。这两种保函都应是见索即付保函（demand guarantee）。

三、托收

（一）托收的概述

托收是卖方委托银行代向买方收取货款的支付方式。依据国际商会《托收统一规则》第2条规定，托收是指银行依据所收到的指示，处理金融单据或商业单据，目的是取得付款或承兑，并在付款或承兑等条件下交付单据的行为。托收业务中银行处理的单据包括两种：金融单据（financial documents），如汇票、本票、支票或其他类似的付款工具或凭证；商业单据（commercial documents），包括发票、运输单据、保险单据以及其他不属于金融单据的凭证。

托收制度的法律渊源主要是《托收统一规则》（Uniform Rules for Collection）。国际商会1958年制定和公布了《商业单据托收统一规则》，1967年进行了修订，1978年更名为《托收统一规则》。国际商会1995年公布了新修订的《托收统一规则》，为国际商会第522号出版物，因此简称URC522。该规则属于国际贸易惯例，在国际贸易中为当事人所广泛知悉并经常遵守。①

（二）托收当事人

1. 委托人（principal or consignor）

委托人是指委托银行代为收款的一方。跟单托收中为货物买卖合同的卖方。由于委托人通常开具汇票委托他的银行向买方收款，所以通常也称为出票人（drawer）。

2. 托收行（remitting bank）

托收行是指接受委托人的委托办理托收的银行。一旦接受托收申请书，即与委托人之间形成委托合同关系。托收行负责按委托人指示将有关单据寄送代收行，一般为卖方所在地的开户银行。若有汇票，托收行可以是该汇票的收款人或被背书人。

3. 代收行（collecting bank）

代收行是接受托收行的委托向买方代收款项的银行。该银行一般为托收行在付款人所在地的代理行。托收行和代收行间形成委托合同关系，代收行应依据作为委托人的托

---

① 贺小勇．国际经济法学．北京：中国政法大学出版社，2008：146.

收行向其发出的托收委托书（collection advice）行事。若有汇票，该银行可以为该汇票的被背书人或收款人。

4. 付款人（drawee）

付款人是对托收承担最终付款责任的当事人，也是银行向其提示汇票和单据的当事人。若有汇票，该付款人为汇票的受票人，应立即支付汇票金额（即期汇票），或应承兑汇票（远期汇票），并于到期日付款。跟单托收中，付款人为货物买卖合同的买方。

5. 提示行（presenting bank）

提示行是指向付款人提示汇票和单据的银行，又称交单行。提示行由代收行主动或依付款人的请求选择，一般发生在代收行与付款人没有往来关系，但与付款人的往来银行却有账户往来时。指定提示行可方便向付款人融资，并如期完成付款或承兑交单。大多情况下，由代收行兼任提示行。

（三）托收的种类

根据托收中涉及单据的性质，托收分为光票托收和跟单托收。

1. 光票托收

光票托收是指不附带商业单据，仅对金融单据（主要是汇票）的托收。如果金融单据仅附带发票或垫款清单等非货运单据时，也属于光票托收范畴。

非贸易托收必定是光票托收，如支票托收、息票托收等。光票托收也运用于贸易支付中，但通常不用于货款主体部分的结算，而就货款尾款、代垫开支和佣金等费用托收。

2. 跟单托收

跟单托收是指对商业单据的托收。通常附带金融单据，但考虑到有些地区流通票据要缴纳印花税，因此也会不附带金融单据。商业单据包括发票、提单、装箱单、品质证书，需要时还有保险单和其他单据等。

根据商业单据交付方式不同，跟单托收分为：

（1）付款交单（documents against payment，d/p）

付款交单是指卖方（或代收行）以买方付款为交单条件，即被委托的代收银行必须在买方付清货款之后，才能交付商业单据。付款交单又可分为即期付款交单和远期付款交单两种类型。

① 即期付款交单（d/p at sight）。即期付款交单是指由卖方将商业单据通过托收行寄到进口地代收行，代收行提示给买方，买方审核有关单据无误后，立即付款赎单。如果托收中使用了汇票，应为即期汇票。即期付款交单条件下，当提示行向付款人提示全套单据时，付款人应该立即支付所有款项，才能从银行处获得代表货物的单据（如提单）。实务中，付款人有时为了将风险减少到最小程度，会坚持在货物到达后才付款。

对委托人而言，即期付款交单可以增加安全性，并加快收汇。

② 远期付款交单（d/p at... days after sight，or after date of shipment，or after date of draft）。远期付款交单是在远期付款交易下，卖方开立远期汇票，将其与随附的商业单据通过托收行寄到进口地代收行。代收行提示给买方见票，买方见票并审单无误后，立即承兑汇票，于汇票到期时付款后赎单。因此远期付款交单也叫做承兑后付款交单。远期付款交单方式可给买方一段时间筹备资金。付款前，单据仍由代收行掌握。

（2）承兑交单（documents against acceptance，d/a）

承兑交单下，代收行向付款人提示包括远期汇票在内的全套单据，付款人对远期汇票作了承兑后，即可领取全套商业单据。代收行将保留承兑的远期汇票直至到期日，再向付款人提示以领取票款。

承兑交单代表了卖方对买方的资金融通，买方无须付款就可以得到货物。如果届时买方违约拒付或无力偿付，卖方可能既得不到货款又丧失货物，损失会很大。因此相比较付款交单，卖方面临较大风险。

（四）托收的流程

第一，申请。委托人向托收行提出托收申请，填具托收申请书，附具相关商业和金融单据。

第二，委托。托收行接受申请后，签发正式的托收委托书，连同委托人提供的全套单据，寄送代收行，委托其代为办理收款事宜。

第三，提示。代收行向付款人作付款提示或承兑提示。提示可以由代收行亲为，也可以指定专门的提示行进行。

第四，付款。根据托收类型，付款人承兑或付款后，可以获得全套单据。如付款人拒绝承兑或付款，代收行无权强迫其承兑或付款。此时代收行应通知托收行，再由托收行通知委托人。

第五，划账并结汇。代收行将收到的资金转账给托收行，托收行扣除一切费用后，将净额转入委托人账户，至此托收完成。

（五）托收的优缺点

第一，与汇款相比，手续较复杂、费用花费较高。

第二，在资金负担上不够平衡，主要是卖方负担较重。除非先收取预付款，卖方必须动用自有资金备货发运，结汇又要等到买方付款以后，因此资金占用较大。而买方只需在代收行交单时付款，甚至凭承兑即可获得单据，因此资金占有较少。

第三，托收以商业信用为基础，没有银行信用的参与，双方风险较大。在托收业务中，托收银行与委托人间是委托代理关系，银行在办理托收业务时，只是作为委托人的代理人的身份行事，既无义务检查商业单据是否齐全，也无需保证付款人必须付款，买方是否按规定的交单条件付款赎单，完全取决于其付款能力和付款意愿。因此，卖方风险较大。但付款交单情况下，如果买方不付款，卖方可保留商业单据，尤其是货运单据（如提单），所以不至于丧失货物而款货两空，这可适当降低风险。就买方而言，同样面临卖方的信用风险。因为很多情况下，买方付款所依据的是合同和单据，货物尚未运到，因此无法掌握货物实际情况，当发现货物不合格时，可能已经付款。总体上，卖方承担的风险更大些。

四、信用证

（一）信用证的概念

依《跟单信用证统一惯例》（Uniform Customs and Practice for Documentary Credits）（UCP600）第 2 条规定，“信用证指任何不可撤销的安排，无论名称或描述如何，该项安排构成开证行承付（honour）相符交单的确定允诺”。

信用证具有以下含义：

1. 信用证为开证行的承付允诺

承付在票据法上指付款，或承兑并付款（to pay or to accept and pay）。依据 UCP600，承付指：（1）如果信用证为即期付款信用证，则即期付款。（2）如果信用证为延期付款信用证，则允诺延期付款并在到期日付款。（3）如果信用证为承兑信用证，则承兑受益人开出的汇票并在汇票到期日付款。国际货物买卖中，作为开证行向卖方作出的承付允诺，卖方得到银行的付款保证，可降低风险。而在汇款和托收这两种支付方式中，银行均未作出付款允诺。

2. 信用证的承付允诺是有条件的，即开证行仅就相符交单予以承付

依据 UCP600，“交单指向开证行或指定银行提交信用证项下单据的行为，或指按此方式提交的单据”，“相符交单指按照信用证条款、本惯例以及国际银行标准实务相适用的规定作出的交单。”国际货物买卖中，单据可用来作为第三者或当事人出具的履约证明，所以信用证的约定是要求受益人以单据的形式向银行证明自己已履行了合同义务，银行凭此支付货款。对一个实际上已履行了合同义务的卖方来说，信用证中所提出的条件，并未构成合同义务的实质性的变更或添加。

3. 信用证的承付允诺是确定的、不可撤销的

UCP500 规定“如果信用证没有注明其是否可撤销则被视为不可撤销”，由于可撤销信用证对受益人缺乏保障，使用的机会也很小，UCP600 取消了这一规定，规定信用证都不可撤销。信用证不可撤销代表了开证行确定的承付允诺。

适用于信用证的法律渊源主要是《跟单信用证统一惯例》。国际商会 1933 年颁布了该惯例，并曾多次修订。最近的 2007 年修订本，是第 6 次修订，作为国际商会第 600

号出版物出版，因此简称 UCP600。UCP600 于 2006 年召开的国际商会巴黎年会上通过，对上一个修订本 UCP500 作了很大修订，2007 年 7 月 1 日开始实施。UCP600 属于国际贸易惯例，在国际贸易中为当事人所广泛知悉并经常遵守。

（二）信用证的当事人

信用证的基本当事人有三个：开证申请人、开证行和受益人。其他参与人为非基本当事人。

1. 开证申请人（applicant）

开证申请人是指请求开立信用证的当事人。在国际货物贸易中，申请人即为货物买卖合同的买方。

2. 开证行（issuing bank）

开证行是指应申请人请求或者代表自己开出信用证的银行。在国际货物贸易支付中，开证行一般为进口地银行。

3. 受益人（beneficiary）

受益人是指接受信用证开立的受益当事人。在国际货物贸易中，受益人即为货物买卖合同的卖方。在信用证业务中，受益人接受信用证意味着受益人得到了开证行的付款保证，也确认了开证行在信用证中所提出的付款条件。

4. 通知行（advising bank）

通知行是指应开证行的请求通知信用证的银行。通知行受开证行委托，负责将信用证内容通知给受益人，通常是开证行在受益人所在地的分行或代理行。对开证行的委托，通知行可以拒绝。如果通知行负责通知信用证，其承担的惟一责任是在验证信用证的真实性后通知受益人，不承担其他责任和风险。

5. 保兑行（confirming bank）

保兑行是指根据开证行的授权或请求对信用证加具保兑的银行。保兑（confirmation）是指保兑行在开证行允诺之上所加具的，承付或议付相符交单的确定允诺。保兑行一旦保兑，则与开证行负同一责任，即是开证行以外的对信用证承担独立的（独立于买卖合同或其他协议，也独立于开证行的付款责任）、第一位的付款责任。

6. 指定银行（nominated bank）

指定银行是指信用证可在其处兑用的银行，如信用证可在任一银行兑用，则指定银行是任一银行。指定银行可包括：（1）付款行（paying bank）。付款行是指开证行指定的信用证项下汇票的付款人，一般是开证行本身或由开证行指定的另一家银行。付款行可以是出口地银行，也可以是进口地银行。（2）承兑行（accepting bank）。承兑行是指在信用证项下，开证行指定一家银行作为远期汇票的付款行，付款行对远期汇票承兑后，就成为承兑行。承兑行应负责到期付款。（3）议付行（negotiating bank）。议付行是指愿意买入受益人交来的信用证的银行，通常为出口地银行。在指定议付信用证中，议付行是特定的，由开证行指定；在公开议付信用证中，议付行可以是非特定的任何一家银行。

7. 偿付行（reimbursing bank）

偿付行是指开证行在信用证中指定的、代开证行向议付行或付款行清偿垫款的银行。偿付行基于开证行的预先偿付授权，在接到索偿请求后即付款，开证行指定偿付行将加快资金流转速度，有利于信用证交易的实现。偿付行只有在收到偿付授权书（reimbursement authorization）后，才有权偿付信用证金额。开证行偿付款项后，有权向开证行索要垫款。

（三）信用证的业务流程

当事人在买卖合同中约定以信用证方式来支付货款和相关费用，从而引发信用证业务。信用证的业务包括以下流程：

1. 申请开证

买方与卖方签订买卖合同后，买方应根据合同条款，向银行申请开出以卖方为受益人的信用证。买方作为开证申请人申请开证时，应填写一份开证申请书。开证申请书是买方作为开证申请人请求银行开立以卖方为受益人的信用证的文件。开证申请书包括两部分内容：第一部分是指示银行开立信用证的具体内容，是开证行开证的主要依据，通常在开证申请书的正面。指示开立信用证的具体内容包括信用证的种类、有效期限、装运方式、保险条件、商品名称以及对单据的要求等。这构成以后开立的信用证的基本内容。第二部分是开证申请人对开证行作出的关于双方权利、义务的声明或保证，通常规定在申请书的背面。

2. 开立信用证

开证行接受申请人的开证申请后，按开证申请书的指示拟定信用证条款，有时还送交申请人确认，然后开出信用证。信用证开立的受证人分为两种：一是卖方，可由申请人或开证行直接寄给受证人；另一种是开证行在出口地的代理行（即通知行），由其通知卖方。因通知行可以鉴定信用证的真伪，所以绝大多数由通知行作为受证人。

信用证的开证方式有信开（open by airmail）和电开（open by telecommunication）两种。信开是指开证行以航空邮件将信用证寄给通知行；电开是指由开证行将信用证加注密押后以电讯方式交给通知行，请其转交受益人。电讯方式过去是电报，现在包括电传或SWIFT系统。电开又分为全电开证和简电开证。全电开证是将信用证的全部内容加注密押后发出，该电讯文本为有效的信用证正本。简电开证是将信用证的主要内容预先通知受益人，银行承担必须使其生效的责任，但简电本身并非信用证的有效文本，不能凭以议付或付款，应以银行随后寄出的“证实书”（mail confirmation）为准。开立信用证大多用全电开证方式。

3. 通知受益人

通知行通知受益人的方式有两种：一种是将附加通知书的信用证原件，经核对签名、印鉴或密押无误后，直接转交受益人；另一种是当该信用证以通知行为收件人时，通知行应以自己的通知书格式照录信用证全文经签署后交付受益人。

通知行的主要责任是鉴定信用证签名或电传密押的真实性，受益人如有问题也可通过这家银行进行查询。如通知行无法鉴定信用证的表面真实性，必须毫不迟延地通知开证行；如通知行仍决定通知受益人，则必须告知受益人，它未能鉴别该证的真实性。

受益人收到信用证后，应立即进行审核，如发现信用证中所列条款与买卖合同不符，或者不符合有关国际惯例中的规定，应立即通知申请人要求修改。申请人向开证行提交修改申请书，开证行同意修改的，作出修改通知书，经原通知行通知受益人。

受益人收到信用证后，可能认为开证行资信不足，或者不了解其资信，会请求开证行找一家保兑行对信用证保兑，开证行也可能主动提供保兑行。保兑行通常是通知行或者其他信誉良好的银行。

4. 交单结汇

卖方最终接受信用证后，即发运货物，缮制或取得信用证规定的全部单据，连同信用证正本和/或修改通知书，在信用证有效期和交单期内，凭单据向其所在地的指定银行结汇。

5. 索偿与偿付

指定银行付款后，取得了信用证规定的全套单据，若开证行在信用证中指定了一家偿付行，则指定银行应向开证行寄单，同时向偿付行发出索偿通知。偿付行在接到索偿通知后，按其与开证行的事先约定，向议付行偿付；如偿付行拒绝偿付，开证行仍应承担付款责任。指定银行可以向开证行、保兑行要求偿付。开证行和偿付行的付款，是不可追索的。

6. 申请人付款赎单

开证行向议付行偿付后，即通知申请人付款赎单。开证人应到开证行审核单据，若单据无误，即应付清全部货款与有关费用（如开证时曾交付押金，则应扣除押金的本息）；若单据和信用证不符，申请人有权拒付。申请人付款后，即可从开证行取得全套单据，此时申请人与开证银行之间因申请开立信用证而构成的契约关系即告结束。

申请人取得单据后，可凭运输单据向承运人提货。货物如有缺损等情况，与开证银行无涉。

（四）信用证涉及的法律关系

1. 基本法律关系

（1）买方和卖方之间的买卖合同关系

① 买方开立信用证的义务。当买卖合同规定以信用证方式支付货款时，如果买卖合同规定，合同“以开立信用证为条件”，则买方开立信用证可以是合同的生效条件。在其他情况下，买方开立信用证是卖方履行其交货义务的前提条件，自合同成立时起，买方承担了按合同规定申请开立信用证的义务。开立信用证的时间、信用证的类型、信用证的内容以及开证的银行等都要符合合同规定。如果提供的信用证不符合买卖合同规定，卖方可以选择接受或不接受，也可以要求买方进行修改。如果买方不按合同规定开立信用证，可构成根本违约，卖方有权拒绝交货而解除合同。

② 信用证与买方的付款义务。信用证的开立是否解除买卖合同下买方的付款义务，这取决于合同的规定，如未规定一般认为不能。信用证为卖方提供了付款保障，如果卖方不能在信用证到期日以前提交符合信用证的单据，卖方就丧失了这一付款保障，但并不必然丧失了取得货款的全部权利，他可以直接向买方移交单据并附加一份赔偿买方开证的费用及利息损失的赔偿保证。

（2）买方（开证申请人）和开证行之间的委托偿付关系

开证行接受开证申请后，开证银行与开证申请人的法律关系以开证申请书为依据。开证申请书属于委托合同性质。开证申请书在背面规定了开证申请人和开证银行的权利和义务。其基本内容如下：① 开证行根据开证申请书的指示开证。② 开证行对开证申请人的主要义务是以合理的谨慎审核一切单据，从表面上确立其是否与信用证条款的要求相符。申请人承认开证行及其代理行有权接受“表面上合格”的单据。但银行享有免责保护，银行对单据的有效性、完整性、正确性和真实性概不负责。银行亦不因为接受了伪造或有虚假陈述的单据而影响其取得偿付的权利。③ 申请人保证在开证行偿付后，立即付款赎单，并支付开证行及其代理行所收的一切手续费和其他费用。④ 申请人承认开证行在申请人付款赎单前，对信用证下单据及其代表的货物，以及申请人缴纳的保证金（margin）等担保品有留置权；必要时开证行可进行处分，以抵偿开证行在信用证下所作的付款，如有不足之数，仍由申请人负责。⑤ 如果电讯传递中有错误、遗漏或单据邮递遗失、延误等，若非由于银行直接的疏忽或失职引起，银行不负责任。

如果接受申请，开证行为保障自身的资金安全，还会视申请人资信、与开证行的往来关系要求其提供开证金额全部或一定比例的保证金或其他担保。

（3）开证行和卖方（受益人）之间的信用证关系

开证行开出信用证后，和受益人之间的关系如何从法律上认定，还存在争议。通说认为，就不可撤销的信用证而言，开证行和受益人间的信用证关系为合同关系。当开立的是可撤销的信用证时，开证行与受益人之间并不存在着对双方有约束力的合同关系，因为在可撤销的信用证下，受益人不能从开证行获得任何有约束力的允诺，指定银行在议付单据前，开证行可随时撤销信用证，而无须事先通知受益人。

2. 一般法律关系

（1）开证行与通知行的关系、通知行与受益人的关系

通知行与开证行之间是委托代理关系，通知行接受开证行的委托，代理开证行将信用证通知受益人，并由开证行支付佣金。

通知行负责通知受益人是因其对开证行负有义务。通知行与受益人之间并无合同关系，但通知行应合理、谨慎地核验所通知的信用证的表面真实性。依据 UCP600 第 9 条，信用证及其任何修改可以经由通知行通知给受益人。通知行通知信用证或修改的行为表示其已确信信用证或修改的表面真实性，而且其通知准确地反映了其收到的信用证或修改的条款。通知行，如果并非同时是保兑行，不承担承付或议付的责任。

（2）开证行与指定银行的关系

指定银行中的付款行或承兑行，是记名的、确定的银行。由于付款行或承兑行由开证行指定，本身并未作出承诺，因此有权不接受开证行的指定；但如果接受指定，可与开证行之间形成委托关系，成为开证行的付款代理人。如凭合格单据付款或者承兑后付款，则此项付款行为是代开证行所为，因此是对受益人无追索权的终局性付款。付款后，可以要求开证行偿付。

就议付行而言，不论是由开证行指定，还是不记名的任何一家银行，除非议付行就是保兑行，是作为信用证受益人的代理人出现的。议付行凭合格单据垫款给受益人后，即成为单据的正当持有人，可以要求开证行或保兑行凭单据付款。如果议付行非保兑行，议付行的议付并非终局性付款，开证行或保兑行可以凭单据不符，拒绝对议付行偿付。如果开证行或保兑行拒绝偿付，或无力支付，议付行可向受益人追索信用证项下的款项及费用。

（3）开证行、受益人与保兑行的关系

保兑行是根据开证行的授权或要求对信用证加具保兑的银行。因此，保兑行与开证行形成委托保兑关系。保兑行应严格按开证行指示审核单据，当其对受益人付款后有权向开证行请求偿付。开证行对保兑行提交的单据有权按照信用证规定和相关国际惯例进行审核，如认为单据相符，则应予偿付；如认为单据不符，则有权拒付。

就受益人而言，保兑行与开证行承担同一责任，即第一位的付款责任。保兑行责任不从属于开证行责任，保兑行并非当开证行未对受益人付款时才负责，受益人可先向开证行，也可先向保兑行主张权利，无先后次序的限制。保兑行付款责任是终局责任，不能因为开证行丧失清偿能力而拒绝付款，也不能在付款后对受益人追索。

（五）信用证的性质

对于信用证合同关系，可以从信用证性质上进一步说明。

1. 信用证是一种银行信用，开证行承担第一位付款责任

信用证下的信用性质属银行信用，不是买卖双方间的商业信用。作为开证行的不可撤销的承付允诺，信用证这一支付方式可以说是付款保证，是开证行对受益人的有条件的付款保证。但就银行的责任而言，信用证与普通合同保证有很大不同。银行承担的是直接付款责任和第一位的付款责任：

（1）开证行不能要求受益人向开证申请人直接请求付款，卖方也不能越过开证行直接向买方交单，要求买方履行买卖合同义务的付款义务。但如果开证行或信用证指定的付款银行丧失了清偿能力，则卖方一般可以直接向买方交单，要求其偿付货款。

（2）即使开证申请人已经破产或明显不能支付信用证款项，开证行也不能解除其对受益人付款的信用证责任。

可见，与我国担保法的连带责任保证和一般责任保证相比较，要求开证行付款并不以被保证人违约在先为条件，开证行更不享有所谓先诉抗辩权。

2. 信用证关系独立于基础合同关系

信用证关系独立于基础合同关系，即开证行与受益人的信用证关系独立于买方和卖方的买卖合同以及开证行和开证申请人之间的委托偿付合同关系。由此确立的原则称为“独立性原则”（independence principle），又称“抽象性原则”（abstraction principle）或“自治原则”（autonomy principle）。该原则最早于20世纪初期为英国判例确立，从一开始就为UCP采纳。信用证独立性原则有如下特点：

（1）信用证构成开证行与受益人之间确定的允诺，只要受益人提交了与信用证表面一致的单据，开证行就必须付款。开证行不得以受益人未提供对价为由拒绝付款。

（2）银行信用证项下的承诺，不受申请人与受益人之间已有关系产生的索偿或抗辩的制约。这体现了信用证独立于基础买卖合同。银行不干涉基础合同的履行，不卷入买卖合同的纠纷，亦不对此承担义务；银行不负监督买卖双方如何履行基础合同的义务；银行也不能因任何基础合同的原因，如货物质量不合格、买卖双方对价款和履行期限或运输等其他条件有争议等，来对抗受益人或其他合法的应受款人。同时，基础买卖合同的无效、变更或解除都不影响信用证的效力。

（3）开证行不得利用它与开证申请人之间的委托偿付合同关系来对抗受益人或其他正当持票人。这体现了信用证独立于申请人和开证行间的委托偿付合同。只要信用证开出并且为受益人收到，则开证行付款的义务就独立于开证申请人的指令。即使开证行和申请人间的开立信用证的委托协议有瑕疵甚至无效，开证申请书有不同于信用证的规定，信用证的开立是由于申请人欺诈所致，以及申请人破产等，都不能成为银行拒付受

益人的正当理由。

（4）受益人在任何情况下，不得利用银行之间或申请人与开证行之间的合同关系，其对银行的权利仅来自信用证。

3. 信用证交易为单据交易

UCP600 第 6 条规定，“银行处理的是单据，而不是单据可能涉及的货物、服务或履约行为”。依此规定，信用证业务与单据的交付和审核有关，银行只处理单据，不涉及商品或劳务。由此确立的原则称为单据交易原则。

信用证下，银行承担信用证付款责任的前提是受益人提交符合信用证规定和国际惯例规定的全套合格单据。银行不必考虑单据可能涉及的货物、服务或履约行为，包括质量、数量、包装或价值等，甚至不管其是否存在。银行的惟一责任是处理单据，如果单据符合要求，就承担付款责任，否则拒付。开证行审单时采取“单证相符”原则。所谓单证相符原则有两方面含义：（1）单证表面相符。信用证交易作为单据交易，银行只负责审查单据表面上是否符合信用证条款、UCP600 以及国际银行标准实务所适用的规定。但银行对于任何单据的形式、完整性、准确性、真实性、伪造或法律效力概不负责。（2）单证不得矛盾。这要求“单内相符、单单相符、单证相符”，否则银行有权拒付。但单证间不要求等同，仅要求不得相互矛盾。

（六）信用证的种类

1. 根据能否撤销区分

（1）可撤销信用证（revocable credit）

可撤销信用证是指开证行可以不经事先通知或征求受益人的同意，有权随时修改或撤销的信用证。该类信用证标明“可撤销”字样，或明确规定，“本信用证可在任何时间，不须事先通知即可撤销或修改”或类似文句。

（2）不可撤销信用证（irrevocable credit）

不可撤销信用证是指信用证有效期内，不经开证行、保兑行和受益人同意就不得修改或撤销的信用证。不可撤销的信用证对受益人收款比较有保障。UCP600 第 2 条关于信用证的定义中，规定信用证不可撤销，改变了 UCP500 中允许开立可撤销信用证的规定。

2. 根据是否得到保兑区分

（1）保兑信用证（confirmed credit）

保兑信用证是指开证行开出后又经另一家银行保兑的信用证。保兑信用证适用于以下情况：① 信用证金额超过开证行的支付能力；② 开证行和受益人所在国家的银行无代理行关系；③ 开证行所在国家外汇储备不足或有大量外债；④ 进口国政局不稳或进出口交易实施严厉的外汇管制。

（2）不保兑的信用证（unconfirmed credit）

不保兑的信用证是指未经另一银行加以保兑的信用证。

3. 根据不同兑用（availability）方式区分

（1）付款信用证（payment credit）

付款信用证是注明"付款兑用"的信用证。付款信用证可分为：① 即期付款信用证（sight payment credit），即注明即期付款兑用（available by payment at sight）的信用证，又称为现金信用证（cash credit）。为避免交付印花税，不要求汇票的做法日益普遍。② 延期付款信用证（deferred payment credit），即注明延期付款兑用（available by deferred payment）的信用证。一般不要求汇票，因此付款行不会作出承兑，这时受益人无法将承兑汇票贴现来提前收款。但受益人可以要求付款行提供付款允诺书（deferred payment undertaking），以此为抵押向开户行申请预付款。

（2）承兑信用证（acceptance credit）

与延期付款信用证一样，承兑信用证也为远期信用证（usance credit）。不同的是，承兑信用证要求一份以开证行或指定银行为付款人的远期汇票，付款期限由信用证规定。受益人以承兑交单的方式，将单据交给指定银行，收回汇票，以备到期提示付款。受益人可以贴现汇票，提前获得货款。

（3）议付信用证（negotiation credit）

注明"议付兑用"（available by negotiation）的信用证。依据UCP600，议付指"指定银行在相符交单下，于应受偿付的银行工作日到期当天或之前向受益人预付或者同意预付款项，从而买入汇票（其付款人为指定银行以外的其他银行）及/或单据的行为"。议付信用证下，无须开立汇票，即使开立，也只能是即期汇票。议付行向受益人议付后，以全套单据的正当持票人身份向开证行索偿；若开证行拒付，则除非议付行就是保兑行，否则可以向受益人行使追索权。

根据议付行是否由开证行指定，可将议付信用证分为指定议付信用证和公开议付信用证两类。指定议付信用证，又称限制议付信用证，其议付行由开证行明确指定。开证行只向这一特定银行发出了议付授权，也只对这一银行的索偿承担责任。公开议付信用证，又称为自由议付信用证，开证行授权任何一家银行议付，并就索偿承担偿付责任。因此，议付行由受益人自己确定。

4. 根据所附属的单据区分

（1）光票信用证

信用证的附属单据可包括金融单据和商业单据。光票信用证是指无需商业单据，尤其是与物权有关的货运单据，仅凭金融单据（通常是受益人开立的汇票），或者加上诸如发票、垫款清单、受益人声明书等文件付款的信用证。光票信用证银行风险较大，不常用于国际货物贸易的货款支付中。备用信用证（standby L/C）是典型的光票信用证。

备用信用证是一种银行保证性质的支付承诺，实质上与见索即付银行保函类似。备用信用证有效期内和金额限度内，如开证申请人违约，受益人得凭该信用证开具的汇票，连同一份声明书，说明或证明开证申请人违约，要求开证行按备用信用证的规定付款，以取得开证申请人违约所遭受的损失的补偿。如开证申请人守信履约，备用信用证无须使用，故得此名。

（2）跟单信用证

跟单信用证是指凭附有货运单据的汇票或仅凭货运单据进行付款的信用证。跟单信用证的关键是要有代表物权或证明货物已经装运的商业单据，汇票则可有可无。跟单信用证给银行带来的好处是为其垫款提供物权保障。

5. 根据信用证的权利可否转让区分

（1）可转让信用证

可转让信用证是指信用证的受益人（第一受益人）可以将信用证的全部或部分权利转让给一个或几个第三人（第二受益人）使用的信用证。中间商贸易中，常要求开立可转让信用证，以便将信用证的权利转让给实际供货人。受让人可根据被转让的信用证，以自己的名义装运和提交单据请求付款。可转让信用证必须特别注明“可转让”（transferable）字样。可转让信用证不允许再转让。

（2）不可转让信用证

不可转让信用证是指受益人不能将信用证的权利转让给他人的信用证。凡信用证中未注明“可转让”字样的，就是不可转让信用证。

（七）信用证欺诈问题

信用证的单据交易原则、单据相符原则以及独立性原则，给信用证带来了伪造单据等欺诈风险。

1. 针对受益人的欺诈

信用证涉及的欺诈类型很多，针对受益人的欺诈主要有：（1）买方开立假信用证。（2）信用证规定“软条款”。信用证中的“软条款”是指信用证中载有限制性条款，或内容不清、责任不明的条款，以至于受益人可能无法得到正常付款。常见的“软条款”有：① 延缓信用证生效的条款，如“本证暂不生效，除非开证行收到买方确认样品的通知”，或“货物经开证人确认后本证方可生效”；② 限制付款条件条款，如“货物进口清关后方支付信用证款项”，或“开证行须在货物检验合格后方可付款”等；③ 对装运的限制，如“货物只能待收到开证人指定船名的装运通知后装运”；④ 规定其他限制，如“由开证人授权代表签署的检验文件是议付单据之一”。

2. 针对开证申请人或开证行的欺诈

以上两种类型的欺诈，是对受益人实施的。下文所述信用证欺诈不包括此种类型，而限定于对开证申请人或者开证行的欺诈，由受益人实施或参与实施。即信用证欺诈是利用跟单信用证机制中单证相符即予以支付的规定，提供表面记载与信用证要求相符，但实际上不能代表真实货物的单据，获得支付的行为。根据 2005 年《最高人民法院关于审理信用证纠纷案件若干问题的规定》（《规定》）第 8 条的规定，这样的信用证欺诈的类型有：

（1）受益人伪造单据或者提交记载内容虚假的单据

伪造单据是指单据不是合法签发，而是由受益人伪造或委托他人伪造；或虽签发，但故意记载虚假陈述；或在合法签发后，为使“单证相符”进行篡改，改变单据内容。受益人伪造单据，可能是完全伪造，也可能是实质上伪造。

提交内容记载虚假的单据，实务中主要是以保函换取与信用证相符的提单，主要有倒签提单、预借提单及以保函换取清洁提单等情况。此时，受益人知晓提单的虚假记载，因此可构成欺诈故意。还有一种情况是，受益人提交内容虚假的单据时，并不知晓该单据虚假，因此受益人并无欺诈故意，但是根据该司法解释，仍认定为信用证欺诈，让其承担单据不实的后果。

（2）受益人恶意不交付货物或者交付的货物无价值

该类型欺诈为基础交易中的欺诈，即买卖合同履行中的欺诈。基础交易中的欺诈，根据司法解释，明确规定的是“恶意不交付”和虽然交付但“交付的货物无价值”两种类型。

（3）受益人和开证申请人或者其他第三人串通提交假单据，而没有真实的基础交易

对于此种信用证的欺诈，第一种情形是受益人自谋欺诈，但有时受益人也与申请人之外的第三人共谋欺诈，以骗取信用证付款，这时开证申请人是主要受害者。第二种情形是受益人和开证申请人共谋欺诈，编造虚假的或根本不存在的买卖关系，骗取开证行开立信用证，然后受益人提交伪造的单据骗得付款。此时，银行为最终受害者。受益人与申请人共谋欺诈时，银行有权拒付，而无须向法院申请禁令。

（4）其他进行信用证欺诈的情形

这是一个概括性、兜底式的规定，主要考虑到信用证欺诈在实践中的复杂性、多样性，前三项可能难以列举穷尽。

思考题

1. 分析票据的三大基本性质。
2. 试述票据法上追索权行使要件。

3. 支付方式选择的主要考虑因素有哪些？
4. 试述托收的优缺点。
5. 分析信用证的基本性质。

课外阅读书目

姚新超．国际贸易结算实务与操作．北京：对外经济贸易大学出版社，2006.
郭瑜．国际贸易法．北京：北京大学出版社，2006.
冯大同．国际商法．北京：中国人民大学出版社，1994.

第六章

国际贸易管理法

内容提要

国际贸易管理制度是国际贸易法的重要组成部分，学习和研究政府管理对外贸易的法律和措施是非常重要的。国际贸易管理法主要涉及各国政府对外贸的管理制度，其中包括关税和非关税措施以及贸易救济措施等，WTO的反倾销、反补贴和保障措施制度也是重要的内容。

第一节　国际贸易管理法概述

一、国际贸易管理

（一）国际贸易管理的概念

国际贸易管理，是指国家政府对本国进出口贸易以及他国商品的过境行为等所采取的一切管理行为。

（二）政府对国际贸易进行管理的目的

政府对国际贸易进行管理由来已久。只不过政府最初对国际贸易进行管理主要是为了提高财政收入和打击敌对国家。这一时期，政府管理国际贸易的手段主要以征收过境关税和逮捕帝国商人并罚没其财务以及禁止本国与帝国进行贸易为主。后来，随着重商主义的兴起以及各种经济贸易理论的日益完善，国家日益将发展经济作为政府的主要职能，政府也逐渐将干预国际贸易作为保证国际贸易出超来作为发展本国经济和提高本国财富积累的一个重要手段。

总的来看，政府对国际贸易进行管理的目的主要包括以下几个方面：（1）提高本国财政收入；（2）打击敌对国家；（3）促进本国出口并藉此拉动国内经济的发展；

（4）限制外国商品的进口从而保护本国弱势产业或替代产品产业的发展；（5）限制并引导国内消费，防止本国财富的过度对外流失；（6）保护本国购买进口产品者的正当权益，譬如对进口产品规定产品质量标准等；（7）确保并促进本国政府其他相关政策目标的实现，譬如外交政策目标；（8）打击外国的不正当竞争和垄断行为，稳定本国经济秩序；（9）其他目的。

（三）政府管理国际贸易的主要手段

各国政府为了实现其政策目标，往往无所不用。据有关研究报告显示，截止到20世纪60年代末，相关国家政府对国际贸易进行管理的手段已经达到了一千多种。后来，随着关贸总协定（GATT）及其继承者世界贸易组织（WTO）多轮谈判的成功进行，政府管理国际贸易的大部分手段被禁止或限制。但总的来看，政府管理国际贸易的手段仍然有很多，其中比较重要且常见的手段包括关税制度、许可证制度、配额制度、外汇管理制度、商品检验和检疫制度、原产地制度、反不公平竞争和反垄断制度等。

（四）关于政府管理国际贸易行为的法律性质

这里需要指出的是，由于政府对国际贸易的管理行为是一种行政法律行为，而现实中，政府的行政行为并不一定是合法行为，因此，政府对国际贸易的管理行为也不一定都是合法的。这里的“合法”有两个层面的含义：第一个层面是就国内法层面而言的，是指政府对国际贸易的管理行为符合国内法律的规定；第二个层面是就国际法层面而言的，是指政府对国际贸易的管理行为符合相关双边和多边国际经济条约的规定。因此，政府对国际贸易的管理行为主要可以分为三种情况：第一种情况是既符合国内法律的规定，也符合国际法律的规定；第二种情况是仅符合国内法律或者国际法律的规定，但不符合国际法律或国内法律的规定；第三种情况是既违反国内法律的规定，也违反国际法律的规定。现实中，还存在一种比较极端的情况，即有些国家为了防止因出现违法管理行为而导致自己陷入被动，故意不进行国内立法或虽立法却不具可执行性甚至立恶法、不加入国际相关公约或者虽然加入相关公约却不进行国内立法转化，从而使得其政府对国际贸易的管理行为失去了有效的法律评判依据。也正是由于有国家中央政府和地方政府可能存在违法对国际贸易进行管理或者滥用立法、执法和司法手段对国际贸易进行管理的情况，对政府管理国际贸易的行为就有从国内法和国际法两个层面进行法律规范的需要。这也直接促进了国际贸易管理法在相关国家国内法和国际法的发展。

二、国际贸易管理法

（一）国际贸易管理法的定义

国际贸易管理法，是有关国家政府为维护国内经济贸易秩序，保护本国政治军事安全，促进本国经济发展，增加就业和贸易盈余，以及其他一些国家职能（包括对外政策）的实现，而对本国进出口活动采取的各种管理性法律规范的总称。

一般而言，国际贸易管理法主要由国内相关行政性法律规范与相关双边和多边条约构成，并且构成了一国对外贸易政策的主要部分。① 就条约而言，包括国家立法机关批准的条约和行政部门签署的行政协定以及行政安排。并且，相关管理性法律规范大都属于强制性规范，国际贸易的所有当事主体均必须予以遵守。当然，由于国家政府对相关进出口活动可能持有鼓励、限制、禁止或者一般性的态度，因此，对相关进出口活动的法律规范内容也可能因产品、地域以及国家的不同而存在差异。

（二）国际贸易管理法的内容

国际贸易管理的核心就是国家对涉外货物产品和技术贸易的市场准入和准出方面的管理，涉及本国相关政府机关的管理权限和管理程序、外国产品和技术在进入本国市场时以及对本国货物产品和技术出口到其他国家时的待遇（主要是是否享有非歧视待遇，包括最惠国待遇和国民待遇）、本国进出口贸易权的管理、对哪些外国货物产品和技术在哪些地区开放市场以及在何种程度上开放市场等方面。因此，国际贸易管理法所调整的内容也无外乎上述方面。人们还通常根据上述调整内容的不同，将国际贸易管理法划分为一般商品（货物）贸易制度、服务贸易制度和技术贸易制度。并且，为研究和应用的方便，人们还根据各国政府所使用的管理手段的不同，将国际贸易管理法进一步划分为进出口经营权管理制度、进出口目录管理制度、进出口关税和海关监管管理制度、进出口许可证管理制度、进出口配额管理制度、原产地管理制度、质量标准管理制度、进出口检验和检疫制度、反倾销和反补贴制度等。

三、国际贸易管理法与国际贸易管制法辨析

现实中，人们往往习惯于将“国际贸易管理法”称为“国际贸易管制法”。之所以如此，是由于人们将“国际贸易管理”和“国际贸易管制”相混同的缘故。其实，虽然二者并没有法律上的明确区别，但严格来讲，二者还是有着细微的词性差别的。因为就词性而言，“国际贸易管理”是一个相对中性甚至偏于正面或者说褒义的词汇，具有“国家正常履行其管理职能所必须”的含义，意味着国家仅为履行其正当职能而对国际贸易进行管理，相关管理措施可能是一般性的、鼓励性的、限制性的和禁止性的；而“国际贸易管制”则是一个相对贬义的词汇，具有“国家可能滥用其管理职能实行贸易保护主义”的含义，意味着国家对国际贸易的管理是限制性和禁止性的。因此，把

① 之所以说国际贸易管理法构成了一国对外贸易政策的主要部分，而不是全部，原因在于从实践来看，要判断一国对外贸易政策的全部及其真伪，不仅要听其言，还要观其行，即还要看其相关的执法和司法行为是否是真的依法行政和依法司法，以及其是否还存在内部规章等做法。

“国际贸易管理”和“国际贸易管制”相混同并进而把“国际贸易管理法”和“国际贸易管制法”相混同的做法是不大妥当的。

第二节　国际贸易管理的国内法律制度

一般而言，由于国际间相互交流的日益频繁，尤其是各国不断通过双边或多边手段（特别是 GATT—WTO 多边贸易机制）对彼此对外贸易管理制度进行调整，各国对国际贸易的管理不仅涉及货物贸易，还涉及服务贸易和知识产权层面。在相关法律制度方面，无论是在法律形式上，还是在法律内容上，各国已经大同小异。就管理手段而言，各国对国际贸易的管理手段也日益趋同，主要包括进出口商品的待遇管理制度（也即非歧视待遇和特惠待遇等方面的制度）、进出口经营权管理制度、进出口目录管理制度、进出口关税和海关监管管理制度、进出口配额管理制度、进出口许可证管理制度、原产地管理制度、质量标准管理制度、进出口检验和检疫制度、外汇管理制度、反倾销和反补贴制度等。由于上述制度手段往往被比较隐蔽地用作贸易壁垒措施，因此，对这些手段的法律规制构成了各国对外贸易管理法的重要内容。有鉴于此，本节将着重对上述几种主要的国内对外贸易管理法律制度进行介绍和讨论。而在下一节中，我们也将沿用同样的思路对国际贸易管理的国际贸易法律制度进行介绍和讨论。

一、进出口经营权制度

进出口经营权制度，又称为“进出口贸易权制度”，是指国家关于哪些主体在何种条件下能够从事相关商品进出口贸易活动的法律制度。

一般而言，如果相关国家政府倾向于采取贸易保护主义的立场，那么，其政府将会对市场主体严格控制进口贸易权的获得条件，而放宽出口贸易权的获得条件；反之，如果相关国家政府倾向于自由贸易主义的立场，其政府在进出口贸易权的获得条件方面，都将会对市场主体有所放宽。

当然，市场主体获得进出口贸易权的难易程度，也与其所属国家的法律理念和法律制度有关。总的来看，西方资本主义国家由于受自然法理论的深刻影响，认为“天赋人权”，其对自然人和法人以及非法人组织在进出口贸易权获得方面的限制非常之少，譬如法人以及非法人组织通常在注册成立之日起当然获得一般商品的进出口贸易权。相对而言，以我国为代表的社会主义国家，在进出口贸易权的获得方面则相对限制较多。虽然我国社会制度等各方面均处在转型期中，目前我国在立法方面受自然法学派的影响也越来越深，但是，自然人、法人和非法人组织并不能当然获得一般商品的进出口贸易权。譬如我国1994年《对外贸易法》就规定从事货物和技术进出口的对外贸易经营者必须是获得主管部门许可的组织，自然人则无权从事进出口经营。我国加入世贸组织后，相关法律也有了修改。根据2004年修订的《对外贸易法》的规定，依法办理工商登记或者其他执业手续的法人、其他组织或者个人，在向主管部门办理备案登记后，即可获得一般商品的进出口贸易权。这种从“审批许可制”向“备案许可制”的转变，意味着我国市场主体获得进出口贸易权的条件大大放宽了。但是，从商务部2004年6月颁布的《对外贸易经营者备案登记办法》关于备案登记条件的规定来看，市场主体对外贸经营权的获得仍然存在一定的条件限制。这里需要指出的是，对涉及国家军事和经济安全的产品和技术的出口实行严格审批管制的做法在各国均具有一定的普遍性。这种做法在欧美国家有，在我国也有。

二、进出口目录管理制度

进出口目录管理制度，是指有关国家政府对被鼓励、限制、禁止或自由进出口的货物和技术所实施的目录管理的制度。

对于被实施目录管理的货物和技术，一般分为禁止进出口、限制进出口、鼓励进出口和自由进出口四种。实践中，各国所实施的目录管理制度不尽一致，比较常见的做法是仅对禁止、限制和鼓励进出口的货物和技术进行目录管理；凡未列入目录的货物和技术，均可以自由进出口。但也有对自由进出口的货物和技术进行目录管理的情形。譬如我国对外贸易法就规定，商务部可以基于监测的需要，对部分自由进出口的货物实行进出口自动许可并公布其目录。

一般来说，有关国家政府之间比较容易在被列入禁止、限制和鼓励进出口目录的货物和技术项目上产生争议。为了避免争议，各国一般都会对进行禁止和限制性目录管理的理由进行解释。譬如我国《对外贸易法》第16条就规定：国家基于下列原因，可以限制或者禁止有关货物、技术的进口或出口：（1）为维护国家安全、社会公共利益或公共道德，需要限制或禁止进口或出口的；（2）为保护人的健康或安全，保护动物、植物的生命或健康，保护环境，需要限制或禁止进口或出口的；（3）为实施与黄金或者白银进出口有关措施，需要限制或禁止进口或出口的；（4）国内供应短缺或者为有效保护可能用竭的自然资源，需要限制或禁止出口的；（5）输往国家或者地区的市场容量有限，需要限制出口的；（6）出口经营秩序出现严重混乱，需要限制出口的；（7）为建立或者加快建立国内特定产业，需要限制进口的；（8）对任何形式的农业、牧业、渔业产品有必要限制进口的；（9）为保障国家国际金融地位和国际收支平衡，需要限制进口的；（10）依照法律、行政法规的规定，其他需要限制或禁止进口或者出口的。此外，国家对与裂变、聚变物质或衍生此类物质的物质有关的货物、技术的进出口，以及与武器、弹药或其他军用物资有关的进出口，可以采取任何必要的措施，以维护国家安全。而且，在战时或者为维护国际和平与安全，国家在所有货物、技术的进出口方面可以采取任何必要的措施。

需要指出的是，实践中，目录管理制度并不是单一实施的，它往往和其他贸易管理措施配套采取，譬如配额措施、许可证措施、补贴措施以及对外贸经营权的限制措施等。

三、进出口关税和海关估价制度

（一）关税制度

关税是有关国家或者关税同盟根据其法律或条约规定，对进出其关境的货物向进出口商或者过境商所征收的一种税收。

1. 关税的种类

（1）关税根据货物的流向一般可以分为三种，即对进口货物征收的进口关税、对出口货物征收的出口关税和对过境货物征收的过境关税。国家对三种关税的管辖权依据是国际法上的属地管辖原则，据此，进口关税是由进口商（也即进口货物的收货人）缴纳的；出口关税是由出口商（也即出口货物的发货人）缴纳的；过境关税是由过境商（也即进境货物的所有人）缴纳的。但需要指出的是，由于各国普遍认识到出口能对本国经济发展起到发动机一样的拉动作用，对出口采取各种鼓励措施已经成为一种常态，因此，各国普遍仅对极个别的商品采取限制或禁止出口的措施，出口关税在各国均较少采用；另外，由于仅有个别内陆国家才会寻求通过他国关境出口到第三国，而这些国家目前大都是较落后的发展中国家，各国出于政治经济和外交等方面的考虑，普遍对过境关税采取了免除甚至废止的做法，因此，过境关税目前也比较少见了。此外，经过GATT—WTO多轮多边贸易谈判，各国进口关税也得到了大幅的削减。关税措施虽然仍是各国政府干预国际贸易的主要手段之一，但其对国际贸易的阻碍作用已经大大降低。

（2）由于关税是价内税，可以起到提高进口产品销售价格的作用，因此，关税除了具有提高财政收入的作用外，还具有限制外国商品进口以保护本国同类产业和影响本国消费取向等作用。关税据此可以分为单纯的财政性关税、保护性关税和调节性关税。

（3）根据政府是否独立决定其关税政策，关税可以分为自主关税和协定关税两种。所谓“自主关税”，也称普通关税，是指主管国家政府或自治的单独关税区政府自主决定其关税政策。在制定过程中，虽然该政府需要考虑其他国家和地区政府可能作出的反应，但其并不需要与之协商，而是由其自主确定。所谓“协定关税”，是指一国政府所实施的关税政策并非自主确定，而是根据其与其他国家签订的贸易关税条约确定的。因协定税率普遍相对于自主关税率为低，故协定税率通常也被称为优惠税率。一般来说，各国关税政策中，均同时存在自主关税和协定关税。而且，随着本国对外经济的不断发展，各国与他国签订的关税协定也越来越多，形成了多种协定关税同时并存的局面。这就使得自主关税在很多国家仅具有参照作用，在实践中普遍适用的反而是协定关税，譬如 WTO 体系下的协定关税。

（4）根据是否与配额挂钩，关税还可以分为有配额的关税和无配额的关税。而“配额关税”是指进出口商品在配额规定的限额以内进出口，政府仅征收相对优惠的关税；若进出口超过配额规定的限额，则需要缴纳较高的关税。由于在配额关税下，超过配额并不一定被禁止进出口，从而使得进出口更具有弹性，消除掉了绝对配额的刚性禁止作用，因而在有关国家必须采取配额措施的情况下，被 WTO 所提倡。

除上述分类外，关税还可以分为一般性关税和特别关税。一般性关税是指在通常情形下征收的关税。而特别关税则是指仅在特定情形下才征收的关税，包括反倾销税、反补贴税、差价关税、优惠关税等。其中，差价关税是指进口国政府在进口产品价格远低于本国同类产品时，为削弱进口产品的价格优势，而根据进口价格与本国国内指标价格的差额所征收的一种关税。由于差价关税通常根据差额的等级幅度累进或滑动征收，因而又被称为“滑动关税”（sliding tariff）。

2. 关税的征收

关税的征收方法主要有从量征收和从价征收两种。在此基础上，还形成了混合征收、选择征收和季节性征收等变通形式。相对来讲，各国普遍对大宗货物采取从量征收的方法，而对价值较高、体积较小或数量较少的货物采取从价征收的方法，且从价征收的方法在各国比较普遍。

在从价征收方法下的“价”，是指海关作为计征关税基础的应完税价格，包括入关前所发生的一切成本和费用。譬如，根据我国《进出口关税条例》第 18 条第 1 款的规定，进口货物的完税价格由海关以符合本条第 3 款所列条件的成交价格以及该货物运抵中国境内输入地点起卸前的运输及其相关费用、保险费为基础审查确定。这里需要指出的是，一般认为完税价格是指货物的“到岸价格”（CIF）。但这种说法并不准确，因为完税价格还包括其他一些可能发生的费用，譬如根据我国《进出口关税条例》第 19 条的规定，由买方负担的购货佣金以外的佣金和经纪费、包装材料费和包装劳务费和其他应由卖方承担的费用，均应计入完税价格。实践中，对在我国保税区仓库储存后进口到我国关境内的货物，相关仓储费用等也应计入完税价格。同样，一般以为出口关税的完税价格是出口货物的“离岸价格”（FOB），但这种说法也不太准确。譬如，根据我国《进出口关税条例》第 26 条的规定，出口货物的完税价格由海关以该货物的成交价格以及该货物运至中国境内输出地点装载前的运输及其相关费用、保险费为基础审查确定。这里，出口货物的成交价格，是指该货物出口时卖方为出口该货物应当向买方直接收取和间接收取的价款总额。出口关税不计入完税价格。因此，这里的完税价格与合同中所采用价格术语表现的价格是不太相同的。

（二）海关估价制度

为了打击国际贸易中通过虚报价格进行逃税或避税的行为，避免关税的流失，各国在对进出口商品征收关税时，如果发现进出口商所提供的价格和费用等信息不准确或有虚假时，通常都会对进出口商品的完税价格进行重新评估。这就是海关估价。

必须承认，海关估价是各国政府打击逃避关税行为的一项有效手段。但是，也必须看到，许多国家为了限制进口，往往滥用海关估价手段，设法变相大幅提高进出口产品的完税价格，以加重进出口产品的关税负担。在这种情况下，海关估价措施就变成了国际贸易壁垒。

四、进出口配额制度

（一）进出口配额的定义

所谓进出口配额，又称进出口限额，是指一国政府在一定时期内对某些商品的进出口数量或金额进行直接的限制，对限额以内的商品允许进出口或者课征较低的关税，对超过限额的商品则不允许进出口或者虽然仍允许进出口但须课征较高的关税。

（二）配额的分类

第一，根据货物的流向，配额通常可以分为进口配额和出口配额。其中，进口配额相对较为常见；而出口配额在实践中则较少采用，并且仅在特定情况下采用。

需要指出的是，根据能动性的不同，出口配额还可以分为主动配额和被动配额。所谓主动配额是指出口国政府为了特定原因自愿主动对特定商品的进出口进行配额限制；而被动配额又称"'自愿'出口额"（"Voluntary"Export Quotas），是指出口国政府在进口国政府威逼利诱之下，为避免进口国政府采取更强烈的贸易保护措施，被迫主动对本国的出口商品进行配额限制。

第二，根据配额是否具有刚性或弹性，配额可以分为绝对配额和相对配额。其中，绝对配额又称"刚性配额"，是指对超过规定配额的商品，政府主管部门不再允许其进出口；相对配额又称"弹性配额"，是指对超过配额的商品，政府主管部门仍然允许其进出口，但须课征较高的关税或者罚款。

第三，根据分配方式不同，配额可以分为全球配额和国别配额。其中，全球配额是指一国政府对商品的进出口部分国别或地区，仅规定一个进出口配额总额，并按照"先来先得"原则进行分配，直到配额分配完为止；国别配额是指一国政府在对商品的进出口确定完总的额度后，再根据该国与其他国家或地区在过去一段时间内的贸易情况，将配额按照特定比例分配给各个国家和地区。由于全球配额不能兼顾到实施国与其他各国的政治外交和贸易关系，而国别配额则可以兼顾到，因而在实践中，国别配额被各国所普遍采用。但由于在国别配额情况下，相关配额不能在不同国家间进行调剂或转让，因而可能产生这个国家用不完、那个国家不够用的情况。也正由于此，实施国稍有不慎，将会被他国指责为在设置非关税壁垒，搞贸易保护主义。

五、进出口许可证制度

（一）进出口许可证制度的定义

进出口许可证制度（Import and Export Licensing System）是指一国政府规定特定商品必须领有许可证方可进口或出口的制度。对于必须申领进出口许可证的商品目录以及许可证有效期限等，有关国家政府通常都会事先公布。

（二）进出口许可证的分类

第一，根据是否同配额挂钩，进出口许可证可以分为有配额的许可证和无配额的许可证。“有配额的许可证”是指由一国政府主管机关同时采取配额和许可证限制，相关商品必须同时得到配额和许可证才能被获准进出口；而一旦配额用完，则不再发放许可证。所谓“无配额的许可证”是指许可证的发放与进出口配额没有任何联系，而是单独发放，只要获得许可证即可进出口相关商品。

第二，根据许可证获得的难易程度，进出口许可证可以分为一般许可证和特别许可证。“一般许可证”（Open General License）又称“自动许可证”，是指进出口商提出申请后，有关机构即予以批准并签发许可证。实践中，有些国家甚至不要求事先申请，也不发证，只要在报关时填报有关表格即可。“特别许可证”（Specific License）又称“非自动许可证”，是指一国政府对许可证有严格的控制，进出口商提出申请后，必须经有关机构根据特定程序审查合格方才发放许可证。

实践中，无论哪种许可证，都有一定的条件要求和审核标准，并且，各国主管机关通常根据进出口商的申请发放许可证。但由于并非所有国家都将其许可证的申请条件或审核标准对外公开，从而导致许可证制度被滥用的情况时有发生。

六、原产地证明管理制度

（一）原产地证明的定义和作用

原产地证明是证明商品原产地的重要法律文件，它通常由出口方政府主管机关在商品出口时开具，是进口国政府据以确定进口货物待遇，实行国别配额管理和贸易统计的重要依据，也是确保进口货物购买方知情权等权益的重要手段。

实践中，不仅在确定商品是否享有最惠国待遇和国民待遇、普惠制待遇、特惠待遇等时需要出具商品的原产地证明，进口方配额措施、反倾销和反补贴等措施的实施也需要进口产品出具原产地证明。因为如果无法确定商品的原产地，上述条约规定和国内法律规定均将无法实施。因此，原产地证明制度在国家管理对外贸易方面具有非常重要的地位。

在我国，进出口商品检验机构、商务部指定机构等有权根据法律规定签发货物的原产地证明。

（二）原产地的确定方法

一般来说，如果一项商品的生产从原材料到加工成制成品均是在一个国家地域内完成的，那么，这种商品的原产地是非常容易确定的。但是，随着国际分工和国际贸易的迅速发展，越来越多的商品生产在原材料或者零配件的供应方面具有国际因素，譬如“三来一补”就非常具有典型性。如何确定这些具有国际要素的商品的原产地就成为一个问题，而且，这也是一个比较容易引起争议的问题。

实践中，对于那些部分或全部使用进口原料、零部件加工制造的商品，通常采用加工工序标准和从价百分比标准以及实质性改变地标准来确定其原产地。所谓“加工工序标准”，是指将商品的生产工序划分成若干主要阶段，只要有关主要工序阶段是在出口国完成的，那么该国即可认定为商品的原产地；所谓“从价百分比标准”，是指有关商品在生产地实现的价值须构成其价格的一定百分比例以上，该地所属国才能成为其原产地；而所谓“实质性改变地标准”，是指如果某地对特定商品的生产使其在外形、性质、形态或用途等方面产生了实质性改变，那么，该地就可以确定为商品的原产地，譬如将零部件组装成机器等。由于各国政府对产品的加工工序划分、价值构成比例的确定以及何谓“实质性改变”的认识不尽一致，很容易引起国际贸易摩擦。还需要指出的是，在“实质性改变地标准”的立法和执法实践中，有关国家在确定特定商品是否实现实质性改变时，往往通过“加工工序标准”和“从价百分比标准”来予以确定，因此，在本质上，“实质性改变地标准”只不过是“加工工序标准”和“从价百分比标准”的变形而以。

七、进出口检验检疫制度

（一）进出口商品检验制度

1. 进出口商品检验制度的定义

进出口商品检验是指由专门的进出口商品检验机构及其指定机构，依照法律、法规规定或合同的约定，对进出口商品的品质、规格、数量、包装等进行相关检测分析并出具检验证书的活动。

应该说，随着科学技术的不断发展，商品生产、包装等过程中的科技含量越来越高，对于其质量、性能技术指标以及安全性等，已经非普通人所能理解和掌握。这样，为确保本国国家军事经济安全和国民的经济利益，对进出口商品进行专门检验就成为国际贸易中一个不可或缺的重要环节。但是，由于各国检验所依据的技术标准和检验流程、方法以及对其他国家检验机构的态度可能不尽一致，实践中，因进出口商品检验而发生的争议也屡见不鲜。

2. 进出口商品检验的分类

（1）根据相关检验的缘起，进出口商品检验可以分为法定检验和约定检验

所谓“法定检验”，是指根据法律规定，进出口商品在进出口前必须经过的强制性检验。法定检验通常由法定的进出口商品检验机构进行，并且，须经法定检验的商品及其检验项目都要在相关法律、法规中明确予以规定。譬如，我国只对部分进出口商品实施法定检验，对这些商品进行法定检验的法律依据包括《商检机构实施检验的进出口商品种类表》、《食品卫生法》、《药品管理法》、《计量法》、《进出口锅炉压力容器监督管理办法》和其他相关法律、法规。这里需要指出的是，根据我国《进出口商品检验法》的相关规定，对符合条件的进出口商品，经收货人或发货人申请，主管部门可以批准免予法定检验。从该规定的实施情况来看，效果并不理想。因为须经法定检验的商品和检验项目都有其特殊原因，一旦商家处于逐利的考虑而弄虚作假，最终受损害的还是买家。国内奶粉生产企业曾经普遍在奶粉中添加三氯氰胺的案例就非常具有警示意义。

所谓“约定检验”，是指对相关进出口商品的检验并非法律所强制，而是经由买卖双方所约定而进行的。

（2）根据检验顺序的不同，进出口商品检验可以分为预检验和复检验

“预检验”是指进出口商品在制成后、装运前进行的检验。这种预检验并不妨碍法定检验的进行。“复检验”是指进出口商品的报验人对商检机构出具的检验结果有异议时，请求原商检机构或其上级机构重新进行的检验。

3. 进出口商品检验证书、检验标志以及封识管理

进出口商品检验机构在对商品检验以后，会就商品的品质、数量、重量、包装、安全与卫生等情况出具相应的证书。这种检验证书是法定检验商品进出口时必须向海关提供的法律文件，也是海关在特定情况下据以征收或减免征收关税和其他费用的有效凭证，还是买卖双方交接货物、清结货款和区分法律责任的重要凭证。实践中，进出口商品检验证书有很多种，主要包括品质检验证书、数量或重量检验证书、包装检验证书、兽医检验证书、卫生健康检验证书、消毒检验证书、产地证明书、价值证明书、残损证明书、监造或监装证明书等。一般来说，根据商品性质的不同，相关商检证书的有效期也不尽相同。这就要求报验人必须在商检证书的有效期内报关进出口，否则，一旦超出有效期限，就必须重新检验。

此外，实践中，有些国家还通过法律规定，进出口商检机构在对相关产品进行检验并出具证书的同时，还可以根据申请人申请颁发相关的检验标志，由申请人将标志粘贴

在商品规定位置。而对于那些容易掺假、质量问题较多和涉及人身、动植物安全、卫生以及被请求予以签封的商品和样品等，商检机构可以在检验后，进行签封或封识管理。经商检机构签封或封识的商品或样品，任何单位不得擅自启封、涂改、移动或销毁；如需启封，有关单位须提前通知商检机构办理启封手续。

4. 关于进出口商品检验的认证监督

为了避免重复检验给进出口商带来过重的经济负担和阻碍国际贸易的发展，许多国家往往通过双边或多边条约、行政协定或行政安排，对彼此商检机构所依据的商检标准和出具的检验证书予以相互承认，从而使得外国商检机构的检验证书具有与本国商检机构出具的商检证书同等的法律效力。

（二）进出口商品检疫制度

进出口商品检疫是指各国政府为了防止某些动植物及其产品或其包装物等所可能携带的有害物质、病菌或病毒、害虫等在进出口过程中造成疫情的爆发和扩散，而通过专门机构对动植物及其产品乃至包装物进行进出口检疫检查的活动。与进出口商品检验相类似，检疫机关在对进出口商品检疫后也会出具相应的检疫证书，以满足进口国政府和进口商的要求。

总的来看，各国对进出口商品的检疫做法与检验做法基本类似。这里不再赘述。但需要指出的是，虽然人们在生活中，往往将对进出口商品的检验和检疫混为一谈，但是，在法律上，二者之间还是存在着较大差别的。首先，二者的设立目的不同，这在上文已经有所提及。其次，相对于产品检验而言，因检疫涉及疫情的扩散可能危及较大范围内人类和动植物的健康与安全，更具有紧迫性和重要性，通常都被政府规定为强制性措施，甚至矫枉过正也在所难免，因而检疫措施也更容易成为更加隐蔽的非关税贸易壁垒。

（三）关于对进出口商品检验、检疫所依据的标准

一般来说，无论进出口商品检验还是检疫，只要是强制性的，都必须遵守国家、国际条约所确定的强制性标准。当然，对于那些约定性检验或检疫项目，其所依据的检验或检疫标准由买卖双方自己约定，可以是国家标准，或者国际标准，也可以是包括行业标准和企业标准在内的其他标准，其中包括凭样品确定的标准。而在强制性检验或检疫中，当约定性标准高于国家强制性标准时，商检机构和检疫机构需要按照约定性标准进行检验或检疫。但无论何种标准，均必须遵循科学性、合理性和适度的原则。然而，实践中，究竟何谓“科学性、合理性和适度”，各国的认知却不尽一致。

八、外汇管理制度

（一）外汇管理制度的定义

所谓“外汇管理制度”，是指有关国家、国家同盟或地区政府通过法律、法规对其

境内发生的外汇收付、买卖、借贷、转移以及本国货币的计价和外汇市场活动等实行干预以平衡国际收支、维持本国货币汇价和限制外国产品进口的制度。

（二）外汇管理的内容

根据管理对象的不同，外汇管理可以分为外汇收支管理和外汇汇率管理两部分。

1. 外汇收支管理

外汇收支管理主要是对外汇的收入和支出进行管理，其中经常性项目收支和资本项目收支管理是其重点内容。有关管理主要体现在结汇、售汇、付汇和外汇转移等方面，譬如要求收汇的当事人到指定银行开立外汇账户，或者要求付汇的当事人到指定银行按照官定汇率购汇，以及对外汇的收支转移进行实践上的限制等。外汇收支管理的目的在于使政府能够调度的外汇头寸保持在其所认可的合理限度内，从而避免本国出现外汇短缺或过剩等失衡状况并进而导致汇率的大幅波动。

2. 外汇汇率管理

汇率又称"汇价"，是一种货币用另一种货币表示的价格，也即两种货币的兑换比率。理论上，汇率应该由市场自发形成。但由于本国货币价格上浮会促进进口和抑制出口，而下跌则会促进出口和抑制进口，并且会对资本的国际流动和国内物价水平等相应产生重大影响，各国都会从本国利益出发对汇率的形成进行一定的干预。实践中，政府对汇率的干预主要有直接干预和间接干预两种情况。其中，"直接干预"是指政府直接确定本国货币对外的汇率。为保证汇率的被遵守，外汇的收支、交易、交易数量和外汇的转移等都须处在政府的掌控之下。这种干预往往会被其他国家指责为"操纵汇率"。"间接干预"是指国家不直接规定本币的汇价，本币汇价由市场决定，政府通过其他方法间接影响汇率，譬如在本币下跌时抛售外汇等。这种方法通常为外汇充足、外汇市场比较健全的国家所采用。这种汇率制度实际上是一种以市场导向为主、国家干预为辅的汇率制度。

由于政府对外汇汇率和收支及其转移等方面的管理将会对出口产品的外币价格和进口产品的本币价格直接产生重要影响，从而对本国产品和进口产品的价格竞争力产生不同影响，很多国家都将外汇管理作为其干预对外贸易的重要手段之一。譬如若一国本币贬值，则本国出口产品的外币价格相应降低，从而使本国产品在国际市场上具有价格优势；同时，这也将使进口产品的本币价格相应提高，从而使进口产品在本国市场上的价格优势降低。

九、贸易救济制度

贸易救济制度由反倾销、反补贴和紧急保障措施制度三部分组成。其中，反倾销和反补贴制度是针对出口国的不公平贸易行为及由此造成的损害结果设计的；而紧急保障措施制度是为避免进口国在开放市场情况下遭受公平贸易的过度损害设计的。由于世界各国绝大多数都已经是WTO成员，其关于反倾销、反补贴和紧急保障措施的规定基本与WTO规定一致，仅存在很小的差别。譬如美国在倾销确定过程中的“归零”做法。①

（一）反倾销制度

从立法和实践来看，各国的反倾销制度大同小异，都要求存在倾销行为、损害结果且二者之间存在因果关系的条件下才能反倾销。这充分证明，反倾销本身反的并不是倾销行为本身，而是倾销行为对进口国同类产业所造成的损害结果。毕竟倾销实际上也等于变相提高了进口国购买者的购买力，是对进口国的变相补贴。

1. 倾销的确定

（1）倾销的定义

所谓“倾销”，通常是指在正常贸易过程中，一产品以低于其正常价值的价格从一国进入到另一国市场的情形。

所谓正常价值，是指同类产品的合理价格。通常根据以下方式确定：根据同类产品在出口国国内市场的正常贸易价格确定；根据同类产品出口到第三国的价格确定；根据出口国同类产品的结构价格来推算其正常价值；根据可作为替代国的第三国同类产品的正常价格来确定。在根据上述相关价格确定其正常价值时，通常需要考虑上述价格是否在正常贸易过程中获得、相关交易的产品是否存在差异、交易时间、交易规模、贸易条件、销售做法等因素。

（2）倾销的原因

倾销者之所以倾销产品，主要有以下几方面的原因：第一种原因是倾销者要处理库存、易腐产品或季节性产品。这种倾销通常规模较小，期限也比较短暂，因而其对进口方市场的损害影响一般也非常小。第二种原因是倾销者为了掠夺甚至垄断进口方市场。这种倾销在现代社会已不多见，并且，由于各国均有比较完备的反垄断法律制度，倾销者垄断进口方市场的目的根本无法实现。第三种原因是倾销者为了维持在特定市场的高价格和高利润，而将过剩产品低价出口到其他市场。这种倾销在现代社会是比较常见的。实际上，这种倾销只不过是倾销者的一种市场价格策略而已。第四种原因是倾销者国内政府鼓励出口，并提供财政补贴以及其他扶植政策，倾销者为了获得国内补贴，而对外倾销产品以便有出口实绩获得国内补贴。第五种原因是国内贸易环境较差，秩序混

① 所谓“归零”，是指美国政府在确定出口商是否存在倾销行为时的一种做法，譬如出口商在调查基期内，可能与进口国存在多笔交易，其中一笔可能低于正常价值出口，而其他各笔可能均高于正常价值出口。在这种情况下，如果各笔交易归纳起来，出口商就可能不被认定存在倾销。但是，按照归零做法，未构成倾销的各笔均被归结为倾销幅度为零，这样，最后归纳时，出口商就必然被认定倾销了。美国的这种做法已经被WTO争端解决机构裁决为“非法”，但美国迄今仍拒绝修改其国内法，也即拒绝放弃其归零做法。

乱，而外国市场秩序较好，倾销者宁愿把产品便宜出口也不愿在本国降价销售。在我国，被外国指责为“倾销者”的中国出口商之所以低价出口，主要是后三种原因，尤其是后两种原因。

（3）倾销和倾销幅度的认定

只要产品的出口价格低于同类产品的正常价值，即可认定为倾销，两种价格的差额即为倾销幅度。

但需要指出的是，由于相关计算可能存在误差，且国际贸易中，各笔交易存在微小的价格差异纯属正常，因此，WTO以及各国均普遍规定，对于微幅倾销（低于2%）可以忽略不计。

2. 损害的确定

反倾销中的“损害结果”仅指三种情况：一是对进口方国内同类产业造成实质性损害；二是对进口方同类产业产生实质性损害的威胁；三是对进口方建立同类产业构成实质性阻碍。

在确定上述损害结果是否存在时，需要审查并考虑是否存在下列事项：倾销进口产品的数量；倾销进口产品的价格；倾销产品对国内同类产业的相关影响，包括在价格、融资能力、库存、开工率、设备利用率以及提价能力等方面的影响；倾销产品的出口国的生产能力、出口能力、库存情况以及出口商的调度能力等；是否存在造成国内同类产业损害结果的其他因素。

此外，在损害的确定方面，还存在一种“累积评估”的做法。也即当倾销产品来自两个以上国家（地区）时，若其倾销幅度不小于2%，其进口量不可忽略不计，并且对影响进行累积评估并无不妥，那么，进口国可以就倾销产品对进口国同类产业所造成的损害进行累积评估。

3. 因果关系的确定

进口产品的倾销与国内同类产业损害之间必须存在因果关系，否则进口方政府将不会寻求反倾销。在确定因果关系时，要求必须有肯定性的证据，并且不得将非倾销因素造成的损害归因于倾销。但是，实践中，进口方只要能确定倾销是造成损害的主要原因之一就够了。

4. 反倾销措施

反倾销措施主要包括临时反倾销措施、最终反倾销措施和价格承诺三种。其中，临时反倾销措施只有在初步裁定确认存在倾销行为、损害结果和因果关系成立时才能采取，包括临时反倾销税和提交保证金等担保方式，其数额不得超过初步裁定所确定的倾销幅度。而最终反倾销措施只能在作出肯定性终裁后才能采取，并且只有反倾销税一种形式，征税幅度不得超过倾销幅度。如果终裁的反倾销税率高于初裁的税率，则差额部分不必补交；如果低了，则多交部分应予退还。

价格承诺是指出口商主动向进口方反倾销当局承诺修改其被控倾销产品的价格或停止以倾销价格向该地区出口被控倾销产品，以消除倾销所造成的有害影响，从而使进口方反倾销当局暂时中止或终止反倾销程序，并且不采取临时反倾销措施或最终反倾销措施。由于进口方政府无论是从属地管辖权还是从属人管辖权的角度，均无权对处在外国的外国出口商行使管辖权，因此价格承诺必须由出口商自愿作出，进口方政府只有建议出口商作出价格承诺的权利和接受与拒绝出口商价格承诺的权利。价格承诺不得超过确定的倾销幅度。从各国立法和实践来看，价格承诺只能在作出肯定性初步裁决后才能作出；并且，一旦出口商违反价格承诺，进口方政府有权立即恢复反倾销调查程序，并可根据情况追溯征收反倾销税。

5. 反倾销措施的期限和行政复审

从各国立法及其实践来看，反倾销税的征收期限和价格承诺的履行期限一般不得超过 5 年，除非在 5 年届满前，反倾销主管机关认为有证据表明继续征收反倾销税或执行价格承诺是必要的。这是各国履行 WTO《反倾销协定》条约义务的结果。因为该协定有一个“日落条款”，即反倾销税的征收期限和价格承诺的履行期限最长不得超过 5 年。但前述除外条款的规定意味着，5 年期满，反倾销措施或价格承诺并非一定日落。这同时也意味着对反倾销措施或价格承诺的行政复审是非常重要的。

所谓“行政复审”，是指反倾销主管机关对已经产生法律效力的反倾销措施或价格承诺等进行重新审查，以确定是否有必要继续执行此类措施。行政复审包括期中复审和期满复审两种情况，审核结果包括终止、维持或修改后继续实施反倾销措施三种情形。显然，“行政复审”与国内行政诉讼法中“行政复议”是有很大区别的。

（二）反补贴制度

1. 补贴的定义

补贴是指出口国（地区）政府或者其任何公共机构提供的并为接受者带来利益的财政资助以及任何形式的收入或价格支持。构成补贴需具备两个要素，即相关财政资助实际上是由政府提供与接受者能够获得利益。

根据我国《反补贴条例》的规定，下列情形可以归结为补贴：出口国政府已拨款、贷款、资本注入等形式直接提供资金，或者以贷款担保等形式潜在地直接转让资金或者债务；出口国政府放弃或者不收缴应征收入；出口国政府提供除一般基础设施以外的货物、服务，或者由出口国政府购买货物；出口国政府通过向筹资机构付款，或者委托、指令私营机构履行上述职能。

2. 补贴的分类

补贴通常可以分为禁止性补贴、可诉补贴和不可诉补贴三种。

(1) 禁止性补贴

禁止性补贴，又称“红灯补贴”，是指被法律明确规定不得实施或维持的补贴，包括出口补贴和进口替代补贴。其中，“出口补贴”是指在法律上或事实上以出口实绩为条件提供的补贴。出口补贴的影响在于，它会使被补贴的产品能够以较低的价格进入进口方市场，从而使进口方未受补贴的同类产品处于不利的竞争地位，并进而使进口方相关产业遭受实质性损害或实质性损害的威胁，或者阻碍其相关产业的建立。“进口替代补贴”是指政府给予以国产产品替代进口产品的国内使用者或替代产品的生产者的补贴。进口替代补贴的影响在于，它可以使国产品能够以较低的价格进入市场，获得对进口同类产品的价格竞争优势，或者使国产品的使用者能够以较少的支出获得产品，使其不再购买进口同类产品，从而抑制同类产品的进口。

这里需要指出的是，根据1994GATT第16条的注解，如果出口成员免征出口产品的关税或者免征相同产品供内销时必须交纳的国内税，或者退还与缴纳数量相当的关税或国内税，则这种出口退税不能被视为补贴。

(2) 可诉补贴

可诉补贴，又称“黄灯补贴”，是指对国际贸易造成一定程度的不利影响，可被诉诸反补贴程序的补贴。我们通常所说的反补贴措施针对的就是这种补贴。可诉补贴通常是指具有专向性的补贴。禁止性补贴是当然的可诉补贴。

(3) 不可诉补贴

不可诉补贴是指不具有专向性且不属于禁止性补贴的补贴，或虽具有专向性但符合特定条件而不可起诉的补贴。后者包括科研开发补贴、贫困地区补贴和环保补贴。由于此类补贴不可诉，故又称“绿灯补贴”。

3. 补贴的专向性

补贴的专向性是指有关补贴仅提供给特定的企业、产业或地区。如果一项补贴虽然不具有专向性，也即可以普遍获得，但若其属于禁止性补贴的范畴，那么，这种补贴将被视为具有专向性，从而成为可诉的补贴。

4. 损害

反补贴语境下的“损害”是指出口国政府所提供的补贴对进口方国内同类产业所造成的实质性损害或实质性损害威胁，或者对其同类产业的建立造成实质性阻碍。

与确定倾销所造成损害时需要考虑的因素类似，进口方政府在确定补贴所造成的损害时，也需要考虑一系列因素，包括：补贴可能对贸易造成的影响；补贴产品的进口数量及其大幅增加的可能性、对进口方国内同类产品的生产或消费的影响；补贴产品的进口对进口方国内同类产品的价格影响；出口国生产受补贴产品的能力、出口能力、库存状况；造成进口方同类产业损害的其他因素；等等。

同样，对补贴所造成的损害，也可以在规定条件下进行累积评估。

5. 因果关系的确定

各国反补贴法律均普遍要求，只有在确认补贴产品的进口是进口方国内同类产业所遭受损害的主要原因时，其才能采取反补贴措施。

6. 反补贴调查程序和反补贴措施

反补贴调查程序和反补贴措施与反倾销非常类似。而且反补贴措施也包括临时反补贴措施和最终反补贴措施。所不同者，在出口方承诺方面，出口商可以作出价格承诺，而出口方政府可以作出取消或限制补贴或修改价格的承诺。这里不再赘述。

（三）紧急保障制度

紧急保障制度最早源于美国，后来被美国引入了关贸总协定，之后逐渐被其他各国所采用，成为一项具有普遍性的国际贸易管理制度。

1. 紧急保障制度的定义

紧急保障制度，又称紧急保障措施，是指进口方因意外情况的发生或者因其承担贸易条约义务，导致特定产品的进口数量大幅增加，并进而对其国内同类产业或直接竞争产业造成严重损害或者严重损害的威胁，进口方政府可以采取限制进口的措施，以确保国内同类产业不受损害。

2. 紧急保障制度的法律特征

（1）紧急保障措施是针对其他成员的正当贸易行为实施的。与反倾销和反补贴不同，虽然都存在因进口大幅度增加对进口方同类产业造成严重损害的情况，但是，反倾销和反补贴针对的是出口方政府或出口商的不正当竞争行为，而紧急保障措施针对的是出口方的正当贸易行为。

（2）紧急保障措施针对的是特定产品而非特定国家或地区的特定产品，且对所有出口此类产品的国家和地区一视同仁，具有非歧视性。

（3）紧急保障措施的实质是暂时免除、中止、修改进口成员方业已承诺的开放国内市场的义务。

3. 紧急保障措施的法律性质

一般认为，紧急保障条款就是“情势变迁”原则的体现。所谓“情势变迁”原则，是指缔约国在签订条约时是以情势不变为条件的，一旦签约后或履约的过程中情势发生根本性的改变，致使缔约国订立条约的愿望落空，缔约国可以修改或废除条约，从而变更或免除其所承担的条约义务。但需要指出的是，紧急保障措施虽然源自于“情势变迁”原则，但其处理方式却并不局限于废止进口方的条约义务，还包括暂时中止条约义务等。

4. 紧急保障措施的实施

关于紧急保障措施，各国均普遍规定，只要进口方确认存在进口产品的存在大幅绝对增加或相对增加，国内产业遭受了严重损害或严重损害的威胁，并且二者之间存在因果关系，那么进口方将有权采取紧急保障措施。

与反倾销和反补贴措施相类似，紧急保障措施也包括临时保障措施和最终保障措施两类，均要求在防止损害所必要的范围内实施。所不同的是，紧急保障措施可以采取提高关税、数量限制等形式。当然，如果终裁决定不采取保障措施，那么，已征收的临时关税应当退还纳税人。

由于保障措施是针对出口方的正常贸易行为采取的，因此，其所受的限制条件也更多一些。就实施期限而言，一般不超过 4 年，特殊情况下虽可以适当延长，但无论如何，其实施期限及延长期限不得超过 10 年。在实施期内，进口方政府通常会承诺逐步放宽限制水平。而且，如果需要对同一进口产品再次采取保障措施，那么，两次保障措施之间的时间间隔不得少于 2 年。这也是不同于反倾销和反补贴的一点。

需要指出的是，无论是反倾销和反补贴，还是紧急保障措施，从各国立法和实践来看，在管理主体上，普遍采取的是由两个机构分别负责调查行为和损害结果的做法。譬如美国，就是由商务部负责贸易行为和因果关系的认定，由国际贸易署负责损害结果的认定。就我国而言，采取的则是一种混合制的做法，即由商务部所属的公平贸易局和产业损害调查局分别负责贸易行为的认定和损害结果的认定，相关部委协同工作，最后由商务部提出解决建议，交由国务院关税税则委员会作出决定。

第三节　国际贸易管理的国际法律制度

由于各国政治军事和经济发展水平往往存在较大差异，导致各国所追求的国家安全利益和经济利益也有所不同，这也导致相关国家所实行的对外贸易管理制度存在各种差异，且存在当作为而不作为或过分作为、不应作为却积极作为乃至滥用法律规则的行为。为了促进国际经济贸易的发展，实现经济贸易的双赢，相关国家在过去几十年里不断通过区域性和全球性的双边和多边合作机制对彼此的对外贸易管理法律制度进行了积极调整。前者如欧共体、北美自由贸易区、亚太经合组织等，后者如世界贸易组织等。这些区域性和全球性多边贸易法律制度构成了国际贸易管理的国际法律制度的主要部分。考虑到篇幅问题，由于世界贸易组织的成员方最多，调整范围最广，对国际贸易管理法律的发展影响也最大，这里重点介绍世界贸易组织的相关法律规定。

一、关于外贸经营权管理

关于外贸经营权，由于资本主义国家和地区成员占绝大多数，加上以促进自由贸易为己任，WTO 采取了欧美等国的立场，要求各成员打破对外贸经营权的垄断，使之不成为阻碍国际贸易发展的非关税壁垒措施。譬如，在中国加入世界贸易组织时，欧美等国就迫使中国政府在《中国加入议定书》第 5 条中承诺，在加入 WTO 的 3 年内，逐步放宽贸易权的获得条件及范围，使所有在中国的企业均有权在中国的全部关税领土内从事所有货物的贸易。对于所有此类货物，均应在国内销售、许诺销售、购买、运输、分销或使用方面，包括直接接触最终用户方面，给予国民待遇。对于列入管制附件的货物，中国政府应承诺逐步放宽或取消在给予贸易权方面的限制。此外，议定书还要求，中国应对所有外国个人和企业，包括未在中国投资或注册的外国个人和企业，在贸易权方面应给予其不低于给予在中国的企业的待遇（也即国民待遇）。由此可见，在外贸经营权方面，WTO 认为所有个人和企业，不分国籍，均应享有同等的进出口贸易权利。

二、关于进出口目录管理

在商品名称和编码方面，由于绝大多数国家采用的是《商品名称和编码协调制度》(简称《协调制度》)，WTO 无意改变现状去重新创设一套商品编码制度。目前大部分国家普遍采用的是 2002 年版的《协调制度》。换言之，对于那些非《协调制度》的缔约国，其在商品名称和编码方面享有自主的权利。但是，从 GATT 时期的实践来看，各成员国对商品名称的命名和编码应该尊重国际贸易的现实，并且不可以构成对国际贸易的阻碍。作为 GATT 的继承者，WTO 也是坚持这一立场的。关于这个问题，GATT 专家组在“1949 年智利诉澳大利亚硫酸铵补贴案”① 和“1980 年巴西诉西班牙未焙炒咖啡案”② 以及 WTO 争端解决机构在“美国诉中国汽车零配件关税案”③ 中均有较明确的意见。

而针对有关国家对进出口商品通过目录管理所采取的禁止、限制或鼓励的做法，WTO 也没有直接禁止或放任。相反，WTO 通过多个协定中的相关条款分别进行了调

---

① 在该案中，专家组认为，澳大利亚对硝酸铵和硫酸铵采取不同进口补贴的做法并不违反其条约义务，但鉴于这两种产品都是铵肥，存在直接竞争关系，而澳大利亚的做法确实损害了智利的利益，因而建议澳大利亚重新考虑自己的政策。澳大利亚之后按照专家组意见调整了自己的做法。

② 在该案中，专家组认为，西班牙有权将咖啡作进一步的分类，但是，鉴于世界上几乎所有国家均将咖啡作为一类商品，且都未对不同种类的未焙炒咖啡实施不同的关税税率，更重要的是，未焙炒咖啡主要是以混合形式出售的，西班牙对分类所列举的差别并不足以构成其实施差别关税待遇的根据，因此，建议西班牙修改法律，取消其分类方法，也即按照国际通行做法将未焙炒咖啡作为一类商品。

③ 在该案中，WTO 争端解决机构认为，中国将进口零部件价格总和构成整车价格 60% 以上的汽车认定为进口汽车并对该部分进口零部件按照整车进口征收高额关税的做法，实际上是在设立新的关税税目；并且，中国将进口零部件的采用与国内目的挂钩，违反了国民待遇原则，因而 WTO 上诉机构建议中国将国外汽车零部件进口关税调整至符合国际贸易规则的水平。

整。譬如根据 GATT1994 第 2 条规定，各成员给予其他成员的待遇，不得低于其在减让表中承诺的待遇；其对列入减让表的产品的保护水平不得超过减让表中所列的保护水平；若其他成员不能享受到应得的待遇时，可以要求作出补偿性安排。如果一成员对进出口产品的目录管理构成了对本国产品的补贴或者导致本国出口产品获得了价格优势或者构成对进口的数量限制等时，其他利益受到损害的成员可以根据《反倾销协定》和《补贴与反补贴协定》等协定的相关规定采取相应的救济措施，包括向 WTO 争端解决机构起诉。而根据 WTO《服务贸易总协定》的规定，各成员对其他成员的服务和服务提供者应提供最惠国待遇，而其在减让表中承诺给予国民待遇的，亦应该在规定的条件和限制下提供国民待遇。

三、关于进出口关税和海关估价

（一）关于进出口关税

关于进出口关税，WTO-GATT1994 第 2 条规定，各成员给予其他成员的待遇，不得低于其在减让表中承诺的待遇；其对列入减让表的产品的保护水平不得超过减让表中所列的保护水平。而根据 GATT1994 第 1 条最惠国待遇和第 3 条国民待遇的规定，各成员给予其他成员产品的贸易待遇不得低于其给予任何第三国同类产品的待遇和其给予本国同类产品的待遇。

（二）关于海关估价

前文提到，海关估价是海关针对进出口商为逃避关税而低报货物价格所采取的一种管理手段。海关估价是有其存在的合理性和必要性的。但是，由于很多国家为了抑制进口和特定产品的出口，往往会滥用海关估价手段，大大提高产品的应税价格，从而使其多缴纳关税，并进而提高其进口价格或出口价格，海关估价已经成为一种常见的非关税壁垒手段。为了使各成员能够建立一个公平、统一和中性的海关估价制度，有关各方在乌拉圭回合谈判中签订了《海关估价协定》。根据该协定，各成员不得随意变更完税价格的确定方法或货币的折合方法，以避免减损其所作任何减让的价值。换言之，各成员海关估价方法的修改不应使其他成员从其所作减让中可能得到的利益受到负面影响。这是各成员确定和修改海关估价方法时必须遵守的基本纪律。

根据《海关估价协定》的规定，各成员海关应该优先采用按成交价估价法进行估价，也即以进出口商品的实际成交价（卖方实际出售价格）为基础进行估价。在估价时，海关可在成交价格的基础上加上以下费用：（1）由买方承担的未包括在实付或应付价格之内的费用，包括除购货佣金之外的佣金和经纪费用，海关确定完税价格时应包括在内的集装箱费用以及包括劳动力和材料费在内的包装费用；（2）与进口货物出口的生产和销售有关的、由买方以免费或降低使用成本的方式直接或间接供应的酌情按比例分摊的有关货物和服务的价值；(3) 作为货物销售的条件，买方必须直接或间接支付与被估价货物有关的特许权使用费和许可费；(4) 进口货物任何随后进行的转售、处置或使用而使卖方直接或间接获得的收入的任何部分的价值。至于下列费用是否全部或部分计入或不计入完税价格，则由各成员自己决定：(1) 进口货物运至进口港或进口地的费用；(2) 与进口货物运至进口港或进口地相关的装卸费和处理费；及 (3) 保险费。除了上述费用外，海关在确定完税价格时，不得将其他费用计入实付或应付价格。

《海关估价协定》还规定，只有在不适合采用成交价格估价法的情况下，海关才可以采用其他方法。对于这些方法及其采用的顺序，协定也进行了明确规定。这些方法及其顺序为：(1) 按相同货物 (identical goods) 成交价格估价法；(2) 按相似货物 (similar goods) 成交价格估价法；(3) 按转售价格估价法；(4) 推算价格估价法；(5) 其他合理的估价方法。各成员海关只能在前一种方法不可用时，才可采用下一种方法，并且不得打乱这些方法的适用顺序；但是，如果进口商提出请求，海关则可以调换"倒扣价格法"和"推算价格法"的适用顺序。

为了避免海关滥用职权，《海关估价协定》第 11 条明确规定，各成员均有义务在其海关估价立法中明确规定，进口商或其他缴纳关税的人有权对海关估价起诉，并且不因此而受到处罚。这对监督海关依法估价具有一定的积极作用。

此外，《海关估价协定》还对发展中国家规定了一些特殊的和差别的待遇，以使之能够在使用该协定时具有一定的灵活性。

四、关于原产地规则

为了避免各成员将原产地规则变成一项非关税壁垒，WTO 试图在统一原产地规则方面作出新的突破。但迄今为止，新的《原产地规则协定》并没有达成，目前适用的仍然是乌拉圭回合期间达成的《原产地规则协定》。该协定仅适用于非特惠性的原产地规则，不适用于特惠性的原产地规则。譬如自由贸易区协定和关税同盟协定中关于如何确定产品原产于缔约国的规则，以及普惠制下确定受惠国产品原产地的规则，均不适用 WTO《原产地规则协定》。

《原产地规则协定》特别规定了各成员在制定原产地规则立法时应遵守的纪律：(1) 要求各成员的原产地规则必须是客观的、可理解的和可预知的，并具有连贯性，且应以一致的、统一的、公正的和合理的方式进行管理。(2) 应该以肯定性标准为基础，否定性标准可用以澄清肯定性标准；如果其生产涉及一个以上的国家或/和地区，则对产品实现最后实质性改变的国家或地区为其原产地。(3) 原产地规则不能随意附加过严的要求或先决条件，适用于进口货物的原产地规则不得严于确定货物是否属本国产品的规则。(4) 原产地规则应该非歧视地适用于所有非特惠性贸易政策，不得被直接或间接地用以实现贸易目标，并不应对国际贸易产生限制、扭曲或扰乱性的影响。(5) 各成员有义务公布其与原产地规则有关的普遍适用的法律、法规、司法判决和行政裁决。但是，对于其公开会妨碍其法令的贯彻执行、违反公共利益或会损害某一公私企业的正当商业利益的机密资料，有关成员可以拒绝公布。

这里需要指出的是，关于何谓“实质性改变”，协定并没有统一规定确定标准，而是由各成员根据实际情况确定。实践中，各成员主要采用“税号改变标准”、“从价百分比标准”和“加工工序标准”来确定相关生产行为是否构成对产品的实质性改变。其中，“税号改变标准”，是指在一种产品的生产涉及多个国家或地区的情况下，如果该产品作为最终产品，有单独税号，而不再适用其原材料或零部件的税号，那么，该产品的生产完成地就是其原产地。如果该产品没有单独税号，仍然适用其原材料或零部件的税号，则其原材料或零部件的原产地即为其原产地。如果原材料或零部件源自多个国家或地区，则通常以其关键原材料或零部件或者以在产品价值中占最大部分的原材料或零部件的原产地为其原产地。

五、关于进出口配额管理

GATT1994 第 11 条明确规定，任何 WTO 成员，除征收关税或其他税费（taxes and charges）外，不得设立或维持配额、进出口许可证或其他措施以限制或禁止其他成员领土的产品的输入或向其他成员领土输出或销售出口产品。需要指出的是，WTO 之所以要这样规定，原因在于数量限制措施对贸易的限制和扭曲作用太大，如果允许其采用，将会使其合法化，并会大大增加今后谈判的难度。鉴于关税和其他税费措施对贸易的限制和扭曲作用相对较小，并易于评估，且易于通过谈判削减，所以，WTO 鼓励各成员在必须采取贸易限制措施的情况下，尽可能优先采取关税和税费措施。

WTO 虽然要求各成员普遍取消数量限制措施，但也规定，在例外情况下，有关成员仍然可以在必要的程度内采用数量限制措施。这些例外包括：(1) 为防止或缓解粮食或其他必需品的严重匮乏。(2) 为实施国际贸易中关于商品分类、分级和销售的标准和条例所必须。(3) 为在下列情况下贯彻国内措施而限制任何形式的农产品的进口，包括限制相同国内产品允许产销的数量，或者，如果相同产品的国内产量不大，限制能直接代替进口产品的本国产品的产销量①；国内同类产品和直接替代产品的供给已经暂时出现过剩，为了消除这种过剩现象，政府不得不无偿或以低于市场价格的价格将产品

① 譬如在禁渔期内，为保证鱼类资源的可持续性繁衍，限制捕捞和销售特定种类的鱼类产品。这时，如果不禁止或限制同类产品的进口，政府禁渔或保护渔业资源的目的将无法实现或面临很大的问题。

处理给国内特定的消费群体[①]；限制全部或主要直接依赖进口原料的动物产品的数量，如果国内原料的产量微不足道。（4）在维持国际收支平衡方面的例外。根据1994GATT第12条的规定，任何成员为保障其对外金融地位和国际收支，可以在遵守协定规定标准和条件的前提下，限制进口产品的数量和价值。（5）在保障措施方面的例外。根据规定，有关成员在其本国产业因同类或相似产品的进口急剧增加而遭受损害或其重大威胁时，可以采取数量限制措施以限制这些产品的进口。

根据GATT1994第13条"非歧视地实施数量限制"的规定，如果有关成员在某产品的进口或出口方面采取数量限制措施，那么，这些措施应该非歧视地实施，对所有其他成员一视同仁。并且，如果有可能，该成员应确定允许进口的配额，并公告其数额，无论该成员是否在有关供应国之间分配这些配额；如果不能确定配额，则可以采取进口许可证或无配额的进口许可措施；在实施配额措施时，各成员不得要求从特定国家或来源输入的有关产品必须使用进口许可证或进口许可，除非该成员已将配额在出口成员之间进行了分配。此外，协定还就配额的分配问题进行了规定，以尽可能实现公平合理，降低配额对国际贸易的阻碍作用。

六、关于进口许可证管理

针对一些成员滥用许可程序限制进口的行为，WTO成员在乌拉圭回合谈判期间签署了一个《进口许可证程序协定》。该协定规定了进口许可证的一般纪律，并就自动进口许可证和非自动许可证的采用作了进一步的规定。

（一）一般规定

为防止因不适当地实施而产生贸易扭曲，协定规定各成员有义务确保其用以实施进口许可制度的行政程序与《进口许可程序协定》保持一致。在采取许可证制度时，应考虑发展中成员的经济发展目的及其财政和贸易需要。并且，进口许可程序规则应尽可能简化，并保持充分的透明度，在适用上应不偏不倚，在管理上应公平、公正。针对某些成员动辄以轻微错误拒绝颁发许可证或不允许进口的做法，协定规定，各成员不得因文件中存在未改变申请书基本数据的微小错误而拒绝批准申请者的申请。对于申请者在文件或程序中出现的显然不是企图欺诈或是因严重疏忽而造成的任何遗漏或差错，进口方有关当局所给予的处罚不得超过警告所必需的限度。对于许可进口的产品，进口成员政府不得由于运输过程中产生的差异、散装货装载时偶然产生的差异以及其他与正常商

① 譬如，每当国内出现水果或蔬菜大丰收以致市场供给过剩的时候，政府为了保证果农或菜农的最低收入，往往通过政府采购或者号召各机关团体购买消费这些产品。在这种情况下，如果不限制同类产品的进口，将会进一步加剧国内市场供给过剩的问题。这时候，禁止或限制同类产品的进口往往是必需的。

业做法一致的微小差异而导致货物的价值、数量或重量与许可证标明的数额有微小差异而拒绝其进口。此外，协定还规定，在外汇的供给方面，进口成员政府不应在需要进口许可的货物进口商和不需要进口许可的货物进口商之间采取歧视性的做法。

（二）关于自动许可证

根据协定规定，除须遵守“一般规则”的规定之外，各成员在实施自动进口许可制度时还应遵守以下规定：（1）自动许可程序的实施不得对受自动许可管理的产品的进口产生限制作用；（2）各成员只有在没有其他更合适的手段实现其管理目标的情况下，才能实施自动许可程序。也就是说，即便是自动许可程序，进口方政府也不应任意采取。而且，任何个人、公司或机构只要满足进口成员有关从事受自动许可管理产品的进口经营的法律要求，均有同等资格进行申请，并获得进口许可证。进口方政府应在尽可能短的时间内予以批准。

（三）关于非自动许可证

非自动许可程序对贸易的限制作用比较大，因此协定在这方面的规定也比较多。

根据协定规定，各成员如果实施非自动许可制度，应该遵守以下规定：（1）贸易效果要求，即除了限制措施本身造成的影响外，非自动进口许可不得对进口产生额外的贸易限制或扭曲作用，并且，非自动许可程序在适用范围和期限上应与其被用来执行的措施（如配额）相吻合，其在对申请者所造成的行政负担方面，也不得超过管理该措施所必需的程度；（2）透明度要求，即各成员应充分公布有关信息，包括进口方政府特许任何个人、企业或机构背离其许可要求的做法也应公开，以使其他成员和贸易商了解发放和/或分配许可证的依据；（3）各成员以公正合理的方式实施其非自动进口许可程序。

协定要求各成员保证，任何满足法律和管理要求的个人、企业或机构均有申请进口许可证的同等资格。如许可证申请未获批准，则申请人有权利要求主管当局告知原因，并有权依照进口成员的国内立法或程序要求复议或提起上诉。在分配和发放许可证时，进口成员主管当局应考虑申请者的进口实绩和以往对申请人所发许可证在最近一有代表性期限内的使用情况，使新老进口商均有合理的机会得到许可证。如果许可证未得到充分使用，则该成员应审查其中的原因，并在发放新的许可证时考虑这些情况。此外，在涉及配额措施时，各成员不得阻止依照已发放的许可证实施进口，也不得阻碍对配额的充分使用。如果通过许可程序来管理配额，则在不将配额在供应国之间进行分配的情况下，许可证持有者①有权选择进口产品的来源；在将配额在供应国之间分配的情况下，许可证应明确规定国别（一国或多国），在此情况下，许可证持有者只能从规定的国家

① 有时称为“配额持有者”。

或地区进口产品。如果进口货物在装载、运输过程中或其他符合正常商业惯例的情况下发生轻微的差异，导致进口货物的数量、价值或重量超过许可证规定的水平，则虽然进口成员主管当局不能拒绝这些产品的进口，但是，其可在以后的许可证分配中作出补偿性调整，也即有关成员可以在此后减少允许有关进口商进口此种货物的数量、价值或重量。

七、关于技术性贸易壁垒和检疫措施标准

（一）关于技术性贸易壁垒

为了保护环境和产品购买者和/或消费者的合法权益，各国一般都会制定有关产品必须达到的技术标准。但是，由于各国经济和技术发展水平不尽一致，其技术法规和标准的差别很大，给有关产品的生产和出口造成了很大困难。由于各方技术法规和标准的制定有 GATT1947 第 20 条“一般例外”和第 9 条“原产地规则”① 等作为立法依据，带有很大的隐蔽性，因此，在关税壁垒被大幅削减的情况下，技术性措施逐渐成为各国（尤其是发达国家）用以阻碍外国产品进口的重要非关税壁垒措施之一，也即“技术性贸易壁垒”。为了消除技术性贸易壁垒的贸易阻碍作用，有关各方在乌拉圭回合谈判中签订了一个《技术性贸易壁垒协定》。该协定适用于针对所有产品制定的技术法规和技术标准。但是，需要指出的是，对于动植物卫生检疫措施，由于有《实施动植物卫生检疫措施的协定》专门予以调整，而该协定与《技术性贸易壁垒协定》属于平行协定，法律等级相同，故《技术性贸易壁垒协定》第 1 条第 5 款规定，此类措施不在《技术性贸易壁垒协定》的适用范围之内。此外，《技术性贸易壁垒协定》第 1 条第 4 款还规定，各成员根据《政府采购协定》制定的采购规格也不在《技术性贸易壁垒协定》的适用范围之内。

协定要求各成员在制定技术性法律、法规和规章时，应遵循以下原则：（1）非歧视的原则。即要求有关技术法规和标准不得在具有同等条件的国家之间构成任意的或不合理的歧视，也不得构成对国际贸易的一种隐性限制。（2）透明度原则。即要求各成员应提前在出版物上公告这些措施，以使其他成员的有关生产商或贸易商知悉，并为其适应有关技术规章留出合理的时间。（3）适当性与必要性原则。即要求各成员应该在适当范围和必要的程度内采取技术法规和规章，并应确保其技术法规的制定、采用或实施在目的或效果上不对国际贸易造成不必要的障碍。也即技术法规对贸易的限制不得超

---

① 根据 GATT1947 第 20 条“一般例外”第 2 款的规定，各成员有权利为保护人类、动物或植物的生命或健康采取必须的措施；根据第 9 条的规定，各成员为确定有关产品的原产地，可以制定相应的法律与规章，要求进口产品贴印原产地标记。

过为实现合法目标所必需的限度，并应考虑不实现这些合法目标所可能带来的风险。此类合法目标特别包括：国家安全要求；防止欺诈行为；保护人类健康或安全、保护动物或植物的生命或健康及保护环境。在评估此类风险时，应考虑的相关因素特别包括：可获得的科学和技术信息、有关的加工技术或产品的预期最终用途。如果有事实和科学技术信息证明，有关措施并不能实现该成员预期的合法目标，或者，有关目标在更少限制的情况仍然可以实现，那么，这就说明，有关技术法规和标准的采取是不适当的，或者超出了必要的程度。在此情况下，该成员就应该修改这些技术法规和标准。此外，如果拟实现的目标已经不存在，或者由于环境、目标的改变以及新技术的采取，可以对贸易转而采取其他限制较少的措施，则该成员也应该取消或者修改有关技术法规或标准。但是，根据第 2 条第 5 款的规定，如果为实现有关合法目标而采取的技术法规和标准是根据有关国际标准制定、采用和实施的，那么，就可以推定其未对国际贸易造成不必要的障碍。（4）协调原则。即各成员应优先使用国际标准或其中的相关部分作为其技术法规和标准的基础，除非这些国际标准或其中的相关部分对达到其追求的合法目标无效或不适当。对于其他成员的技术法规，如果这些法规足以实现与自己的法规相同的目标，那么，即使二者存在差异，各成员应积极考虑将其作为等效法规予以接受。此外，为避免对产品的多重测试、检查和认证给国际贸易造成不必要的壁垒，减少商业成本和国际贸易中的不确定性，协定鼓励各成员之间通过谈判就评估结果的相互承认问题达成协定，和/或允许其他成员境内的评估机构参与其评估活动。

（二）关于检疫措施标准

严格地讲，《动植物检疫措施协定》与《技术性贸易壁垒协定》并无原则性的差别。关于动植物检疫措施，《动植物检疫措施协定》也同样要求各成员应该本着以科学原理为依据的原则进行相关立法和执法，应该保持充分的透明度，应该非歧视地实施。

不过，由于检疫措施直接关系到动植物的生命和健康，因此，《动植物检疫措施协定》对此进行专门的统一和规范调整也是必要的。协定要求各成员在制定检疫措施前应先进行风险评估，并将措施保证在“为保护人类、动物或植物的生命或健康所必需的限度”。根据规定，符合国际标准、指南或建议的卫生与植物卫生措施应被视为为保护人类、动物或植物的生命或健康所必需的措施。当然，根据规定，如果有充分的科学依据，有关成员也可以采取比国际标准、指南或建议更为严格的检疫措施。此外，协定还就“对出口成员等效卫生与植物卫生措施的承认和接受”和“病虫害非疫区和低度流行区”以及各成员“动植物检疫制度的协调”等进行了比较详细的规定。

八、关于贸易救济制度

对于各成员实施的包括反倾销、反补贴和紧急保障措施在内的贸易救济制度，

WTO也有专门的条款和协定予以相应的调整。总的来看，各国目前在上述三项措施方面的立法大都与WTO基本保持了一致。因此，鉴于前文已经就“两反一保”的内容作了一些介绍，且限于篇幅，这里拟仅讨论一些前面没有谈到的问题。

（一）关于申请发起调查者的产业代表资格问题

无论是反倾销和反补贴调查，还是紧急保障措施调查，都存在两种情况，即进口方政府根据申请人申请发起和政府自行立案发起。就第一种情形而言，政府主管机关在接到申请人的申请后，通常要对其产业代表资格进行审查，若认为其具有产业代表性，则可以根据申请发起调查。除了《保障措施协定》是将国内生产者及其相关组织列为利害关系人参与调查而未规定申请人的产业代表资格外，WTO《反倾销协定》和《补贴与反补贴协定》均对申请人的产业代表资格进行了明确规定。比较有意思的是，两反协定关于申请人的产业代表资格的规定内容和表述方式基本雷同：根据《反倾销协定》第5条第4款①和《补贴与反补贴协定》第11条第4款的规定，除非当局已经在审核国内生产商对申请的支持率或反对率的基础上认定该申请是由国内产业或者代表国内产业作出的，否则，当局不能发起反倾销或反补贴调查。也就是说，反倾销和反补贴调查的申请人都应该具备一定的代表性，能够代表国内同类产业，而不只是代表某个或某些企业或组织。根据规定，判断反倾销调查申请人和反补贴调查申请人能否代表国内产业的标准是一样的：如果根据国内生产商对申请的支持率或者反对率来确定其代表性，则国内生产商中支持者的集体产量应该占国内总产量的50%以上。如果支持者的集体产量超过50%，或者反对者的集体产量低于国内总产量的50%，则可以发起反倾销调查。但是，无论如何，如果支持者的集体产量低于国内总产量的25%，就不能发起反倾销调查。之所以产生这种百分比的差异，主要是因为进口方主管部门可能将未对申请明确表示支持或反对的生产者计入或不计入支持者的范畴。

根据协定的解释，如果涉及的生产者过多，进口方当局可以通过有效抽样调查的方式来确定国内产业对申请的支持率或反对率。对于由雇员或其代表提出的申请的代表性，协定没有规定。这反而为进口方滥用两反一保措施留下了漏洞。

（二）关于选择适用保障措施的合法性问题

1. 关于选择适用保障措施的含义

关于保障措施能否选择性适用的问题，由于GATT1994第19条和《保障措施协定》均未明确规定，故从GATT1947到WTO一直存在争议。该问题的实质就是能否歧视性

---

① 本书认为，国内对该款第一句的诸多翻译大都不太准确，应译为：除非当局已经在审查国内同类产品生产商对申请的支持率或者反对率的基础上，认定该申请是由国内产业作出的或者该申请能够代表国内产业，本条第1款规定的调查不应发起。

地实施保障措施，也即在同类产品的出口方之间采取不同的保障措施或者仅对特定成员实施保障措施。虽然《保障措施协定》要求各成员应对所有外国同类产品非歧视地适用保障措施，但是，在实践中，少数成员已经公开或事实上对新加入的成员有选择性地适用了保障措施。当然，这种选择性适用是通过在后者的加入议定书中加入选择性保障条款实现的。我国在加入 WTO 时就被迫接受了这样的条款。

2. 选择性保障条款的法律基础及其法律后果

虽然允许在新加入方的加入议定书中列入选择性保障条款，但是，选择性保障条款的法律依据并不是 GATT1994 第 19 条和《保障措施协定》。从其发展演变过程来看，选择性保障条款有两条发展轨迹：一是援引 GATT1947 第 35 条或 WTO 协定第 13 条，也即通常所说的“互不适用”条款，在新加入方的加入议定书中列入可选择性适用保障措施的条款，如 GATT1947 时期，各方曾经先后在日本、波兰、罗马尼亚和匈牙利的加入议定书中列入了该条款，WTO 时期，各方在中国加入 WTO 的议定书中也加入了这种条款；二是通过制定或修改相关协定，允许各方背离多边贸易规则，从而赋予各方以选择性适用保障措施的权利，如早期的《多种纤维协定》等。由于乌拉圭回合已经将纺织品和服装贸易以及农产品贸易重新纳入了正轨，因此，就目前情况来看，有关选择性保障条款的法律依据都是 WTO 协定第 13 条。根据该条规定，一成员在另一成员加入 WTO 时，可以在部长级会议批准其加入条件之前通知部长级会议对该成员互不适用 WTO 协定。从实践来看，这种互不适用有多种形式，可以完全不适用 WTO 规则，也可以部分适用，还可以对某些规则修改后适用。这里，选择性保障条款的采用就是第三种情况，其实质是对 GATT1994 第 1 条“最惠国待遇”和第 13 条“非歧视地实施数量限制”的修改。换言之，允许采用选择性保障条款本身并不表明可以随意选择性地（也即歧视性地）适用保障措施。保障措施的选择性适用仅适合于加入议定书中列入选择性保障条款的情形。如果没有列入，则根据 GATT1994 第 1 条“最惠国待遇”和第 13 条“非歧视地实施数量限制”的规定，保障措施应该非歧视地适用。

（三）关于对同一产品同时采取两反措施的合法性问题

最近几年，欧美等一些国家多次对来自中国的产品同时叠加适用反倾销和反补贴措施。而关于这种做法是否符合 WTO 规定的讨论非常之多。国内普遍认为这样做非法，认为违反了“一事不两诉”、“一事不二罚”的法律原则；但国外普遍认为这样做是有一定合法性基础的。之所以产生这种认识的差异，主要在于对 WTO GATT1994 第 6 条第 5 款规定的理解上出现了偏差。该条款原文如下：“No product of the territory of any contracting party imported into the territory of any other contracting party shall be subject to both anti-dumping and countervailing duties to compensate for the same situation of dumping or export subsidization.”从字面来看，该条款可以译为：“进口至任何其他缔约方领土的任何缔约方领土的产品，不得被同时征收反倾销税和反补贴税以抵销倾销或出口补贴所造成的同一结果。”那么，我们能否从该款规定得出 WTO 绝对禁止对同一产品同时适用反倾销和反补贴措施的结论呢？又能否由此得出该条款就是“一事不二罚”、“一事不两诉”等法理的体现等结论呢？

要回答这两个问题，首先要厘清该条款的具体涵义问题。本书认为，从语法结构来看，该条款实际上可以分解为两个部分：(1)“进口至任何其他缔约方领土的任何缔约方领土的产品，不得被同时征收反倾销税和反补贴税以抵销倾销所造成的同一结果”；(2)“进口至任何其他缔约方领土的任何缔约方领土的产品，不得被同时征收反倾销税和反补贴税以抵销出口补贴所造成的同一结果。”由此可见，该条款规定还可以译为：“任何进口方政府不得为了抵销倾销所造成的同一后果而对进入其关税领土的其他缔约方的产品同时征收反倾销税和反补贴税，也不得为了抵销出口补贴所造成的同一后果而对进入其关税领土的其他缔约方的产品同时征收反倾销税和反补贴税。”换言之，如果进口成员境内同类产业所遭受的实质性损害是由于其他成员企业的倾销行为或者政府的出口补贴行为造成的，那么，只要该进口成员所征收的反倾销税（或者反补贴税）能够抵销此种实质性损害，该进口成员就不能再同时征收反补贴税（或者反倾销税）。这说明，在进口方政府能否同时对同一种产品征收反倾销税和反补贴税的问题上，WTO 采取了务实的态度，即只要能够抵销掉相关损害结果，WTO 并不禁止进口成员针对受补贴的低价进口产品征收反补贴税或反倾销税，但是，无论是反补贴税还是反倾销税，都应以抵销相关损害结果为限，而不能在征收了足以抵销相关损害结果的反倾销税或反补贴税的同时，再征收一遍反补贴税或反倾销税，以避免进口方对本国产品的过度保护。但是，尽管 WTO 有如此规定，我们并不能得出该规定体现了“一事不二罚”、“一事不两诉”等法理的结论。因为，倾销和补贴是两个主体的两个不同的行为，而“一事不二罚”、“一事不两诉”针对的是同一主体的同一行为触犯了不同法律的情形，二者完全不同，所以，尽管有关产品的倾销可能是因补贴行为的存在而产生的，尽管 WTO 规定禁止同时采取反倾销税和反补贴税来抵销倾销或补贴造成的同一损害结果，但是，如果两反措施分别针对的是不同的损害结果，那么，这种两反措施同时适用的做法则是具有一定合法性的。当然，在实践中，由于出口方较难举证，这种做法有被进口国政府滥用的趋势。

（四）关于反规避问题

在利益驱动之下，任何主体都可能会采取各种措施以趋利避害。出口商和生产商在面对两反一保措施时也是如此。这样，规避和反规避就成为出口方与进口方政府之间的一场较量。

1. 规避的定义

规避是指被反倾销的出口商或生产商为了避免被进口方政府征收反倾销税而采取的各种行为。

2. 规避行为的种类

由于反倾销针对的是有倾销行为的出口商或生产商的产品，出口商或生产商为了在继续倾销的同时，规避反倾销税，通常会采取以下方式：

（1）改变出口方式，即将产品“化整为零”或者“化零为整”。前者是指变整品出口为零部件出口，然后再在进口方境内组装成成品销售；后者是变零部件出口为整品出口。

（2）改在第三国生产或组装产品，然后向反倾销方市场倾销。这在本质上属于改变产品原产地的做法。

（3）改头换面，即通过重新注册登记，通过新的生产者或出口商绕过进口方政府的两反一保措施。

3. 反规避

对于出口商和生产商的规避行为，进口方政府如果要重新启动反倾销程序，将会耗费大量的人力、物力、财力和时间，不仅不利于其对正常贸易秩序的维护，也有损其法律的尊严。因此，为了确保反倾销法律不致落空，各国家和地区政府纷纷针对出口商和生产商的规避行为采取了一系列的反规避措施。

4. WTO 对反规避的态度

早在乌拉圭回合谈判中，反规避问题就被列入了谈判日程，并被列入了《邓克尔草案》。由于各方未能在反规避问题上达成一致，因此，在最后通过的《最后文件》中，各方并未将反规避条款列入，而只是通过决议将该问题交由反倾销措施委员会解决。但是，从决议“尽快在该领域适用统一规则”的表述和后来的实践来看，WTO 各方已经认可了反规避措施的合理性和合法性。不过在统一规则出台之前，各成员仍可完全自主制定其反规避规则。这也导致一些国家有滥用反规避措施的嫌疑。

思考题

1. 什么是国际贸易管理法？
2. 简述国际贸易管理的国内法律制度。
3. 反倾销制度的主要内容是什么？
4. 反补贴制度的主要内容有哪些？
5. 简述保障措施制度。

课外阅读书目

余劲松，吴志攀．国际经济法．北京：北京大学出版社，2009.
郭寿康，赵秀文．国际经济法．北京：中国人民大学出版社，2009.
赵秀文．国际贸易法专题研究．北京：中国人民大学出版社，2009.
王传丽．国际贸易法．北京：中国政法大学出版社，2009.

第七章

国际技术转让法

内容提要

国际技术转让，是技术所有者或持有者将其持有的技术，跨越国境地整体转让或许可给技术需求者或为其提供技术性劳务，由技术需求者支付报酬的行为。单纯的国际技术转让包括国际技术整体转让、技术许可和技术服务。国际技术许可合同是最典型的国际技术转让合同。许可合同的核心条款是项目条款和价格条款，合同的计价方式主要有总付、提成费、入门费和提成费三种。国际技术转让的发展需要知识产权的保护，国际保护是知识产权保护的必要部分。参与国际保护活跃的角色是世界知识产权组织和世界贸易组织。国际保护的巨大成果是《巴黎公约》、《伯尔尼公约》和 TRIPs 为代表的知识产权国际公约。

第一节 国际技术转让法概述

一、国际技术转让

（一）技术

1. 技术的含义

世界知识产权组织 1977 年出版的《发展中国家许可指南》（Licensing Guide for Developing Countries）对技术下的定义是：关于制造产品、实施工艺流程、提供服务的系统知识即为技术，不论这种知识是否反映在一项发明、一项外形设计、一项实用新型或者一种植物新品种，或者反映在技术情报或技能中，或者反映在专家为设计、安装、开办或维修一个工厂或为管理一个工商业企业或其活动而提供的服务或协助等方面。联合国《国际技术转让行动守则（草案）》虽未就技术下定义，但规定：技术转让，是指制造某种产品、应用某种工艺或提供某种服务的系统知识的转让。两份文件对技术的理解实质上是相同的，也被广泛认可。依此，技术有以下特征：(1) 技术是无体的知识。技术是人类智力成果，不具有实体性，但作为经验或方案需用口头或者书面方式表达，才可能转让。(2) 技术是与生产相关的知识，具有工业实用性。(3) 技术是一种系统的知识。作为技术的知识必须具备系统性，技术包含了各生产环节的生产工艺、技术诀窍、经验和技能等一揽子内容。

2. 技术的分类

(1) 公开技术和秘密技术。此种分类标准是技术是否向社会公开。公开技术是指向社会公开的技术，如在杂志发表的技术信息、专利技术。秘密技术是指不向社会公开的技术，如专有技术。

(2) 公共技术和私有技术。此种分类标准是权利的属性。公共技术是指其产权归属整个社会公众，任何人不能主张所有权（专有权）的技术，又称普通技术，或公有技术，公有既非“国有”，也非“共有”。公共技术由两部分组成：一是从来就属于公有的；二是曾经专有，而后公有的技术，如过了保护期的专利技术，或被公开的专有技术。公共技术作为应用成果可能仍有经济价值，但公共技术不存在所有权或使用权转让问题，只能作为技术服务的对象。私有技术是指特定人拥有专有权的技术。当今私有技术至少由三部分组成：具有工业产权的技术、专有技术和介于两者之间的计算机软件。只有私有技术能够在贸易活动中由一方有偿将所有权或使用权转让给另一方。

公开技术并非总是公有技术，公开技术中的专利技术就不是公有技术；私有技术也并非只能是秘密技术，因为私有的专利技术同时也是公开技术。

（二）转让的含义

理解转让这一术语时注意以下问题：

1. 转让的含义在界定上有狭义和广义之分

转让一词译自英文 transfer。英美法上，transfer 含义灵活，指对财产或其利益进行处理和分割的任何方式，包括金钱的支付、转让（release）、租赁、设置抵押权或其他负担。在我国，转让用于物权领域指物的所有权转让，例如船舶转让、房产转让。但就技术转让而言，则有不同理解。狭义的技术转让仅指技术所有权转让（assignment of technology），有时称“整体转让”。中义的转让指技术所有权转让以及技术使用权的许可。广义的技术转让，包括所有权转让、使用权许可以及技术服务。本章采纳的是广义用法，偶用狭义用法。

2. 技术转让有商业性转让和无偿转让之分

商业性技术转让，是有偿技术转让，即技术所有人或持有人，把技术的所有权或使用权转让给他人，或者提供技术性劳务，并获得报酬的行为。商业性技术转让即是广义的技术贸易。

无偿技术转让是无须支付报酬的技术转让，如交换技术资料、派遣留学生、出国考察、请专家作学术报告、政府间的技术援助等。

3. 技术转让有单纯技术转让和混合型技术转让之分

单纯技术转让是以转让技术为主要标的交易方式，即所谓软件交易，属狭义的技术贸易。单纯技术转让主要包括：（1）专利权整体转让（assignment of patent）；（2）专利或专有技术许可协议（licensing contract）；（3）技术服务（technical service）。

混合型技术转让是指以一项非技术交易性质的合同中包括有一项或以上技术转让的交易方式。混合型技术转让主要包括以下方式：（1）技术转让与设备转让结合方式，即硬件加软件交易。（2）技术出资，即技术转让和企业式直接投资结合在一起。其他可与技术转让结合在一起的交易有合作生产、补偿贸易、工程承包、特许经营以及企业并购等。这些经济交易形式主要是直接投资活动，因此混合型技术转让可泛称技术投资。

（三）国际性的含义

判断一项法律关系的国际性，其标准理论上有法律关系主体标准、内容标准、客体标准以及引起法律关系产生的法律事实发生地等若干种。下列技术转让就可认定为具有国际性：（1）技术跨越国境，由技术供方转移至技术受方；（2）住所或营业地不在同一国内的技术供方和技术受方之间的技术转让；（3）具有不同国籍的技术供方和技术受方之间的技术转让；（4）技术转让合同签订地在国外等。国际私法领域，技术转让的国际标准应是多重的，可以使用任何上述标准作为判断技术转让的国际性依据。但是为了便利技术进出口管理控制，各国国际技术转让管理法律通常采纳“跨越国境”标准。我国《技术进出口管理条例》规定，“本条例所称技术进出口，是指从中华人民共和国境外向中华人民共和国境内，或者从中华人民共和国境内向中华人民共和国境外，通过贸易、投资或者经济技术合作的方式转移技术的行为”，这就是采纳了跨越国境标准。

（四）国际技术转让的定义

如前所述，就国际技术转让取其有偿性和跨越国境性而言，特定义如下：技术所有者或持有者将其持有的技术，跨越国境地整体转让或许可给技术需求者或为其提供技术性劳务，由技术需求者支付报酬的行为。有的著作将国际技术转让称为“国际技术贸易”。①

---

① 贺小勇．国际经济法学．北京：中国政法大学出版社，2008：381.

二、国际技术转让涉及的主要技术

（一）专利技术

专利技术是取得专利权的技术。所谓专利权，是指国家专利主管机关，就某项发明创造，依专利法授予发明创造人或合法申请人一定期限内享有独占实施的专有权利。专利权的取得，须经法定的批准或登记手续，即一项发明创造，必须向政府提出申请，政府依法审查，审查通过发给专利证书后，才能取得专利权。专利权人对专利技术享有法定独占实施权。但专利权人为取得专利权，要付出一定的代价，其一是要公开专利技术，即在专利说明书中或在专利公告中公布内容；其二是专利权受期限限制，专利权一旦期满，就进入公共领域，成为人类的共同财富，任何人得自由而无偿实施。

（二）专有技术

1. 专有技术的定义

专有技术由 know-how（知道怎么做）意译而来，曾音译为诺浩、挪号，又译为技术诀窍、技术秘密等。专有技术的定义是：具有一定的价值，运用于工业生产、商业、管理和财务等活动中，未受专利法保护的，不为公众知悉，合法控制人采取保密措施的一切秘密的知识、经验和技能，其中包括工艺流程、公式、配方技术规范、管理和销售技巧、经验和方法。据此，专有技术有以下含义：

（1）专有技术是非物质性的知识，是人类创造性思维的产物。专有技术可以图纸、配方、公示、操作指南、技术记录和实验报告等文字形式作为载体，也可以是技术人员头脑中、未形成文字的各种经验或技巧。

（2）专有技术具有商业价值。专有技术是与生产经营有关的某些诀窍、知识和经验，具有商业价值，能够为权利人带来经济利益或竞争优势。

（3）专有技术具有秘密性。该技术尚不为通常处理所涉技术范围内的人所普遍知悉，或不易被他们获得。专有技术不公开，只能在一定的范围内为有限的人拥有，因此具有“事实上独占性”。

（4）专有技术具有保密性。该技术的合法控制人采取合理措施以保持其秘密性质。这要求技术合法控制人必须视其技术为专有技术，主动采取合理保密措施，不允许他人任意直接地获得该技术。保密措施包括订立保密协议，建立保密制度及其他合理的保密措施。

（5）专有技术是未申请专利的技术，不受专利法的保护，即非专利性。专利技术受专利法保护，享有的是法定的独占权，一国范围内，一项专利技术上只能有一项专利权。专有技术未取得专利权，虽可获得独占，但只是事实上独占。如果他人通过自主开发等途径合法取得专有技术，也可拥有该技术，因此专有技术具有“可同时拥有性”。

（6）专有技术具有可传授性。专有技术是作为技术转让的对象而存在的，专有技术必须能进行鉴定、辨别，不依附于个人的天赋条件，从而能以文献资料等形式加以转让。

2. 专有技术和专利技术的区别和联系

专有技术和专利技术都是非物质技术知识，通常共处于实施一项技术所需的知识总体中。技术转让时，一项技术转让合同往往同时包括专有技术和专利技术许可两项内容。但专有技术和专利技术有着很大的区别：

（1）取得方式不同。专有技术权利通过所有者的占有和保密而取得，并不以法定的批准或登记手续为前提。专利技术必须通过法律规定的批准程序而取得。

（2）独占性不同。专有技术仅是事实上独占并可同时拥有，法律不进行排他性保护，因此，专有技术权利不具有法定的独占性，即可能不是“一技术上一权”。这不同于物的所有权，物的所有权是事实独占又是法定独占；也不同于专利权，专利权是专利法上的强有力的法定独占权。

（3）秘密性不同。专有技术具有秘密性，而专利技术具有公开性。

（4）载体不同。专有技术表现形式多样，可以文字、图表、公式、配方等书面形式表现，也可以技术人员头脑中的观念、经验和技能表现，并无任何规定限制其应以何种形式表现。专利技术必须根据专利法的规定，采用专利技术说明书等书面形式表现。

（5）内容不同。专有技术内容更广泛，一切可用于生产或者有助于生产的技术知识和经验（生产技术、经营技术、管理技术等）都可划为专有技术，而专利技术限于应用于工业生产的技术。

（6）保护期限不同。专有技术存在的期限不固定，其期限的长短决定于两个条件：第一，所有者所采取的保密手段；第二，有没有新技术替代或者淘汰了该专有技术。而专利技术保护期期限固定，并取决于国家法律的规定。

（三）公共技术

公共技术也可以成为国际技术转让的对象。公共技术有以下特点：（1）既不受工业产权法的保护，也不属于专有技术的范围；（2）掌握需要有一定的代价，但是可以自行掌握；（3）通常只有与专利技术或专有技术结合在一起才更有意义；（4）公共技术的转让通常是就该技术提供相应的技术服务，因为其权利公有，所以不存在所有权的转让或使用权的许可问题。

（四）计算机软件

计算机软件是20世纪80年代后才出现的技术转让对象。计算机软件指计算机程序和计算机文档。计算机程序是计算机软件的核心内容，是为得到某种结果指示计算机或其他具有信息处理能力装置操作运行的指令或语句序列，通常用某种程序设计语言编写。指令是计算机软件最小的构成单位，是计算机完成一项基本操作的命令。计算机文档是指用来描述程序的内容、组成、设计、功能规格、开发情况、测试结果及使用方法的文字资料和图表等，如程序设计说明书、流程图、用户手册等。

计算机软件是一种创意的表达，而且很易复制，这使得计算机软件在各国受到了版权法的保护。但与普通版权作品不同，计算机软件，尤其计算机程序，本身可能产生技术效果，具有工业上的实用性。因此这种计算机软件，如果与运行计算机程序的硬件装置相结合整体上构成一套技术方案，并且符合专利的审查标准，则可以纳入专利法的保护范围，成为专利技术。计算机软件可以通过提供软件所有权、软件使用权以及提供软件技术服务的方式进行转让，目前在国际技术转让中的地位日渐提高。

（五）商标权、版权与国际技术转让

商标是任何能够区分企业商品或服务的符号或符号组合。商标分为注册商标和未注册商标。商标权是指法律赋予商标所有人对其注册商标所享有的支配性权利。商标权的产生需经注册登记程序，即申请人将其商标向政府主管部门申请登记注册，经批准后，取得商标权。商标权的所有者可基于法律的规定而对其商标的使用享有独占性的权利。

商标权的转让有两种情形，一是单独转让商标所有权或使用权；另一是与技术同时进行转让，即一项转让中既转让技术，又转让商标。一般认为单纯的商标转让或许可不属于技术转让，因为商标本身不具有生产性，不能直接制造产品、应用工艺，或直接用以提供服务。但专利技术或专有技术转让中，常常伴随商标转让，国际技术转让合同条款中也可能包括商标转让条款。

版权又称著作权，是基于文学、艺术和科学作品而产生的权利。许多国家规定，著作权分为财产权和人身权，财产权可以转让，其中最重要的是复制发行权的转让。但国际版权的转让一般不纳入国际技术贸易的范畴。作品即使涉及技术性内容，因著作权只保护作品的形式，而不保护作品的技术思想和技术方案，因此，单纯的版权转让只是作品复制发行等权利的转让，而不是技术的转让，但计算机软件是一项例外。另外，专利权或专有技术等技术的国际转让过程中，会涉及转让版权问题，例如专利说明书、专有技术的技术资料的版权。此种转让通常会有以下几种情况；第一，资料不转让版权，供方保留版权，这主要发生在技术许可中；第二，如果转让技术所有权，技术资料则需转让版权；第三，计算机软件所有权转让中，计算机程序和计算机程序的版权一同转让。

三、国际技术转让法

（一）国际技术转让法的定义

国际技术转让法，即规范国际技术转让行为，调整国际技术转让关系的法律规范的总称。国际技术转让法的调整对象为国际技术转让关系，包括：国际技术转让当事人，即技术供方与受方因技术转让而结成的关系；有关国家政府与国际技术转让当事人间的

管理关系；各国政府通过缔结条约形成的因国际技术转让管理协作关系。

（二）国际技术转让法的法律渊源

国际技术转让法主要由以下两部分构成：第一，关于国际技术转让的国际法规则与制度。第二，关于国际技术转让的国内法规则与制度。从法律规范性质上讲，既有私法规范又有公法规范。

1. 国际法规范

就国际技术转让国际法规范，主要是国际条约、国际商业惯例。迄今为止，尚无专门的调整国际技术转让的公约，但存在着大量的知识产权保护公约，如《巴黎公约》和《伯尔尼公约》。国际组织内部决议是国际法渊源的重要补充。当代国际技术贸易管制的重要主体为国际组织，如巴黎统筹委员会，现已被“常规武器和两用物品和技术出口控制的瓦瑟纳尔安排”取代。国际组织管制技术转让的依据通常为该组织设立的章程以及内部决议。

2. 各国国内法

国际技术转让的各国国内法具体包括各国的知识产权法、技术贸易法、合同法、反不正当竞争法以及进出口贸易管制法等。

发达国家在国际技术贸易中主要处于出口技术的地位，出口技术法律主要控制尖端技术出口，立法上通过出口贸易管理法或专门的技术出口管理法予以管制。如美国1979年《出口管理法》及其附属的出口管理条例。发展中国家以技术进口控制为主。我国国际技术转让管理的国内法主要有《对外贸易法》和《技术进出口管理条例》。另外，国际技术转让还属于民商法的调整范围，有的国家还制定了专门的法律，如1970年法国《关于与外国人订立获得工业产权和技术知识合同的法令》、1973年西班牙《关于调整技术转让的第2343号法令》等。在我国，国际技术转让的合同问题主要适用《合同法》。

第二节 国际技术转让合同

一、国际技术转让合同概述

国际技术转让中需签订国际技术转让合同。国际技术转让合同的类型包括：单纯型国际技术转让合同和混合型国际技术转让合同。

（一）单纯型国际技术转让合同

1. 单纯型国际技术转让合同的特点

单纯型国际技术转让合同有以下特点：

（1）单纯技术转让合同主要是转让某种技术使用权的合同，而且使用权限可能受到限制。按使用权限的大小可以分为：独占使用权、排他使用权和普通使用权。

（2）地域性。地域性表现在两个方面：供方权利的有效性是有地域范围的；授予受方的使用权也限于某些国家或地区。

（3）长期性。单纯型国际技术转让合同大多数为长期性合同，合同有效期可以长达10～15年，甚至20年。

（4）适用法律方面复杂。国际技术转让合同适用的法律包括合同法、知识产权法、技术贸易法以及其他法律，并且从法律渊源上不仅有国内法，还有国际法。

2. 单纯型国际技术转让合同的类型

单纯型国际技术转让合同的类型包括：（1）专利整体转让合同；（2）专利许可合同；（3）专利申请许可合同；（4）专有技术许可合同；（5）专有技术试用协议；（6）技术服务合同；（7）计算机软件许可合同。

（二）混合型国际技术转让合同

1. 混合型国际技术转让合同的特点

混合型国际技术转让合同有以下特点：

（1）既含技术转让、许可或服务，又包括合营、合作或劳务、设备买卖等内容的综合性合同。

（2）两种或者两种以上交易对象是相互紧密联系的。但不同交易对象可以各自处理，合同中的条款也分别进行规定。

（3）混合型技术贸易合同的当事人更容易相互合作，转让技术的效果一般比单纯技术转让效果好。

2. 混合型国际技术转让合同的类型

混合型国际技术转让合同的类型包括：（1）与产品买卖一道进行技术转让的合同，通常在购买商品的同时引进制造商品的技术，或在引进技术的同时购买一部设备和商品；（2）与加工贸易（来料加工、来件加工、来样加工、补偿贸易）结合进行的技术转让合同；（3）与出资结合进行的技术转让合同；（4）与工程承包相结合的技术转让合同；（5）与特许协议结合的技术转让合同等。

二、国际技术许可合同

（一）国际技术许可合同概述

1. 国际技术许可合同的含义

国际技术许可合同，是指国际技术转让中，技术供方亦即许可方向技术受方亦即被许可方转让技术的使用权，而受方支付技术使用费的合同。以国际技术许可合同表现的国际技术转让称为国际许可贸易。①

2. 国际技术许可合同的分类

(1) 按照国际技术许可合同项下所转让的技术属性区分

按此转让的技术属性区分，国际技术许可合同可以分为专利技术许可合同、计算机软件许可合同和专有技术许可合同。但一项技术合同可能同时许可多种属性的技术，例如专利技术和专有技术同时许可；另外，很多技术许可合同还附带商标许可。

(2) 按照国际技术许可合同项下所转让的技术使用权大小区分

① 独占许可合同，在合同约定的时间范围和地域范围内受方对许可的技术享有独占使用权，供方自己无权使用所许可的技术和销售该技术的产品，也不得将相同的使用权授予任何第三方。

② 排他许可合同，在合同约定的时间范围和地域范围内，受方对许可的技术享有排他的使用权，供方不得将相同的使用权授予任何第三方，但自己仍保留使用许可的技术和销售该技术的产品的权利。

③ 普通许可合同，在合同约定的时间范围和地域范围内，供方一般地允许受方在规定的范围内使用许可的技术，同时供方有权使用该技术，并且可以将该技术使用权许可给任何第三方。这种许可合同又称非独占许可合同。

对于这三种许可类型，受方选择时要考虑价格因素。独占许可下技术供方将合同约定地域的市场让与了受方，因此，受方需要支付较高的技术使用费，而普通许可因为独占性低，合同价格也就便宜。另外，受方还要考虑潜在竞争对手进入特定市场的难易程度，如果市场进入较难，可以选择普通许可；如果较易，只能选择独占许可或排他许可。

(3) 按照国际技术许可合同的受方是否具有分许可权区分

① 有分许可权的许可合同。该许可合同即受方从供方获得技术使用权，除自己行使外，还可在约定的地域和时间范围内，将全部或部分技术的使用权授予第三人使用。受方可依据此合同的明确授权签订分许可合同，将其从供方获得的技术使用权再许可给第三方使用。分许可合同又称从属许可合同，或再许可合同。

② 无分许可权的许可合同。顾名思义，该许可合同的受方无权将合同的技术使用权再许可给第三方。

(4) 按照国际技术许可合同下技术转让的对价形式区分

① 单向许可合同。该许可合同即一方许可技术，另一方以金钱给付为对价。本章所涉及的许可合同就是这种形式。

---

① 赵云. 国际经济法学. 北京：科学出版社，2008：105.

② 交叉许可合同。该许可合同，又称互相许可合同或双向许可合同，是指技术交易双方互为供方与受方，彼此授予不同技术的使用权。交叉许可合同不以金钱给付而以技术本身给付为对价，类似于货物领域的易货合同。

（二）国际技术许可合同的主要条款

国际技术许可合同与一般合同一样，在结构上分为三个部分：序文、正文和尾部。序文是国际技术许可合同的初始部分，主要申明合同签约的基本情况，以及合同宗旨和目的。合同正文是合同的主体部分，规定了合同实质性内容和条款。尾部是合同的结束部分。下面就其主要内容进行说明。

1. 合同序文

国际技术许可合同的序文部分一般包括以下内容：

（1）合同名称。合同名称由技术名称、技术性质和合同性质三部分构成，如“某专有技术许可合同”。

（2）合同号。合同号是识别合同的符号，可与同名合同相区别，便于登记和查阅，并可简化当事人来往函电的内容。

（3）签约日期。签约日期即当事人签订合同的日期，为合同成立日期。合同签约日期并不必然是合同生效日期。依各国立法例，有的国际技术许可合同必须履行审批手续。例如我国对限制进出口的技术，要求领取技术进出口许可证，许可证生效日期是合同生效日期。有的国家规定，合同签字后必须一定期间内经政府批准方能生效，此时签约日期是履行审批手续的起算日期。另外，签约日期也是合同法律适用的一个分界。

（4）签约地点。依国际私法规则，签约地点可作为确定合同准据法的连结点。有些国家征税印花税，也以签约地点作为征税依据。

（5）合同当事人的名称。合同当事人名称是指作为合同当事人的自然人的名字，或者法人或非法人团体的名称。当事人是合同的主体，即合同权利的享有者和合同义务的承担者，因此合同中务必清楚、准确地记载当事人名称。

（6）合同当事人的法定地址。对于自然人而言，法定地址可以是住所或惯常居所地。对于法人或非法人团体而言，可以是登记成立地、董事会所在地或管理中心地或主要营业地等。

（7）鉴于条款（whereas clause）。鉴于条款因用“鉴于”一词发端，故名，是指陈述缔约双方签订合同的初衷或目的，以及签订合同所依赖的事实状态的条款。其陈述的内容通常有以下各项：① 当事人双方的身份和背景情况；② 供方对其所转让的技术的权利状况；③ 当事人双方进行许可交易的意愿；④ 合同赖以产生的方式和原则；⑤ 对后继条款的引出。

2. 关键词语定义条款

一般国际技术许可合同从本条款开始，进入正文部分。对关键词语及反复出现的词语加以定义，可防当事人对词语含义产生歧义而影响合同义务履行。譬如可对“专利技术”、“合同产品”、“合同工厂”、“净销售价格”等术语进行定义。定义条款只是用来说明特定合同下双方一致同意的某术语的含义，并非该术语的一般性解释，而是仅适用于本合同，不能适用于其他合同的解释。

3. 合同范围条款

合同范围条款，亦称“合同对象”、“合同标的”或“合同项目”等，是指国际技术许可合同项下所转让的技术及权利的内容和范围。合同范围是整个国际技术许可合同的基础，当事人国际技术许可合同项下的一切其他权利和义务，都派生于此。合同范围条款主要涉及以下条款：

（1）关于合同项下技术内容和范围的条款。此条款包括：① 基本技术的规定，即技术的名称、产品和产品系列、产品的技术性能指标的规定。② 技术资料提供的范围，即技术资料的种类、使用的文字和各种资料的份数。具体资料应列清单，作为合同附件。③ 技术服务和技术培训。供方可能需要派遣有关技术人员到受方工厂安装调试、实际操作、提供技术指导和服务，另外，供方还可能负责培训受方有关人员掌握和运用技术。

（2）关于技术授权的内容和范围的条款。此条款包括：① 授权的内容。专利实施许可合同的授权包括制造、使用、销售、许诺销售和进口五项权利，专有技术许可一般只包括制造、使用和销售权三项。② 授权的地域范围，即合同有效区域，是受方享有合同授权的地区范围。③ 授权的性质，即确定受方取得的权利是独占权利、排他权利还是非独占权利。如果合同未作规定，一般认为是非独占权利。④ 是否包括分许可权，即合同规定是否允许受方再许可技术的使用权。

（3）关于商标的条款。国际技术许可合同可能同时附带商标的许可，其条款涉及如下内容：① 商标的内容；② 商标的有效性；③ 商标转让（或许可）的备案或注册；④ 受方使用商标的具体形式；⑤ 受方负有保证使用商标的合同产品质量、维护商标信誉、并接受供方监督的责任；⑥ 供方有对商标的使用情况和使用商标的合同产品进行监督的权利；⑦ 商标如在许可地区内被侵权，受方负有协助供方查明侵权事实等义务。

4. 技术资料交付条款

技术资料是说明供方转让的技术的内容的文件。技术资料对于受方掌握技术至关重要。因此合同会就技术资料交付进行规定，主要涉及技术资料的交付时间、交付地点、交付方式，技术资料的包装要求，以及技术资料灭失、毁损或短缺的补救办法。

5. 改进与发展条款

改进与发展条款是指规定当事人对合同项下转让的技术的改进与发展的权利及后果的条款。改进是指在不改变原有技术本质的基础上，对已有的工艺、性能进行非本质的、局部的完善和提高。发展是指超出了原有技术的本质和主题，使原有产品或工业发生了实质的进步。改进与发展条款主要内容有：

（1）约定合同项下所转让的技术，当事人某一方或双方改进与发展的权利归属。

（2）约定改进与发展成果的授予，有两种基本模式：其一，规定双方当事人应当将改进与发展的成果相互授予。如合同规定，供方应将改进和发展的技术，无偿地提供受方（习称提供技术援助），而受方无偿地将自己改进的技术提供给供方（习称技术反馈或回授）。其二，规定某一方当事人（通常是受方）应当将改进与发展成果授予对方，而另一方当事人没有该义务，即所谓单方回授。显然，单方回授违反互惠对等原则，是不公平的。如果发生授予，一方当事人授予对方的不是改进与发展成果的所有权，而只是使用权；另外，除非合同中有相反规定，取得改进与发展成果使用权的当事人，并不享有将此种使用权再许可给任何第三方使用的权利。

（3）关于改进与发展成果的所有权和专利申请权。一般而言，改进与发展条款常规定，改进与发展成果的所有权属于作出改进与发展的一方，并且只有改进与发展的一方，才有权就改进与发展的成果申请专利。但是，技术所有人一般会选择技术实施和产品销售前景好的国家申请专利，会准备向其他国家申请，所以合同会规定，如果所有人在某些国家放弃申请权，应通知对方，以便对方有机会申请，但以不违反法律规定为限。

6. 保密条款

保密条款涉及两个方面的内容：一是受方为供方的专有技术保密。专利技术内容因具公开性，无须保密。二是双方均有义务为对方的经营状况保密。例如供方应就其了解到的受方或其合同工厂的水文、地质以及生产经营等情况，负有保密义务；供方应就其了解到的受方的账目内容负保密义务。保密义务涉及以下方面：第一，保密范围。就技术而言，保密的技术内容应当包括全部专有技术及有关的技术资料。第二，保密期限。保密期限可以等于或略长于合同期限。第三，保密措施。可以规定当事人双方同意的合理措施予以保密。

7. 保证条款

保证条款，又称担保条款，是合同中规定供方对其提供的技术以及所拥有的权利作出担保的条款。如果供方违反保证条款，则构成违约，受方有权提出索赔。保证内容上包括技术保证和权利保证两项。

8. 计价与支付条款

这是合同的核心条款，下文详述。

9. 考核与验收条款

国际技术许可合同的考核与验收条款，是指规定合同产品的考核，以及通过此种考核对合同项下所转让的技术验收的条款。

10. 税费条款

纳税主体应如何纳税，完全由对纳税主体或纳税客体有管辖权国家的法律强制规定。交易当事人作为纳税主体，以任何形式规定自己的纳税事项，都不能排除或转嫁法律对其所规定的纳税义务。税费条款通常包括以下内容：

（1）规定当事人应当按照法律的规定，各自独立承担法律对其规定的各项纳税义务。通常合同规定，供方在受方境内获得的收入，应按受方国家的税法依法纳税，尤其是特许权使用费的所得税，这项税负不能转嫁受方承担。

（2）规定当事人应当按照法律和有关国际条约的规定，取得征税国政府诸如税收减免等税收优惠。

在合同的正文部分，还会规定不可抗力、违约和违约补救、争议的解决方式、法律适用等法律条款。

11. 合同尾部

合同尾部包括合同的生效、修改、期限、延长等内容。

12. 关于合同附件

因其本身的特点，国际技术许可合同都有很多附件。附件是国际技术许可合同不可分割的组成部分，与合同其他部分具有同等效力。国际技术许可合同正文中，应当明确规定附件的份数和内容，并在合同后附有合同的全部附件。

（三）国际技术许可合同的技术价格和支付条款

1. 技术价格的含义和特点

技术价格是指技术受方为取得技术使用权所愿支付的、供方接受的使用费的货币表现。其名称和内容多样，包括补偿、酬金、收入、收益、提成费、使用费和服务费等。

2. 计价方式

计价方式是技术价格的计算方法。由于技术价格的构成和商品价格构成差异很大，技术许可有自己特殊的计价方式。技术许可中涉及的计价方式分为两类：一是专利技术或专有技术等许可费用，通常使用总付、提成费支付或入门费与提成费相结合的方式。二是对于技术服务或技术协助的费用，通常计时或计工作量支付固定的金额。本章重点阐述第一类。

(1) 总付

总付是指技术供方与技术受方一次算清各项技术项目应支付的费用，由双方当事人确定一个固定的金额，并在合同中加以规定，可以一次付清，也可以分期支付。一般采取一次算妥、分期支付的办法。

总付对受方来说风险较大，一般用在非尖端的技术转让中，而且在往往不要求供方继续提供技术改进和技术援助的情况下采用。第三世界国家多通过法律规定或审查方式对总付加以限制。

(2) 提成费

① 提成费的概念和特点

提成费是指使用许可的技术开始生产，并取得经济效果后，受方以经济效果(产量、净销售额、利润等）作为计算基础、提取一定百分比，作为技术使用报酬，按期连续支付给许可方的费用。这种百分比叫提成率，提成率有固定提成率和比例提成率两种。

② 计算提成费的基础

第一，按产品单位或产量计算，即以合同产品单位或产量为提成基础，并对每个单位或产量规定以货币表示的一定提成金额，以单位或产量总数与提成金额的乘积为提成费额。提成金额属固定提成率，如“每单位产品支付的提成额为10美元”，此种提成又称从量提成。产品单位可以是当事人所约定的任何计量单位，如公吨、公升、件、台等重量、容积或件数单位。中国电子音像工业协2002年与两家日本公司和一家荷兰公司就中国DVD播放机专利权许可达成协议，规定中国公司每出口1台DVD播放机，将支付5美元的专利使用费，此即为从量提成。

第二，按销售价格计算，即以合同产品的销售额作为计算提成费的基础，并以此基础与合同所规定的提成率的乘积为提成费额。销售价格包括总销售价格或者净销售价格。总销售价格一般指工厂实际销售产品或付出劳务的发票价值。净销售价格是指从产品总销售价格中扣除其他特定项目的成本、价值或费用而得出的价格。提成率为比例提成率，例如3%。

第三，按利润计算，即以合同产品销售后的利润额作为计算提成的基础，并与约定的比例提成率的乘积为提成费额。与第二种提成一样，该提成属从价提成。

总体而言，供方最希望使用产量作为提成基础，而受方则希望是利润额，作为折中，当事人通常在合同中规定以净销售额作为提成基础。

(3) 入门费与提成费结合

入门费与提成费结合，即把合同价格分为固定和浮动两个部分。入门费为固定部分，又称初付费，是合同生效后若干天或者收到第一批资料后若干天内先支付的一笔约定资金。浮动部分是指项目投产后按规定期限支付的提成费。对于入门费加提成费确定合同价格的方式供方和受方往往都比较容易接受，国际上使用比较广泛。

三、国际技术服务合同

（一）国际技术服务的含义和特征

国际技术服务，又称国际工程技术服务或国际技术援助，是指国际技术转让中，一方当事人用自己的技术和劳务为另一方完成一定的工作，而另一方接受工作成果并支付报酬的合同关系。提供技术和劳务完成工作任务的一方称为委托方，接受成果的一方称为受托方。

技术服务属国际技术贸易的范畴，也属广义国际服务贸易的范畴，主要有以下特点：

第一，有偿性。委托方提供技术性劳务，而受托方支付一定的技术服务费、咨询费等作为报酬。

第二，委托方提供的主要是一种技术性劳务。需强调的是这种劳务不是一般的劳务，而是具有相当技术水平的劳务，即“高知识性”的劳务。而该高知识又是应用性的技术知识，能解决实际问题，而非纯理论知识。这使得国际技术服务区别于普通的劳务输出。

第三，所使用的技术是具有工业产权技术和专有技术以外的普通技术。这种技术非私有，因此，技术服务合同不涉及转让技术所有权或使用权，而只是提供一种劳务。

（二）国际技术服务合同的分类

国际技术服务合同可以分为国际技术咨询合同及国际技术服务合同（狭义）。

1. 国际技术咨询合同

国际技术咨询合同是指应委托方请求，受托方派遣专家，或以书面形式为委托方提供某种咨询意见，而由委托方支付报酬的合同。可提供咨询意见的范围十分广泛，如计划的编制、可行性研究、效益分析、工程设计、设备的制造或订购、竣工验收、销售指导、某项目（例如钢铁产业）对环境影响的专题性报告、解决企业的技术性难题等。技术咨询主要适用于大中型项目新建、扩建或技术改造及重大技术课题。

国际技术咨询合同中有一种类型是技术资料提供合同，即应委托方请求，受托方通过一定方式向委托方提供普通技术资料或情报，并由委托方支付价金的合同。尽管这类合同所涉及的技术资料只包括普通的公开的技术知识，不包括专利技术或专有技术，但由于种种条件的限制（如时间、人员方面的限制），委托方需要受托方代为搜集、整理技术资料。

2. 国际技术服务合同

国际技术服务合同，即应委托方请求，受托方为委托方提供一定的技术性劳务，而由委托方支付一定价金的合同。与技术咨询合同不同，技术服务合同中的委托方不仅仅向需方提供自己的意见，而且要运用自己的技术知识亲自为需方进行一定的工作，例如技术培训，设备的测试、分析和验收服务，产品设计，材料鉴定和工程计算等。为了达到合同规定的目的，委托方有义务向受托方提出项目应达到的技术经济指标，并提供与完成工作所必需的资料与数据，如水文地质资料、交通运输条件、原料、能源情况、职工技术力量状况等。

四、国际合作生产合同

（一）国际合作生产合同的含义

国际合作生产，是指两国或地区的企业对某种产品共同拟定生产计划，按照约定各自生产不同的零部件，然后由一方向另一方或互相提供零部件，装配成整机出售，生产经营中双方共负盈亏的一种综合投资方式。由此签订的合同称为国际合作生产合同。合作生产的内容包括共同制定生产计划、技术较强一方向对方转让生产技术、双方技术人员共同研制产品以及相互提供零部件与产品合作销售安排等方面。因涉及的国际技术转让附属于国际合作生产，因此属于混合型国际技术转让。

（二）国际合作生产的特点

第一，与单纯许可贸易相比，国际合作生产除了要就技术转让问题规定当事人之间的权利义务关系之外，还要共同商定生产合作中的基本问题，如合作生产中的专业分工、零部件及整机的计价，以及在合作生产中双方的协作义务及保证等。

第二，与合营企业相比，国际合作生产不新建企业，因此不涉及各方的投资比例、共同组织机构、劳动管理、财会制度等问题。零部件的生产和组装等方面当事人仅依据合同承担各自的义务，无须适用企业法律规定。

第三，国际合作生产不同于加工装配贸易。在加工装配交易中，提供原材料、零部件的定作方是原材料、零部件的所有人，装配后成品也属于定作方，加工方只是从定作方收取加工费或装配费。而在合作生产的条件下，合作双方并不仅是加工承揽关系，合作双方需要约定销售方面问题，通过销售合作生产的产品来分享收益。

第四，合作生产各方当事人的权利义务主要表现在交换技术、劳务和生产成果上，这一点和补偿贸易的性质类似。补偿贸易是指一方向另一方提供机器设备、生产技术、原材料或劳务，在一定时期内，另一方用该设备、技术、原材料或劳务生产出来的产品，或双方确定的其他商品或劳务，分期清偿设备价款、技术使用费等债务的交易方式。补偿贸易合同中，也会存在技术转让内容。

（三）国际合作生产的方式

第一，当事人一方提供技术和（关键）部件，由另一方提供劳务，装配生产成整机交供方销售或以其他方式出售，双方按约定比例分享收益。实践中，这是最常采用的合作生产方式。此种合作生产方式又可进一步分为：由一方向另一方提供全部零部件，由后者组装成整机，此为“全分解装配”；由一方向另一方提供部分零部件，由后者结合自己生产的零部件组装成整机，此为“半分解装配”。

第二，当事人双方分别生产不同的零部件，相互提供对方所需要的技术及零部件，分别装配，由双方或某一方销售。

五、国际合营企业合同

（一）国际合营企业的含义

国际合营企业是国际直接投资的方式，也是吸收外国先进技术的有效途径。合营企业是指两个或以上投资者，为实现特定商业目的，共同投资、共同经营、共担风险、共负盈亏的一种企业形式，可以分为股权式合营企业或者契约式合营企业。股权式合营企业的特点是具有独立的法律人格；合营者出资分成股份，各方按照自己的出资比例对企业享有权利、承担义务。而契约式合营企业的特点是往往不具有法人资格；合营各方不以股份形式出资，也不按股份而根据合营合同的约定分担风险和盈亏。我国中外合资经营企业属于股权式合营企业，而中外合作经营企业则属于契约式合营企业。

（二）国际合资经营企业技术转让的形式之一：一般途径的技术转让

一般途径的技术转让是指合资企业通过签订许可协议获得技术使用权。在实践中其又可分为两种情况：一是合资企业中的外国投资者将自己所持有的专利、专有技术或者商标转让给合资企业使用；二是合营企业通过许可贸易从其他技术持有人手中获得某种技术的使用权。不管是哪种途径的技术转让，合资企业的技术引进有着明显的优点，即外国投资者能够积极地帮助合资企业选择最佳的引进方案，引进先进的、适用的技术，弥补发展中国家对国际技术市场行情不够了解的不足。

（三）国际合资经营企业技术转让的形式之二：技术的资本化

技术的资本化，即技术出资，狭义的技术投资，是指合资企业的出资方将技术使用权折价作为其投资的股本。许多国家在引进外资时，都允许外国投资者把技术作为出资。

技术出资和单纯国际技术许可贸易相比，有以下区别：

第一，收益方式不同。技术出资的收益为企业利润形式，高风险、高收益。而国际技术许可贸易主要为提成费的方式，收益相对固定。

第二，技术提供者承担的亏损责任不同。技术出资的当事人参与合营企业的经营管理，承担投资不成功的高风险。而国际技术许可贸易中技术许可的供方不参加受方的经营管理，虽然使用提成费方式，供方需要承担受方技术使用过程中技术不成功无法获得提成费的风险，但总体而言，风险没有技术出资大。

第三，合同期满后，对技术的处理不同。技术出资作为企业清算财产处理，而国际技术许可贸易的技术可返还。

第四，适用法律上不同。在我国，这方面比较明显。首先是适用法律上当事人意思自治程度不同。我国领域内履行的中外合资经营企业合同、中外合作经营企业合同，必须适用我国法律，因此技术出资方面，当事人只能约定适用我国法律，意思自治受到限制；而国际技术许可合同，当事人可以约定适用的准据法，意思自治程度较高。其次，两者适用的管理法律不同。技术出资适用《中外合资经营企业法》、《中外合作经营企业法》等涉外投资法律；而国际技术许可合同适用的管理法律是《对外贸易法》和《技术进出口合同管理条例》等贸易法律。

六、国际特许经营合同

（一）国际特许经营合同的含义

国际特许经营合同，又称国际经营模式特许，是指一国的企业（特许方）将与所经营的商品和服务相关的商标、商号、专利、专有技术、服务标志和经营模式等经营资源，跨越国界地授予他国企业（受许方）经营使用，被许可方支付特许费的合同。

（二）特许经营的特点

第一，特许经营是一种双务、有偿的合同关系。特许方转让与所经营的商品和服务相关的商标、专利、专有技术、服务标志、经营模式和商号等的使用权，受许方以支付特许费为对价。特许费通常包括两部分，一是加盟费（入门费），一次性支付；二是技术使用费，一般按销售收入的百分比按期支付。

第二，特许经营合同转让的是特许经营权，即商标、商号、专利技术、专有技术、服务标志和经营模式等的综合使用权。国际特许经营是知识产权的总体转让，涉及多种技术，包括专利技术、专有技术和计算机软件等。另外，特许经营合同还会规定技术培训等技术服务内容。

第三，特许方与受许方在经营方面具有高度的同一性。受许方通过特许经营合同获得了特许方的商标、商号以及相关技术，经营与特许方相同的服务和商品。受许方与特许方在品牌、质量、商标、经营理念上，以及在组织制度、经营模式、企业形象方面实现高度统一。特许方一般为保证同一性，会在技术上和经营上监督控制受许方。

第四，特许方与受许方在法律上和经济上具独立性。特许经营协议的主体是两个独立企业，受许方不是特许方的分公司，也不是子公司。受许方独立经营，独立承担经营风险和责任。

七、国际工程承包合同

国际工程承包合同是指国家政府部门、公司、企业或项目所有人（工程业主或发包人）委托国外的工程承包人，按规定的条件，完成某项工程任务的综合性的合同。国际工程承包项目建设过程中，承包商向业主提供劳务、设备和原材料，同时进行技术转让，包括转让专利技术、专有技术，以及提供培训业主的技术人员等内容的技术服务，以保证项目的正常运行。

国际工程承包合同有以下特点：

第一，国际工程承包合同内容复杂。国际工程承包合同包括：（1）工程和技术条款，涉及项目可行性研究、基本设计、详细设计、采购设备和原材料、施工、质量标准、检验、工期进度和移交业主等内容；（2）商务条款，包括信贷、保险、费用、奖励和惩罚等内容；（3）法律条款，如法律适用、不可抗力、争议解决方式等条款。

第二，合同周期长。国际工程承包为长期合同，因此合同履行往往会受到政治、经济及自然条件变化的影响，不确定性增加，风险较大。

第三，适用法律复杂。国际工程承包合同会涉及公司法、劳动法、合同法、外国投资法、招投标法等国内法律制度，而且涉及不同的国内法，包括工程地国内法以及承包人国内法。另外，还可能需要适用国际条约或国际商务惯例。

第四，经常使用标准合同。国际工程承包合同常使用国际咨询工程师联合会（FIDIC）拟定的 FIDIC 合同条件。有时也就范本作局部修改，并报经政府有关机构批准。

第三节 国际技术转让与知识产权保护

国际技术转让的发展离不开知识产权保护，这是技术供方与受方的共同需要。若技术受方对知识产权保护不够，技术供方则不愿向其转让技术或虽同意转让但收取高额费用。因为技术是无形财产，易于公开传播，如无充分保护，便容易被受方所在国竞争企业所共享，供方和受方对此无法控制，其经济利益会受到严重损害。加强知识产权的保护能够促进技术贸易的发展。

知识产权保护最初从国内法开始。1709 年英国议会通过了世界上第一部具有现代意义的著作权法——《安娜法》，知识产权保护滥觞于此。知识产权制度是人类制度史上的伟大成就，对文化传播、技术发展和经济的发展起到难以估量的作用。但是，知识产权制度一开始就是地域性的，为了发挥知识产权保护在国际经济交往上的作用，需要加强知识产权的国际保护。为此，国际社会，包括国际组织一直努力制定保护知识产权的国际公约。

一、世界知识产权组织

1967 年在斯德哥尔摩签订《建立世界知识产权组织公约》（1979 年修订），公约于 1970 年生效。依据公约，成立了世界知识产权组织（WIPO），1974 年成为联合国第 16 个专门机构。世界知识产权组织是一个政府间的国际组织，我国 1980 年 6 月正式承认该公约，成为世界知识产权组织成员国，该公约也是我国参加的第一个知识产权国际公约。

世界知识产权组织的宗旨是：通过各国间的合作，并与其他有关国际组织适当配合，促进在全世界保护知识产权；保证各联盟间的行政合作。“各联盟”指巴黎联盟（即根据《巴黎公约》建立的国际联盟）、与该联盟有关的各专门联盟与协定、伯尔尼联盟（即根据《伯尔尼公约》建立的国际联盟）以及依公约由世界知识产权组织担任其行政事务的任何其他旨在促进知识产权保护的国际协定。

该组织的活动基本分为：一是注册活动，涉及对工业产权申请人或所有人的直接服务，这些活动通常是由申请人缴纳费用来供给经费；二是促进政府间知识产权管理方面的合作，主要活动是关于管理用丁检索和参考的大量专利文件以及设计便于利用其中的信息的方法、维护和修订国际分类法、按地区调查工业产权和著作权法律管理的状况；三是国际知识产权立法上的活动，这是该组织活动中的主要部分，包括促进更多的国家接受现有的条约，必要时通过修订现有条约使之与新情况相适应，缔结新的条约，为各成员国修订本国立法提供咨询意见和专门知识；四是解决争端活动，该组织设立仲裁和调解中心，以帮助任一国家的个人或公司解决争端。

世界知识产权组织的组织机构包括大会、成员国会议、协调委员会以及国际局。国际局是该组织秘书处，即常设办事机构，驻地在日内瓦。由于巴黎联盟、伯尔尼联盟和其他专门知识产权联盟的行政事务都委托给了世界知识产权组织，因此，国际局又是这些联盟的秘书处。

世界贸易组织成立之前，世界知识产权组织是惟一的在知识产权国际保护方面对各国影响较大的国际组织，管理着二十多个国际公约构成了知识产权多边国际保护体系。

二、《保护工业产权巴黎公约》

《保护工业产权巴黎公约》（《巴黎公约》）于 1883 年 3 月 26 日在巴黎缔结，1884 年 7 月 7 日生效。《巴黎公约》先后进行过 6 次修订，最后一次 1967 年 7 月 14 日修订于斯德哥尔摩。我国于 1985 年 3 月 19 日加入该公约。《巴黎公约》是知识产权领域第一个世界性多边公约，同时也是工业产权领域影响最大的公约。《巴黎公约》是开放性公约，任何国家都可加入。

《巴黎条约》的适用范围是工业产权，包括发明、实用新型、工业品外观设计、商标、服务标记、厂商名称、产地标记或原产地名称以及制止不正当竞争等。《巴黎公约》并不批准和保护跨国工业产权，因此未排除工业产权的国家地域性。

《巴黎公约》规定了各成员国必须遵守的基本原则，主要内容有：

（一）国民待遇原则

国民待遇原则在《巴黎公约》中居于首要地位，是《巴黎公约》最初缔结时各成员国希望达到的主要目的。依据公约，国民待遇的含义是，任何成员国国民，在保护工业产权方面，应在其他成员国内享有各该国法律现在或将来给予各该国国民的各种利益。至于非成员国公民，只要在某一成员国内有住所，或有真实有效的从事工商业活动的营业场所，便享有与该成员国国民相同的法律待遇。对于成员国国民来说，并不要求其在成员国中设有住所或营业所。

国民待遇原则实施中的例外有，该原则不妨碍成员国的国内法给予外国国民以高于本国国民或公约最低标准的待遇；该原则不排除请求保护的成员国在司法、行政程序、管辖权以及关于指定送达地址或委派代理人等方面对外国申请人提出某些特殊要求。例如，要求外国人缴纳一笔钱作为诉讼费用的担保，或要求外国申请人指定送达文件的地址，或委托专利代理人以便利程序的进行等。

（二）优先权原则

优先权的含义是：如果一个特定申请人在一个公约成员国提出了工业产权的正规申请，则可以根据该申请在特定期限内在所有其他成员国提出申请，而在后申请被视为在第一个申请（即在先申请）的同一日提出。优先权可以使申请人不必在国内或国外同时提出所有的申请，因为有一个优先期间来考虑在哪些国家请求保护，同时却不丧失发明的新颖性。

优先权只能在巴黎联盟的成员国，就同一发明所提出的第一次申请为基础。第一次申请必须是正规申请，正规申请是正式提出的申请，是据以确定在有关国家中提出申请日期的任何申请，而不问该项申请以后的结果如何。

发明和实用新型的优先权期间是 12 个月，工业品外观设计和商标的优先权期间是 6 个月。优先权不适用于商号（厂商名称）、商誉、产地名称、服务名称等。

（三）专利权、商标权独立性原则

专利权独立原则是指成员国国民向另一成员国申请的专利权，与在其他成员国或非成员国就同一发明取得的专利权相互独立、各不相涉。特别是优先权期限内申请的各项专利，在专利权的无效原因、被剥夺权利的原因以及有效期限方面没有任何关系。

商标权独立原则是指对成员国国民在任何成员国中提出的商标注册申请，不能以未在其本国申请、注册或续展为理由而加以拒绝或使其注册失效。在一个成员国内正式注册的商标，应视为与在其他成员国包括申请人所属国注册的商标相互独立。

三、《专利合作条约》

《巴黎公约》解决了专利权的实体保护问题，但未规定国际申请及审查程序。为加强专利申请和审批的国际合作，简化国际申请手续，1970 年在美国首都华盛顿缔结了《专利合作条约》(PCT)。该条约于 1978 年 6 月 1 日正式生效。我国于 1994 年 1 月 1 日正式成为该条约成员国。

该条约完全是程序性的，仅规定了专利申请的受理和审查程序，不涉及专利批准的实质性问题。条约共有 68 条，主要内容如下：

(一) 国际申请的提出

在任一缔约国提出的保护发明的申请都可以按条约规定向受理局提出国际申请，并在申请中指明希望在条约的哪些成员国取得专利权。受理局是指受理国际专利申请的国家的专利局或政府间组织（如欧洲专利局)。中国专利局是受理局之一。受理局以收到国际申请的日期作为国际申请的提交日期。

(二) 新颖性国际检索

受理局对国际申请进行形式审查，然后将符合规定的申请转送国际检索机构。国际检索机构由世界知识产权组织国际局和条约成员国大会指定，可以是一国专利局，或是政府间组织。每一国际申请都应经过国际检索，检索的目的在于发现是否存在有关在先技术。国际申请连同国际检索报告应按规定被送交申请者所指定的国家专利局。是否授予专利权则由各国根据本国法独立审查并作出决定。

(三) 国际公布

从该申请的优先权日期起算满 18 个月，国际局应公布国际申请。国际公布在专利合作条约公报上刊载。

(四) 国际初步审查

收到国际检索报告后，可以要求国际初步审查，以便得知该项发明是否具有新颖性、创造性和工业实用性。要求初步审查，需交付相应费用。初步审查由国际初步审查单位实施，并在规定时间内写成国际初步审查报告，转交给申请人和国际局。国际初步审查报告是一种不具约束力的意见，仅供选定国参考。

四、《商标国际注册马德里协定》

《商标国际注册马德里协定》(《马德里协定》) 签订于 1891 年 4 月 14 日，1892 年

7月生效。《马德里协定》前后修订了7次，目前只有1957年尼斯文本和1979年斯德哥尔摩文本是有效文本。参加《马德里协定》的国家必须是《巴黎公约》成员国。我国1989年加入《马德里协定》。《马德里协定》是商标权申请程序公约，主要内容如下：

（一）国际注册的程序

协定规定，缔约国国民在本国注册商标之后，可以向世界知识产权组织国际局申请国际注册。国际注册申请人必须在提出商标国际注册申请之前，在本国获得注册，然后由所属国注册当局向国际局提出国际注册的申请。商标国际注册申请人通过本国的商标当局向世界知识产权组织国际局提交用法文书写的按照《马德里协定》的国际注册申请，国际局对申请进行形式审查；通过后，就算获得了国际注册。

国际局审查通过后，将该商标予以公布，并通知申请人要求保护的各缔约国。被要求保护的缔约国接到国际局的通知后，如果不同意，应当在一年内向国际局提出，并说明可同样适用于本国商标的驳回理由；如果一年内未驳回，该商标即认为在该国注册生效，获得了该国的商标权。

（二）国际注册效力及有效期

从国际局注册生效的日期开始，国际注册开始生效。那些在缔约国未予驳回商标的生效日期，如同商标直接在那里获准注册一样。经国际注册的商标都享有《巴黎公约》所规定的优先权。国际局注册的商标有效期为20年，并可无限次地续展，续展期每次也是20年。

（三）国际注册与国内注册的关系

按《马德里协定》规定，若取得国际注册的商标在其取得国际注册之日起5年内被本国商标主管机构撤销本国注册或被宣告无效，则该商标在其他成员国的商标注册将随之撤销。只有当取得国际商标注册满5年后，该商标在其他成员国的注册才能独立于其本国注册。这说明商标注册实行有限的独立性。

五、《保护文学艺术作品伯尔尼公约》

《保护文学艺术作品伯尔尼公约》（《伯尔尼公约》）于1886年9月9日通过，1887年12月5日正式生效。公约签订后，曾进行了8次补充、修订或修改。公约是世界上第一个版权保护的国际公约，也是迄今影响最大的版权保护公约。至2008年9月，公约有164个成员国。我国于1992年10月加入《伯尔尼公约》，批准了1971年巴黎文本，而且没有声明作任何保留。参加公约的国家组成了一个联盟，称伯尔尼联盟，并选出了联盟的国际局。

《伯尔尼公约》是对文学和艺术作品进行国际保护的公约，依公约，文学和艺术作品包括文学、科学和艺术领域内的一切成果，不论其表现形式或方式如何。例如，书籍、小册子，讲课、演讲；戏剧或音乐作品，实用艺术作品，绘画、建筑、雕塑等作品；其他作品。

《伯尔尼公约》可以分成实体条文和行政性条文两部分，就其实体条文而言，主要是三个原则和公约成员国内立法的最低要求。

（一）国民待遇原则

《伯尔尼公约》第5条第1款规定，“作者在作品起源国以外的成员国中享有各该国法律现在给予和今后可能给予其国民的权利，以及本公约特别授予的权利”。这是国民待遇原则的规定。依此原则，各国版权保护方面给予公约其他成员国国民的待遇不低于本国国民的待遇。国民待遇原则适用于成员国国民，在成员国有惯常居所的人，以及作品首先在成员国发表的非成员国的国民。

（二）自动保护原则和独立保护原则

《伯尔尼公约》第5条第2款规定，“享有和行使这些权利不需要履行任何手续，也不论作品起源国是否存在保护。因此，除本公约条款外，保护的程度以及为保护作者权利而向其提供的补救方法完全由被要求给以保护的国家的法律规定。”

这首先确立了自动保护原则，公约成员国的国民和在成员国有居所的人在作品完成时就自动享有版权，无须履行任何手续。在成员国无居所的非成员国国民的作品首先在成员国出版的，也自动享有版权。

其次是著作权独立原则。享有国民待遇的作者在任何成员国受到的保护不因其作品来源而不同，对作者权利的保护、行政或司法救济的方式等，都只能以提供保护的国家的法律为准。

（三）最低限度保护原则

公约规定了最低限度保护，即要求各成员国为享有国民待遇的外国国民或无国籍人提供的著作权保护不能低于公约所规定的专门保护。公约规定的最低限度保护的权利有：作者的人身权利，包括署名权、保护作品完整权；作者的经济权利，包括翻译权、复制权、广播权、朗诵权、改编权、录制权、公开表演权和制片权。公约规定一般作品的保护期不得少于作者有生之年加去世后50年，电影作品不少于公开放映起50年，匿名作品不少于作品发表后50年，摄影和实用美术作品不少于完成后25年。但《伯尔尼公约》允许缔约国对公约第1～21条的实体规定提出保留。

六、《与贸易有关的知识产权协定》

（一）《与贸易有关的知识产权协定》概述

关贸总协定在乌拉圭回合谈判中，因美国为首的发达国家的倡议，与贸易有关的知识产权（包括假冒货物贸易）问题被列为新议题。经过多年谈判，达成了《与贸易有关的知识产权协定》（TRIPs），于1995年1月1日生效。

（二）TRIPs的基本原则

1. 最低保护标准原则

协定第1条规定："各成员应实施本协定的规定，各成员可以，但并无义务，在其法律中实施比本协定要求更广泛的保护，只要此种保护不违反本协定的规定。各成员有权在其法律制度和实践中确定实施本协定规定的适当方法。"协定规定了知识产权保护的实体标准，要求成员一揽子接受，不允许保留。因此，协定确立的义务是成员保护知识产权的最低保护标准。

2. 国民待遇原则

协定第3条规定，知识产权保护方面，在遵守《巴黎公约》（1967）、《伯尔尼公约》（1971）、罗马公约或《关于集成电路的知识产权条约》中各自规定的例外的前提下，每一成员给予其他成员的国民的待遇不得低于给予本国国民的待遇。另外，国民待遇原则允许有关司法和行政程序方面的例外，包括在一成员管辖范围内指定送达地址或委派代理人。但这种例外应为确保遵守与协定规定不相冲突的法律和法规所必需，而且这种做法的实施不会对贸易构成变相限制。

3. 最惠国待遇原则

协定第一次把最惠国待遇原则引入了知识产权保护制度。第4条规定，对于知识产权保护，一成员对任何其他国家（不限于协定成员）国民给予的任何利益、优惠、特权或豁免，应立即无条件地给予所有其他成员的国民。最惠国待遇原则存在一定例外。

4. 权利合理限制原则

知识产权的保护和实施在相关利益前应取得一定平衡。TRIPs第7条规定："知识产权的保护和实施应有助于促进技术革新及技术转让和传播，有助于技术知识的创造者和使用者的相互利益，并有助于社会和经济福利及权利与义务的平衡。"TRIPs第8条规定："在制定或修改法律和法规时，各成员可采用对保护公共健康和营养，促进对其社会经济和技术发展至关重要部门的公共利益所必需的措施，只要此类措施与本协定的规定相一致。"

5. 关于权利用尽原则

权利用尽原则，又称权利穷竭原则，是知识产权法上一个特有的原则，是指一旦某一享有知识产权的产品在知识产权人的许可下投放市场，则知识产权人对该产品的权利就用尽了，无权再控制它们的进一步转销、分销或第三方对该产品的商业使用。协定第6条规定，各成员国在遵守国民待遇和最惠国待遇规定的前提下，就本协定项下的争端解决而言，本协定不得用于处理知识产权的权利用尽问题。对于权利用尽问题，目前各国做法不一，因此协定第 6 条的规定实际上是避开了这个问题，将其留给各成员自己去解决。

（三）TRIPs 的知识产权保护实体标准

TRIPs 第二部分“关于知识产权的效力、范围和行使的标准”是协定的实体部分。其主要内容如下：

1. 著作权及其相关权利保护

（1）协定与《伯尔尼公约》的关系。协定规定了各成员应遵守《伯尔尼公约》（1971）第 1～21 条实体规定及其附件的规定。这是处理协定和《伯尔尼公约》关系的总的原则。协定同时规定，对于《伯尔尼公约》第 6 条之 2 授予或派生的权利，各成员在本协定下不享有权利或义务。这意味协定成员对于《伯尔尼公约》中保护人身权利的规定，不负任何义务。

（2）版权保护对象。协定规定，版权保护仅及于表达方式，而不及于构思、程序、操作方法或数学概念本身。

（3）计算机程序和数据汇编。协定规定，计算机程序，无论是源代码还是目标代码，应作为《伯尔尼公约》（1971）项下的文字作品加以保护。而数据或其他资料的汇编，无论机器可读形式还是其他形式，由于其内容的选取或编排而构成智力创作成果，即应加以保护。该保护不得及于数据或资料本身，并不得损害存在于数据或资料本身的任何版权。

（4）计算机程序、电影作品的出租权保护。协定规定，至少就计算机程序和电影作品而言，一成员应给予作者及其合法继承人准许或禁止将其享有版权的作品的原件或复制品向公众商业性出租的权利。其他类型的作品的作者是否享有出租权，协定未明确规定。

（5）保护期。协定规定，除摄影作品或实用艺术作品外，如果一作品的保护期限不以自然人的生命为基础计算，则该期限自作品经授权出版的公历年年底起算不得少于 50 年。如果该作品在创作后 50 年内未经授权出版，则为自作品完成的公历年年底起算 50 年。

（6）规范对著作权的限制。协定规定，各成员对专有权作出的任何限制或例外仅限于某些特殊情况，且与作品的正常利用不相冲突，也不得不合理地损害权利人的合法权益。

（7）对表演者、录音制品（唱片）制作者和广播组织的保护。规定对表演者和录音制品制作者可获得的保护期限，自该作品或表演完成的公历年结束时起算，应不少于 50 年。对广播组织的保护期自广播播出的公历年结束时起算，至少为 20 年。

2. 商标权保护

（1）商标注册条件。任何标记或标记的组合，只要能将一企业的商品或服务区别于其他企业的商品或服务，即可构成商标。具备“识别性”的一切标记均可作为商标予以注册。如果标记本来不能区分有关商品或服务，各成员可依据有关标记在使用后获得的识别性决定是否予以注册。各成员可要求把“标记应系视觉可感知”作为注册条件，这意味着可把“音响商标”、“气味商标”排除在可注册的对象之外。

在大多数国家，注册是获得商标权的惟一途径。但不少国家把“经营活动中实际使用商标”作为取得商标权的途径。因此 TRIPs 第 15 条第 3 款一方面从正面允许把“使用商标”作为行政机关判定批准注册的根据，但协定又从反面不允许把“未使用”作为不予注册的惟一理由。

(2) 商标权利。协定规定，注册商标的所有人享有专有权，可阻止任何第三方经营在活动中未经同意，在注册商标注册使用的相同或类似的商品或服务上使用相同或类似标记，以避免因此导致的混淆的可能性。如果在相同货物或服务上使用相同或类似标记，应推定存在混淆的可能性。商标权人的上述权利不得损害任何现有的优先权，也不得影响各成员以使用为基础确定权利效力的可能性。

(3) 驰名商标。协定统一了驰名商标的认定标准，规定在确定商标是否为驰名商标时，应该考虑该商标在相关的公众范围的知名度，包括在成员内由于对该商标的宣传而获得的知名度。驰名商标有以下效力：对于驰名商标的特殊保护的规定应当适用于与驰名商标注册使用的商品或服务不相类似的其他商品或服务上，其条件是该使用会使人认为这些商品或服务与已注册的驰名商标所有者存有关联，而且注册商标所有人的利益由于此种使用而可能受到损害。

(4) 保护期。协定规定，商标的首次注册及每次续展的保护期均不得少于 7 年。商标注册应可以无限次续展。

(5) 商标的许可和转让。协定对商标的强制许可进行了限制。第 21 条规定，各成员可对商标许可和转让规定条件，但应认为不允许商标的强制许可，而且注册商标的所有人有权把商标与该商标从属的营业一起或不一起转让。

3. 地理标志

对地理标志，成员方应为利害方提供法律手段，以阻止不正当竞争以及公众对原产地的误解。如果将地理标志作为商标，或者在商标中含有地理标志，而该商品又不是来源于该地理标志所指示的地域，并将此种商标使用于商品上，使得成员内公众对真实原产地误解，那么成员可依其法律或当事人的请求，拒绝对该商标注册或使该注册商标无效。

4. 工业品外观设计

《巴黎公约》将工业品外观设计作为保护的对象，但仅在第 5 条作了原则规定。与其不同，TRIPs 就两个内容进行了规定：

(1) 工业品外观设计的保护要求。协定规定，各成员应对新颖的或原创的独立创作的工业设计提供保护。这提出了两个保护条件：一是工业品外观设计必须是作者独立创作的；二是工业品外观设计是新颖或原创的。所谓新颖或原创，是指足以与已知的工业品外观设计或其组合区别开来。协定还规定，成员可以不保护那些实质上技术或功能因素支配的外观设计。

(2) 工业品外观设计的保护。协定规定，受保护的外观设计所有人，应有权阻止第三方未经其同意，为商业目的，制造、销售或进口载有或包含受保护的外观设计的复制品或实质上是复制品的物品。各成员可对工业设计的保护规定有限的例外，但以此类例外不会与受保护的工业设计的正常利用发生不合理冲突，也不会不合理损害外观设计所有人的合法权益，同时考虑了第三方的合法权益为限。外观设计可获得的保护期限应至少达到10年。

5. 专利

(1) 可获专利对象。协定规定，专利权保护应适用于所有技术领域中的任何发明，不论是产品还是方法，只要它具有新颖性、创造性和在工业上应用性，即可获得专利权。但协定也规定，成员可以为保护公共利益或社会公德目的，包括保护人类、动物或植物的生命和健康，或为避免造成严重的环境污染，而对某些发明规定不授予专利权，以禁止该发明在成员领域的商业实施。各成员还可拒绝对下列内容授予专利权：① 人类或动物的诊断、治疗和外科手术方法；② 除微生物外的植物和动物，以及生产植物和动物的实质生物方法（不包括非生物和微生物方法）。

(2) 授予的权利。协定规定，一项专利权应当包括以下的内容：对于产品专利，专利权人有权禁止第三方在未经同意的情况下从事制造、使用、许诺销售、销售或为上述目的进口该专利产品的行为；对于方法专利，专利权人有权禁止第三方在未经同意的情况下使用该方法，以及使用、许诺销售、销售或为这些目的而进口依该方法而直接获得的产品。协定还规定，专利权人应有权转让或者通过继承而转移其专利权，也有权与他人签订许可使用合同许可他人实施其专利。

(3) 专利权例外。协定规定，成员可以规定有关的权利例外情况，以限制专利的独占实施权。但是成员规定例外时，应符合一定要求，即这种限制不得与专利的正常利用相冲突，并且不得不合理损害专利权人的合法权益。

(4) 未经专利权人许可的其他使用（强制许可）。成员法律可允许不经专利权人许可而使用其专利，包括政府使用或政府授权第三方使用，但协定对此规定了若干限制性条件。

(5) 申请人条件。协定规定，各成员应要求专利申请人以足够清晰完整的方式披露发明，以使该专业的技术人员能够实施该发明，并可要求申请人在申请之日，或要求优先权的情况下在申请的优先权日，说明发明人所知的实施该发明的最佳方式。各成员可要求专利申请人提供相关国外申请和授予情况的信息。

（6）专利权的撤销和无效。协定并未规定专利权撤销或宣布无效的具体规则，只是要求成员在作出撤销或宣布无效的决定时，应提供司法审查的机会。

（7）保护期限。协定规定，专利的保护期限最少应为自申请之日起满20年。

（8）专利方法侵权的举证责任。协定将专利方法侵权纠纷中的举证责任加在被告身上，由其证明其获得相同产品的方法不同于专利方法。协定规定，各成员应规定至少在下列一种情况下，任何未经专利所有人同意而生产的相同产品，如无相反的证明，则应视为是通过该专利方法所获得的：① 如通过该专利方法获得的产品是新产品；② 如相同产品实质上可能由该专利方法生产，而专利所有人经过合理努力未能确定其实际使用的方法。

6. 集成电路布图设计

（1）与《集成电路知识产权条约》的关系。各成员同意依照1989年的《集成电路知识产权条约》第2条至第7条（第6条第3款除外）及第12条和第16条第3款的规定，对集成电路的布图设计提供保护，但对该条约第6条第3款关于集成电路布图设计实行强制许可的规定不予适用。此外，协定还要求成员遵守协定所规定的其他保护制度。

（2）保护范围。协定第36条规定，除第37条第1款另有规定外，成员应将未经权利人授权而实施的下列行为视为非法：为商业目的进口、销售或分销受保护的布图设计、含有受保护的布图设计的集成电路、或使用了一直包含非法复制布图设计的集成电路的物品。

（3）无须获得权利人许可的行为。协定规定了无须获得权利人许可的行为主要包括两种：第37条第1款规定的善意买入和第2款规定的强制许可。依据第37条第1款，尽管有第36条的规定，一个人在获得集成电路或包含该集成电路的物品时，不知道且无合理的根据知道其中包含此种非法复制的布图设计，则他对上述集成电路或物品所正在实施的或预定实施的协定第36条规定的行为，不得视为非法。

（4）保护期限。协定并不要求也不禁止以注册或登记作为对集成电路布图设计提供保护的条件。因此就集成电路布图设计的保护期限规定了两种计算方式：一是自注册申请之日起或自该布图设计在世界上任何地方进行首次商业性使用之日起10年；二是自该布图设计完成之日起15年。

7. 未公开信息

（1）未公开信息应具备的条件。受保护的未公开信息必须是合法地处于权利人控制下的并具备以下条件的信息：第一，保密性，即该信息的全部或特定的组成部分非从事该领域的普通人员所普遍了解或者容易获得的；第二，价值性，即由于保密而使该信息具有商业价值；第三，合法支配该信息的人采取了合理的保密措施。

(2) 权利人的权利。依据协定，自然人或法人应有权阻止他人未经权利人同意，以不诚实商业行为方式披露、获得或使用合法地处于其控制之下的未公开信息。这里所谓“不诚实商业行为方式”，至少应包括如违约、违反保密以及诱导他人违约或违反保密，也包括第三人在已经知道或应该知道，但由于重大过失而未能知道其所取得的未公开信息是他人以上述方式获得的。

(3) 对有关数据的特殊规定。当成员要求以提交未公开过的实验数据或其他数据，作为批准采用新化学成分的医药或农用化工产品上市的条件时，如果该数据的获得投入了相当的智力创造性劳动，则该成员应保护该数据，以防不正当的商业使用。同时，除非出于保护公众的需要，或已采取措施确保该数据不会被不正当地商业使用，成员均应保护该数据以防其泄露。

8. 对限制竞争行为的控制

协定指出，知识产权许可中的限制竞争行为可对贸易产生不利影响，并会妨碍技术的转让和传播。因此协定规定，各成员可在其国内立法中确定特定情况下与知识产权有关的限制竞争行为的构成要件。同时，成员有权采取适当措施阻止或控制这些行为，如排他性的回授条件、禁止对知识产权有效性提出质疑的条件和强迫性一揽子许可。

(四) 知识产权实施

1. 一般义务

TRIPs 在第三部分中，对实施知识产权的措施和程序进行了详细规定。第 41 条规定了以下知识产权实施的一般义务：(1) 成员国应保证其国内法使用本部分规定的实施程序，以有效打击任何侵犯本协定保护的知识产权的行为。(2) 有关知识产权的实施程序应公平和公正，不应过于复杂或收费过高，或无端耗时或迟延。(3) 就案件实质问题作出的裁决应优先采取书面形式并说明理由，至少是程序当事各方应能及时得到有关裁决。对案件实质问题作出裁决应仅凭证据，并且向当事各方就该证据提供陈述机会。(4) 对行政终局裁决，当事方应有机会提交司法机关要求司法审查。在不违反成员国内法对重要案件的司法管辖规定前提下，就案件实质问题所作出的初审司法裁决，至少应允许当事人有机会就其法律问题要求复审。但是对刑事案件中的宣布无罪，成员无义务提供复审机会。

2. 民事、行政与刑事程序及救济

(1) 协定强调民事程序和救济。协定要求民事程序公平和公正。规定的救济措施主要包括：① 禁令。协定规定，成员司法机关应有权要求当事人停止侵害，但停止侵害的救济不适用于强制许可。② 损害赔偿。对于知道或有充分理由知道自己从事侵权活动的侵权人，司法机关有权责令侵权人向权利人支付赔偿，该赔偿应足以补偿权利人因知识产权侵权所受损害。司法机关有权责令侵权人向权利人支付费用，可包括合理的律师费。对于不知或没有合理理由知道其行为后果而实施侵权的侵权人，在适当情况下也可要求其返还所得利润和/或支付法律预先确定的赔偿。③ 其他救济。除上述救济外，协定还规定了将侵权物品排除出商业渠道、销毁及去掉侵权商标等其他救济。

（2）行政程序。协定规定，以行政程序对案件实质问题进行处理后，以此给予民事救济的，该行政程序的规则应与协定就民事诉讼所确定的规则相当。

（3）刑事程序。协定第 61 条规定，各成员应采取刑事程序及刑事处罚制止对知识产权的侵犯，起码应对具有商业规模的故意假冒商标或盗版案件规定刑事程序和处罚。可使用的救济应包括监禁和/或罚金，能足以起到威慑作用，并应一贯地使处罚水平与被处罚的犯罪严重程度相当。在适当的情况下，可使用的救济还应包括扣押、没收和销毁侵权货物和主要用于侵权活动的任何材料和工具。各成员可规定适用于其他知识产权侵权案件的刑事程序和处罚，特别是故意且具有商业规模的侵权案件。

3. 临时措施

协定第 50 条规定了知识产权保护方面的临时措施。所谓临时措施，是指民事诉讼或行政程序开始前，一方当事人请求司法机关采取的保全措施。协定就临时措施作了以下规定：

（1）临时措施的目的。第一，防止侵犯任何知识产权，特别是防止商品进入其管辖范围内的商业渠道，包括清关后立即进入的进口货物；第二，保存与侵权行为相关的证据。

（2）临时措施的采取。依据协定，司法机关认为必要时，有权依一方当事人请求，在开庭前采取临时措施，尤其是一旦有任何迟延，则很可能造成权利人不可弥补的损失的情况下，或在有关证据显然有被销毁的危险的情况下。

（3）证据和担保。协定要求，司法机关决定采取临时措施时，应有权要求申请人向司法机关提供任何可合理获得的证据，并达到充分确定程度，证明申请人作为权利人，其权利正在受到侵害，或者这种侵害将立即发生。为了保护被告并防止申请人滥用程序，司法机关应有权命令申请人提供保证金或与之相当的担保。

（4）通知和复审。协定要求，如果开庭前就已经采取临时措施，至少应在实施临时措施之后毫不迟延地通知受影响一方。应被告请求，应在将此等措施通知被告之后的合理期间内进行复审，并听取被告的陈述，以决定此等措施是否应予以修改、撤销或维持。

（5）合理期间内起诉。采取临时措施之后，申请人应在合理期间内提起诉讼。如未在规定的期限内提起诉讼，协定规定，可应被告请求撤销或暂停执行临时措施。依据协议第50条第6款的规定，合理的期限应为20个工作日或31个日历日，以时间长者为准。

（6）赔偿责任。协定规定，临时措施被撤销或因申请人的任何作为或不作为而导致失效的情况下，以及在事后发现根本不存在知识产权侵害或侵害威胁的情况下，应被告请求，司法机关有权责令申请人赔偿被告因采取临时措施所遭受的损失。

4. 边境措施

为防止侵权物品和盗版物品的进口，协定第三部分第四节对成员应采取的边境措施作了规定，主要涉及：（1）海关中止放行的条件；（2）海关中止放行的程序，包括申请、通知、保证金或与之相当的担保、期限等；（3）申请人应承担的赔偿责任；（4）救济措施；（5）例外情形。

思考题

1. 试分析国际技术转让的含义。
2. 试述国际技术转让合同的类型。
3. 国际技术许可合同的主要类型有哪些？
4. 试分析国际技术许可合同的计价方式。
5. 简述《巴黎公约》的主要原则。
6. 简述TRIPs的基本原则。

课外阅读书目

王玉清，赵承璧．国际技术贸易：技术贸易与知识产权．北京：对外经济贸易大学出版社，2005.

唐广良，董炳和．知识产权的国际保护．北京：知识产权出版社，2006.

车丕照，张瑞萍．国际技术转让法．长春：吉林大学出版社，1999.

第八章

国际投资法

内容提要

国际投资法是国际经济法的重要内容，随着国际经济贸易交往的日益增多，资本的跨国流动现象越来越普遍，涉及的法律问题也越来越重要。国际投资法律制度主要分为国内和国际两个部分，国内的有关投资的法律制度包括各国管制、鼓励和保护投资制度，国际上有关投资的法律制度包括双边条约和多边条约，涉及跨国投资的担保和争议的解决等问题。

第一节　国际投资法概述

一、国际投资的概念

21 世纪是一个经济全球化的时代，故步自封的局部经济模式将得到彻底打破，世界经济大格局逐步形成，国际商贸交往日益繁多，资本的跨国流动现象也越来越普遍。国际投资是以资本增值为目标的跨国资本流动，是投资者将其资本投入国外进行营利的经济活动。

从广义上讲，国际投资包括国际直接投资和国际间接投资。国际直接投资是指一国的私人（包括自然人、法人）在外国创办企业或与当地资本合营企业，直接或间接地控制其投资企业的活动。国际直接投资的形式主要有：（1）在国外创办新企业，包括开办新工厂或设立分公司、子公司，同东道国联合创办合营企业；（2）通过收购东道国的现有企业完成投资；（3）控制外国企业的股权。国际间接投资是指一国的私人或政府对外国私人或政府的贷款或证券投资活动，以及国际金融机构对各国的贷款投资活动。国际间接投资的主要类型包括公司股票、公司债券、政府债券、短期信贷和中长期贷款。

国际直接投资和国际间接投资都是当今国际资本流动的重要形式，两者的区别主要有：（1）国际直接投资者限于私人，而国际间接投资者包括私人、政府和国际金融机构。（2）国际直接投资者对其投资企业拥有经营管理权和控制权，而国际间接投资者对企业资产只享有一份所有权，不参与企业经营管理，也不享有企业的控制权或支配权。（3）国际直接投资从本质上讲是生产资本在国际间的流动与转移，不仅有货币形式的资本转移，还有生产资本的物质有形形态的转移，以及无形资产的输出。而国际间接投资的性质比较单纯，一般体现为国际货币资本的流动与转移，其过程也比较简单。

国际投资是随着金融资本的逐渐形成而出现的。19 世纪 70 年代至第一次世界大战时期，是国际投资的出现和形成阶段，这一阶段的国际投资以间接投资为主要形式，并且主要在发达国家之间进行。20 世纪初叶，尤其是第二次世界大战以后至 20 世纪 70 年代，是国际直接投资的大发展阶段，但这一时期的国际投资仍然主要在发达国家之间进行。20 世纪 70 年代以后，随着生产国际化程度的大大提高，国际投资的规模也以前所未有的速度不断扩大。目前，国际直接投资已成为最主要的投资方式，发达国家之间以及发达国家与发展中国家之间的直接投资呈现大幅度增长的趋势。因此，资本输出国的对外投资法律，资本输入国的外国投资法律以及有关国际投资的国际条约，主要是针对国际直接投资制定或缔结的。有鉴于此，本章的内容主要涉及国际直接投资。

二、国际投资法的概念与调整对象

国际投资法或称国际直接投资法，是指调整跨国间私人直接投资关系的各种法律规范的总和。它是国际经济法的一个重要分支，其核心内容是对国际间私人直接投资活动进行鼓励、保护和管理。它包括国内法规范和国际法规范两个部分。

从上述定义可知，国际投资法的调整对象是国际间私人直接投资关系。这一调整对象具有如下特征：

第一，国际投资关系具有私人性质。国际投资按主体不同可分为官方投资和私人投资。官方投资是指政府之间或国际组织与国家之间的资金融通关系；私人投资是指外国自然人、法人或其他组织进行的海外投资。国际投资法所调整的对象仅限于国际私人投资关系，而不包括政府之间或国际金融机构之间或政府与国际金融机构之间的投资关系。即使外国政府的投资，在资本输入国依然视为私人投资，不享有外交特权和豁免权。

第二，国际投资关系仅限于私人直接投资关系。从广义上讲，国际投资关系包括国际直接投资关系和国际间接投资关系，但由于最近几十年来，私人直接投资在整个国际投资活动中占据主导地位，因此，国际投资法也局限于调整私人直接投资关系。间接投资关系一般属于各国民商法、公司法、票据法、证券法等调整范围，不在国际投资法调整之列。

第三，国际投资关系涉及国内法和国际法双重调整。国际投资是资本的跨国流动，其跨国性决定了国际私人直接投资关系不仅包括外国私人投资者同东道国及其法人、自然人之间以及同本国政府之间的国内法关系，而且包括基于保护外国私人投资者而发生在两个或多个政府之间的国际法关系。

三、国际投资法的内容

国际投资法一般包括以下主要内容：

第一，国际投资的形式和内容。目前，世界各国的投资法均对国际投资的内容和形式作出规定。各国普遍认同的投资形式主要有：（1）在东道国设立子公司、分公司及合营企业等新企业；（2）收购东道国的现有企业；（3）购买东道国企业的股票并达到对企业的控制；（4）利润的再投资。

国际投资的内容主要有投资主体、投资客体、主客体之间的关系、投资目标、投资风险等。

第二，国际投资的保护制度。国际投资的保护制度包括资本输入国和资本输出国的国内法律保护制度，以及国际条约和双边投资条约的国际法律保护制度。资本输入国即东道国国内法所提供的保护，主要是通过国内立法，对外国投资提供各种保护。资本输出国国内法提供的保护主要体现在投资保证制度上，如美、日等国实行的海外投资保险制度。双边投资保护协定是资本输出国同资本输入国之间缔结的关于鼓励与保护投资的协定，将对投资的保护上升到政府间的共同保证，使国内法上的保护制度获得国际法上的保证效力。保护国际投资的国际公约是由多国政府签订的，在世界范围内，为保护国际投资确立了统一的法律制度。目前，生效的国际公约有两个：《多边投资担保机构公约》和《关于解决国家与他国国民之间投资争议公约》。此外，世贸组织系统也有相关的投资保护制度。

第三，国际投资的鼓励制度。为了促进国际投资活动的发展，各国根据本国的经济需要，制定了各种鼓励投资的法律、法规，对希望接纳或鼓励出境的投资设定各种优惠，诸如信贷优惠、税收优惠等，以促使资本向更合理的方向流动。

第四，国际投资的管制制度。国际投资的管制制度主要是资本输入国的国内法律制度。外国资本进入资本输入国，将置于该国的管辖之下，该投资东道国将有权依法对其进行行政管理，如工商行政管理、外汇管理、会计管理、金融管理、劳动管理等。

第五，国际投资争议的解决制度。在国际私人直接投资中，由于种种原因，有关的争议不可避免。这些争议既包括投资者与东道国合营者之间的商事争议，又包括投资者与东道国之间的争议，还包括投资者所属国与东道国之间因双边投资保护协定的解释与执行而发生的争议，以及因资本输出国行使代位求偿权或外交保护权而由投资者与东道国争议演化而来的国家之间的争议。因此，切实有效地解决投资争议问题也是国际投资法的主要内容。

四、国际投资法的渊源

由于国际投资关系涉及国内法规范和国际法规范双重关系，因此，国际投资法的渊源也具有双重性，包括国内法渊源和国际法渊源。

（一）国内法渊源

1. 资本输入国的外国投资法

外国投资法是资本输入国调整外国私人直接投资关系，管制和鼓励外国投资的法律规范的总称。它主要包括外国投资资本构成、投资范围、出资比例、投资期限、对外资的审批、外汇管理、税收、劳动管理、鼓励和优惠措施、对外资的保护以及争议的解决等法律规范。各国对于外国投资法的立法形式不尽相同，主要有统一立法和单项特别立法两种形式。资本输入国关于外国投资的国内立法是国际投资法的重要渊源。

2. 资本输出国的海外投资法

资本输出国关于国际投资的法律制度，主要体现在两个方面：一是投资鼓励；二是投资保证。关于海外私人投资所实行的鼓励措施虽然各国有差别，但大致包括以下几个方面：税制奖励和保护措施；开展投资情报交流与投资促进活动，政府提供投资前调查的资金补助；政府援助机关与投资者进行合作；政府出资设立投资公司等。资本输出国为了维护本国的经济利益，通常制定对外投资的法律以保护私人海外投资，其中最为重要的是海外投资保险法。根据该法建立的海外投资保证制度，为私人海外投资的政治风险提供了政府保证。此外，有的资本输出国还有关于管制或鼓励海外私人投资的法律规定。这些法律、法规都是国际投资法的重要渊源。

（二）国际法渊源

1. 双边条约

双边条约是指两国间为了促进和保护相互投资而签订的条约式协定，主要有两类：一类是采取“投资保证协定”的方式，其内容仅限于代位求偿解决投资争议等程序性规定，重在对政治风险的保证，往往与国内投资保险制度结合在一起发挥作用；另一类是“促进和保护投资协定”，这是国家间比较成熟和完整的保护国际投资的条约形式，内容包括关于投资者的待遇标准、投资项目和内容、政治风险的保证、代理权、争议的解决等。这些双边条约为改善国际投资环境，加速国际资本流转起了积极的作用，是国际投资法的一个重要内容。

2. 多边条约

多边条约是指多国间为了协调各国间国际投资法律而签订的条约式公约，包括区域性多边条约和世界性多边条约。

区域性多边条约是国际经济组织起草或制定的区域性投资公约，主要有安第斯条约组织委员会批准的《安第斯条约组织外资条例》、国际商会提出的《国际投资指导原则》等。这些条约根据各区域性国家组织的不同情况，有的以管制外国投资为主要内容，有的以鼓励外国投资为主要内容。

目前关于国际投资的世界性多边条约只有两个：《多边投资担保机构公约》和《关于解决国家与他国国民之间投资争议公约》。前者以开展非商业风险的保险业务以及其他业务为主，向投资者提供条约保证，以促进国际投资；后者旨在为解决缔约国与另一缔约国国民之间的投资争议提供便利。这两个多边投资公约对缔约成员国具有普遍拘束力，成为国际投资法的重要渊源。此外，世贸组织还制定了一些投资保护协议。

五、国际投资争议及其解决方法

（一）国际投资争议的概念和种类

国际投资争议是指外国私人直接投资关系中产生的各种争议，具体指外国私人投资者与东道国政府、法人或个人因外国私人投资问题而产生的争议。

投资争议从主体上可分为外国私人投资者与内国私人投资者之间的争议和外国私人投资者与投资东道国之间的争议。至于资本输出国与资本输入国之间因保护外国私人投资所发生的争议，严格地讲，不属于这里所指的投资争议，因为它们之间的关系不是私人直接投资关系，它们之间的争议是因外国投资所引起的一种国家之间的争议即国际公法的争议。

投资争议从起因上可分为契约争议和非契约争议。前者是指投资契约的双方当事人因对契约的解释、履行、修改或终止等而产生的争议。它包括内外国私人投资者之间的争议以及外国投资者与东道国之间的争议，即所谓的国家契约或特许协议争议。后者是指在东道国政府或其机构与外国投资者并无投资契约关系的情况下，因东道国方面原因或投资者的行为而引起的争议。它主要包括：（1）国有化引起的争议；（2）东道国管理行为引起的争议，如外汇管制、税收等；（3）东道国国内革命、战争、内乱等事件引起的争议；（4）投资者行为引起的争议，如投资者违反东道国有关法律造成损害而引起的损害赔偿争议。

在国际投资实践中，人们一般所指的投资争议是外国私人投资者与东道国之间的争议。这一类争议与其他争议不同，具有特殊性。首先，投资争议的主体特殊。东道国与私人投资者在争议中所处的法律地位不同，在处理这类争议时，应采用什么方法以及适用什么法律，各国的分歧较大。其次，投资争议通常一方面涉及投资者位于东道国境内的财产权以及对企业的控制权等，另一方面又涉及东道国对本国境内的外国投资的管理权和征收权，有时还涉及对自然资源的控制权等主权权利，同时又涉及东道国保护外国投资者的国际义务。这些问题既有国内法的义务，又有国际法的义务，是比较特殊、复杂的问题。最后，投资争议虽然发生在东道国与外国私人投资者之间，但常常牵涉到资本输出国。资本输出国为了保护本国的海外投资者的利益，经常利用外交保护权介入东道国与私人投资者之间的争议，对东道国进行外交干预，或单方面给予经济制裁。由此可见，这类争议引起的后果比较特殊。

（二）国际投资争议的解决方法

投资争议是目前国际经济活动中存在的一个不容忽视的现实问题，因此，各国在其国内法中一般都有关于解决投资争议方法的规定，而且，与此有关的国际条约也有较为明确的规定。从这些司法实践来看，世界各国解决投资争议的方法主要有下列几种：(1) 协商与调解。(2) 东道国当地救济。外国投资者在东道国国内的司法机构、行政机构或仲裁机构中，按照东道国的程序法和实体法寻求救济，以解决投资争议。(3) 外国法院诉讼。外国投资者单方面在东道国之外国家的法院对东道国提起诉讼，以求解决有关的投资争议。(4) 外交保护。私人投资者的本国代表该投资者通过外交途径向东道国提起保护要求，或通过外交谈判，或通过仲裁、诉讼解决投资争议。(5) 国际仲裁。这包括一般的国际商事仲裁和专门的投资仲裁。

由此可见，解决国际投资争议的方法，既有政治方法又有法律方法，既有国内方法又有国际方法。现对这几种主要方法简单介绍如下：

1. 协商与调解

(1) 协商

协商是指争议发生后，由双方当事人自愿直接接触，进行磋商，在分清是非、解除误会、明确责任的基础上达成和解协议。

在采用协商方法解决投资争议的过程中，应始终贯彻下列原则：① 自愿原则。协商必须基于双方当事人自愿进行，任何一方有权拒绝不合理的协商。② 平等互利和协商一致原则。在协商过程中，双方地位平等，任何一方不得采用胁迫、欺诈、诱骗等手段，使对方勉强或被迫接受要求。③ 合法的原则。双方协商达成的协议必须符合法律规定，否则无效。

协商的方式，除了由当事人就争议的解决举行专门的会谈进行磋商外，还可以利用当事人共同组成的现有机构进行。如在合营企业合同中规定，争议可依靠董事会解决，因董事会通常是由合营各方代表组成的。这种方式被称为内部解决方式。争议当事人通过协商取得一致意见后，应制作书面协议。

（2）调解

调解是指争议双方在第三方主持下，分清是非，解除误解，使双方在互谅互让的基础上达成协议，以最终解决投资争议。协商与调解都要求双方当事人自愿进行，都需要双方当事人取得一致意见并达成协议；不同之处在于调解是在第三方主持下进行，而协商无需第三方的介入。

从国际上看，调解的方式一般可分为常设机构进行的调解和临时机构进行的调解。常设机构进行的调解是在一个可处理投资争议的常设性机构中进行调解，这种机构通常备有供当事人选择的调解人和自己的调解规则。临时机构进行的调解是指在常设机构之外进行调解，当事人和调解人可以协商选定调解规则和其他有关的调解工作。

目前，国际上可为投资争议当事人提供调解的常设机构主要有：① 根据1965年《关于解决国家与他国国民之间投资争议公约》设立的"解决投资争议国际中心"。该中心提供调解的争议应是国家与外国私人投资者之间的争议。② 国际商会。任何国际性的商事争议，均可申请由国际商会设立的调解管理委员会调解解决。③ 亚洲及远东经济委员会。该委员会是联合国经社理事会五个区域性经济委员会之一，为该地区的商事争议提供调解。

在我国，处理涉外投资争议的调解方式主要有：① 涉外调解机构调解，即通过"北京调解中心"① 解决投资争议；② 涉外仲裁机构调解，即通过中国国际经济贸易仲裁委员会进行调解；③ 由审理投资争议案件的人民法院进行调解；④ 由各地成立的民间性质的涉外投资服务机构（如外商投资企业协会等）进行调解；⑤ 通过行政机构进行调解，即由我国各级政府的涉外经济部门或外商投资企业主管部门进行调解；⑥ 由律师进行调解。

2. 东道国当地救济

东道国当地救济具体包括司法救济和行政救济两种。这种方法既适用解决于东道国政府与外国私人投资者之间的争议，又适用于解决东道国企业与外国私人投资者之间的争议。在我国，司法救济具体包括两种情况：一是法院的涉外民事诉讼程序，我国国内企业与外国私人投资者之间的投资争议可通过这种程序解决；二是法院的行政诉讼程序，外国私人投资者与我国政府及其主管部门之间的争议可通过这种程序解决。我国的行政救济主要是行政复议，可适用于外国私人投资者对我国政府主管部门行政决定不服而引起的争议。

---

① 全称是"中国国际贸易促进委员会（中国国际商会）北京调解中心"。

根据国际法，东道国对在本国境内发生的投资争议拥有当然的管辖权，有权要求争议当事人通过当地救济寻求解决。除非东道国法律另有规定或其政府明确表示同意，外国投资者不得将其与东道国政府之间的争议直接提交国际解决，如外交保护、国际仲裁等，也不得将其与东道国企业之间的投资争议提交国外解决。各国原则上都不否认当地救济的可适用性，但在实践中一般采取灵活措施，将当地救济与国际仲裁结合在一起适用。

在处理外国人与东道国政府之间的争议时，用尽当地救济原则是习惯国际法的一项基本要求。在适用这项原则时，外国私人投资者就有义务不仅首先寻求当地救济，而且要把当地救济“用尽”。一般而言，“用尽”包括下列要求：一是必须尽可能使用完当地所有可适用的司法和行政救济程序，包括上诉程序，直至当地最高法院或最高行政机关作出最终决定；二是必须充分地和正确地使用国内法中所有可适用的诉讼程序上的手段。

3. 外国法院诉讼

外国法院诉讼是指东道国之外国家包括外国私人投资者本国或任何其他第三国法院的诉讼。一般是由外国私人投资者单方面在外国法院对东道国政府或企业提起诉讼。在解决国际投资争议过程中，当外国私人投资者用尽当地救济后仍未获得满意的结果时，他可以求助于本国的外交保护，还可以通过仲裁或外国法院诉讼解决争议。采用外国法院诉讼来解决发生在东道国境内的投资争议，从法理上看是违反属地管辖原则的，必然会遭到东道国的反对。因此，采用这个方法解决争议时，应持谨慎态度。

私人投资者在外国法院提起的诉讼形式主要有下列两种：

(1) 追索诉讼。投资者以国有化违反国际法或违反法院所在地国公共秩序因而无效为理由，对被国有化的财产或该财产的销售收入的所有权甚或国有化国的其他财产主张权利而进行的一种诉讼。

(2) 反托拉斯诉讼。原告指控与其有竞争行为的公司为搞跨其经营，与东道国共谋并唆使东道国对其财产实行国有化或采取其他不利措施，从而违反其本国反托拉斯法，在其本国法院提起诉讼，目的是从被指控的公司得到有关损失的补偿，以达到间接解决投资者与东道国之间的争议。

在解决投资争议的过程中，对外国法院诉讼可能遇到的抗辩就是利用某种法律原则，对外国法院有权受理一件案件或审判一项行为提出异议，请求法院不得对该案件或该行为行使管辖权或审判权。所以，有关当事人在采用这个方法时，对可能遇到的抗辩理由应该有充分的思想准备，谨慎行事。

4. 外交保护

外交保护是解决外国私人投资者与东道国政府之间投资争议的传统方法之一。当本国的海外私人投资者在国外受到损害，用尽当地救济之后仍得不到合理解决，本国可以通过外交途径向该外国要求适当救济。这种方法的主要特点就是将私人投资者与东道国之间的争议上升为国家之间的争议，适用国际法解决，故又被称为政治解决方法。根据国际法，国家是国际法的主体，其对在国外的本国国民行使外交保护是国家主权行为的表现。这一主权行为会产生以下效果：一是国家可以随时停止行使保护权而放弃索赔；二是国家可以自由决定索赔的方式和时间；三是国家可以对该争议作适当的妥协；四是国家获得赔偿时，可以对此作自由处分。

在各国实践中，由于种种原因，采取外交保护解决投资争议的结果往往很少使投资者完全满意，所以现在很少有国家采用。而且在国际法中，国家代表其国民向其他国家提出国际请求，行使外交保护权时，要受到一定条件的限制。如果不符合这些条件，他国可以拒绝承认该国有权行使外交保护。这些限制性条件主要有以下几种：

（1）国籍继续原则。该原则是指请求外交保护的投资者必须连续不断地具有保护国的国籍。只有投资者本国才能行使外交保护权，投资者在争议事件的始终都必须是同一国籍，即个人与国家始终有国籍联系。这样有助于防止滥用外交保护权。

（2）用尽当地救济原则。只有受害的投资者已根据东道国的国内法用尽一切救济手段而得不到合理救济时，投资者本国才能代表其国民向东道国提出索赔要求。

（3）国家自由处分所获赔偿原则。投资者本国政府行使外交保护权，并非仅以投资者的代理人向东道国索赔，而是作为国际法主体行使国际法上的权利。原属于投资者个人的求偿权便转化为其本国与东道国政府之间的国际求偿。因此，在法律上国家并无补偿投资者损失的当然义务，国家可自由处分所获赔偿。

（4）行使外交保护应以东道国承担国际责任为前提条件。如果东道国在投资关系中并未违反条约义务及其他国际义务，一般仍应适用国内法解决争议，而不得提起国际诉讼。

（5）国家应自由决定是否行使外交保护。即使投资者已请求其本国政府进行外交保护，但该国可从对外政策等角度自由决定是否提供外交保护。

5. 国际仲裁

利用国际仲裁来解决国际投资争议问题也是目前较为常用的一种方式。在这里，国际仲裁包括一般的国际商事仲裁和专门的国际投资仲裁。有关国际仲裁的知识可参阅本书的最后一章，这里不再赘述。

在实践中，外国私人投资者和东道国政府或企业选择国际仲裁来解决投资争议，往往是考虑到以下几个实际问题：

（1）从仲裁本身特点可以看出，采用国际仲裁解决投资争议与其他第三者解决方法相比具有不容忽视的优越性。

首先，与司法诉讼相比，仲裁的优越性主要表现在以下几点：① 司法程序比较复杂和拖延时间，而仲裁程序则相对简便迅速。② 司法程序一般公开进行，仲裁程序则是不公开的。因此仲裁具有一定的保密性，有助于提高败诉方履行裁决的自愿性。③ 国内司法程序受国内法律管制，一般比较正规、严格。而仲裁具有较大的灵活性和自治性，仲裁程序、仲裁人、仲裁地点和仲裁适用的法律等均可由当事人自行约定。④ 投资争议往往涉及专业性技术问题，有些是法官无法理解的。利用仲裁，当事人除可选择法律专家外，还可选择精通专业的技术专家参加，有利于更好地解决争议。⑤ 利用仲裁程序既可回避国际法院诉讼管辖权及私人出诉权等困难，又可避免国内法院中主权豁免原则等障碍，使争议顺利解决。⑥ 仲裁裁决比外国法院判决更易执行，因为仲裁裁决有可能根据有关承认与执行外国仲裁裁决的国际公约请求有关国家予以承认与执行。

其次，与外交保护相比，仲裁的优越性主要有：外交保护是一种政治解决方法，资本输出国政府是否同意以及如何行使外交保护权，大多出于政治因素的考虑，这对投资者和东道国都不利。而仲裁是一种法律解决方法，其程序由双方当事人控制，由中立的第三方主持，依照法律裁判，不受政治因素干扰，这既有利于争议的公正解决，又有利于维持东道国与投资者及其本国政府的正常关系。

最后，与调解相比，仲裁的优越性表现在：调解是当事人双方自愿的行为，调解协议一般没有法律拘束力。而仲裁协议是有拘束力的，能使争议通过一次程序有效解决。

（2）从政策角度可以看出，选择仲裁能使当事人双方的利益在一定程度上得到满足。一般而言，外国私人投资者不愿意在东道国法庭解决投资争议，主要担心国内司法机构不能对争议作出公正判决，而提交国际仲裁，除了感到仲裁庭能够作出公正决定和投资能受到不可变更的规则保护外，还提供了通过国内法院使仲裁裁决得到承认与执行的可能性。所以，外国投资者从保护自身利益的角度出发，愿意选择仲裁方式解决国际投资争议。另外，东道国特别是发展中国家东道国在原则上坚持通过本国法院解决投资争议，而外国投资者一般又不愿意在东道国法院解决争议，因此，为了吸引更多外资，发展中国家东道国在这个问题上不得不作些让步。对东道国而言，同意利用国际仲裁解决投资争议就有可能改善投资环境，增强外国投资者对东道国的信任感和对投资的安全感。由此可见，出于本国利益考虑，东道国也愿意采用仲裁来解决投资纠纷。

（3）从法律环境可以看出，现代法律的发展已经改善了国际仲裁程序的有效性，使得利用仲裁解决投资争议更加可行。目前，国际社会制定了一些有关承认与执行外国仲裁裁决的国际公约，使得国际仲裁的可行性和有效性增加，国际仲裁在解决投资争议中的作用日益加强。在采用国际仲裁的软、硬环境得到改善的今天，有关当事人对于仲裁的信心充足，仲裁在解决争议中得到了最广泛的运用，从而也改进和完善了国际仲裁制度。

第二节 国际投资管制和鼓励制度

一、国际投资的管制制度

（一）资本输出国管制海外投资的法律制度

一般而言，资本输出国通过鼓励和保护性措施使其海外投资者将国内饱和的经济行业扩展到国外，充分利用国外资源、劳动力和市场推动和促进本国经济的发展。但随着海外投资企业范围和势力的不断扩大，也给本国经济带来一些不利影响。如一些发达国家的跨国公司在国外投资建立的制造业设施，已直接危及到该国的出口市场；外汇的流出可能给本国国际收支平衡造成一定的困难；海外投资可能导致本国投资不足，增加了失业；高新技术的输出可能威胁到本国的国防安全等。为此，一些资本输出国对其海外投资也采取了相应的限制性措施，以保护本国经济的发展。资本输出国对其海外投资进行管制的主要措施有：

1. 取消海外投资企业享受的优惠待遇

这是资本输出国惯常的做法。如美国正在逐步取消其税法中的税收迟征条款，实行预付税，即在美国收到国外利润之前就对海外企业征税。而有些国家在进出口关税等方面作了严格的规定，目的是限制本国海外企业的产品返销。

2. 防止海外投资企业逃避税收

有些海外企业采取了一些避税措施，如利用海外关联企业通过转移定价进行避税；利用在国际避税港设立“基地公司”，并将在避税港境外的财产和所得汇集在基地公司的账户下等方式避税。诸如此类的做法影响到投资者本国的国际收入，而且严重损害了其本国的财税利益。因此，各国均对这种避税行为采取了严厉的管制措施。

3. 加强政府对技术流出的监管

以技术投资为主的资本输出国，通常采取政府对技术外流的监管措施，以限制其本国企业向某些特定国家出口某些高新技术或产品。如美国对其跨国公司的技术流出所作的限制性规定，在通常情况下，美国允许其本国厂商输出设备制成品，但如果这种输出可以用来制造这些设备项目，或者可能使被输入国获得用于国防目的的情报和技术时，则受到严格的限制。

4. 严格控制海外投资企业对本国市场的垄断

有些国家制定反托拉斯法或反垄断法对海外投资产生重要影响。如美国只要其海外投资企业的行业对美国商业产生不利效果，即适用美国的反托拉斯法。

5. 强化国家对资本流出的宏观控制

有些资本输出国通过国家干预经济活动的职能，从宏观上控制由本国海外直接投资所造成的资本外流。如英国为了确保收支平衡，对英国公司海外直接投资以及海外投资贷款实施严格的限制。

（二）资本输入国管制外国投资的法律制度

目前，世界各国对待外资问题基本上都采取程度不等的限制措施，资本输入国采取的管制措施主要有以下几种：

1. 对投资范围进行管制

各国出于自身安全、公共利益和其他经济利益的考虑，对外国投资的范围作出一定的限制。一般来看，发展中国家的外资法大多规定了允许、限制或禁止外国投资的部门，如我国公布的《外商投资产业指导目录》。发达国家对外资实行国民待遇，但在投资领域内外有别，各国均有不同范围的禁止或限制外资进入的部门。如美国对于涉及国家安全和重大经济利益的国防、通讯、交通运输、银行、保险、自然资源和不动产等方面的投资作了禁止或限制性规定。

2. 对投资审批的管制

世界上大多数资本输入国一般都要按照一定的程序、标准，对进入本国的外国投资进行鉴定、甄别、评价，并决定是否给予许可。各国对于审批程序的繁简规定不同，有的国家采取一次性审批，有的国家则分不同阶段逐项审批。资本输入国有关机关对外资的审查分为形式审查和实质审查。审批的标准又有积极标准和消极标准之分。其中，积极标准是审批机关鉴定外资积极作用的标准。外资只要满足积极标准的一项或几项，就可获得批准。各国法律对于积极标准的规定不同。消极标准是不予批准外国投资的条件。此外，有的国家对所有的投资项目都要审批，而有的国家则只对重点项目进行审批。

3. 对经营管理的管制

利用投资比例和高级管理技术人员的雇佣限制，以实行内外有别的政策，这几乎是发展中国家的通例，一些发达国家也是如此。有的国家倾向采取合营企业的形式，一般规定一个上限，以保证外资只能以合营形式出现。如有的国家规定外资比例一般不得超过49%，还有的规定不得超过40%。有的国家允许外资进入设立合营企业或独资企业，为了达到此目的，只规定下限而无上限。如我国法律规定，外国投资者在企业中的投资比例一般不低于25%。还有些国家对不同行业适用不同的比例。比例的多少根据投资的范围而定，对于东道国认为重要的行业，外资的比例很低；凡属限制外资的行业，外资比例只占少数；凡属鼓励的行业，外资的比例可高，甚至达到100%。各国限制外资比例的主要目的就是限制外国投资者在其投资企业中的经营管理权。

发展中国家由于资金短缺，对外资在当地筹资限制较严，一般只允许短期借贷；发达国家除了美国、英国、德国、日本等国外，其他国家对股票、债券等中长期借贷，也有不同程度的限制。发展中国家缺乏外汇，因此对外资一般都有当地采购和出口创汇的要求，但有些发达国家也有同样要求，如日本批准外资进入的条件之一就是外资必须直接或间接地有利于改善国际收支。①

4. 对外资及其利润转移的管制

资本输入国一般原则上允许外资自由转移，但有时考虑到国际收支平衡问题，也会施加一定的管制。

在资本转让的问题上，为了保护本国重要的经济利益，很多发展中国家有条件允许外资转让，如我国的中外合资企业法规定，外资的转让应经他方同意，审批机构批准，他方在同等条件下有优先购买权。有些国家如葡萄牙规定，经营5年以后才可以转让。

在资本、利润等资金的转移和汇出的问题上，各资本输入国对利润、股息、外籍职员的工资、企业清算资金等转移和汇出一般不加限制，但有的国家根据汇出额与投资的比例、生产性和非生产性所得、国际收支平衡等情况而有所限制。

二、国际投资的鼓励制度

（一）资本输出国鼓励海外投资的法律制度

国际投资的主要来源是经济相对发达的国家，这些国家在资金和技术方面具有一定的优势，为了从海外寻求资本增值的途径，不断开拓新的投资市场，增强其国际竞争实力，发达国家一般都采取措施鼓励本国投资者向海外开展投资活动。这些措施主要有以下几种：

1. 税收优惠

资本输出国大多采取税收优惠的政策作为鼓励海外投资的首选措施。资本输出国税收优惠的重点在于避免国际双重征税。由于资本输入国根据属地管辖原则，有权对外国投资者在本国境内的收入征税，而资本输出国又根据属人管辖原则，也有权对本国海外投资者的海外收入征税，这样就产生了双重征税问题，其结果是使海外投资者承担双重税负，阻碍了国际投资的正常开展。为了解决这个问题，一般可以采取下列两种方法：一是税收抵免，即海外投资者在资本输入国已缴纳的税额，可在本国应纳税额中扣除。采用税收抵免的国家有美国、日本、英国等。二是税收饶让，即只承认资本输入国的征税权，本国放弃征税权。目前，大多数国家只承认预提税的饶让，一部分国家在双边协定中对公司所得税、地方所得税、预提税都给予饶让。美国是一个坚决拒绝实行税收饶

① 赵云．国际经济法学．北京：科学出版社，2008：66.

让的国家，而日本、德国、英国、瑞典等国均承认并实行税收饶让。

此外，资本输出国对于海外投资者来源于国外的所得和位于国外的财产免予征税，即对这一部分所得和财产放弃居民税收管辖权。海外企业无论是否向东道国交纳了所得税，都不必向本国政府纳税。实行免税制的国家主要是欧洲大陆和拉丁美洲的一些国家。

目前，少数发达国家如日本、德国等还建立了海外投资储备金制度。根据该制度，资本输出国允许海外投资者在其投资之年将投资总额的全部或部分划为储备金，并在其应税所得额中扣除该储备金的数额，从而使其海外投资者在投资初期阶段可以暂不纳税或减少纳税。这种海外投资储备金制度实际上也是一种特殊形式的税收优惠措施。

2. 提供资金和技术援助

在资金援助方面，一些资本输出国或设立特别金融机构，以出资或贷款方式参与私人的海外投资企业；或建立特别制度资助本国的私人海外投资活动。在技术援助方面，一些资本输出国为了培训其海外投资企业的技术人员，对本国培训东道国技术人员的机构提供政府津贴，并对东道国的受训人员提供生活费用和其他各种便利。有些国家还协助成立本国民间非营利团体，以便训练在东道国经营的人员。

3. 提供金融信贷

资本输出国政府通过所属的金融机构或保险机构向海外投资企业提供部分优惠的中长期贷款，以帮助企业对外投资。在有些国家，还先后成立了公营金融机构，如英联邦开发公司、德意志开发公司、美国海外私人投资公司、比利时国际投资公司、荷兰发展中国家金融公司、日本海外经济合作基金组织等，主要对本国私人投资者的海外投资项目提供贷款，以投资项目经东道国批准为条件。

4. 提供情报和咨询服务

目前，一些资本输出国通过国家行政机关，国内特别机构或驻外使馆所设的经济情报中心，向本国私人投资者提供发展中国家经济情况和投资机会等情报，开展咨询服务，协助调查和进行投资项目的可行性研究。上述国家在给投资者提供在发展中国家投资机会情报的同时，还全部或部分资助与投资计划有关的可行性研究或“投资前调查”的所需资金。政府资助的调查资金通常为调查费用的50%。海外投资者在投资项目实现后，应偿还政府资助的调查资金。美国、英国、荷兰、澳大利亚、新西兰等国都将这项开支列入国家预算，由国家财政作保证。

（二）资本输入国鼓励外国投资的法律制度

为了更好地吸引外国投资，包括所有发展中国家和部分发达国家在内的资本输入国，都通过法律给予外国投资者不同程度的优惠待遇，尤其是发展中国家，由于自身经济条件较差，政治风险较大，更需要依靠投资优惠来改善投资环境。资本输入国鼓励外国投资的措施主要有：

1. 外国投资优惠的种类

根据资本输入国的外资法，向外国投资者提供的优惠有关税、所得税、流转税、产品出口、财政等方面的优惠，以税收优惠最为普遍。

（1）税收减免。这是最广泛应用的优惠措施。东道国对外国投资制定特殊的税收政策，对于外国投资者在东道国的收入在一定期限内减征或免征所得税。在我国，现行税法规定，内资企业与外资企业所得税的基本税率都是33%。但外资企业适用的33%的税率中包括3%的地方所得税，为了吸引外资，大部分地区都是免征的。同时，生产性外商投资企业从开始获利年度起，第1~2年免征企业所得税，第3~5年减半征收企业所得税。另外，对设在经济技术开发区的生产性外商投资企业，减按15%的税率征收企业所得税。除此之外，我国税法还在很多领域和时限上给予外资企业不同形式的税收优惠。优惠的所得税政策，使得外商投资企业所得税负担大大低于内资企业，有利于吸引更多外资。

（2）免税期。各国规定的免税期，一般都在企业获利年度开始，期限一般为1~3年，减征税为3~5年。采取这类措施的国家主要有印度、马来西亚、泰国、新加坡、巴西等。有些非洲国家免税期较长，为5~10年。

（3）折旧优待。这是针对外国实物投资而采取的一种优惠。折旧优待的主要做法是加速折旧或超额折旧。巴西、印度尼西亚、墨西哥和菲律宾等发展中国家都有允许外国实物投资者加速折旧或超额折旧的法律规定。

（4）再投资优惠。外国投资者在东道国进行直接投资获得的利润用于东道国再次进行投资，设立新企业或扩建现有企业，对于这种行为，许多东道国法律规定对这部分用于再投资的利润在一定期限内给予税收优惠。有的国家对此免征所得税，还有的国家给予退税。我国法律规定，外商投资企业的外国投资者，将从企业取得的利润直接再投资于该企业，增加注册资本，或者作为资本投资开办其他外商投资企业，经营期不少于5年的，经投资者申请，税务机关批准，退还其再投资部分已缴纳所得税的40%税款；外国投资者在中国境内直接再投资举办、扩建产品出口企业或者先进技术企业，以及外国投资者将从海南经济特区内的企业获得的利润直接再投资于海南经济特区内的基础设施建设项目和农业开发企业，经营期不少于5年的，经投资者申请，税务机关批准，全部退还其再投资部分已缴纳的企业所得税税款。

（5）关税优惠。各资本输入国在进口关税方面不同程度地给予外国投资者减免的优惠，但这种优惠一般只限于两类性质的进口产品：一类是外国投资者作为投资而进口的机器、设备、原材料；另一类是外国投资企业生产所需的原料和设备。为促使外国投资企业尽可能使用东道国当地原材料和半成品，东道国一般都将关税减免优惠限定在一定的期间，通常是5~7年，重要项目长达10~15年。

2. 给予外国投资优惠的方式

目前，资本输入国给予外国投资优惠的方式概括起来有以下三种：

(1) 自动给予，即资本输入国在外资法中列举给予优惠的投资项目，某一特定投资如果符合某种法定条件，就自动享有某种优惠。这种方法执行起来简便易行，但可能因为符合条件者很多，而造成资本输入国税收减少和财政负担加重。

(2) 逐项给予，即虽然在法律上规定了给予优惠的一般标准，但仍需经过逐项给予的程序。这种方式的优点在于能使资本输入国限制给予投资优惠的数量和费用，但其是否成功则在很大程度上取决于执行机构人员的素质。

(3) 协议给予，即资本输入国与外国投资者在投资合同中具体规定适用于该项投资项目的优惠措施。

3. 优惠待遇实施的范围

税收优惠的应用既要符合资本输入国的经济发展目标，并尽可能避免不必要的税收损失，又要对外国投资者确有吸引力。因此，资本输入国一般结合本国的产业政策、地区发展规划，根据外国投资的行业、类型、投资地区等情况规定不同的待遇。有些国家将实行特别优惠的具体项目列表公布，定期调整；有些国家制定投资指南或列举指导性鼓励外国投资的行业。对于国家亟需发展的先驱企业，给予的优惠一般以免税期为主，兼以其他补助优惠。

资本输入国一般鼓励生产性投资，对于设立生产性企业的外国投资者给予较多的优惠，而对非生产性企业给予的较少。对于出口型企业也规定了特别的优惠待遇。如新加坡规定，对产品出口的新兴工业自生产之日起免税 8 年，如果产品不出口，免税 5 年；非新兴工业一般没有免税优待，但如果产品出口，则可享受 5 年免税期。

此外，有些国家对能够为本国国民提供较多就业机会的外国投资企业适用特别的优惠待遇，如马来西亚按照雇佣职工人数确定免税的年限。

许多国家为了加速某些特定地区，特别是贫困地区的经济发展，对在这些地区的投资项目给予了较多的优惠。如墨西哥按经济发展的不同将全国划分为三个地区，实行不同幅度的税收优惠。

第三节　国际投资保护制度

国际投资法作为国际经济法的主要分支之一，其中涉及国际投资保护的法律制度占有较大的篇幅，具有重要的现实意义。国际投资活动是投资者以营利为目的跨越国界从事商业投资的行为，根据法律的属人管辖和属地管辖原则，投资者的这种行为要受到其本国和投资地国法律的双重管辖。虽然资本输入国和资本输出国从不同角度来调整投资者的这种行为，但其目标是一致的，就是最大限度地保护投资者正当合法的利益。此外，除了资本输入国和资本输出国的国内法保护制度之外，目前世界上也已建立了一套包括双边条约、国际公约在内的国际法保护制度。

一、资本输入国的投资保护制度

资本输入国国内法对国际投资所提供的保护是最直接和最广泛的法律保护。资本输入国为了达到最大限度地吸引外国投资的目的，往往采用政府政策声明并通过立法机构制定一系列有关法律、法规以及实施条例来保护外国投资。

（一）政府政策声明

资本输入国政府在特定场合下发表正式的政策声明，表示要对外国投资者的利益加以保护。这种政策声明只是一种诺言，表明资本输入国政府的诚意，一般没有严格的法律约束力，但它明确了资本输入国的立场，也说明了资本输入国对外国投资进行保护的立法意向。

（二）根本法的保护

资本输入国在其本国的宪法等根本性法律中明文规定保护外国投资者的合法利益。这些宪法条款通常只是原则性、指导性的，各项具体的保护措施还需通过制定单行法规才能得到落实。如我国现行《宪法》第 18 条对外国投资保护作了规定。

（三）特别法的保护

资本输入国一般根据本国的宪法规定或政策声明，通过立法机构制定特别单行法对外国投资给予法律保护。这类特别法通常又称为外国投资法。

外国投资法是指资本输入国制定的用以调整外国投资者在该国产生的私人直接投资关系的法律规范的总称。其主要内容一般包括外国投资的范围、形式、条件、投资者的权利和义务、对外资的保护、鼓励和管制等。

资本输入国在其外国投资法中具体、明确地规定了保护外国投资的各项措施，这些规定主要体现在以下几个方面：

1. 外国投资者的待遇

这是进行国际投资所遇到的一个首要问题。除了保护投资的双边条约和国际公约对此作出明确规定外，资本输入国在其外资法中对于外国投资者所享受的待遇一般也作出明文规定。目前，世界上大多数发达国家的外资法确定给予外国投资者国民待遇，发展中国家则在国内外资法中不确定国民待遇制度，而通过缔结条约采取最惠国待遇原则。

2. 国有化及其补偿的问题

国有化及其补偿标准直接关系到外国投资者的命运，一直是国际投资保护的核心问题。资本输入国在其外资法中对于国有化及其补偿标准作出明确规定，这样可以有利于直接保护外国投资者的各种利益。①

所谓国有化是主权国家为了公共利益，通过立法程序，将私人财产或私有权利收归国有并由国家加以管理和控制的行为。西方发达国家和广大发展中国家对于国有化及其补偿标准看法不一，在实践中分歧较大。有的主张"充分、即时、有效"的补偿原则，有的主张适当、合理地进行补偿，有的干脆不予补偿。因此，为了能使国际投资活动顺利开展，切实保护外国投资者的利益，资本输入国应在其国内外资法中明确规定对外国投资是否实行国有化，以及实行国有化后的补偿原则、补偿数额、计算方式和赔偿期限等。

3. 原有资本和利润汇出的规定

许多投资东道国的外资法对于外国投资者的原有资本和利润汇出作了保护性规定，主要有两种保护方式：一是允许原有资本和利润自由汇出，投资东道国对此不加任何限制；二是在附加限制条件的前提下，对外国投资者的原有资本和利润的汇兑提供保护。

4. 保护投资稳定性的规定

国际投资活动是一个持续时间较长的经济活动，外国投资者难免要担心在其投资期间，东道国的法律会发生变化，使其期得利润遭受损失。为此，许多资本输入国的外资法中明确订立了稳定性条款，向外国投资者保证即使将来法律发生变化时，对原有的投资项目不予适用。这样，可以消除外国投资者的顾虑，保障投资活动的稳定进行，以达到吸引更多外资、促进国际经济交流的目的。

（四）中国国内法的投资保护制度

随着改革开放的深入，我国十分注重吸收外资并不断改善和优化各种软硬投资环境，自 1979 年以来相继制定颁布了《中外合资经营企业法》、《中外合作经营企业法》、《外资企业法》、《关于中外合资经营企业的登记审批程序》、《中外合资经营企业劳动管理规定》、《关于外商投资企业购买国内产品解决外汇收支平衡的办法》、《关于外商投资企业外汇抵押人民币贷款办法》等一系列外资法律、法规，初步形成了包括宪法性规范、国家特别单行立法和地方性法规在内的外资法体系。我国国内法确立的外资保护制度主要体现在以下几个方面：

1. 保护外国投资者的财产所有权和处置权

根据我国外资法规定，外国投资者在我国的合法财产权益受到保护，任何人不得侵犯，并且允许外国投资者依法自由处置其投资财产。此外，我国的专利法、商标法和计算机软件保护条例也明确规定，外国投资者的无形财产权受法律保护，任何人不得非法

---

① ［日］中川淳司，等．国际经济法．白巴根，译．北京：北京大学出版社，2007：237.

盗用和仿冒。

2. 保护外国投资者所得利润的汇出权

外国投资者在我国投资所得利润可用于在中国境内再投资，也可按照外汇管理条例的规定，通过银行汇往国外。

3. 在正常情况下，对外资企业不实行国有化和征收

我国外资法规定，国家对合营企业、外资企业在正常情况下，不实行国有化和征收。在特殊情况下根据社会公共利益的需要，可以按照一定的法律程序实行征收，并给予相应的补偿。

二、资本输出国的投资保护制度

资本输出国作为投资者的母国，为了保护本国国民在国外投资的安全，一般按照本国国内法的规定，对本国的海外投资者实行以事后弥补政治风险损失为目的的保护制度。这种保护制度叫做海外投资保证制度，又称海外投资保险制度。

（一）海外投资保险制度的概念和特征

海外投资保险制度是资本输出国政府为了预防和补偿本国的海外投资者在国外因遇到政治风险而遭受损失建立的一种保险制度。这种海外投资保险制度是资本输出国国内法保护国际投资的主要方式。

海外投资保险制度在本质上是一种政府保证，它的特征主要有：（1）它是由政府机构或国有公司承保的，以保护国际投资为主要目的；（2）它只适用于海外私人直接投资，即投资者直接参与管理和控制的海外企业的投资，不包括间接投资；（3）投保范围只限于政治风险，如征用险、外汇险、战争险等，不包括一般商业风险；（4）它的任务在于尽可能防止风险的发生，保证海外投资者的财产利益不受损失，通常是结合两国间的投资保证协定来完成的。

美国是世界上最早、最广泛实行海外投资保险制度的国家，自20世纪60年代以来，其他发达国家纷纷效仿美国建立起这种制度。根据各国的立法和实践，负责实施海外投资保险业务的机构，有的是政府公司，如美国的“海外私人投资公司”；有的是政府机构，如日本的通商产业省、新西兰的国家保险署等；有的是由政府和国营公司共同负责，如德国和法国等。

（二）承保范围

海外投资保险只限于承保政治风险，这种政治风险是有特定含义的。根据各国的立法和实践，这些风险主要包括以下几种：

1. 外汇险

外汇险包括禁兑险和转移险，有的国家只承保禁兑险，如美国；有的国家则全部承

保。禁兑险主要指投资东道国因外汇不足，限制或停止外汇交易，或因战争、内乱等事故无法进行外汇交易，致使投资者的原有资本、利润及其他正当合法收益不能自由兑换成外币并汇回本国。如遇这种禁兑险的情况发生，则由海外投资保险机构用自由货币予以兑换。

承保此类风险的主要条件是在签订保险合同时，东道国法律并无禁兑的规定。反之，如在签订保险合同时，东道国已有此禁兑规定，而投保人也知情或理应知情，则事后遭受禁兑损失时，不得向承保人索赔。

2. 征收险

征收险是指由于东道国政府实行征收或国有化措施，致使投资者的合格投资财产遭受部分或全部损失时，则由海外投资保险机构负责赔偿。至于何谓征收行为，各国规定不尽相同，其中以美国的规定最为广泛。在美国，凡东道国政府采取的行动极大地损害了投资者的财产或经营权的行使，均被认为是征收。此外，无论哪一国的海外投资保险机构在履行这项保险责任之前，都要审查投保人是否履行了一定的义务，只有当投保人创设的条件满足时，才对投保人因财产被征收而遭受的损失进行赔偿。

3. 战争与内乱险

该险种是指由于战争、革命、暴动或内乱的结果，致使投资者在东道国的合格投资财产遭受损失，则由海外投资保险机构负责赔偿。在美国，战乱险限于个人或集团主要是为了实现某种政治目的而采取的破坏活动所造成的损失，一般的劳资纠纷、经济矛盾所引起的骚乱冲突风险和一般恐怖活动或国内轻微骚乱所致的风险不包括在内。战乱所造成的损失，仅限于合格投资财产中有形资产的损失，而证券、档案、债券和现金的损失，不在保险之列。这种损失只限于投资者所遭受的直接损失，不包括间接损失。

上述三种风险是各国海外投资保险制度中都承保的，只是各国在立法解释和每种风险的范围上有所不同。此外，有的国家还承保其他政治风险，如德国承保延期支付险，英国承保其他非商业风险等。

（三）投保条件

各国的海外投资保险制度都对投保条件作了较为严格的规定，其中对投资者、投资行为的合格性等问题均有明确要求。

1. 合格投资者

合格投资者才能成为合法的被保险人，各国对此的标准不尽相同，但总的原则是依国籍而定。美国的海外投资保险制度中，合格投资者是指：（1）美国公民；（2）根据美国联邦法律、州及其他地方法律或哥伦比亚特区法律设立的，并主要由美国公民所拥有的公司、合伙企业或其他社团；（3）具有外国国籍的公司、合伙企业或其他社团，其资本95%以上为美国公民、法人或其他社团所有者。日本法律规定，合格投资者限于向海外投资，具有日本国籍的自然人或在日本注册登记，设有住所的公司或其他社团。

2. 合格投资

各国对于作为保险对象的投资项目和内容的合格性都有一定的基本要求。如美国法律认为，合格投资必须符合下列条件：（1）经东道国事先批准同意的投资；（2）必须是新的投资，包括新项目的投资及旧企业因进行重大扩建、更新设备而吸收的投资；（3）只限于在同美国订有投资保证协议的国家和地区的投资项目。在德国，合格投资是指德国投资者在海外的“值得促进”的新投资，特别是能加强德国与发展中国家关系的投资，实践中要求投资者在投保前应取得所有必要的准许，并且遵守德国和东道国的法律。日本要求合格投资必须是有利于日本对外经济关系的新投资，包括原有资本的扩大，并应取得东道国的同意。

合格的投资形式有多种，如现金、实物和股权等，对此，各国法律规定大同小异，一般不作过多限制。

（四）基本操作程序

根据各国现有的海外投资保险制度的规定，该制度的基本操作程序大体有：

第一，私人投资者向本国的海外投资保险机构提出投保申请。投资者在海外投资计划确定后，在开始真正投资前提出投保申请，应向保险机构提交保险申请书、外币证券取得许可书、海外投资计划详细说明书、东道国外资引进许可证等。

第二，海外投资保险机构对保险申请进行审查批准。保险机构在收到投保申请后，要对投资者及其投资是否合格进行审查，如审查投资是否有利于本国经济的发展、投资是否已经东道国批准、投资形式及投资所在的东道国是否合格等。

第三，签订保险合同和交纳保险费。经审查确认申请合格后，双方签订投资保险合同。投保人按规定交纳保险费，保险合同从支付保险费之日起生效。保险期限，各国大多规定最长期限为 15 年，有的可延长到 20 年。

第四，支付保险金。如果约定的保险事故发生，投保人应立即向海外投资保险机构申请赔偿并提供证据，海外投资保险机构在收到申请后应按法律规定和保险合同的约定支付保险金。保险金的数额一般按损失额与赔偿率确定。保险合同中一般约定保险人承担补偿损失 90% 的责任，投保人自负 10% 的责任，也有国家要求投资者承担更多的损失。

第五，海外投资保险机构的代位求偿。海外投资保险机构作为保险人在向投保人支付保险金之后，可代位取得投保人基于保险事故对东道国所享有的索赔权和其他权利，向东道国进行索赔。海外投资保险机构向东道国的代位求偿的法律依据，一般按照其所在国是否与东道国订立双边投资保护协定来确定。这就把私人海外投资关系提高到了通过国际条约来加以调整的高度。

第四节　国际投资的国际法律制度

为了调整国与国之间的投资关系，加强对外国投资的保护，努力创造良好的投资环境，促进国际经济的交流与发展，除了资本输入国和资本输出国在国内法上有效地保护国际投资之外，国际社会业已建立起包括双边条约、多边条约和国际公约在内的一系列有关国际投资的国际法律制度。

一、双边投资条约

双边投资条约是指由两个国家之间就相互进行和保护国际间私人直接投资的有关事项达成的协议。双边投资条约是调整两国间私人直接投资关系最有效的手段，其目的在于通过详尽的法律承诺，向投资者提供国际法上的保护，使投资者具有安全感。特别是在当前国际经济交往进一步扩大的形势下，这类条约在调整资本输出国和资本输入国的关系、促进国际投资和国际经济合作方面具有不可替代的重要作用。双边投资条约也是我国在进行国际投资保护中最常采用的方式。

一般而言，保护国际投资的双边条约可分为两大类型：一是美国型的友好通商航海条约；二是双边投资协定。双边投资协定又可分为美国式的“投资保证协定”和德国式的“促进与保护投资协定”。

（一）友好通商航海条约（friendship commerce and navigation treaties）

第二次世界大战以前，国际投资关系并不发达，各国通常签订通商航海条约来调整两国间的商务交往关系。美国是世界上最早采用友好通商航海条约的国家。这种通商航海条约涉及的范围很广，一般包括关税的征收、海关手续、船舶航行、港口停靠、双方国民和法人在对方国家所享受的待遇、知识产权的保护、进口商品的国内税征收、仲裁等内容。从内容上看，它并不是专门规范投资关系的条约，只是在一般意义上对通商贸易和外国投资给予保护。这对于当时的国际经济交流是适宜的。

二战以后，美国成为世界上主要的资本输出国之一，海外直接投资也逐渐成为国际经济交往的重要形式，保护私人海外投资也就成为友好通商航海条约的主要内容。这时，它的主要条款一般包括投资者所享有的待遇、关于征收或国有化及其补偿的规定、税收、外汇管理、争端解决等内容。但是，通商航海条约毕竟不是专门性的保护国际投资条约，可操作性较差，因而，目前美国等国已基本上不再采用这一条约来保护国际投资，而转向采用双边投资保护协定。

（二）投资保证协定（investment guarantee agreement）

这是美国、加拿大等国目前采取的主要形式，这种协定一般采用两国换文形式签订。它的特点是重在政治风险的保证，特别是着重关于求偿代位权及处理投资争议程序的规定。其保护的对象只是单方的投资，而不是双方的投资。

投资保证协定的主要内容有：（1）投资保护的条件。换文规定，受到保护的投资必须是经资本输入国政府批准的投资项目。（2）承保范围。换文规定，承保范围限于根据投资保证协定由资本输出国的海外投资保险机构承保并经东道国批准的非商业性或政治风险。（3）代位求偿权。一般规定，资本输出国的海外投资保险机构根据承保范围向投资者支付风险损失赔偿金后，就取得代位求偿权。（4）争议的解决。有关投资保证协议条款的解释和适用上发生争议，或因索赔问题发生争执，应采用双方协商或仲裁方式解决。

（三）促进与保护投资协定（agreement for promotion and protection of investment）

这是德国等欧洲一些发达国家与发展中国家签订双边投资保护条约时采用的形式。这类协定一般通过正式立法程序，由国家最高权力机关批准签订，对于鼓励和保护外国投资的规定较为详尽，而且大多属于实体法的规定。

其结构通常由序文、正文和结尾三部分组成，基本内容可概括为以下几个方面：（1）投资待遇。一般规定，东道国给予外国投资者的待遇不应低于它给予其本国国民或任何第三国投资者的待遇，即外国投资者享受国民待遇或最惠国待遇。（2）国有化及其补偿规定。东道国除非为了公共利益，否则不对外国投资者实行国有化。一旦实行国有化，应给予补偿。在国有化及其补偿方面通常相互给予国民待遇或最惠国待遇。（3）代位求偿权。对于因政治风险而造成外国投资者的损失，应给予赔偿，并且一般都承认资本输出国在这方面享有代位求偿权。（4）争议的解决。有关该投资协定条款解释或适用的争议，一般规定由双方指派仲裁员组成仲裁庭解决；有关东道国与外国投资者之间的争议，可通过调解或国际仲裁解决。

二、多边投资条约

多边投资条约是指三个或者三个以上国家就区域性或地区性国际间私人直接投资有关事项所达成的协议。一般而言，多边投资条约具有以下三个法律特征：第一，其主体必须是三个或者三个以上国家，这一特征是其与双边投资条约的最显著区别；第二，其规制的对象是国际间私人直接投资行为，这一特征是其与多边贸易条约的本质区别；第三，其规制国际间私人直接投资行为的范围是“地区性”的，既不是两国之间的也不是全球性的，这一特征是其与双边投资条约和国际投资公约的根本区别。目前，其主要有以下几种类型：多边投资保证条约、多边投资保护条约以及包含投资保护内容的其他形式多边条约。在这里，我们主要介绍前两种类型。

（一）多边投资保证条约

这类多边投资条约是以国际间私人直接投资保险（保证）为主要内容的，目前有两个：一是《阿拉伯区域内投资保证公司条约》，二是达荷美、上沃尔特、尼日尔、多哥及象牙海岸之间签订的《协商会议援助保证基金》。在此，我们主要介绍《阿拉伯区域内投资保证公司条约》。

从20世纪60年代开始，阿拉伯一些国家既是资本输入国，又是资金雄厚的资本输出国，其资本直接输出的对象主要是欧美地区。为了发展本地区的经济、开展本地区国家之间国际间私人直接投资活动，1966年3月在科威特召开的“阿拉伯工业发展会议”上，与会国代表提出了建立“阿拉伯投资保证公司”的建议，并决定由科威特阿拉伯经济发展基金组织承担该“建议”的具体研究工作。该组织在详细研究的基础上，向阿拉伯经济联盟理事会提交了《阿拉伯区域内投资保证公司条约（草案）》，并获得理事会的批准。1971年5月27日约旦、苏丹、叙利亚以及埃及在科威特签署了该条约，现在绝大多数阿拉伯国家联盟成员国都加入了该条约。

《阿拉伯区域内投资保证公司条约》的主要内容是：第一，依据条约成立“保证公司”；第二，规定保证公司的承保范围；第三，规定保证公司对投资者和投资的要求；第四，规定保证公司的保证限额与保险费用；第五，规定保证公司的“代位求偿权”；第六，规定缔约国与保证公司争端的解决方式，强调资本输入国在此类争端解决中应当放弃“用尽当地救济”原则。

（二）多边投资保护条约

这类多边条约是以国际间私人直接投资保护为核心的，目前有三个：《东盟促进和保护投资协定》、《安第斯集团对待外资的共同规则》以及《中非洲经济和关税同盟投资条约》。在此，我们主要就东盟和安第斯组织的多边投资保护条约进行简单介绍。

1.《东盟促进和保护投资协定》

东南亚国家联盟（ASEAN，简称“东盟”）于1967年正式成立，成员包括新加坡、泰国、印度尼西亚、马来西亚、菲律宾、文莱6国。现在东盟成员扩大到10个国家。20世纪70年代以来，东盟比较重视地区性的经济合作，1977年2月东盟成员国签署了《特惠贸易协定》。1980年3月东盟成员国通过了《关于东盟工业项目的基本协定》，1987年6月又正式签订了《东盟工业合资企业协定》，并于同年12月签订了《东盟促进和保护投资协定》。该协定于1990年7月1日正式生效。这一多边投资条约的产生，表明了“东盟”区域各国之间关于国际间私人直接投资的“地区性”国际投资促进和保护法律制度的建立。

该协定的主要内容有：

（1）缔约国之间外国投资者待遇的问题。协定主要确定了三项基本原则：一是最惠国待遇原则，二是公正与平等待遇原则，三是充分保护与保障原则；另外，还规定了缔约国之间就国民待遇原则逐步进行谈判并予以实施。

（2）投资本金及利润的汇出和转移问题。协定规定各缔约国根据其国内法律规定，应当允许外国投资者自由转移与投资有关的所有款项，并且这种转移以可自由使用的货币按照汇兑时的市场汇率进行，不得无理迟延。

（3）国有化和征用问题。协定规定各缔约国原则上不能对外国投资实行国有化（或征收）和征用，但是，根据本国公共利益的需要，可以依据法律所规定的程序对外国投资实施国有化（或征收）和征用，必须给予足够的补偿，这种"补偿"价值应相当于实施国有化（或征收）和征用时为广大公众知晓的外国投资的"市场价值"，并且，在清算和支付时不得无理迟延，必须允许外国投资者以可自由使用的货币自由转移。

（4）外国投资者与东道国政府争端解决的问题。协定规定了三种方式：一是尽量通过友好协商方式解决；二是通过仲裁方式解决，如果双方通过友好协商不能解决争端，则可将争端提交"解决投资争端国际中心"、"联合国国际贸易法委员会"、吉隆坡的"地区仲裁中心"以及双方同意的其他仲裁机构解决，如果双方未能在争端发生后3个月内达成提交某个仲裁机构进行解决的协议，则应按照该协定相关条款的规定组建临时仲裁庭解决争端；三是通过东道国司法程序或者行政程序等国内方式解决。

2.《安第斯集团对待外资的共同规则》

安第斯集团（Andean Group）又称为安第斯条约组织（ATO）、安第斯共同市场（ANCOM）。1969年5月26日，南美洲安第斯山脉的哥伦比亚、玻利维亚、厄瓜多尔、智利以及秘鲁等5国在哥伦比亚的卡塔赫那市签订了《安第斯区域一体化协定》，在此基础上建立了"安第斯集团"。1973年2月13日委内瑞拉加入了安第斯集团，1976年10月30日智利从集团退出，目前该集团的成员国是哥伦比亚、玻利维亚、委内瑞拉、厄瓜多尔以及秘鲁5国。

安第斯集团在1969年通过了《关于外国投资待遇、商标、专利、许可证以及提成费共同制度的卡塔赫那协定》，该协定就是安第斯集团最初的"对待外资共同规则"。安第斯集团还根据该协定成立了"卡塔赫那协定委员会"，委员会作出的决议具有法律约束力，各成员国都有义务在其国内法中予以贯彻和体现。1970年委员会对1969年的规则进行了修正，作出了"第24号决议"；1987年委员会通过了"第220号决议"，取代了"第24号决议"；1991年委员会通过了"第291号决议"，又取代了"第220号决议"，形成了新的"对待外资共同规则"；安第斯集团于1994年1月1日开始实行"对外共同关税"。安第斯集团"对待外资共同规则"的主要特点有两个：一是外国投资者指的是安第斯集团以外国家的国际私人直接投资者，这一特点与东盟的多边投资条约是有区别的；二是更大程度地取消了对外国投资的大部分限制（如著名的“外资逐步减少方式”的最低比例和年限等），以促进外国资本和技术流入安第斯集团国家。

三、国际投资公约

国际投资公约是指三个或三个以上国家就全球性国际间私人直接投资的相关事项所缔结的协议。目前，和平与发展成为国际社会的主旋律。在这种形势下，国际经济交往日趋频繁，跨国间的私人直接投资成为国际投资和国际经济合作的最主要的形式。为了适应这种变化，一些国家和国际组织试图通过缔结国际公约，建立一套多国间的保护国际投资的法律制度。然而，有关国家的政治和经济体制不一，在一些重大问题上难以取得一致意见，这一工作进展缓慢。至今为止，只产生了一些调整国际投资关系中专门问题的公约，其中被大多数国家接受并生效的公约只有两个：一是《多边投资担保机构公约》；二是《关于解决国家与他国国民之间投资争议公约》。此外，世贸组织体系还有《与贸易有关的投资措施协议》等。

（一）《多边投资担保机构公约》

《多边投资担保机构公约》(Convention Establishing the Multilateral Investment Guarantee Agency)，简称为《汉城公约》，于1985年世界银行年会通过并于同年10月在韩国汉城开放签字。该公约已于1988年4月12日正式生效，我国于1988年4月28日签署该公约并于两天后交存了批准书。①

《汉城公约》共11章67条和2个附件，其中设立了“多边投资担保机构”(Multilateral Investment Guarantee Agency，MIGA)，为外国私人投资者提供政治风险担保。《汉城公约》的主要内容包括以下几个方面：

1. 目标和宗旨

根据《汉城公约》的规定，MIGA的目标应该是鼓励在其会员国之间，尤其是向发展中国家会员国融通生产性投资，以补充世界银行、国际金融公司和其他国际开发金融机构的活动。《汉城公约》为此规定，MIGA应在一会员国从其他会员国取得投资时，对投资的非商业性风险予以担保，包括共保和分保；开展合适的辅助性活动，以促进向发展中国家会员国和在发展中国家会员国之间的投资流动；为推进其目标，使用必要和适宜的附带权力。

《汉城公约》规定，MIGA会员国资格应向世界银行所有成员国和瑞士开放。

---

① 贺小勇．国际经济法学．北京：中国政法大学出版社，2008：438.

2. 法律地位

根据《汉城公约》第1条的规定，MIGA应有完全的法人地位，特别有权：(1) 签订合同；(2) 取得并处理不动产；(3) 进行法律诉讼。《汉城公约》还规定，为使MIGA能完成其职责，在各会员国领土内应授予MIGA豁免权和特权；MIGA的财产和资产，无论在何地为何人所保管，均应免受搜查、征用、没收、征收或其他行政或立法行为上的任何形式的扣押；机构的一切财产和资产，在根据本公约而经营的业务所必需的范围内，应不受任何性质的限制、管制、控制以及延期偿付之限。

3. 承保风险的范围

MIGA可为合格的投资承保下列风险：(1) 货币汇兑；(2) 征收或类似措施；(3) 违约；(4) 战争与内乱。此外，经投资者和东道国的联合申请，董事会特别多数票通过，可将担保的风险范围扩大到上述四种风险以外的其他特定的非商业性风险。这些其他风险可以包括诸如显然是针对投资者进行的恐怖主义行为或绑架等，但在任何情况下都不包括货币的贬值或降值的风险。

《汉城公约》同时也明确规定，下列两种原因造成的损失，不在担保之内：(1) 由于投资者对东道国政府的任何作为或不作为的同意或负有责任而造成的损失；(2) 由发生在担保合同之前的东道国政府的作为、不作为或其他任何事件所造成的损失。

4. 合格投资

根据《汉城公约》的规定，投资要具有承保的资格，必须在投资类型、投资资产、投资时间以及投资的东道国等方面符合一定的要求。

(1) 投资类型。MIGA承保的合格投资既包括股权投资，也包括非股权直接投资，以及董事会特别多数票通过的任何形式的中长期贷款。

(2) 投资资产。合格投资可以是《汉城公约》规定的可自由使用的货币，也可以是向投资项目提供的任何具有货币价值的有形或无形资产，如提供机器、专利、技术、管理技巧、商标或销售渠道等。

(3) 投资时间。MIGA承保的投资限于新的投资。新的投资是指投保人提出申请注册之后才开始实施的投资。

(4) 合格投资的审查标准。MIGA在正式承保之前，首先要审查该项投资是否具有积极性与合法性等要件，其标准为：① 该项投资必须是在经济上合理的；② 该项投资对东道国发展是有贡献的；③ 该项投资应是东道国法律所允许的；④ 该项投资是与东道国宣布的发展目标和重点相一致的。

(5) 合格投资的东道国。根据《汉城公约》的规定，合格投资的东道国必须符合如下条件：① 是一个发展中国家；② 是一个明确同意MIGA担保特定风险的国家；③ 是一个经MIGA查明，投资可以得到公正平衡待遇和法律保护的国家。

5. 合格投资者

《汉城公约》规定，在下列条件下，任何自然人和法人都有资格取得 MIGA 的担保：（1）该自然人是东道国以外一会员国的国民。（2）该法人在一会员国注册并在该会员国设有主要业务地点，或其多数资本为一会员国，或几个会员国，或这些会员国国民所有。在上述任何情况下，该会员国都不是东道国。（3）该法人无论是否为私人所有，均在商业基础上营业。

6. 担保合同

担保合同由 MIGA 与投保人之间订立，应详细规定承保的范围和将给予赔偿损失的类型。合同还应包括关于担保期限、合同的终止和修订、担保数额及货币、备用担保、投保人的保证与责任、争议解决、适用法律以及担保费和索赔等规定。担保期限不应少于 3 年，也不应多于 15 年，在特别情况下经 MIGA 与投保人商定可以为 20 年。担保数额由 MIGA 与投保人约定，但无论如何不得超过最高担保额。最高担保额依投资类型而定。

7. 索赔和代位求偿

投资者在向 MIGA 索赔之前要履行一些义务：寻求当地行政救济；遵守东道国的法律和法令，对其投资项目加以控制，以避免或减少可能的损失；妥善保存索赔的文档记录，以备 MIGA 查阅；保留投资项目在投保期的财务账目。MIGA 支付赔偿的最终决定由总裁根据赔偿委员会的建议作出，赔偿委员会由总裁任命组成，由 MIGA 首席法律官员主持。赔偿额不得超过投保总额和投资者的实际损失。

在 MIGA 支付或同意支付赔偿时，投资者对东道国和其他债务人所拥有的有关担保投资的权利或索赔权，应由 MIGA 代位。担保合同应规定此类代位权的条件。MIGA 作为投资者的代位权人所取得的财产待遇，应等同于这些财产在投资者手中的待遇，因而不能享受 MIGA 的豁免权和特权，但在税收和关税方面可例外。

8. 争议的解决

根据《汉城公约》的规定，MIGA 的任一会员国和 MIGA 之间，或 MIGA 的会员国之间对本公约的解释或施行发生的任何争端，均应提交董事会裁决。

（二）《关于解决国家与他国国民之间投资争议公约》

为了进一步改善国际投资环境，促进国际经济交流的开展，国际社会对于投资争议的解决十分重视，为此作出了不懈努力。目前，国际上制定和通过了一些有关投资保护的国际公约，其中涉及解决外国投资者与东道国之间投资争议仅有的并已生效的公约是《关于解决国家与他国国民之间投资争议公约》。

《关于解决国家与他国国民之间投资争议公约》（Convention on the Settlement of Investment Disputes between States and Nationals of Other States），简称为《华盛顿公约》，

是于1965年3月18日在世界银行主持下于美国华盛顿签署的。该公约于1966年10月14日正式生效，同时根据公约的规定在华盛顿成立了“解决投资争议国际中心”(International Center for Settlement of Investment Disputes，即ICSID，简称“中心”)，这是国际上处理投资争议的专门仲裁机构。① 我国于1990年2月9日签署了公约，并于1993年2月6日开始生效。

该公约的签署和生效，使发达的资本输出国和输入资本的发展中国家在解决长期困扰的投资争议问题上的矛盾得到缓和，有利于确立和健全保障国际投资活动顺利进行的国际法律机制。该公约在序言之后分设10章75条，主要内容介绍如下：

1. 中心的宗旨、组织机构和法律地位

根据《华盛顿公约》的规定，中心的宗旨是为了加强各国之间在经济发展事业中的伙伴关系，创立一个调停和仲裁国家与外国私人投资者之间投资争议的专门性机构。

中心主要办公处设在世界银行总部之内，作为国际性的常设机构，下设一个行政理事会和一个秘书处，并设有一个调停人小组和一个仲裁人小组。行政理事会是中心的权力机关，由缔约国各派一人组成，由世界银行行长担任主席。秘书处的秘书长在法律上代表中心，并按照《华盛顿公约》的规定和行政理事会通过的规则负责日常行政事务。

依照《华盛顿公约》的规定，中心具有完全的国际法律人格，其法律能力包括：(1) 缔结契约的能力；(2) 取得和处理动产和不动产的能力；(3) 起诉和应诉的能力。此外，为了使中心能够完成其任务，中心在各缔约国领土上享有豁免权和特权。

2. 中心的管辖权

中心的管辖适用于缔约国与另一缔约国国民之间直接因投资而产生的任何法律争端。根据《华盛顿公约》的规定，将案件提交中心调停或仲裁，必须符合以下三项要件：

(1) 主体要件。争议当事人必须一方是缔约国国家或缔约国指派到中心的该国的任何组成部分或机构，另一方必须是另一缔约国国民。在这里，“另一缔约国国民”除了指具有另一缔约国国籍的自然人或法人外，还包括具有争议一方缔约国国籍而为外国人控制的法人，但这需要双方事先约定：为了公约的目的，将之视为另一缔约国国民。

(2) 客体要件。争议必须属于“法律争端”性质，并且应是“直接由于投资而引起”。“法律争端”是指基于契约性质的争端，即关于投资合同的解释和执行而产生的分歧，以及因国有化或征收的合法性或补偿标准而引起的争议。“投资”既包括传统类型的资本投资，又包括各种现代类型的非资本出资形式的投资，如技术转让、技术服务等。

(3) 主观要件。争议双方当事人必须通过书面同意将争议提交中心管辖。当事人

---

① [日] 中川淳司，等. 国际经济法. 白巴根，译. 北京：北京大学出版社，2007：234.

各方一经"同意"，任何一方不得单方面撤销。值得一提的是，某一国加入公约行为的本身，并不等于表示已接受中心管辖，如愿接受中心管辖，还应该另作书面同意，并对有关事项作出具体规定。

一项投资争议只有同时符合上述三个要件，才能被中心管辖。如果中心秘书长在登记当事人的请求时，发现所请求登记的争议显然在中心管辖范围之外，可以拒绝登记；调停委员会或仲裁庭也可以根据上述条件判断自己是否对已提交给它的争议行使管辖权。

双方当事人以书面同意将有关投资争议提交中心管辖后，不得再将该争议提交其他机构解决，而其他机构也不应受理。但是，争议缔约国一方可以要求把首先用尽当地各种救济作为其同意提交中心仲裁的一个先决条件。对于双方已同意或已提交中心仲裁的争议，投资者本国不得行使外交保护或提出国际权利主张，除非该另一缔约国不遵守或不执行对此项争议所作出的裁决。由此可见，在争议的解决过程中，中心仲裁对外交保护的排斥是绝对的和无条件的。

3. 中心的调停和仲裁

《华盛顿公约》提供的解决国际投资争议的方法包括调停和仲裁两种，均在中心主持下，根据中心制定的有关规则进行。首先是由要求调停或仲裁的一方当事人以书面形式向秘书长提出申请，中心在收到申请后 90 天内组成调停委员会或仲裁庭进行调停或仲裁。调停委员会应当澄清双方产生争议的事由，并努力促使双方对共同可接受的条件达成协议，不论双方最终是否达成协议，调停委员会都要作出报告。仲裁的裁决则由仲裁庭成员多数通过，并以书面形式作成。裁决具有终局效力，对双方都有约束力，不得为此申请诉讼或采取任何其他除本公约规定以外的救济方法。

4. 中心仲裁所适用的法律

《华盛顿公约》对中心采取仲裁时应适用的法律作了明确规定，具体规定如下：

（1）适用当事人选择的法律。可供当事人选择的法律包括东道国法律、外国私人投资者本国法律或第三国法律。当事人还可约定适用国际法，或国际法与国内法的混合。无论选择哪一种法律，仲裁庭均应加以适用。但从实践来看，大部分同意中心仲裁的协议都约定适用东道国法律。

（2）适用作为争议缔约国的法律以及可能适用的国际法规则。在当事人没有对法律适用作出选择的情况下，可以适用两种法律，首先应适用争议缔约国的法律，即东道国的国内法（包括冲突法规则），其次可以适用有关的国际法规则。但《华盛顿公约》没有明确规定适用国际法同适用东道国法是什么关系，以及可适用哪些国际法。这需要从公正的立场出发作出正确的解释。一般认为，应首先适用东道国法律，在东道国法律不健全或单纯适用不足以正确处理争议时，可适用国际法规则，以对东道国法律的适用起到补充或修正作用。

（3）适用一般法律原则。《华盛顿公约》规定了禁止拒绝裁决的规则，即法庭不得借口法律无明文规定或含义不清而暂不作出裁决。根据这一规则，一般认为法庭在发现按规定应适用的法律缺少相应的规范或规范含义不清时，为了使作出的裁决有法可依，可以从其他法律体系（包括国内法和国际法）中演绎出一般原则和规则，亦称一般法律原则，加以适用。

（4）适用公平与善意原则。根据《华盛顿公约》的有关规定，法庭在双方当事人特别授权的情况下，可以根据公平与善意的原则而不是根据法律作出裁决。

5. 中心仲裁裁决的承认与执行

根据《华盛顿公约》的规定，中心的裁决对双方均有拘束力，当事人不得进行任何上诉或采取任何除本公约规定外的补救办法。除依照本公约有关规定予以停止执行的情况外，每一方应遵守和履行裁决的规定。

《华盛顿公约》要求每一个缔约国应承认中心仲裁裁决具有约束力，并把它视为本国法院最终判决一样加以承认与执行，不得对裁决进行审查或拒绝承认与执行；各个缔约国执行裁决的范围限于在其领土履行该裁决所加的财政义务；对于裁决的执行，受执行国关于执行判决的现行法律的管辖。

根据《华盛顿公约》的规定，各个缔约国包括争议缔约国对中心放弃管辖豁免，并不等于放弃了执行豁免；如果一缔约国法律有对主权国家免予强制执行的规定，则可免除该缔约国强制执行的义务。

（三）《与贸易有关的投资措施协议》

1995 年 1 月 1 日正式成立的世界贸易组织对于全球性经济贸易活动作出了规定，对全球性与贸易有关的“一些措施”也进行了规定，但并未全面对国际间私人直接投资的全球性问题进行规定，然而，世贸组织体系的《与贸易有关的投资措施协议》在性质上是属于规制国际间私人直接投资行为的国际法律实体规范。

《与贸易有关的投资措施协议》（Agreement on Trade-Related Investment Measures，简称 TRIMs 协议）作为《马拉喀什建立世界贸易组织协定》附件 1A《货物贸易多边协议》的一个附件，于 1995 年 1 月 1 日生效。TRIMs 协议是一个篇幅简短的框架性文件，由序言、正文与附录等三个部分组成，正文共有 9 条。其主要内容如下：

1. 序言部分

TRIMs 协议的序言部分首先宣告了其订立的法律根据——《埃斯特角部长宣言》的授权，并阐明了该协议的宗旨：（1）避免和取消那些可能引起贸易限制和扭曲作用的投资措施；（2）促进世界贸易的扩大和逐步自由化，便利国际投资，以确保自由竞争，实现所有国家，特别是发展中国家的经济增长；（3）考虑发展中国家尤其是最不发达国家在贸易、发展和财政方面的特殊需要。

2. 正文部分

（1）适用范围

TRIMs 协议第 1 条规定："本协议仅适用于与贸易有关的投资措施。"与贸易有关的投资措施很多，大体上可分为投资激励、经营要求、限制性商业惯例、母国限制等。协议并未规定什么是"与贸易有关的投资措施"。但该协议第 1 条的规定似乎说明了，它仅适用于与货物贸易有关的投资措施，不适用于与服务贸易和技术贸易有关的投资措施。同时，该协议也未区分对外国企业所采取的措施和那些影响国内企业的措施；该协议也未区分影响现有投资的措施和适用于新投资的措施。

（2）国民待遇和数量限制

TRIMs 协议第 2 条是该协议最重要的条款，其第 1 款对该协议所规范的"TRIMs"作了概括性的规定，在不损害 GATT1994 项下的其他权利与义务的前提下，任何一成员方不得实施与 GATT1994 第 3 条（国民待遇）或第 11 条（取消数量限制）规定不相符的任何 TRIMs。该条第 2 款则与附录相呼应，进一步说明第 1 款所指的 TRIMs 列于附录解释性清单内。

GATT1994 第 3 条为国民待遇条款。它禁止成员方在制造、销售、运输、分配或使用等方面实施背离国民待遇原则的国内税收、费用、法律、条例及要求。其第 4 款规定："一成员方领土产品输入到另一成员方领土时，在关于产品的国内销售、推销、购买、运输、分配或使用的全部法令、条例和规定方面，所享受的待遇应不低于相同的本国产品所享受的待遇。"因此，当一成员方某种投资措施使进口产品在其境内的待遇低于当地产品时，这种投资措施即应当被禁止。

GATT1994 第 11 条是有关取消数量限制的规定，其第 1 款要求"任何成员方除征收税收或其他费用以外，不得设立或维持配额、进出口许可证或其他措施以限制或禁止其他缔约方领土的产品的输入，或向其他缔约方领土输出或销售出口产品"。据此，任何成员方都不得采取能够产生限制或禁止从其他成员方进口产品或向其他成员方出口产品的效果的投资措施。

（3）例外规定

TRIMs 协议第 3 条为"例外条款"，规定"GATT1994 项下的所有例外均应适用于协议的规定"。这些例外包括诸如幼稚工业的建立与发展、国家政治稳定与安全、保障人类及动植物的生命或健康需要、边境贸易优惠以及为保障国际收支而实施的数量限制等。这些例外措施是 GATT 灵活性的体现，将它们适用于 TRIMs 协议，使该协议易为众多成员接受，并在实践上更加可行。

（4）发展中国家

TRIMs协议第4条规定，发展中国家根据GATT1994第18条（关于维持国际收支平衡）、《GATT1994关于收支平衡条款的谅解》以及1979年11月28日采纳的《关于收支平衡条款的谅解》以及1979年11月28日采纳的《关于收支平衡的贸易措施的1979年宣言（BISD265/205－209）》规定的范围和方式，有权暂时背离TRIMs协议第2条规定的义务。

GATT1994第18条是关于发展中国家特别待遇的条款。它承认“各成员方，特别是那些只能维持低生活水平，处于发展初期阶段的缔约国的经济逐步增长，将有助于实现本协定的宗旨”。为此，它将发展中国家分成两类国家，并规定了不同的特殊待遇。

第一类是“只能维持低生活水平，经济处于发展初期阶段的成员方”。GATT1994的第3条规定：① 为加速某一特定工业的建立以提高人民的一般生活水平，修改或撤销关税减让表中某项减让；② 在面临国际收支困难时，为了保护对外金融地位和保证有一定水平的储备以满足实施经济发展计划的需要，采取数量限制方法来控制进口水平；为了提高人民的一般生活水平，有必要对某一特定工业的加速建立提供政府援助。根据以上的规定这类国家可以实施贸易平衡要求、进口用汇限制、国内销售要求、进口替代要求等投资措施，而无需经成员方全体批准，只需按第18条规定履行一定的通知和协商程序。

第二类是经济处于发展阶段，但又不属于第一类范围的成员方，可经向成员方全体申请获准后实施以上GATT1994第3条所规定的投资措施，包括投资激励和制定界限等。

《GATT1994关于收支平衡条款的谅解》与GATT1994第12条和第18条有关，其中第3条为成员方提供了取消数量限制的例外，即当国际收支平衡出现严重情况时，成员国可以有条件地采取新的数量限制措施。

(5) 通知与过渡性安排

TRIMs协议第5条共5款，规定了各成员方取消TRIMs的具体期限、步骤和方法。第1款规定在《马拉喀什建立世界贸易组织协定》生效后的90日内，各成员方应向货物贸易理事会通知其所有正在实施但与本协议规定不符的TRIMs。在通知此类普遍或特定适用的TRIMs时，应随同告知其主要特征。

第2款规定，发达国家成员方应在《建立世界贸易组织协定》生效后2年期限内取消这类TRIMs。发展中国家成员方的期限为5年，最不发达国家成员方的期限为7年。第3款则规定货物贸易理事会应发展中国家成员方的请求，可以延长其过渡期限，但要求成员方必须证明执行该协议时的特殊困难。

为了防止某些成员方在本协议生效前或是在过渡期期间加紧或强化实施TRIMs，该条第4款特地规定了一个“冻结点”（Standstill），即在过渡期间，任何一成员方不得加强其所通知的TRIMs，使得它们与本协议的要求差距加大。同时还规定在《建立世界贸易组织协定》生效前180日之内开始实施且与TRIMs协议不符的TRIMs不享受过渡期，应立即取消。

为了不使已有的企业和在WTO协定生效之后建立的新企业因在TRIMs方面待遇不同而处在不公平的竞争地位，第5款最后规定成员方在过渡期内对新的投资仍可适用已有企业所适用的同样的TRIMs，但其必须具备两项条件：① 这种投资的产品与已建立企业的产品同类；② 为避免扭曲新投资与已建立企业之间的竞争条件所必需。同时该款还规定，在以上两种情况下采取的投资措施，应当向货物贸易理事会通报，并且要同时对已建企业实施的投资措施在同一时间终止。

（6）透明度要求

TRIMs协议第6条规定，有关各成员方应重申其在GATT1994第10条（贸易条例的公布与实施）项下承诺的透明度和通知义务，并遵守1979年11月28日实施的《关于通知、协商、争议解决与监督协议》，以及“通知程序部长决议”中所包含的“通知”义务。各成员方还应向世界贸易组织秘书处通告可以找到TRIMs的出版物，包括各级地方与区域性政府所使用的相关出版物。

若其他成员方因有关本协议的任何事项而要求一成员方提供相关资讯，该成员方应对此要求予以合理考虑，并应为对方提供充分的磋商机会。但根据GATT1994第10条的规定，各成员方可以不公开有碍法律实施并对公共利益及特定企业的合法商业利益造成损害的信息。

（7）建立与贸易有关的投资措施委员会

TRIMs协议第7条规定，应设立一个对世界贸易组织所有成员方开放的“与贸易有关的投资措施委员会”，以强化该协议的执行。该委员会应选举自己的主席、副主席。每年至少集会一次，或根据任一成员方的请求随时召开会议。该委员会的职责是：执行货物贸易理事会分配的任务，并向成员方提供咨询机会与服务，以磋商本协议的运行和执行，并每年向货物贸易理事会汇报这方面的情况。

（8）磋商与争端解决

TRIMs协议第8条规定，GATT1994第22、23条，WTO的《关于争端解决规则与程序的谅解》详细阐述的规则应适用于本协议项下的磋商和争端解决。

（9）货物贸易理事会的审查

《TRIMs协议》第9条规定，在《建立世界贸易组织协定》生效的5年内，货物贸易理事会应审查本协议的运行情况，并在适当的时候向部长会议提交文本的修改建议。在审查中，货物贸易理事会应考虑是否需要对有关投资政策和竞争政策作补充规定。这实际上为日后 TRIMs 协议全面扩大适用于投资和竞争领域埋下了伏笔。

3. 附录部分

TRIMs 协议附录为解释性清单，采用概括性与列举性相结合的方法，列举了与 GATT1994 第 3 条第 4 款和第 11 条第 1 款不符的五项 TRIMs。这五项为协议明确禁止，而不管采取这些措施是否造成损害后果，也不管外国投资是否接受了这些措施，都不允许在成员国实行。

（1）要求企业购买或使用本国用品或来源于任何国内渠道的产品，具体形式有：规定了有关国产品的具体名称，即具体产品类别；规定了有关国产品的数量或金额；规定了企业生产中必须使用国产品的最低比例。

（2）要求企业购买或使用的进口产品限制在一个与其出口的当地产品的数量或价值相关的水平。

（3）普遍限制企业进口其产品所使用的或与其生产相关的产品，或将进口量限于企业出口其产品的数量或价值的水平。

（4）通过对使用外汇的控制，限制企业进口其生产所使用的或与其生产有关的产品，即将企业用汇额度限定在其出口净得的外汇之内。

（5）限制企业出口其产品或为出口销售其产品，不论具体规定产品、产品的特定数量或价值的比例，还是规定其在当地生产的数量或价值比例。

在上述五项 TRIMs 中，前两项属于 GATT1994 第 3 条第 4 款规定的国民待遇义务不相符的 TRIMs，后三项属于 GATT1994 第 11 条第 1 款规定的普遍取消数量限制义务不相符的 TRIMs。在列举上述五项 TRIMs 时，该解释性清单还指出该协议禁止使用这些措施，不仅是因为它们涉及法律上的问题或政府的行政裁决，而且还因为它们是“获得某项好处而必须遵守”的条件。该协议没有说明这种好处是什么，但一个明显的例子是为修建一座新工厂而提供补贴，而工厂的产品要受制于 TRIMs。

从以上文字中可以清楚地看出，协议完全禁止当地含量要求，但没有禁止出口义务。协议还禁止对任何原材料或中间产品的进口加以具体限制的外汇平衡要求。但是，成员方政府可以规定，一公司在规定时期内的外汇收入至少要与该公司在同期内的外汇支付持平。

思考题

1. 什么是国际投资法？
2. 国际投资法的渊源有哪些？
3. 简述各国有关管制和鼓励国际投资制度。

4. 简述海外投资保险制度。
5. 简述 TRIMs 协议的主要内容。

课外阅读书目

余劲松，吴志攀．国际经济法．北京：北京大学出版社，2009.
孙南申．国际投资法．北京：中国人民大学出版社，2008.
余劲松．国际投资法．北京：法律出版社，2007.

第九章

国际金融法

内容提要

国际金融法调整不同国家之间因跨国货币、资金融通活动而产生的国际金融关系。国际货币基金组织、世界银行等国际金融组织对调整国际金融秩序和发展国际金融规则起到重要作用。国际贷款和国际证券是最重要的国际融资方式。国际贷款可以分为政府贷款、国际金融机构贷款、国际商业贷款和项目贷款。大规模资金需求往往采用银团贷款。项目贷款以复杂的信用结构保证项目实施，在新兴市场国家的经济发展中发挥巨大作用。国际证券可以分为国际股票和国际债券。国际债券有发行审核和信息披露要求。此外，本章还介绍了国际融资担保的多种方式。

第一节　国际金融法概述

一、国际金融法的概念与渊源

（一）国际金融法的概念与特征

1. 国际金融法的概念

国际金融法是调整国际金融关系的国际规范和国内规范的总称，调整不同国家之间因跨国货币、资金融通活动而产生的国际金融关系。国际金融法的调整对象可以分为三类：（1）平等主体之间的金融交易关系，如国际银团贷款、国际项目融资等；（2）国家与私人之间因金融活动而发生的管理关系，如国家对境内企业境外发行债券的管理和对外资银行市场准入的管理；（3）国家之间因管理金融活动而发生的协调关系，如国家之间就汇率和币值稳定达成安排、关于双重征税的税收协定。

2. 国际金融法的特征

国际金融法具有以下特征：

（1）国际性。国际金融法调整国际层面上的货币、资金融通关系，涉及不同国籍的民商事主体和跨国的金融关系。

（2）广泛性。国际金融法涉及金融工具、国际金融市场、金融机构和信用机构、国际金融调控与监管等要素，其调整范围随着国际金融的发展和创新而不断扩大。

（3）基础性。国际金融法以货币的兑换、流动为基础，但仅仅是调整货币和资金的融通，而不涉及国际金融关系背后的国际贸易或者国际投资活动。

（4）公法性质与私法性质。国际金融法既包括具有公法性质的对国际金融关系的管制规范，也包括具有私法性质的对国际金融交易活动的调整规范。

（5）安全与效率。与国际贸易法、国际投资法促进贸易自由、贸易公平的价值不同，安全一直是各国金融法追求的主要目标。而随着全球统一市场的建立，效率逐渐成为国际金融法追求的另一重要价值。①

（二）国际金融法的渊源

国际金融法的渊源包括国际金融条约、国际金融惯例和国内金融立法。

1. 国际金融条约

国家和政府间、国际组织之间（国际组织须在其组织章程赋予的权限内）订立的国际金融条约是国际金融法的重要来源。根据缔约主体的不同，国际金融条约可以分为全球性条约、区域性条约和双边金融协定。全球性条约如《国际货币基金组织协定》、《国际复兴开发银行协定》、《亚洲开发银行协定》、《联合国国际汇票与国际本票公约》、《独立担保和备用信用证公约》、《全球金融服务协议》等。区域性条约如《建立欧洲货币体系协定》、《北美自由贸易区协议》、《清迈协议》等。双边金融协定如《美英贸易和金融协定》、《中华人民共和国政府和乌兹别克斯坦共和国政府关于中华人民共和国向乌兹别克斯坦提供无息贷款的协定》等。

2. 国际金融惯例

人们在长期实践中形成的、并为国际社会确认具有效力的国际金融惯例是国际金融法的主要国际渊源。一些国际组织将国际惯例加以规范化、系统化，其制定的通则、指南统一了国际实践，对于国际金融活动具有深远影响，如国际商会制定的《托收统一规则》，国际证券商协会、票据结交换结算工作中心（即塞德尔）、欧洲清算系统共同制定的《ACE 惯例规则》，世界银行制定的《贷款协定和担保通则》等。国际惯例的适用一般基于当事人的意思自治。但是鉴于国际惯例在统一交易规则、降低交易成本方面

---

① 董安生．国际货币金融法．北京：中国人民大学出版社，1999：3－4.

的作用，在很多情况下，当事人遵守惯例是资金流出方的要求，是实现国际融资的前提。我国在《最高人民法院关于审理信用证纠纷案件若干问题的规定》中已经明确，当事人约定适用相关国际惯例或者其他规定的，从其约定；当事人没有约定的，适用国际商会《跟单信用证统一惯例》或者其他相关国际惯例。

3. 国内金融立法

国内金融立法是国际金融法的主要渊源。各国关于国际货币金融的国内法也是国际金融法的重要组成部分。通常发达国家不对国内金融活动和国际金融活动进行区分，而是采用统一的规则。如美国 1978 年《国际银行法》将原先只适用于国内银行的某些联邦法律扩展到外资银行，取消了外资银行所享有的特权，实现了美国境内银行与外资银行的同等待遇。而许多发展中国家则基于外汇管制，从本国金融业发展水平出发，对国际金融活动和国内金融活动采取分别的规则。如我国除《商业银行法》之外，还制定了《外资银行管理条例》以及实施细则。

二、国际金融组织

（一）国际货币基金组织（International Monetary Fund，IMF，简称“基金组织”）

1944 年 7 月，“联合国货币金融会议”在美国布雷顿森林举行，签订了《国际货币基金协定》。根据该协定，1945 年 12 月 27 日，在美国华盛顿成立国际货币基金组织，确立了美元与黄金挂钩、各国货币与美元挂钩，并建立固定比价关系的、以美元为中心的国际货币体系。基金组织现有 184 个成员国，是现代国际经济体系的三大支柱之一。

1. 基金组织的宗旨

根据《国际货币基金协定》第 1 条，设立基金组织的宗旨是：（1）通过设置一常设机构就国际货币问题进行磋商与协作，从而促进国际货币领域的合作；（2）促进国际贸易的扩大和平衡发展，从而有助于提高和保持高水平的就业和实际收入以及各成员国生产性资源的开发，并以此作为经济政策的首要目标；（3）促进汇率的稳定，保持成员国之间有秩序的汇兑安排，避免竞争性货币贬值；（4）协助在成员国之间建立经常性交易的多边支付体系，取消阻碍国际贸易发展的外汇限制；（5）在具有充分保障的前提下，向成员国提供暂时性普通资金，以增强其信心，使其能有机会在无需采取有损本国和国际繁荣的措施的情况下，纠正国际收支失调；（6）根据上述宗旨，缩短成员国国际收支失衡的时间，减轻失衡的程度。围绕其宗旨，基金组织的主要业务包括：通过协调和磋商监督成员国的汇率政策，提供政策建议；在成员国国际收支失衡时，为成员国政府提供贷款；向成员国政府和中央银行提供技术援助和培训。

2. 基金组织的机构

理事会是基金组织的最高权力机构，由全体成员国委派一名理事和一名副理事组成。理事通常由一国财政部长或者央行行长出任。理事会的主要职权是批准接纳新成员、讨论修改基金份额、批准成员国货币币值重大变动、分配或取消特别提款权等重大事项。理事会下设"国际货币和金融委员会"，原本是作为理事会的决策咨询临时机构，但是在实践中已经成为重要的常设决策机构。此外，理事会下还设立"世界银行与基金组织联合发展委员会"，就发展问题向基金组织和世界银行的理事会提出报告和建议。

执行董事会是基金组织的最高执行机构，负责处理基金组织的日常事务和理事会的授权事务。执行董事会由24名执行董事组成，每位执行董事拥有的表决权与其代表国家的投票权相同。执行董事会在"国际货币和金融委员会"的指导下开展工作，其职权非常广泛，包括审议成员国的资助申请、拟定增加基金资金的建议等。

执行董事会选举总裁，作为执行董事会的主席和行政人员的首脑。总裁由三名副总裁协助，在执行董事会的指示下处理基金组织的日常业务，并在执行董事会的监督下负责有关工作人员的任免。总裁不得兼任理事或执行董事。

3. 基金组织的表决机制

基金组织于1969年创设了特别提款权（Special Draft Right，SDR），以补充国际储备资产的不足。截至2008年3月，基金组织的总份额为2174亿特别提款权。[①] 特别提款权是基金组织根据成员国认缴的份额分配的、弥补成员国政府之间国际收支逆差的一种账面资产。在性质上，特别提款权既是成员国使用资金（提款）的权利，又是一种信用资产。特别提款权是一种无条件的流通手段，可以用于成员国和基金组织之间的国际支付，可以在成员国和基金组织间兑换成可自由使用的外汇，但是不能直接用于国际贸易支付。特别提款权是一种货币定值单位。自2001年1月1日起，特别提款权根据欧元、日元、英镑和美元四强货币加权计算，四强货币与特别提款权挂钩维持汇率平价。基于特别提款权的稳定性，一些国际公约纷纷将特别提款权作为计价工具，如《统一国际航空运输某些规则的公约》（《蒙特利尔公约》）规定，国际航空运输中承运人的赔偿限额为10万特别提款权。

基金组织的表决以特别提款权为基础加权计算，有简单多数通过、特别多数通过（分为70%特别多数票和85%特别多数票两种）、一致通过三种形式。根据《国际货币基金协定》第12条第五节，成员国的投票权分为基本投票权和份额投票权。每个成员

---

① 国际货币基金组织2008年年报《让全球经济造福全人类》，http：//www.imf.org/external/chinese/pubs/ft/ar/2008/pdf/ar08_chi.pdf.

国际享有250票基本投票权外，按照其缴纳给基金组织的份额，以每10万特别提款权增加一票。此外，截至投票日为止，给予基金组织贷款的成员国，贷款额每达到40万特别提款权就增加一票；而向基金组织借款的成员国，借款额每达到40万特别提款权就减少一票。成员国的投票权受制于其缴纳份额的多少，由于历史原因，与全球经济的发展并不相称，已经遭到发展中国家的广泛批评。2008年4月28日，理事会以较大的多数票通过了执行董事会建议的一揽子重大治理改革措施。其目标是：一方面根据基金组织成员国在全球经济中的比重和作用调整其份额和投票权比例；另一方面期望提高低收入国家的参与程度并增加这些国家的发言权。目前，美国仍是基金组织的最大股东，具有17.09%的份额，其次是日本占6.13%、德国占5.99%、英国占4.94%，法国占4.94%。中国目前的份额仅为3.72%，与世界第三大经济体的地位极不相符。

4. 主要制度

基金组织主要从以下四个方面管理经济运行、调整国际金融秩序①：

（1）调整国际收支平衡的法律制度。根据《国际货币基金协定》第7条，国际收支赤字和盈余国家都负有调节义务。基金组织发现一成员国货币需求明显地严重威胁基金供应该种货币的能力时，有权要求成员国进行调节，否则就对其采取限制性措施和制裁。

（2）支持国际储备的法律制度。按照《国际货币基金协定》，黄金、特别提款权、外汇储备构成成员国多样化的储备种类。关于特别提款权的修订进一步促进了其作为主要国际储备资产的地位。

（3）稳定国际货币关系的制度。根据《国际货币基金协定》第4条，国际货币制度的主要目标是继续发展和保持金融和经济稳定所必要的有秩序的基本条件，各成员国应保证同基金组织和其他成员国进行合作，以保证有秩序的外汇安排，并促进一个稳定的汇率制度。基金组织监督国际货币制度和各成员国的汇率政策，通过磋商和制定具体原则指导各成员国。

（4）取消外汇管制义务。根据《国际货币基金协定》第8条，成员国必须承担对经常性国际交易支付不加任何限制的义务。取消外汇管制后，该成员国成为“第八条成员国”，该国的货币将被视为“可自由兑换货币”。对于尚不能接受第8条义务的成员国，根据第14条，该成员国可以在接受基金组织宗旨的基础上，采取“过渡性安排”，保留在加入基金组织时即已存在的对国际交易中外汇兑付和移转的限制，但是在其后应不断审查并在具备条件时取消外汇限制。1980年中国作为第14条成员国恢复了在基金组织的合法席位，经过外汇制度改革，从1996年12月1日起，我国接受《国际货币基

---

① 杨松．国际货币基金协定研究．北京：法律出版社，2000：22－23.

金协定》第8条第2款、第3款、第4款的义务，实行人民币经常项目下的可兑换。

（二）世界银行集团（World Bank Groups）

布雷顿森林会议产生了世界上两大最重要的国际金融组织，一个是国际货币基金组织，一个是国际复兴与开发银行（International Bank for Reconstruction and Development, IBRD，又称“世界银行”，World Bank）。世界银行的附属机构包括国际金融公司（International Finance Corporation, IFC）、国际开发协会（International Development Association, IDA）、多边投资担保机构（MIGA）和解决投资争议国际中心（ICSID）。① 世界银行和四个附属机构一起合称世界银行集团，是现代国际经济体系的三大支柱之一。前三个机构是金融性机构，主要为发展中国家提供贷款和技术援助；后两个机构是具有投资促进性质的非金融机构。在加入世界银行之前，一国必须首先成为基金组织的成员国。而成为世界银行的成员国又是加入国际金融公司、国际开发协会和多边投资担保机构的前提。

1. 金融机构的宗旨

世界银行的宗旨是：（1）对用于生产目的的投资提供便利，以协助会员国的复兴与开发；鼓励较不发达国家生产与资源的开发。（2）利用担保或参加私人贷款及其他私人投资的方式，促进外国私人投资。当私人资本不能在合理条件下获得时，则在适当条件下，运用本身资本或筹集的资金及其他资源，为生产事业提供资金，以补充私人投资的不足。（3）鼓励国际投资以开发成员国的生产资源，促进国际贸易长期均衡地增长，维持国际收支的平稳。（4）在贷款、担保或组织其他渠道的资金中，保证重要项目或在时间上紧迫的项目，不管大小都能优先安排。（5）在业务中适当照顾到国际投资对各成员国境内工商业状况的影响。概括起来，世界银行旨在通过提供贷款、担保和非贷款服务（包括分析和咨询服务）来促进可持续的发展，以减少中等收入国家和有信誉的较贫穷国家的贫困。

国际开发协会的宗旨是为了帮助世界上欠发达地区的协会会员，促进经济发展，提高生产力，从而提高生活水平，特别是以比通常贷款更为灵活、在国际收支方面负担较轻的条件提供资金，以解决它们在重要的发展方面的需要，从而进一步发展世界银行的开发目标并补充其活动。国际开发协会与世界银行是目前世界上每年向发展中国家提供援助资金最多的国际金融机构。

---

① 世界银行于1945年12月27日正式成立。现有185个成员国。2008财年，世界银行为发展中国家的279个项目提供了236亿美元资金。国际金融公司于1956年7月24日成立，现有179个成员国，承诺的资产组合为235亿美元（包括55亿美元的辛迪加贷款）。国际开发协会于1960年9月24日成立，现有167个成员国，累计向108个国家承诺贷款额达到1 930亿美元。多边投资担保机构成立于1988年，现有172个成员国。解决投资争议国际中心成立于1966年，现有143个成员国。参见 http：//www. worldbank. org/.

由于世界银行对发展中国家的贷款主要以政府为对象，对私人企业的贷款则需要政府的担保，局限了世界银行的业务扩展。因此成立了国际金融公司，对成员国私人企业提供援助而不需要政府担保，拓宽了世界银行集团的援助业务。国际金融公司旨在通过鼓励成员国，特别是欠发达地区成员国的生产性私营企业的增长，促进经济发展，补充世界银行的各项活动。

2. 金融机构的组织结构和表决机制

（1）组织机构

世界银行、国际开发协会和国际金融公司的结构与基金组织类似，如世界银行分为理事会、执行董事、行长和职员三级，国际开发协会分为理事会、执行董事、会长和职员，国际金融公司分为理事会、董事会、总经理和职员。

国际开发协会和国际金融公司的机构与世界银行保持一致或部分重合。如果一国既是世界银行成员国，又同时是国际开发协会或国际金融公司成员国，则其指派的世界银行的理事和副理事也是国际开发协会或国际金融公司的理事和副理事，世界银行的执行董事也是国际开发协会或国际金融公司的董事。传统上，世界银行的行长由世界银行最大的股东提名其国民担任，即由美国人担任。世界银行的行长也是国际开发协会的会长和执行董事会主席，还是国际金融公司的总裁。

（2）表决机制

世界银行的每一成员国除享有250票基本票外，每认购10万特别提款权就增加一票股份票。除另有特别规定外，世界银行依多数票决议。

国际开发协会与世界银行的投票权分配基本一致，但是国际开发协会给予成员国的基本票相对于世界银行更多，并且允许发展中国家以本国货币缴纳其额外认购的股份以获得投票权。国际开发协会的成员国分为“一类”成员国（大多数为向国际开发协会提供资金的发达国家）和“二类”国家（大多数为发展中国家，其中有些国家也向国际开发协会提供资金）。

根据《国际金融公司协定》，国际金融公司的法定股份数额较小，仅为1亿美元，分为10万股，由成员国认缴。新成员国的认缴是基于其在世界银行的认缴，即其股份占国际金融公司资本的百分比等于其股份占世界银行资本的百分比。除非另有规定，理事会所有决议应由多数决定。

三、国际融资法律制度

国际融资是指在国际金融市场上，运用各种金融手段，通过相应的金融机构而进行的资金融通。按照有无中介，国际融资可以分为直接融资和间接融资。直接融资是指资金供求者与资金需求者通过一定的金融工具，直接形成债权债务关系的金融行为。间接融资是指资金供求者与资金需求者通过金融中介机构间接实现资金融通的金融行为。直接融资包括国际债券融资、国际股票融资、金融衍生工具、资产证券化等。间接融资包括国际贸易融资、国际贷款、国际融资租赁等。国际贸易融资包括短期融资，如透支、票据贴现、进出口押汇、国际保理等，以及中长期融资，如买方、卖方信贷以及福费廷等。国际融资方式从间接融资趋向直接融资。很多企业从国家或自然人控股公司向公众公司转变，其融资也从依赖于银行贷款转向依赖于股票、债券市场的直接融资。为保证国际融资的进行，债权人一般要求债务人提供融资担保。国际融资担保制度是国际融资法律制度的重要组成部分。本章将对主要的国际融资法律制度作简单介绍和分析。

第二节　国际贷款协定

一、国际贷款协定概述

（一）国际贷款融资

国际贷款融资是指借款人按照贷款协议向其他国家或者地区的贷款人借贷资金的国际融资方式。国际贷款的基本特征是：（1）跨国性。国际贷款的当事人位于不同国家或者地区。（2）契约性。国际贷款以国际贷款协议为基础，是一种合同性融资，受合同法约束。（3）期限性。根据贷款协议，贷款人取得的债权具有期限，不同于股权性投资关系。①

按照不同的分类标准，国际贷款有不同的类型。按照贷款人的不同，国际贷款可以分为政府贷款、国际金融机构贷款和国际商业银行贷款。按照贷款期限的长短，国际贷款可以分为5年期以上的长期贷款、1年期以上5年期以下的中期贷款和1年期以下的短期贷款。按照贷款的用途，国际贷款可以分为普通贷款和项目贷款。按照贷款利率，国际贷款可以分为固定利率贷款和浮动利率贷款。国际商业银行贷款是国际贷款的主要形式，而政府贷款和国际金融机构贷款往往有特殊的政策考虑。

（二）国际贷款协定

国际贷款协定是指政府或国际金融机构提供的优惠贷款。

1. 政府贷款

政府贷款是一国政府利用预算内资金向另一国政府提供的优惠性贷款。政府贷款一般基于政府间的双边或者多边协议。政府贷款也是国家资本输出的一种形式。有些国家

---

① 范剑虹．国际金融法导读．杭州：浙江大学出版社，2001：55.

为了扩大本国资本和货物出口，增强本国商品出口竞争力，采用混合信贷方式，规定政府贷款必须与银行出口信贷按照一定比例混合使用。政府贷款一般具有以下特征：第一，主体特定。政府贷款的借款人和贷款人均为特定的政府组织，贷款资金来自于贷款人的国家财政预算收入。第二，优惠性。政府贷款具有利率低、附加费少、期限长的特点。① 第三，贷款的限制性。由于政府贷款带有经济援助性质，因此政府贷款大多带有一定的附加条件，如对于贷款的用途、运用贷款采购的地域进行限制。第四，程序的复杂性。借款人向贷款人提出申请后，贷款人的中央政府经过审查，一般通过立法程序予以批准。

2. 国际金融机构贷款

国际金融机构贷款是国际金融机构提供的优惠性贷款。按照贷款人的不同，国际金融机构贷款可以分为全球性金融机构贷款（如国际货币基金贷款、世界银行贷款）和区域性国际金融机构贷款（如亚洲开发银行贷款）。国际金融机构贷款一般具有以下特征：第一，主体的特殊性。国际金融机构贷款的贷款人是特定的国际金融机构，借款人通常受到特定成员国资格的限制。例如世界银行贷款的借款人仅限于基金成员国政府、政府机构、由其政府机构提供担保的企业，国际开发协会贷款的借款人仅限于贫困发展中国家的开发项目当事人。第二，优惠性。国际金融机构贷款的条件通常比较优惠，利息率普遍低于国际商业银行贷款，贷款的整体优惠往往不亚于政府贷款。从期限上看，以中长期贷款为主，一般为10年至30年（最长可达50年）。第三，贷款的开发性。国际金融机构贷款多为开发性贷款，用于经济复兴或开发项目，以支持成员国的经济建设。第四，法律适用特殊性。国际金融机构贷款协议具有独立于成员国国内法的效力，其依据包括国际惯例、意思自治原则和国际金融机构制定的贷款协议示范规则。成员国在加入国际金融组织时即已承诺遵守特别的规则。如《亚洲开发银行普通业务贷款条例》第10条第1款规定，“根据贷款协议，亚洲开发银行和借款人的权利和义务依照其条款将是有效的和强制性的。借款人是亚洲开发银行的成员国时，即使贷款协议的规定与任何国家或者政府机构的法律相反，也依然有效和具有强制性”。

二、国际贷款协定的基本条款

（一）贷款协定的法律文件

国际贷款协定一般包含多个文件和复杂的法律安排。以世界银行为例，世界银行的

---

① 按照国际惯例，优惠性贷款一般含有25%以上的赠与成分。其余部分的利率和费用也非常低。一般分为无息贷款和有息贷款，后者的利息一般为1%～3%。如中日两国政府签署2004年度日本对华日元贷款政府换文，当时规定，日本将在2004年度（2004年4月1日至2005年3月31日）向中国提供总额为858.75亿日元的政府贷款（约8亿美元），用于中国中西部地区7个项目的建设。上述贷款年利率为0.75%～1.5%，偿还期限为30～40年（含10年宽限期）。见日本将向华提供政府贷款，http：//www. china-embassy. or. jp/chn/jmhz/t189397. htm.

贷款多为项目贷款，贷款的法律文件通常包括：（1）世界银行与借款人签订的贷款协议；（2）世界银行《贷款协议和担保协议通则》；（3）世界银行与项目方签订的项目协议；（4）担保协议；（5）借款人与项目方签订的辅助贷款协议；（6）利用世界银行和国际开发协会信贷采购指南；（7）世界银行招标文件范本；（8）世界银行借款人选择和聘用咨询人指南。①

关于法律文件及其安排，国际贷款协定的特点是：第一，外国政府贷款和国际金融机构贷款依据是包括国际贷款协定在内的一系列文件。除了国际贷款协定外，往往还要求能够锁定项目建设和运营风险的项目协议、采购协议等。第二，国际贷款协定的履行依赖于协定以外的第三方（如项目实施方）。协定明确借款人监督第三方履行义务，或者规定允许转贷给特定第三方的特定项目将义务转移。第三，不适用国内法。国际贷款协定主要适用当事人意思自治，包括国际金融机构制定的贷款标准条款和范本等。第四，通常以仲裁或外交方式解决争议。

（二）贷款协定的通常条款

由于政府贷款和国际金融机构贷款具有非商业性，从而导致借款人在国际贷款协定的条款上不具有大的谈判余地。为了便利贷款进行，国际金融机构往往起草一些标准条款，作为贷款协议和其他法律文件的一部分，如世界银行关于贷款的规定。②

1. 定义条款

该条款定义了贷款协议和其他法律文件（包括附件）中的主要概念、术语，使得文件中的用语保持一致。

2. 贷款条款

该条款规定了贷款利率、偿还贷款、贷款地点、贷款币种、币种替代时的估值、支付方式等。

3. 提款条款

该条款规定了借款人提款的期限、币种、程序、世界银行对提款的监督等。借款人在提款前应提交各种文件和证据，表明所提款将专用于贷款协议约定的用途，并将所提款按照币种存入世界银行所接受的银行账户。世界银行有权对支出进行监督，有权在通知借款人后自该账户中提取借款人应支付的费用。如果世界银行认为贷款融资涉及的税有歧视性、不合理或者过多而不符合资金的最佳利用，世界银行可以调整支出限制。

---

① Vinod K. Agarwal, NEGOTIATION OF SPECIFIC CLAUSES OF LOAN AGREEMENTS, http://www2.unitar.org/dfm/Resource_Center/Document_Series/Document10/1LegalAspect.htmJHJ1.

② International Bank for Reconstruction and Development, General Conditions for Loans, 2007 年 10 月 17 日修订, http://siteresources.worldbank.org/INTTOPGENCON/Resources/IBRD_GC_05_Oct07.pdf.

4. 项目实行条款

该条款规定了项目方应尽职并有效率地执行项目，并遵守有关的行政的、技术的、财务、经济、环境和社会标准。借款人应保证项目方履行项目协议中的各项义务。借款人和项目方应为项目进行适当保险，保证使用贷款所进行的有关货物、工程、服务仅用于该项目，向贷款人提供该项目的各种计划、进度表、报告和合作文件以及保留包括发票、收据、订单等证明支出的单据备查。借款人应向世界银行提供项目实行的定期报告，并在贷款交易终止日后的6个月内提供借款人和项目方就贷款协议和项目履行义务的情况报告。世界银行有权实地勘察和检验项目实施情况。

5. 财务管理和担保条款

借款人应向世界银行提供经审计的财务。成员国应向世界银行提供其领土内的财政和经济情况，包括外债情况。世界银行对成员国的贷款通常不需要担保，但是成员国应保证不存在优先于世界银行贷款的其他外债。除非世界银行同意，否则成员国以公共资产对其他外债所进行的质押、抵押对世界银行无效，或者成员国应以其他公共资产就世界银行的贷款作出担保，使得世界银行的贷款取得不劣于其他债券的受偿地位。非成员国的借款人也应承担消极担保义务。

6. 违约条款

为避免世界银行的贷款处于不利地位，贷款协议中规定交叉违约，即借款人对与世界银行、国际开发协会签订的其他法律文件包括附件、修订等附属文件的违反视为对该贷款协议的违反。

根据借款人的违约情况，世界银行可以采取以下救济措施：

（1）世界银行暂停支付贷款。如果发生并继续存在以下暂停支付的任何一种情况，世界银行可以通知借款人或担保人，暂停借款人从其贷款账户中提款的全部或部分权利：① 根据贷款协议或借款人与世界银行或国际开发协会的任何协议，或根据世界银行同意的借款人向任何第三方所承担的担保义务或者其他财务上的义务，借款人未能向世界银行或国际开发协会支付应付的到期本金或利息或任何其他金额。② 担保人违反担保协议，或担保人与世界银行或国际开发协会的任何其他协议，或担保人向任何第三方所承担的担保义务或者其他财务上的义务，担保人未能向世界银行或国际开发协会支付应付的到期本金或利息或任何其他金额。③ 借款人未能履行贷款协议或附属文件中规定的任何其他义务，或项目实施方未能履行项目协议中规定的任何其他义务。④ 世界银行认为借款人、担保人、项目实施方或任何贷款收款人有欺诈或腐败行为，而借款人和担保人未能及时通报世界银行。⑤ 任何特殊情况的发生导致项目无法进行或使得借款人和项目实施方或世界银行无法继续履行义务，或者世界银行所依赖的借款人之前在贷款协议或者任何附属文件中作出的声明和陈述不正确。⑥ 借款人或项目实施方在正常的商业活动范围外对任何资产的处置、处分、使用等对借款人的偿还能力或者其财务状况有实质性的不利影响。⑦ 作为借款人或担保人的成员国已被暂停或取消世界银行的会籍或停止作为国际货币基金组织的会员国。⑧ 借款人或项目实施方的财务状况较贷款协议生效前发生根本性的恶化，或者无法清偿债务，或者将进行清算、停止经营等世界银行认为应当暂停贷款的情况。

（2）世界银行取消支付贷款。对于暂停支付贷款的情况，如持续一定期间，世界银行可以取消支付贷款。如借款人从贷款账户中提取有关该贷款的任何数额的款项的权利被连续中止了30天，或经与借款人协商后，世界银行在任何时候决定某一笔贷款将不再需要用于支付原来要由贷款资金支付的费用，或在任何时候世界银行确定任何一项采购不符合贷款协定中所规定或提及的程序，并确定该项取消支付的费用数额，如不是由于上述原因，该项费用金额在贷款款项中支付本来是合格的等。

（3）加速到期。借款人、担保人或项目实施方的违约行为持续一定期间，世界银行可以通知借款人和担保人，宣布当时已经拨付而尚未偿还的贷款本金到期，并应连同利息和其他与之有关的费用一并立即偿还。一经宣布，此类本金、利息和其他有关费用即为到期，并应立即偿付。如根据贷款协议或担保协议应偿付的本金或利息或任何其他费用发生拖欠，并且上述拖欠延续达30天以上，或借款人或担保人一方在履行其根据贷款协议或担保协议所规定的任何其他义务中违约，经世界银行通知后该违约行为仍持续达60天以上的。

7. 法律适用和争议解决条款

贷款协议项下的权利义务有效并可强制执行，而无论任何国内法有任何相反规定。贷款协议或担保协议项下的争议应当提交仲裁解决。仲裁替代其他争议解决方法。仲裁庭由三名仲裁员组成。世界银行指定一名仲裁员；贷款协议当事方共同指定第二名仲裁员，协议不成，则由担保人指定；当事人协议共同指定第三名仲裁员担任首席仲裁员，如双方达不成协议，则由国际法院院长指定，或未能由该院长指派时，由联合国秘书长指定。

（三）借款人的义务

复杂的法律安排和多个法律文件有利于将借款人的信用风险降到最低，因此贷款协定及有关法律文件以及应适用的惯例往往主要规范借款人的义务。例如，中国作为借款人与亚洲开发银行（“亚行”）就莱鞠钢铁厂扩建项目签订的贷款，通过中国国际钢铁投资公司，按照亚行满意的条款和条件，将贷款资金转贷给芜钢铁总厂。

该贷款项目中包含的法律文件主要有：（1）中国人民银行行长代表中国与亚行签订的贷款协定；（2）中国与中国国际钢铁投资公司、中国国际钢铁投资公司和莱芜钢铁总厂（“莱钢”）分别签署的两个附属贷款协议。同时，除非贷款协定另有规定，否则亚行颁布的《普通业务贷款规则》、《汇率风险总库制度实施指南》、《定额备用金使用程序指南》、《亚洲开发银行贷款采购指南》、《亚行及其借款人聘用咨询专家指南》均应适用。

该贷款协定规定借款人的义务包括项目执行有序、借款人资产保值和贷款人债权优先等，主要有：

第一，贷款用途的限制：借款人应确保由贷款资金支付的货物和服务仅用于莱鞠钢铁厂扩建项目，并且分配数额符合贷款协定的规定。

第二，采购的限制：部分项目采购必须以国际竞争性招标或国际采购方式进行采购。借款人违反与亚行之间达成的采购程序签订的采购合同，或者采购合同条款不能令亚行满意时，亚行可以拒绝支付贷款。

第三，资金使用者的运营保障：借款人应督促莱钢采用健全的管理、财务、工程、环境保护和营运等方面的制度，保证或促使冶金部、山东省、中钢和冶金总公司保证莱钢在项目执行及项目设施的运行和维护中能及时获得必需的资金、设施、服务、土地及其他资源。

第四，贷款人平等位次：在对借款人资产行使留置权方面，亚行以外的外债债权人不应享有超越本贷款的优先权；除非亚行另行同意，如果以借款人的任何资产为任何外债设置担保，则该项担保应根据实际情况，平等地、按比例地保证该贷款本金、利息和其他收费的偿还；如果由于宪法和其他法律的原因，借款人无法确保为其他债权设置的担保不损害亚行的债权时，借款人应无条件地、及时地运用其他符合亚行要求的资产来建立起相等的留置权，以担保亚行贷款的本金利息和其他费用。

第五，借款人报告义务：借款人应向亚行提供或督促有关方面向亚行提供其合理要求的一切报告和资料，包括贷款和贷款资金的使用及管理，项目的执行情况，莱钢的行政管理、生产经营和财务状况，以及与项目执行及维护有关的借款人属下其他机构的情况，借款人的国内财政和经济状况以及借款人的国际收支状况等。

三、中国对国际贷款协定的管理

外国政府贷款和国际金融组织贷款为中国的经济发展提供了支持。截至 2007 年底，中国已累计实施各类外国政府贷款项目 2 394 个，利用贷款总额 557 亿美元①，而世界银行、亚洲开发银行等国际金融组织的贷款项目累计达 457 个，承诺贷款金额约为

① 557 亿美元！我有效利用外国政府贷款促进经济发展，http：//news. xinhuanet. com/fortune/2008 - 07/30/content_8861815. htm.

657.5 亿美元。[①] 中国对国际贷款协定项下的资金执行资金管理和项目管理。

《国际金融组织和外国政府贷款赠款管理办法》（财政部令第 38 号）是中国对国家主权外债进行规范的首部综合性法规。财政部是政府主权外债的统一管理部门，会同国务院有关部门研究拟定贷款规划，与国际金融组织和外国政府等进行磋商谈判并签订法律文件，并对贷款的转贷等进行政策指导、协调与监督，各级发改部门依据《国际金融组织和外国政府贷款投资项目管理暂行办法》负责项目的立项、可行性研究报告的审批等。

对于外国政府贷款和国际金融组织贷款实行统借自还。按照不同的还款责任，《外国政府贷款管理规定》将国际贷款协定项下的贷款分为三类：一类项目由省级财政部门或者国务院有关部门作为债务人并承担还款责任。此类项目应属于公共财政领域、社会效益显著的项目，建设资金主要来源于政府投入。二类项目由项目单位作为债务人并承担还款责任，省级财政部门或者国务院有关部门提供还款保证。此类项目应属于公共财政领域、经济效益较好、具备贷款偿还能力的项目。三类项目由项目单位作为债务人并承担还款责任，省级财政部门或者国务院有关部门不提供还款保证。此类项目原则上不限于公共财政领域，但应有利于促进当地经济社会发展，体现制度或技术创新，且具备充分的贷款偿还能力。如债务人未按时偿还贷款，转贷银行应当及时足额对外垫付，并将有关情况通知省级财政部门。对一、二类项目，财政部将通过财政扣款的方式，回补转贷银行对外垫付的贷款本金、利息和国外银行费用。

第三节　国际银团贷款与项目贷款

一、国际银团贷款

（一）国际商业银行贷款

国际商业银行贷款是由一国的商业银行（或国际金融机构）作为贷款人向其他国家的借款人提供的商业贷款。按照贷款的组织方式，国际商业银行贷款可以分为独家贷款、联合贷款和银团贷款。单独贷款是由某一商业银行独立向借款人协议贷款。联合贷款是由几家商业银行（或国际金融机构）共同作为贷款人联合向借款人协议贷款。银团贷款又称“国际辛迪加贷款”，是不同国家的数家银行组成银行团，按照法律文件约定的方式，联合向借款人协议提供数额较大的国际贷款。

---

① 中国利用国际金融组织贷款承诺金额约 657 亿美元，http://finance.china.com/zh_cn/domestic/945/20080422/14800663.html.

国际商业银行贷款一般具有以下特征：第一，主体不受限制。国际商业银行贷款的贷款人和借款人位于不同国家，原则上不受特定身份的限制。第二，商业性。国际商业银行贷款不具有优惠性，而是完全按照商业法则来运作。其利息率通常以国际金融市场利率为基础，一般是按照伦敦银行6月期的同业拆借利率（LIBOR）再加上一定的利息率或者利差。第三，国内法管制。国际商业银行贷款受到贷款协议的规定和所适用的特定国家（通常为贷款人所在国）的法律约束。

（二）国际银团贷款

1. 联合贷款与银团贷款的比较

联合贷款与银团贷款适用于借款人较大规模的资金需求，并有利于贷款人分散风险。而独家贷款，由于各国对商业银行的资产负债比例的规定，容易在规模上受到限制。例如，我国《商业银行法》第39条规定，商业银行贷款余额与存款余额的比例不得超过75%，流动性资产余额与流动性负债余额的比例不得低于25%，并且对同一借款人的贷款余额与商业银行资本余额的比例不得超过10%。

联合贷款与银团贷款相比，主要有以下不同：（1）在贷款人关系上。联合贷款中各个银行相互独立，分别与借款人联系，是多个借贷关系的复合；而银团贷款中各个银行通过牵头行和代理行与借款人联系，是一个按比例分担的借贷关系。（2）在贷款评审上。联合贷款中各个银行分别收集资料，对借款人的信用进行评定，并各自要求提供相应的担保；而银团贷款中各个银行根据牵头行起草的信息备忘录统一进行贷款决策。（3）在贷款合同上。联合贷款中各个银行均与借款人签订单独的贷款合同；而银团贷款中由牵头行主导与借款人签订统一的贷款合同。（4）在贷款发放上。联合贷款中由各个银行分别放款，派生存款分别存在各行；而银团贷款中通过代理行按照约定的比例统一划款给借款人。（5）在贷款管理上。联合贷款中各个银行按照与借款人的约定分别收取本息；而银团贷款中由代理行管理贷款，并按照放款比例分别划至各个银行指定的账户。

2. 国际银团贷款的发展

由于银团贷款特殊的结构，国际银团贷款更容易募集大量的资金，支持借款人的资金需求，同时银团贷款中牵头行、代理行也可以通过收取各种费用获得中间业务的收入，较小的参与行也可以分享其他银行的经验和技术。从国际银团贷款市场的发展看，大致经历了三个发展阶段：第一阶段，20世纪60年代至80年代中期，是以支持基础设施为主的项目融资阶段。第二阶段，20世纪80年代中期至90年代末，以并购杠杆交易推动银团贷款业务进入第二个发展高潮。此时贷款人已经不限于银行，机构投资者开始加入。第三阶段，20世纪90年代末至今，银团贷款二级交易市场快速发展，银团贷款市场证券化趋势日渐明显，机构投资者成为银团贷款市场的积极参与者，银团贷款向透明度高、流动性强和标准化方向发展。银团贷款为新兴市场国家进行基础设施建设提供了有力的支持，与公司债券一起成为公司融资的主要方式。①

3. 国际银团贷款的种类②

(1) 直接银团贷款

直接银团贷款，又称为真正的银团贷款，是指在牵头行的组织下，各银行直接与借款人签订贷款协议，按照协议的统一条件贷款给借款人，全部贷款统一由代理行进行管理。在这种方式下，表面上各贷款银行与借款人只签订一份贷款协议，但是实质上每一贷款银行与借款人之间均存在贷款合同，而银团贷款协议则是一份由各贷款银行分别同借款人签订的贷款协议汇集的总协议。③ 直接银团贷款是一种静态的贷款形式。银团一旦形成，各参与行以及其权利义务即稳定下来。

(2) 间接银团贷款

间接银团贷款，又称为参与型银团贷款，是指牵头行向借款人提供或者承诺贷款，再把已提供或将要提供的贷款转让给参与行。牵头行与参与行之间订立合同规定双方承担的贷款比例，借款人的信用风险由参与行共同承担。间接银团贷款是一种动态的贷款形式。在贷款协议有效期内可以通过转让贷款变更参与行。

4. 国际银团贷款的当事方

国际银团贷款的当事方包括借款人、牵头行、参与行、代理行等。国际银团贷款的借款人可以是一国的政府机构、金融机构、企业。国际银团贷款的贷款人是由牵头行、代理行和参与行共同组成的银团。国际银团贷款实际上是不同银行以同一条件向同一借款人提供的多项贷款。各个参与银行就各自提供的贷款分别享有债权。各个银行之间通过协议确定相互之间的权利义务。

借款人是指在向各个银团成员借款，承担贷款的还本付息义务的主债务人。

牵头行是指接受借款人委托发起组织银团、负责分销银团贷款份额的银行，是银团贷款的组织者和安排者，通常由信誉良好、资金实力雄厚、具有国际贷款推销能力和经验的大型商业银行担任。牵头行的主要职责包括：(1) 协助借款人物色贷款银行、发起和组织银团，并分销银团贷款份额；(2) 对借款人进行贷前尽职调查，草拟银团贷款信息备忘录，并向潜在的参与行推荐；(3) 代表银团与借款人协商谈判，确定贷款总额和贷款条件；(4) 代表银团聘请相关中介机构，起草银团相关协议等法律文件；

---

① The syndicated loan market: structure, development and implications, BIS Quarterly Review, December 2004, http://www.bis.org/publ/qtrpdf/r_qt0412g.pdf; 参见 The Syndicated Loan Market: Developments in the North American Context, http://www.bankofcanada.ca/en/res/wp/2003/wp03-15.pdf.

② 徐冬根. 国际经济法论. 武汉：武汉大学出版社，2004：307-310.

③ 刘丰名. 国际金融法. 修订版. 北京：中国政法大学出版社，2007：131-132.

（5）组织银团会议，安排签订银团相关协议；（6）协助代理行进行银团贷款的管理。

参与方是指接受牵头行邀请参加银团，并按照银团协商确定的承贷份额向借款人提供贷款并承担相应风险的银行。参与行之间不承担连带责任。

代理行是指由牵头行担任或由牵头行与银团各成员协商确定的全体银团成员的代理人。其主要职责包括：（1）在银团贷款协议签订后，按相关贷款条件确定的金额和进度归集资金，向借款人提供贷款；（2）受银团委托，按银团贷款协议规定的职责对银团资金进行管理，审查、督促借款人落实贷款条件，办理银团贷款的担保手续，管理银团贷款资金；（3）按银团贷款协议约定通知各银团成员行影响借款人还款能力的重大事项，借款人违约时，及时处理。

担保人是指根据与贷款银行的约定在借款人违约时代替借款人履行债务或者承担责任的人。银团贷款中往往约定由贷款人之一作为受托人占有担保财产或对其他担保利益进行管理。

5. 国际银团贷款中的法律文件

（1）委任书

委任书是牵头行发起银团贷款的依据，是借款人授权牵头行为其安排银团贷款或者承销贷款的文件。委任书的内容通常包括牵头行的义务、贷款人义务的先决条件，以及银团贷款的特殊事项，如信息备忘录、银团安排策略、费用等。

（2）贷款文件清单

贷款文件清单通常作为委任书的附件，包括将签署的银团贷款协议的主要内容，如银团贷款当事人、贷款金额、利率、约定事项、违约责任等。

（3）信息备忘录

信息备忘录是国际银团贷款中重要的法律文件，由牵头行根据在尽职调查过程中借款人提供的信息准备。信息备忘录一般包括借款人的法律地位、财务状况和贷款的主要条件等内容。信息备忘录由牵头行分发给潜在的银团贷款参与行，邀请或劝说其参加国际银团贷款。潜在的参与行对信息备忘录承担保密义务。潜在的参与行应当独立对借款人的情况评估，自行决定是否参加银团贷款。牵头行应保证信息备忘录中所披露的资料和信息真实、完整，不误导或有遗漏。借款人和担保人应当声明保证信息备忘录所载内容的真实性和完整性。

（4）银团贷款协议

银团贷款协议是规范借款人、担保人和贷款人之间权利义务的法律文件。银团成员也可以另行签署银团贷款银行间协议明确各个贷款人之间的权利和义务。

银团贷款协议的条款包括：当事人基本情况；与贷款有关的约定，包括贷款金额与币种、贷款期限、贷款利率、贷款用途、还款方式及还款资金来源、贷款担保组合、贷款展期条件、提前还款约定等；银团各成员承诺的贷款额度及贷款划拨的时间；提款先决条件；费用条款；税务条款；财务约束条款；非财务承诺，包括资产处置限制、业务变更和信息披露等条款；违约条款；适用法律等。

贷款协议中一般都规定"陈述和保证"条款，概括（有时候也包括列举）出借款人在贷款协议签订前和签订时向贷款人提供的有关事实，属于借款人的保证。此外，贷款协议中包括"约定事项"条款，概括和列举对借款人在贷款清偿期间的作为和不作为义务。"约定事项"条款是对借款人偿债能力恶化的限制，锁定贷款人的贷款风险。在"约定事项"中就包括财务约定事项，即借款人在贷款清偿期间必须保证的财务指标，如负债率不低于一定比例，资产的流动比率和诉讼比率不低于一定比值等。如果借款人没有达到此类财务指标，贷款人一般有权要求借款人提前归还贷款。对于"约定事项"的违反构成违约，借款人应根据贷款协议的规定承担相应责任。

（三）中国对银团贷款的管理

我国适用于银团贷款的法规主要是《贷款通则》和《银团贷款暂行办法》。1997年制定的《银团贷款暂行办法》适用于境内银行和金融机构发放的数额较大的中长期贷款和短期贷款、人民币贷款和外币贷款。该办法的主要目的是为国有大中型企业和重点项目服务，不能很好地适应金融市场的发展。

2007年8月，银监会颁布了《银团贷款业务指引》，规定对于单一企业或单一项目的融资总额超过贷款行资本金余额10%的大额贷款，以及单一集团客户授信总额超过贷款行资本金余额15%的大额贷款，都鼓励通过银团贷款安排；不符合这一条件的，要通过银团贷款的方式进行重组。中国银行业协会银团贷款与交易专业委员会于2008年推动各成员单位共同签署了《银团贷款合作公约》，并组织编写了《银团贷款转让交易示范文本》。

中国的银团贷款发展相对滞后。截止到2008年底，银团贷款占中国贷款总额的比重仅有5.2%，全国各银行业金融机构发放的银团贷款余额9 566亿元人民币，而全球银团贷款融资额已发展到4.5万亿美元。① 由于技术欠缺，我国的商业银行在国际银团贷款中往往承担参与行的角色。常见的操作模式是由国内银行作为担保人，在将来自海外银行的贷款转贷给国内企业。为了向国内企业提供更好的融资渠道，促进中国银行金融服务的提升和盈利能力，我国应进一步完善银团贷款的规范，并发展更先进的定价技术和进一步培育银团贷款的二级市场。

---

① 曾刚．突破我国银团贷款发展的障碍．中国金融，2009（17）．

二、项目贷款

（一）项目贷款的特征

项目贷款，又称项目融资，是指以项目产生的现金流作为保障，为基础设施建设或其他工业项目而进行的无追索权或有限追索权的中长期贷款。项目贷款的特征是：(1) 设立项目公司，作为特定目的公司筹资、建造和经营管理项目。贷款直接提供给项目公司，项目公司作为债务人负责还贷付息。项目公司可以将项目失败的风险与项目发起人的信用隔离。(2) 不同于一般贷款有其他资金来源，项目贷款的还贷资金来源于项目产生的现金流和项目资产，而非项目发起人的信用和资产。(3) 项目贷款主要运用于基础设施建设和大型工业项目，风险高，因此项目贷款往往设置复杂的信用和担保结构。项目贷款一般以项目的资产设定浮动抵押，以项目的投资回报或第三者的抵押作为担保，并通过各种合同安排降低和分散项目风险。(4) 融资比例大，融资成本高。项目贷款对项目发起人投入的权益资金要求不高，具有较好的杠杆作用，在一些项目中甚至可以百分之百的融资。(5) 项目贷款是一种中长期贷款。(6) 项目贷款属于资产负债表外融资，既不在资产负债表的资产方表现为某项资产的增加，也不在负债及所有者权益方表现为负债的增加。

（二）项目贷款的种类

1. 无追索权型项目贷款

无追索权型项目贷款适用于预期利益比较稳定的项目。在无追索权的项目贷款中，贷款的还本付息完全依靠项目的经营收益，同时借款人以项目所有的资产向贷款人提供担保。如果该项目由于种种原因未能建成或经营失败，其资产或受益不足以清偿全部的贷款时，贷款人无权向该项目的发起人追索。

2. 有限追索权型项目贷款

有限追索权型项目贷款更有利于项目风险的分散。在有限追索权的项目贷款中，除了以项目的经营收益作为还贷来源和以项目资产提供物权担保外，项目公司以外的第三方为贷款人提供担保。贷款人有权向第三方担保人追索。

（三）项目贷款中的信用

1. 项目公司以自身资产提供担保

在东道国法律允许的情况下，贷款人往往要求项目公司先就项目的主要资产设定抵押，再就项目公司现有的和将来取得的全部资产为贷款人利益设定浮动抵押。浮动抵押存续的整个期间，借款人始终占有担保财产，且担保财产并未并特定化，而是一直处于状态变化中，如原材料变成产品，产品出售变成现金。项目公司在正常经营过程中对浮动担保财产享有处分权。在项目公司违约时，浮动抵押权人有权接管项目资产继续经营。

2. 项目发起人提供担保

(1) 项目发起人与贷款人签订完工担保协议，保证项目能够如期完成并满足特定的运营标准。如果项目不能按期完工，则应偿还贷款人的贷款。

(2) 项目发起人与贷款人签订资金缺额担保协议，在项目运营后如果仍有资金缺口，项目发起人通过增加对项目公司的股权投资或者向项目公司提供从属贷款作为资金支持。资金缺额担保提供的是一定额度或一定比例的资金。

3. 第三方提供担保

(1) 供应商与项目公司签订长期供货协议，锁定原材料成本和能源成本，使得项目收益具有可预见性。

(2) 购买方与项目公司签订长期购买协议，减少未来市场价格的变动对项目的影响，使得项目收益具有可预见性。长期购买协议可以分为无论提货与否均须付款协议和提货付款协议。无论提货与否均须付款协议往往要求买方以预付款或者从属贷款的形式，由买方以固定的价格支付资金以保障项目还本付息和运营。买方在实际交付后支付浮动价格的部分。

(3) 承包方与项目公司签订工程承包协议，以交钥匙工程或者固定价格的方式使得项目收益具有可预见性，并要求承包商对工程质量承担完工保证。

(4) 项目公司与保险公司签订保险合同。保险包括商业保险和海外投资保险。商业保险根据承保范围对项目的商业风险进行承保。海外投资保险则针对外汇险、征用险、战争险等政治风险进行承保。

(四) 项目贷款的形式

1. BOT 项目贷款

BOT (build-operate-transfer) 即建设—经营—转让，是指政府通过特许权协议授予企业以一定期限的特许经营权，许可其融资建设和经营特定的公用基础设施。企业在协议期内拥有、运营和维护该项设施，并通过收取使用费或服务费用，回收投资并取得合理的利润。协议期限届满时，该基础设施所有权无偿转移给政府。

BOT 是属于 PPP (public-private partnership，公私合作伙伴关系) 的一种方式，本质上政府与企业为基础设施的建设和管理而达成长期合同关系，政府由传统上的公共设施和服务的提供者变为监督者和合作者，公共部门与私营部门分担风险、共享利益。根据企业的参与度不同，BOT 还可以变形为 BOOT (build-own-operate-transfer)、BOO (build-own-operate)、BBO (buy-build-operate)、BTO (build-transfer-operate) 等。

2. PFI 项目贷款

PFI (private finance initiative) 即私人主动融资，包括建筑公司和银行在内的私营企业组成财团设立特殊目的公司，与政府签订30年以上的长期服务合同，依照政府要求的标准，融资、建设和运营特定的基础设施，收取相应的使用费和服务费，并以此还贷付息。服务合同期满，项目公司可以决定是否将基础设施的所有权转让给政府。①

PFI与BOT的不同之处在于：（1）PFI的基础文件是服务合同，而BOT的基础文件是特许权协议；（2）PFI中政府购买的是公共服务，而BOT中政府最终取得基础设施的所有权；（3）PFI中私营企业为获得融资，多发行公司债券，存在信用评级和增级公司对项目公司的信用保证，而BOT中主要依赖政府保证和政府支付的使用费和服务费。

3. ABS项目融资

ABS（asset-backed securities）即资产支撑的证券，是指发起人将特定项目可预见产生的现金流以转让或者信托的方式移转给特殊目的公司，特殊目的公司进行一定的分离和重组后，通过信用增级发行可流动的证券。特殊目的公司以项目产生的现金流支付投资者，以证券发行的收入支付所受让的债权。② ABS项目融资依赖于特定项目将产生的现金流，通过未来债权让与从证券市场上获得融资，是一种金融创新。

第四节 国际融资担保

一、国际融资担保的概念与特征

国际融资担保是指以确保债务清偿为目的，借款人或第三人以自己的信用或资产向外国贷款人所作的还款保证。

国际融资担保具有以下特征：（1）具有国际因素，借款人、担保人和担保权人中至少有一个位于不同国家。国际融资担保主要适用各国国内法，由于各国的债权法和物权法不同，具有复杂性。（2）担保人以自身信用或者资产对贷款人的债权实现给予保证。国际融资担保可以分为从属担保和独立担保，固定担保和浮动担保，人的担保和物的担保。（3）国际融资风险较高，往往多种担保方式并存。

---

① Hellowell, Mark; Pollock, Allyson M. (2007), Written Evidence to the National Assembly for Wales Finance Committee with Regards to its Inquiry on Public Private Partnerships, University of Edinburgh, http://www.health.ed.ac.uk/CIPHP/Documents/EvidencetoWelshFinanceCommittee_Dec2007_000.pdf.

② 李国安．国际融资担保的创新与借鉴．北京：北京大学出版社，2005：227.

二、主要国际融资担保制度

（一）保证

保证，即保证人与债权人之间协商达成的、当债务人不履行或者不能履行协议时、保证人代为履行或者连带承担赔偿损失责任的协议。在银行业务中，这种保证合同被称为保函，即银行为其客户向债权人或其他受益人开立银行保证书。保证也可以是在国际贷款合同中加入保证条款，由保证人签章达成。

保证从属于主债权，在国际贷款协议无效时，除非当事人另有约定，否则保证合同也无效。根据保证合同的不同约定，保证人可能承担补充责任或者连带责任。

（二）安慰信

安慰信，即政府或母公司为下属机构的借款或子公司的借款而向贷款方出具的表示愿意帮助借款人还款的书面文件。安慰信最早是为了规避一些国家关于母公司对子公司担保贷款征税的规定，常由会计师事务所在首次公开募集前开立，在国际贷款中也经常使用。安慰信一般不具有法律约束力，而只是有道义上的约束力。但是根据其内容表述，安慰信也可能构成保证。

（三）备用信用证

备用信用证是开证行应申请人要求向受益人开出的，保证在受益人出示特定的单据或文件时，开证行必须支付约定款项的书面凭证。备用信用证是信用证的一种特殊形式。与商业信用证不同，备用信用证通常只要求受益人提交汇票以及声明申请人违约的证明文件而非货运单据，在单据相符的情况下付款。

备用信用证最初是美国的银行为了规避美国联邦法律禁止银行为其客户提供担保而产生的一种变相担保，实际上是担保人以自身的信用向贷款人承诺对借款人履行债务承担责任。有关备用信用证的国际规则主要有国际商会 1993 年的《跟单信用证统一惯例》（UCP600）、国际商会 1998 年的《国际备用信用证惯例》（ISP98）和联合国《独立保函和备用信用证公约》。

（四）独立保函

独立保函是指银行、其他机构或个人签发的书面保证，在取得符合保函规定的索赔书和文件时，承担付款义务。独立保函的特征是：（1）独立性。独立保函不同于保证，不具有对主债权的从属性。无论基础关系的贷款合同是否有效或存在或有其他保证，独立保函都始终有效。（2）单据性。独立保函中担保责任的履行仅取决于受益人提交的单据和文件是否与保函表面相符。（3）无条件性。担保人承担的还款义务是第一顺位的、独立的。一旦发生违约，担保权人无需要求借款人承担责任，可以直接要求担保人承担付款义务。

独立保函摆脱了传统的担保方式对主债权的从属性，同时其单据性更加便利债权人的债权实现。有关独立保函的国际规则主要有联合国《独立保函和备用信用证公约》和国际商会1992年的《见索即付保函统一规则》（URDG458）。

（五）浮动担保

浮动担保，又称浮动抵押，是指借款人以现有的和未来取得的全部资产为贷款人的利益设定的非固定担保。浮动担保的特点是：（1）该担保设置在公司全部或者某类现有的和未来取得财产上。担保财产并未特定化，在正常经营中一直处于状态变化中，如原材料变成产品，产品出售变成现金。（2）借款人始终占有担保财产，在正常经营过程中使用担保财产并对担保财产享有处分权。（3）在出现债权未实现或严重影响债权实现的情形时，浮动担保可以“结晶”（或译“固化”）为固定抵押。（4）浮动担保的实现除以特定财产拍卖、变卖的方式优先受偿外，还可以由担保权人接管借款人的全部资产，继续经营。

（六）让与担保

让与担保是指借款人或者第三人将特定财产的所有权让与债权人作为债务担保，在债务清偿后债权人应将担保财产返还担保人，在债务未清偿时债权人可以依约定就担保财产受偿。

（七）抵押

抵押是指债务人或者第三人不转移对财产的占有而将该财产作为债权担保，在债务人不履行债务时，债权人有权将该财产拍卖、变卖或者折价优先受偿。大陆法系的抵押一般限于不动产，而英美法系中既可以就不动产设定抵押，也可以动产担保。抵押不经登记不能对抗善意第三人。

（八）质押

质押是指债务人或者第三人将其特定财产或者权利凭证转移给债权人占有，后以登记的方式公示其权利的转移，作为债权的担保，在债务人不履行债务时，债权人有权将财产拍卖、变卖或者折价优先受偿。质押包括动产质押和权利质押。由于质押以移转占有作为前提条件，影响担保人对财产（动产或权利）的使用，因此国际贷款中通常不采用质押担保。

三、我国对对外担保的管理

对外担保是指中国境内机构向境外机构或境内外资金融机构承诺，当债务人未按合同约定偿付债务时，由担保人履行偿付义务。我国对对外担保的规定主要包括《担保法》、《外汇管理条例》、《境内机构对外担保管理办法》及其实施细则、《最高人民法院关于适用〈中华人民共和国担保法〉若干问题的解释》、《关于非银行金融机构外汇资产负债比例管理的规定》等。

（一）担保人的资格和能力要求

有资格对外担保的机构包括：（1）中资金融机构。经批准具有对外担保业务资格的金融机构可以提供对外担保，但是对外担保余额、境内外汇担保余额及外汇债务余额之和不得超过其自有外汇资金的20倍。非金融企业法人对外提供的对外担保余额不得超过其净资产的50%，并不得超过其上年外汇收入。（2）企业法人。内资企业和外资企业都可以提供对外担保。但是除被担保人是在中国境内发行B股或在香港发行H股的外商投资企业外，内资企业可对外担保的债务只能限于其直属子公司或者其参股企业中中方投资比例部分对外债务。根据营业执照上的主营业务，企业可分为贸易型和非贸易型。贸易型内资企业在提供对外担保时，其净资产与总资产的比例原则上不得低于15%；非贸易型内资企业在提供对外担保时，其净资产与总资产的比例原则上不得低于30%。（3）国家机关和事业单位。除经国务院批准为使用外国政府或者国际经济组织贷款进行转贷外，国家机关和事业单位不得对外担保。

（二）被担保人的资格要求

被担保人应是境内内资企业、外商投资企业和境内机构在境外注册的全资附属企业及中方参股的企业。被担保人是境外机构的，不得是亏损企业；被担保人是境外贸易型企业的，其净资产与总资产的比例原则上不得低于10%；被担保人为境外非贸易型企业的，其净资产与总资产的比例原则上不得低于15%。

（三）对外担保的形式

我国法律规定对外担保的形式包括：（1）以保函、备用信用证、本票、汇票等形式出具对外保证；（2）以特定财产对外抵押；（3）以法定的动产或者权利对外质押。对外担保不得以留置或者定金的形式提供。我国法律并没有明确规定浮动担保和让与担保。

对于浮动担保，由于缺少法律基础，担保权主要依据的是合同权利。最高人民法院曾于1994年3月26日和12月26日的两次批复中指出："在债务人有多个债权人的情况下，债务人将其全部财产抵押给其中一个债权人，因而使该债务人丧失了履行其他债务能力，侵犯了其他债权人的合法权益，根据《中华人民共和国民法通则》第4条、第5条规定，应当认定无效。"因此浮动担保是否构成了侵犯了其他债权人的合法权益将直接影响浮动担保的效力。另外不同的抵押物登记机关不同，增加了浮动担保登记的复杂性。如以无地上定着物的土地使用权抵押的，应在核发土地使用权证书的土地管理部门登记；以航空器、船舶、车辆抵押的，应在运输工具的登记部门登记；以企业的设备和其他动产抵押的，应在财产所在地的工商行政管理部门登记；以证券登记结算机构登记的股权出质的，应在证券登记结算机构办理登记；以有限责任公司股权或非公开发行且股东在200人以下的股份有限公司的股权出质的，应在工商行政管理部门办理登记；以应收账款出质的，应在中国人民银行征信中心登记。浮动担保合同并不是强制适用中国法的合同，因此可能通过对适用法律的约定避免其无效，从而将合同问题转为强制执行时与中国法中强制性规定的冲突的解决。

在我国，楼宇按揭并不是让与担保，而被认定为抵押性质。《最高人民法院关于适用〈中华人民共和国担保法〉若干问题的解释》第47条规定："以依法批准尚未建造的或者正在建造中的房屋或者其他建筑物抵押的，当事人办理了抵押物登记，人民法院可以认定抵押有效。"在房地产开发商取得楼宇外销许可或者批准，并且外销楼宇已投入资金超过总投资的70%的情况下，对外按揭担保项下的房地产开发商可以获得对外担保。以转移所有权为特征的让与担保在我国主要是通过合同权利来实现的。

（四）审批和登记

我国实行外汇管理和外债管理。对外担保合同的审批机关是外汇管理局及其分（支）局。未经外汇管理局批准或者登记对外担保的，对外担保合同无效。外资金融机构和外商独资企业对外提供担保，无须经过批准。担保人对外提供担保后，债权人与被担保人如果需要修改债务合同主要条款而导致担保责任变更的，必须取得担保人同意，并按照原审批程序由担保人向外汇管理局报批。未经批准的主要条款变更无效。

担保人对外提供担保后，应到所在地外汇局办理对外担保登记手续。根据担保人的不同，对外担保登记要求不同。非金融企业法人实行逐笔登记制。担保人自担保合同订立之日起15天内应到所在地的外汇局填写《对外担保登记表》并领取《对外担保登记证》。担保合同执行完毕后，担保文件自动失效，担保人应当向原发证机关缴销《对外担保登记证》。金融机构实行按月定期登记制，在每月后的15天内填写《对外担保登记表》和《对外担保反馈表》，向所在地外汇局上报上月担保情况。

第五节 国际债券发行

一、国际债券的概念与类型

（一）国际证券的概念与特征

国际证券是指一国政府、金融机构和公司为筹集资金在国外或国际证券市场发行，以发行地所在国货币或可兑换货币为面值的证券。国际证券包括国际股票和国际债券。国际证券的主要特征是：（1）证券的发行人和投资人位于不同国家；（2）证券的发行地不在发行人所在国境内；（3）证券以发行地所在国货币或可兑换货币为面值；

(4) 适用法律复杂，发行人所在国法律、发行地法律、上市地法律都会涉及。[①]

国际股票是指股份公司在国外证券市场发行并交易的股票。如我国的股份有限公司对境外投资者发行的境内上市外资股（B股）和境外上市外资股（H股、N股、S股等）。[②] 各国政府通过证券法、证券交易法以及特别法对股票和债券进行监管。国际股票和国际债券有很多相似或相同之处。本章仅介绍国际债券发行。

（二）国际债券的概念与特征

债券是指发行人向投资人出具的，承诺按约定的时间和条件还本付息的一种书面债权债务凭证。国际债券是一国政府机构、金融机构或者企业为筹集资金而向外国投资者发行的可自由流转的债权证券。[③] 国际债券具有以下特征：第一，国际债券的发行人与投资人分别属于不同的国家或地区，其发行、交易与债务清偿受到不同国家法律的支配，使国际债券有别于国内债券；第二，国际债券本质上是一种债权凭证，它体现了债券发行人与债券持有人之间的债权债务关系，使国际债券有别于国际股权凭证；第三，国际债券是证券化的可自由流转的债权凭证，其发生与交易受到有关国家证券法规则的支配，使国际债券有别于国际贷款。

国际债券融资是国际融资的重要渠道之一。国际债券约占债券市场的20%，国内债券约占80%。据国际清算银行统计，2007年6月末，全球债券市场债券未清偿余额为73.82万亿美元，美国、英国、欧元区占据国际债券未清偿余额绝大多数份额较2006年末增长6.7%。其中，按发行人居住地的国别划分，美国、英国、德国、荷兰、法国、西班牙发行的国际债券未清偿余额在全球排名前六位。在发行主体上，金融机构发行的国际债券未清偿余额占比79%，其次是公司发行人，其市场份额为10%，政府、国际组织发行的国际债券的市场份额分别是8%和3%。在币值上，欧元、美元是国际债券发行的主要币种。2007年9月末，以欧元和美元标价的国际债券未清偿余额分别占48.0%和35.4%。其他占比较高的货币是英镑、日元、瑞士法郎、加拿大元、澳大利亚元。[④] 外国债券约占国际债券的20%，欧洲债券约占国际债券的80%。国际债券中大多为固定利息，大约25%左右为浮动利息，少量为可转股债券。

（三）国际债券的类型

1. 外国债券

外国债券是指由债券发行人在外国市场以该国货币标价发行，并在该国证券市场交

---

① 韩龙．国际金融法．北京：法律出版社，2007：377－378.

② B股是以人民币标明面值，以外币认购和买卖，在境内证券交易所上市交易的外资股。H股是境内注册企业在香港上市的外资股。N股是境内注册企业在纽约上市的外资股。S股是境内注册企业在新加坡上市的外资股。

③ 董安生．国际货币金融法．北京：中国人民大学出版社，1999：117－118.

④ 2007年国际金融市场报告，《中经网统计数据库》。

易的国际债券。外国债券的票面金额和利息都以债券发行市场所在国家的货币表示。有的债券发行者属于一个国家，债券面值的货币国和债券发行地同属另一个国家。由于外国债券与国内债券的发行人都受到发行地法律和规则的约束，因此与国内债券一起被统称为在岸债券。

目前世界上主要的外国债券市场在美国、日本、瑞士和德国。如美国的扬基证券、日本的武士债券、英国的猛犬债券。1982 年 1 月，中国国际信托投资公司以私募方式在日本东京发行了100 亿元的日本武士债券，是我国首次发行外国债券。2005 年 9 月 28 日国际金融公司和亚洲开发银行获准，在我国发行的人民币债券被称为熊猫债券。这是自清末民初以来，中国第一次允许国外金融机构在中国以本币发债。

2. 欧洲债券

欧洲债券是指由债券发行人以债券市场所在国以外的国际货币标价发行（通常同时在几个国家发售）的国际债券。欧洲债券除可以用单独货币（美元、英镑、西德马克、日元等）发行外，还可以用综合性的货币单位发行，如特别提款权、欧洲货币单位等。由于欧洲债券是债券发行人以发行地国以外的货币为面值发行和流通的国际债券，债券发行人所属国、债券发行地国和货币所属国都无法对欧洲债券进行全面地监管，因此欧洲债券又被称为离岸债券。

自 20 世纪 80 年代以来，欧洲债券逐渐超过外国债券，成为国际债券融资的主要方式。2001 年 5 月 17 日，我国财政部发行的欧洲债券由欧洲美元债券和欧元债券组成，其中欧洲美元债券的发行额为 10 亿美元，期限为 10 年期，票面利率为 6.8%；欧元债券的发行额为 5.5 亿欧元，期限为 5 年期，票面利率为 5.25%。

外国债券与欧洲债券的区别主要有：

（1）在发行方式上，外国债券一般由发行地所在国的证券公司、金融机构承销；而欧洲债券则由一家或几家大银行牵头，组成十几家或几十家国际性银行在一个国家或几个国家同时承销。

（2）在适用法律上，外国债券的发行必须遵守发行地所在国法律和规则，并且往往需要履行一定的注册程序，在法律上被视为外国证券；欧洲债券一般不记名，由于发行人、发行地、币值不属于同一国，一般不受发行地国家法律的管制，也无须履行注册手续。

（3）在税收管理上，外国债券受发行地所在国的税法管制；欧洲债券的利息收入通常免缴所得税，并由于以不记名方式发行可以保存到国外，投资者可以逃避国内所得税。

3. 全球债券

全球债券是指债券发行人在全球主要债券市场同时发行的国际债券。1989 年 9 月，世界银行在北美、欧洲和远东的主要证券市场同时发行 15 亿美元 10 年期的债券。此后全球债券逐渐成为世界银行以及其集团成员的主要融资手段。2009 年 4 月 19 日，在受到经济危机影响全球经济尚未复苏时，国际金融公司宣布发行 15 年期 30 亿美元的全球债券。其中 36% 为亚洲投资者，40% 为美洲投资者，25% 为欧洲和中东的投资者。而国际金融公司 2009 年度的融资计划是 80 亿美元。①

二、国际债券的发行

（一）国际债券的发行方式

1. 公开发行

公开发行是指债券发行人公开向不特定的投资者所进行的发行。公开发行发行时间集中，通过不特定投资者的分别持有分散债务，可以避免少数大债权人控制。但是由于社会公众对发行人和发行信息的真实情况不了解，为保护投资者，各国证券法或公司法对公开发行严格监管。通常公开发行的发行标注较私募发行高，成本也较高。公开发行的国际债券可以上市流通。大多数外国债券采用公开发行方式。

2. 私募发行

私募发行是指债券发行人直接向特定投资者所进行的发行。特定投资者通常是投资银行、养老基金、保险公司等金融机构，具有对投资风险辨识和控制的能力。私募发行可以节省发行费用，但是发行后债券的流动性差，债务可能过于集中。各国对于私募发行的规制相对宽松，通常对发行人资格要求较公开发行方式低，对于发行人的注册登记和信息披露义务也给予不同程度的豁免。私募发行的债券不能上市，或者在一定期限内不得转让。

（二）国内法对国际债券发行的监管

1. 发行审核

（1）注册制。根据注册制，国际债券发行人必须向主管机关申报，将与债券发行有关的信息和资料公布于众，主管机关仅对公开信息的形式要件和真实性进行审查，在无法律明文规定不得发行的情形下即予以注册。未予注册或自动生效日之前，发行人不得发行债券。注册制又称为申报制，其核心是公平原则。

（2）核准制。根据核准制，主管机关不仅对发行人所公布的信息和资料的真实性进行审查，还对国际债券发行的实质条件予以审核，包括发行人的资信、管理人的资格、债权人与债务人的权利和义务、募集资金投向等。注册制又称为准则制，其核心是

---

① http：//www. ifc. org/ifcext/media. nsf/content/SelectedPressRelease？ OpenDocument&UNID = 2205B46734663C388525759800812BC0.

实质管理原则。

2. 信息披露

信息披露是指债券发行人发行债券时，应将与债券发行有关的企业信息资料真实、准确、充分地公开，以便投资者分析和评价债券的风险和利润。信息披露是公开原则的体现和重要保障。

美国《1933年证券法》规定投资者应获得与所发售证券有关的财务和其他重要信息，并防止证券销售中的虚假、误导性和其他欺诈行为。为达到“证券的真实性”，证券交易委员会（SEC）要求发行人应通过证券的注册公布重要的财务信息，从而使投资人在获得足够充分信息的基础上判断是否购买该债券。除非获得豁免，否则发行人在注册时应公布以下信息：（1）发行人的资产和业务情况；（2）欲发行债券的基本情况；（3）发行人的管理情况；（4）经独立审计的财务声明。获得豁免发行的可以不向证券交易委员会注册。可以获得豁免发行的情况包括：（1）针对有限的个人或者机构投资者的私募；（2）一定规模以下的发行；（3）各州之间的发行；（4）地方政府、国家和联邦政府的发行。

对于不同的发行人，注册时所应披露的信息略有不同。以政府债券为例，《1933年证券法》在附表B中规定政府拟发行债券所提交的注册声明（Registration Statements）中必须包含以下内容：（1）借款人（政府或者部门）的名称。（2）发行债券的具体目的应详细说明，以及可以确定的募集金额。如果发行债券所募集的资金不足以实现该目的，则还应说明其他的筹集途径和拟筹集金额。（3）除政府间债务以外的可偿还的债务和未偿还的债务以及待提供担保的债务的金额、日期、到期日、性质、利率、分期偿还条款、担保（如果有）。如果可以变更担保，应说明变更担保的条件。如果可以不经通知而变更担保，应给予特别说明。（4）发行人（包括其前身）在对注册声明进行登记前的20年内是否曾经就对外担保违约，政府间债务除外。如果有违约的情况，应说明该次违约的时间、金额、违约的具体情形、是否随后签订其他协议及其具体条款。（5）根据证券交易委员会要求的详细程度和表格提供最近3年取得的收入（按照来源）和支出（按照目的）。（6）承销人的名称和地址。（7）美国境内的代理人的名称和地址。（8）美国境内销售该债券的所得预计。（9）拟发行债券定价或者定价方法。在公开发行前可以调整价格，但是应当立即通知证券交易委员会。（10）发行人向承销人已支付或将支付的佣金，无论直接支付或者间接支付。佣金包括各种现金、有价证券、合同或具有价值的其他安排，包括直接支付或者是与发行债券有关的、对承销商有益的搁置、处分或者是取得一致。应说明向各个承销人支付的具体金额。（11）发行人就本次发行所须负担的除佣金以外的其他支出，包括律师费、工程费、认证费等。（12）出具法律意见书的法律顾问的名称和地址。（13）承销协议。（14）关于发行合法性的法律意见书的副本。应提供英文本。法律意见书中应列明发行所需的一切法律、法规、命令或者政府行为。

债券发行章程（Prospectus）是信息披露的另一个重要文件。债券发行章程应当包含注册声明中所披露的信息。政府债券的债券发行章程可以不包括第13项和第14项内容。根据证券交易委员会的规定，对于不属于保护公共利益或者投资者利益所需的信息可以省略。但是如该信息对于保护公共利益或者投资者利益必要，证券交易委员会可以要求发行人在债券发行章程中披露。

除发行时的信息披露义务外，债券发行人还承担持续披露义务。证券交易委员会发布了一系列规则调整信息披露义务。如外国私人发行人应根据《1934年证券交易法》提交20-F表进行注册和年报。外国私人发行人是指非外国政府的外国发行人，除非美国居民持有超过50%的有投票权的证券；或者管理层或者董事中的绝大多数是美国公民或者美国居民，或者超过50%的资产位于美国，或者主要业务位于美国。证券交易委员会有关20-F表的要求完全采纳了证监会国际组织技术委员会（IOSCO）1998年发布的《外国发行人跨国发行和首次上市的国际披露准则》，并且为了增加披露、促进投资者保护和跨境资本流动，证券交易委员会对已有规则进行了不断修订。2008年12月5日起生效的《外国发行人报告修订》规定外国私人发行人在20-F表中要增加披露公司治理的信息，要求2009年及之后财务年度年报中要公布美国存托证（ADR）的费用和支付情况，加速提交2011年后的首个财务年度的年报和中期报告，并对2011年以及之后首个财务年度的年报中的财务情况披露加以规定。

违反信息披露规定的发行人应当承担法律责任。美国《1933年证券法》第11条规定，债券发行注册声明因包含对重大事实不实陈述或漏报，造成他人损失的，声明签署人、发行人董事或合伙人、发起人、会计师、工程师、资产评估人、承销商及其他有关人员应当承担赔偿责任。如果注册声明对重大情况有错误陈述或隐瞒，投资者可以起诉，无须证明自己是否信赖注册声明，也无需证明自己在购买债券时是否已经知道注册声明中存在错误或者隐瞒。法律假设投资者在注册声明生效后的12月内对所披露的信息和资料是完全信赖的。第12条规定，债券发行章程对重大事实的不真实陈述或漏报，除非能证明投资者事先知情，发行人应对投资者承担购回债券、赔偿损失的责任。

（三）国际债券发行程序

国际债券一般按照以下程序进行：

第一，债券的信用评级。证券评级机构就借款人对该国际债券的偿还风险、偿债可能性和信用等级作出具体评价。评级时将考虑该国际债券发行的市场选择、发行规模、发行方式、币种选择、债券种类和基本性质、期限构成等。债券的信用评级可以增加初次发行债券的发行人的筹资吸引力。一般来说，级别越高，风险性越小，所需支付的利息也就越低。

第二，发行人与承销商谈判，组织承销团。国际债券发行是经理人、承销商和销售团体等专业团队分工合作的结果。其中，经理人代表发行人负责整个债券发行的安排和管理；承销商负责债券的承销；销售团队负责将债券出售给公众投资者。首先，牵头经理人与发行人就债券发行的基本条件和主要条款达成一致，签订认购协议；经理人作为发行人的代理人与承销商签订承销协议，确定发行债券的总额、发行方式、发行条件、承销方式；发行人选定受托人、支付代理人或财务代理人。

第三，承销商进行发行申报，向公众投资人提交债券发行说明书。承销商向主管机关申请注册，呈报债券发行申请书、印制债券认购申请书、撰写并发布债券发行公告等。承销商确定其承购份额和配售预订。

第四，向公众出售债券。各承销商将债券出售给投资者，向登记代理机构登记债券，受托人将收回的债券款项拨入发行人账户。

三、我国对国际债券的管理

我国对于国际债券的发行实行严格管制。

（一）境外机构在境内发行人民币债券

我国对境外机构在境内发行人民币债券实行主体特许制。2005 年 2 月 18 日，中国人民银行、财政部、国家发展和改革委员会和中国证券监督管理委员会联合发布了《国际开发机构人民币债券发行管理暂行办法》，首次允许外资金融机构在境内发行人民币债券。

境外机构在境内发行人民币债券有助于发展国内的债券市场。对于发行人资格要求：(1) 发行人应为进行开发性贷款和投资的国际开发性金融机构；(2) 财务稳健，资信良好，经在中国境内注册且具备人民币债券评级能力的评级公司评级，人民币债券信用级别为 AA 级以上；(3) 已为中国境内项目或企业提供的贷款和股本资金在 10 亿美元以上；(4) 所募集资金用于向中国境内的建设项目提供中长期固定资产贷款或提供股本资金，投资项目符合中国国家产业政策、利用外资政策和固定资产投资管理规定。主权外债项目应列入相关国外贷款规划。

境外机构在境内发行人民币债券实行发行审核制度。国际开发机构应向财政部提出债券发行申请，由财政部、中国人民银行、国家发展和改革委员会、中国证券监督管理委员会等部门依各自职责审核后，报国务院批准。国际开发机构发行人民币债券，其财务资料须由中国注册会计师审计，由中国律师进行法律认证，承销商应为中国证券经营机构。人民币债券发行利率由发行人参照同期国债收益率水平确定，并由中国人民银行核定。

（二）境内机构在境外发行国际债券

我国对于境内机构在境外发行国际债券适用的法规主要有《境内机构发行外币债券管理办法》（1987 年中国人民银行颁布的《中国境内机构在境外发行债券的管理规定》已失效）和《外债统计监测暂行规定》、《外债管理暂行办法》等。2007 年中国人民银行与国家发展和改革委员会还颁布了《境内金融机构赴香港发行人民币债券管理暂行办法》，鼓励利用香港金融市场融资，提升人民币在香港和内地之间的流动性。

境内机构在境外发行国际债券的主要规定包括：（1）债券发行主体特许制度。我国法律上未设置主体条件，而是笼统规定为中国境内的企业事业单位、国家机关、社会团体、部队等，包括中资企业（含中资金融机构和中资金融机构在海外的分支机构）和外商投资企业。目前可以直接从事国际债券发行的主体须取得国家的授权特许。① 目前已发行国际债券的机构主要包括财政部、中国银行、中国国际信托投资公司、国家开发银行、中国进出口银行等。（2）计划管理制度。我国的国际债券发行均须纳入国际贷款计划（外资额度），年度外资额度由国家发展和改革委员会综合平衡后下达。其中中资机构在境外发行短期外币债券应当占用短期对外借款余额控制指标；中资机构在境外发行中长期外币债券应当占用中长期利用外资计划指标；境内机构在境外发行可转换债券应当占用中长期利用外资指导性计划指标；外商投资企业在境外发行可转换债券以外的外币债券，不实行计划指标管理。（3）发行审批制度。境内机构发行国际债券必须经国家外汇管理局审批。未经国家外汇管理局批准，擅自签订的发债协议无效。外汇局不予办理外债登记，银行不得为其开立外债专用账户，本息不得擅自汇出。（4）外债登记制度。境内的发行人在首次发行国际债券时应当向国家外汇管理局办理外债登记，领取外债登记证；并应当定期向外汇管理局报告其外债偿还情况。（5）资金管理制度。境内机构应当对发债所筹集的资金按照批准的用途专款专用。每年初 15 日内，发行人应将上年度项目的进度、资金使用效益等情况报国家外汇管理局备案。如果需要改变资金用途，应当事先取得原立项批准部门同意。每季初 10 日内，境内机构应当向外汇局报送债券上市后价格变化情况。境内机构在境外发行外币债券后，未经外汇局批准不得将发债所筹集的资金存放境外或者在境外直接支付，不得转换为人民币使用。境内机构应配合外汇管理局对资金使用和偿还情况的检查。

---

① 根据原国家计委和中国人民银行于 2000 年 2 月 23 日联合发出的《关于进一步加强对外发债管理的意见》，对对外发债实行资格审核批准制。2003 年 4 月 3 日，国家外汇管理局发布了《关于取消部分资本项目外汇管理行政审批后过渡政策措施的通知》，取消境内中资机构中长期外债融资条件的审批。虽然已经出台了有关放松审批的管理规定，但并不意味着可以自由到境外发债。

思考题

1. 国际货币基金组织是如何调整国际金融秩序的？
2. 简述国际贷款协定的特点和基本条款。
3. 简述国际项目贷款的信用结构。
4. 试分析主要的国际融资担保方式。
5. 国际债券发行中的信息披露制度有哪些？

课外阅读书目

董安生．国际货币金融法．北京：中国人民大学出版社，1999.
刘丰名．国际金融法．修订版．北京：中国政法大学出版社，2007.
黄东黎．国际经济法．北京：社会科学文献出版社，2006.

第十章

国际税法

内容提要

本章主要介绍国际税法及国际税收关系的基本概念、国际税法的产生条件、法律特征、基本原则以及法律渊源；解释国家税收管辖权的来源及其所产生的冲突；阐述国际双重征税发生的原因、国际双重征税的类型以及避免国际双重征税的方法；分析国际逃税和避税的异同、表现形式、国内法律规制措施和国际法律规制措施；论述国际税收协议的主要内容以及国际税收协议与国内法的关系，指出国际税收协议的核心内容在于协调缔约国在各种跨国所得或财产价值上的征税权冲突。

第一节　国际税法概述

国际税法是调整国际税收关系的各种法律原则、规则和制度的总称。它是从传统的国内税法中逐渐发展出来的一个新的综合性的税法分支体系，是国际经济法的一个重要组成部分，是国际经济交往发达到一定程度的历史产物，是随着跨国征税对象的出现和国家税收管辖权的扩大而产生的。

一、国际税法的产生

（一）国际税法产生的条件

国际税法既是一个法律范畴，也是一个历史范畴。国际税法的产生与国际税收关系的产生是同一个过程的两个方面。税收是一个国家政治权力的体现，与国家相伴而生。国际税收关系与国际税法是随着世界经济的发展，在具备了一定的经济基础条件、政治条件和法律前提条件下逐渐形成和发展起来的。

1. 国际税法产生的经济基础条件

18世纪末，英国首创所得税。所得税的征税对象主要是纳税人产生的生产经营所得和其他所得及收益。① 在19世纪末以前，各国税收的征税对象主要是处于本国领土内的人和物。虽然国家也对进出国境的商品课征关税或者过境税，但是严格来说，国家征税权的行使仍然是局限于在本国的疆界内，并未扩及境外的对象。在这种情形下，国家税收在性质上只是国家与其管辖下的纳税人之间在征税对象上形成的经济利益分配关系，并不涉及其他国家的税收利益，也不存在所谓的国际税收分配问题。②

19世纪末，世界资本主义经济开始由自由竞争向垄断阶段过渡，资本主义经济对外活动由商品输出转向资本输出，并使得资本输出成为垄断时期资本主义经济的最主要的特征。资本输出即对外投资，主要表现为对外间接投资和对外直接投资两种形式。间接的资本输出，也即对外间接投资，主要是指居住在资本输出国的跨国投资商（包括企业和自然人），通过购买资本输入国（东道国）境内企业的股票、债权或向资本输入国的境内企业提供国际贷款、技术转让等方式进行投资，不参与资本输入国境内企业的管理，只是获得来自资本输入国的股息、利息、租金和特许权使用费等跨国投资所得。直接的资本输出，也称为跨国直接投资，是指跨国投资人通过在东道国直接投资办厂（也即“绿地投资”），或者通过跨国收购的方式直接参与或控制当地企业的经营管理，从事生产经营活动，从而获得来源于东道国的营业利润和其他所得。随着时间的推移，各种跨国直接投资和间接投资数量不断扩大，促使货物、资金、人员和技术等生产要素的跨国流动日益频繁，导致了从事跨国投资和其他经济活动的企业和个人的收入和财产日趋国际化，即这些企业、个人的财产和收入跨越资本输出国和资本输入国，使得资本输入国和资本输出国分别可以基于来源地税收管辖权和居民管辖权主张征税并产生冲突。因此，企业、个人收入和财产的国际化现象普遍存在和不断发展，是国际税收关系和国际税法产生的客观经济基础。

2. 国际税法产生的政治条件

税收本质上是一个国家政府凭借其政治权利，针对其管辖范围内的收益、所得或财物，向特定主体所进行的一种无偿的强制性课征。经济活动的国际化仅仅为国际税收的产生创造了经济条件，如果国家没有对国际化的收益、所得或财物行使税收管辖权，税收管辖权就不会发生冲突，也就不会产生国际税法。因此，国家对跨国所得或财产行使税收管辖权是国际税法产生的政治条件。

应当指出的是，国家对跨国所得或财产行使税收管辖权是指独立主权国家的主权行

---

① 刘隆亨. 国际税法. 2版. 北京：法律出版社，2007：2.

② 廖益新. 国际税法学. 北京：高等教育出版社，2008：1.

为。第二次世界大战之前，广大亚非拉国家多数沦为西方工业发达国家的殖民地或半殖民地，主权完全或部分丧失，无权或无力对跨国所得或财产行使税收管辖权，国际税收关系也无从产生。二战结束后，伴随着广大殖民地和半殖民地民族国家纷纷独立，国际税法才真正地逐步发展为一个相对独立的法律部门。

3. 国际税法产生的法律条件

经济活动、跨国所得或财产的国际化以及主权国家的大量建立为国际税法的产生奠定了经济和政治基础。此外，国际税法作为调整国际税收关系的各种法律原则、规则和制度的法律，国际税收法律、国际税收法律原则和制度的建立是国际税法产生的法律条件。

所得税或财产税制度在各国的广泛建立是国际税法产生的关键。国家对于跨国所得行使的税收管辖权主要为所得来源地税收管辖权和居民税收管辖权，而且绝大多数国家均同时行使这两种税收管辖权。所以，各国对涉外财产或所得主张管辖权并形成制度化的时候，国际税法就产生了。

（二）国际税法产生的主要表现形式

1. 各国的涉外税法

国际税法首先表现为各国的涉外立法。虽然各国确立所得税法律制度是 18 世纪末以后的事情，但是各国的涉外立法行为要早于这个时期。

随着经济活动的国际化和人员的跨国流动，外国人在本国从事经济活动并获得收益和财产的现象越来越普遍。对于外国人在本国的所得和财产，如果本国不行使税收管辖权，不仅会损害本国的税收利益，而且也不利于本国居民与外国人之间税负公平的实现。同样，对于本国居民在外国的所得和财产如果不行使税收管辖权，也会损害本国的税收利益，不利于实现从事本国经济活动的纳税人和从事国际经济活动的纳税人之间的税负公平。基于上述考虑，各国纷纷通过立法对从事跨国活动纳税人的所得和财产进行征税，各国的涉外税法由此产生。

如果各国涉外税法内容有冲突，就会产生国际重复征税的问题，国家之间的税收管辖权的冲突与协调，即国际税收协定也就提上日程。

2. 国际税收协定

国际税收协定的诞生是真正意义上的国际税法产生的标志，国际税收协定也是现代国际税法的核心。随着经济活动国际化，跨国所得和跨国财产越来越多，仅仅依靠一个主权国家的力量无法满足规范和调整国际税收关系的需要。一方面，各国的涉外税法受到法律空间效力的限制，对他国没有法律拘束力，对于本国居民在海外的所得和财产难以实现征税的目的；另一方面，不同国家的涉外税法不完全一致，导致跨国纳税人的税负不公平，不利于国际税法税负公平原则的实现，也不利于国际经济活动的正常开展；

此外，随着跨国公司的进一步发展，国际逃税和国际避税现象越来越严重，导致国家的税收利益受到严重影响，解决这些问题需要主权国家之间加强协调与合作，至此，国际税收协定应运而生。

世界上第一个双边国际税收协定是1843年比利时和法国签订的有关税收情报交换和税务合作的条约。随后，1845年比利时与荷兰也就税务合作与情报交换等问题签订了条约。1872年英国与瑞士就继承税问题签订了条约。[①] 这些双边的国际税收协定与现代的国际税收协定相比，内容单一，尚属于国际税收协定的雏形。国际上第一个综合性的避免对所得的双重征税的协定，是1899年6月奥匈帝国和普鲁士所缔结的税收条约。[②]

二、国际税法的调整对象

国际税法是调整国际税收关系的各种法律原则、规则和制度规定的总称。所谓国际税收关系，是指两个或两个以上国家与跨国纳税人之间在跨国征税对象（跨国所得和跨国财产）上产生的经济利益分配关系，是有关国家之间的税收利益分配关系和它们各自与跨国纳税人之间的税收征纳关系的统一体。因此，国际税收关系既包括横向的国家之间的经济利益分配关系，也包括纵向的国家与跨国纳税人之间的税收征纳关系。与纯粹的国内税收关系相比，国际税法调整的这种国际税收关系在主体、客体和内容等方面都有自己的特征。

首先，国际税收关系的征税主体是两个主权国家，它们基于居民税收管辖权或者税收来源地管辖权对跨国所得或财产进行征税。国内税收关系的征税主体国家只享有征税权，而不必负担义务，即国家无偿地、强制性地征税，纳税主体只需要向一个国家纳税，只有履行纳税义务，没有享有税收利益的权利；作为国际税收关系的征税主体的国家，享有征税权的同时也要履行相应的义务，作为跨国纳税人，需要就同一笔所得或财产向两个或两个以上国家纳税。

其次，国际税收关系的客体，是纳税人的跨国所得或财产，通常受两个国家税收管辖权的支配。国内税收关系的征税对象完全是处于一国税收管辖权范围内的财产或所得，并不与其他国家的征税权存在法律联系。

最后，国际税收关系的内容不仅包括了纵向的征税主体与纳税人之间的征纳关系，而且包括了横向的主权国家之间的经济利益分配关系。在横向的经济利益分配关系中，不仅不存在国内税法上强制性和无偿性的特点，而且还存在对等互惠的内容。此外，征

① 刘剑文．国际税法学．2版．北京：北京大学出版社，2004：38.

② 陈安．国际经济法．3版．北京：北京大学出版社，2004：448.

税主体与纳税主体之间的权利义务并非完全取决于一个主权国家的单方面的意志，而是在一定程度上由两个征税主体之间意志协调的结果。因此，国际税收关系中某个征税主体与纳税主体之间的争议，在某些情况下可能上升为两个征税主体之间的争议，需要由两国的税务主管当局相互协商解决，或通过国际仲裁的方式处理。这在纯粹的国内税收法律关系上是不可能发生的。①

三、国际税法的基本原则

国际税法是调整国际税收关系的各种法律原则、规则和制度规定的总称。国际税法的基本原则有多少，不同的国际税法专家从不同的角度提出了各自的观点。高尔森教授认为征税公平原则是国际税法最重要的原则②；刘剑文教授把国家税收管辖权独立原则和公平原则作为国际税法的基本原则③；陈大刚教授把国家税收管辖权独立原则、国际税收分配的平等互利原则和税收无差别待遇原则作为国际税法的基本原则④；廖益新教授把国家税收管辖权独立原则、避免国际重复征税原则、消除对外国人税收歧视原则和防止国际逃税和避税原则作为国际税法的基本原则。⑤

本书认为，从国际税法的价值取向、国际社会的现实、国际税法的调整对象和各国的税务实践来看，国际税法的基本原则至少应包括国家税收管辖权独立原则、国际税收公平互利原则和防止国际逃税和避税原则三个基木原则。

（一）国家税收管辖权独立原则

国家税收管辖权独立原则是指国际税收中一个主权国家可以独立自主地决定自己的税收制度以及如何实行这一制度，任何其他国家或国际组织无权干涉的原则。国际税收管辖权独立原则是国际经济法上国家经济主权原则在国际税收领域的体现，也是国际法上国家主权原则在国际税法上的表现，是国际税法得以存在和发展的法律基础。

1. 独立确定涉外税收管辖权

涉外税收管辖权的确立是通过国内立法实现的，国内税法立法是国家主权的一部分，国家主权独立原则又是国际法最根本的原则，任何人、国家和国际组织都应予以尊重。

一个国家可以根据本国的实际情况，制定本国的涉外税收法律制度，包括税收管辖权确定的原则和标准、税基和税率的大小、避免双重征税、防止国际逃税和避税的措施

---

① 陈安. 国际经济法. 3 版. 北京：北京大学出版社，2004：441.
② 高尔森. 国际税法. 2 版. 北京：法律出版社，1992：10－11.
③ 刘剑文. 国际税法学. 北京：北京大学出版社，1999：16－20.
④ 陈大刚. 国际税法. 上海：上海财经大学出版社，1997：11－24.
⑤ 廖益新. 国际税法学. 北京：北京大学出版社，2001：20－22.

等。任何国家或国际组织无权干涉他国的涉外税收立法权，除非国家自我限制税收的部分权利，目前尚不存在国际强制法律对国内税收权利的限制。

2. 独立自主地参加国际税收协定

国际税收协定是国际税法的核心，也是避免双重征税和防止国际逃税和避税的主要手段。是否参加国际税收协定、如何参加国际税收协定、参加什么样的国际税收协定完全取决于各国自己的选择。由于各国税收法律制度存在重大差异，至今不存在像世界贸易组织或者国际货币基金协定这样在部分领域统一的法律体系。由于国际税收直接涉及国家的经济利益，达成国际统一的税制或部分统一的税收法律制度都是很困难的。

3. 国际税法的执行不受干预

一个国家在独立自主地确定自己的税收管辖权以后，如何执行自己的税制也不受他国或其他国际组织的干预。纳税人既要遵守居住国的税收法律制度、服从居住国的居民税收管辖权，也要遵守来源地国的税收法律制度，遵从来源地国的来源地税收管辖权。一国税收管辖权的行使不受任何其他国家或国际组织的影响。

综上所述，国家税收管辖权独立原则是国际经济法中经济主权原则在国际税法领域的具体运用和体现。由于各国在国际税法领域的经济利益存在直接冲突，国际贸易和国际投资领域的国民待遇和最惠国待遇在国际税法领域受到很大的限制，凸显了国家税收管辖权独立原则的重要性。

（二）国际税收公平互利原则

国际税收公平互利原则是指国际税收经济利益分配应当公平地照顾到居民所属国和所得来源地国、资本输出国和资本输入国的特殊经济情况和利益，考虑到涉外税收纳税人所承担的税收与其所得的负担能力相适应的原则，以实现国际税收得以在国家之间、国家与纳税人之间公平合理地分配。国际税收公平互利原则是国际经济法的公平互利基本原则在国际税收领域的体现。

1. 国家之间税收公平互利原则

国家之间税收公平互利原则，是指主权国家在税收管辖权相互独立的基础上，国际税收经济利益分配应当公平地照顾到居民所属国和所得来源地国、资本输出国和资本输入国的特殊经济情况和利益的原则，以实现国际税收经济利益在国家之间真正平等互利地分配。

实现国家之间税收利益分配的公平互利，关键的因素在于合理地确定各国之间的税收管辖权的划分，因为税收管辖权的划分是确定国家之间税收分配关系的基础。强调税收来源地税收管辖权，对所得来源地国和资本输入国有利，而强调居民税收管辖权对居住国和资本输出国有利。

由发达国家组成的经济合作与发展组织（OECD）所颁布的国际税收协议范本强调

居民税收管辖权，如果发展国家和发展中国家以此为范本签订双边税收协定，必然会造成发展中国家税收利益受损，发达国家从中受益，导致国际税收利益分配不公平。联合国国际税收协定范本虽然对来源地税收管辖权也进行了一定的限制，与 OECD 的范本相比，来源地税收管辖权的范围明显扩大，居民税收管辖权相应地减缩，有利于实现居民所属国和来源地国之间真正实现税收的公平分配。

国际税收的公平互利原则贯穿在国际税法的大部分内容中，因为只有真正的公平互利，发展中国家和发达国家之间才可能开展长久的国际税务合作，进而促进国际经济的发展。

2. 跨国纳税人公平负税原则

在国际税法中，跨国纳税人的公平负税原则是指跨国税收纳税人所承担的税收与其所得的负担能力相适应的原则。该原则有两层含义和要求：一方面，要求横向的公平，是指在一个国家范围内，经济情况相同的情况下纳税人负担相等的税收；另一方面，要求纵向的公平，即经济情况不同的纳税人承担与其经济情况相适应的不同税收。在各国的个人所得税中超额累进税率就体现了这个原则，如果 A 国自然人在 B 取得了居民纳税人的资格，就应该依据 B 国的所得税法进行纳税，以实现税负公平。

（三）防止国际逃税和避税原则

国际税法之所以产生，是因为在国际范围存在着大量的国际重复征税、国际逃税和避税行为，影响了国际经济的正常发展，单单依靠各国国内法无法解决上述问题，所以国际税法应当以国际税负公平、消除国际重复征税和规制国际逃税和避税为宗旨。此外，国际重复征税也促使更多的跨国纳税人采取各种手段开展国际逃税和避税行为，严重影响了正常的国际经济秩序。

从实践来看，特别是双边税收协定中规定的情报交换制度和反套用税收协定的条款，各国涉外税法中的关于国际税务申报制度、规制关联企业的内部转移定价行为和避税港基地公司的有关条款，都体现了防止国际逃税和避税的原则和理念。随着世界经济自由化速度加快发展，国际逃税和避税现象也必将日益增多，加强对国际逃税和避税的监管，将成为近期国际税法发展的重要内容之一。

除了上述国际税法的三个基本原则外，国际税收中性原则、消除对外国人税收歧视原则、税收无差别待遇原则也是国际税法中的重要原则，在国际税法的各个领域发挥着重要的指导作用。但是，就整个国际税法而言，特别是从国际税法的实践来看，它们还不属于贯穿国际税法全部内容的基本原则。

四、国际税法的法律渊源

法的渊源，即法律的外在表现形式。国际税法的渊源，是指国际税收法律原则、规则和制度的外在表现形式。国际税法的渊源包括两大部分：国内法渊源和国际法渊源。国内法渊源主要是指各国的涉外税法。国际法渊源主要包括国际税收协定、非国际税法规范中有关国际税收的法律规范以及国际税收惯例。

（一）国际税法的国内法渊源

国际税法的国内法渊源是指各国的涉外税法，涉外税法是指具有涉外因素的税法，包括所得税和一般财产税。税法中涉外因素包括征税主体涉外、纳税主体涉外、客体涉外和内容涉外。在普通法系国家，各国涉外税法还包括法院的税务判例。它们的主要功能在于确定国家对跨国征税对象的税收管辖权、征税的范围和程度、课税的方式和程序，以及违反税法的法律后果等。

1. 成文立法

具有涉外因素的税法可以分为两大类：（1）完全的涉外税法，如我国的《外商投资企业和外国企业所得税法》；（2）内外统一适用的税法，如我国的《个人所得税法》。这两者都是国际税法的国内法渊源，前者是国际税法的主要国内法渊源和研究重点。

2. 税务判例

在英美法系国家，判例是最主要的法律渊源，在涉外税法领域也是如此。如何确定涉外税收的居民管辖权、如何确定征税的范围和程序等大都是以判例的形式存在的。

（二）国际税法的国际法渊源

国际税法的国际法渊源是指各国相互间为了协调对跨国所得或财产征税而签订的双边或多边性的国际税收条约和各国在国际税收实践中普遍存在的税收国际惯例。它们的主要作用在于协调各国之间的管辖权的冲突、避免国际重复征税、应对国际逃税和避税以及确定国际税务行政协助关系。

1. 国际税收条约

国际税收条约是国际税法最主要的国际法渊源，包括国际税收协定以及其他国际条约中与国际税收有关的法律规范。国际税收协定是不同国家为了协调相互之间的国际税收分配关系而缔结的条约，目前主要表现为双边税收协定，集中在所得税和关税领域。其他公约中关于国际税收的法律规范，如区域贸易协定、通商航海友好协定等，也对国际税收分配关系起着重要的协调作用。

2. 国际税收惯例

国际税收惯例是各国在长期的国际经济交往中反复出现并被各国所接受，因而具有法律约束力的税收通例或习惯做法。从严格意义上讲，国际经济法上的国际惯例不具有当然的约束力，国际惯例只有经过当事人选择后才成为当事人之间的法律，具有法律的约束力。只有国际习惯才有当然的约束力，不需要当事人的选择。从国际税法的国际法渊源角度考虑，国际惯例也是各国认可的国际经济法律规则的表现形式之一，至于惯例是否被当事人选择而产生约束力，并不影响国际税收惯例成为国际税法的国际法渊源。

在国际税收领域，国际税收惯例并不多见，主要有居民税收管辖权、对外国人的税收无差别待遇原则、对外交使馆人员的税收豁免等。

第二节 税收管辖权

税收管辖权是指一国政府依靠政治权力进行征税的权力，是国家经济主权在税收领域的体现。各国在征税时总是依据一定的法定事由来主张各自的税收管辖权，这些法定事由主要是基于主权的属人效力和属地效力。在所得税和一般财产税上，各国基于主权的属人效力所主张的税收管辖权表现为居民税收管辖权和公民税收管辖权，基于主权的属地效力主张的税收管辖权表现为所得来源地税收管辖权和财产所在地税收管辖权。

一、居民税收管辖权

居民税收管辖权是指征税国基于纳税人与征税国存在着法律意义上的居民身份的法律事实而主张行使的征税权。根据税法原理，居民纳税人对于征税国负担无限的纳税义务，即征税国可以对该居民来源于国内外的一切所得或者财产价值进行征税。由于纳税人居民身份关系事实的存在是征税国行使居民税收管辖权的前提和基础，因此对纳税人身份的确认是各国居民税收管辖权的主要内容。

到目前为止，关于居民纳税人身份确认的标准，世界上尚未形式一致意见和做法。各国政府基本上是从本国国情出发，在本国的税法中规定居民纳税人的认定标准。

（一）自然人的居民身份的确定标准

在世界各国的税务实践中，关于自然人居民身份的确认，采用的标准主要有如下几种情况：

1. 住所标准

国际税法中住所标准是指以自然人在征税国境内是否存在住所这一法律事实，决定纳税人是居民纳税人身份还是非居民纳税人身份。有些国家规定，一个自然人如果在本国境内拥有住所，即构成本国税法上的居民。

从各国立法与学说来看，住所是指一个自然人的具有永久性、固定性的居住场所，通常与一个人的家庭、户籍和主要财产利益关系所在地相联系。住所应包括居住的事实和居住的意思两个构成要件。住所与国籍的区别在于：住所是个私法上的概念，它反映了自然人与特定地域的民事联系；国籍则是个公法上的概念，它反映了自然人与特定国家间的政治与法律联系，故世界上采用住所标准确认自然人居民身份的国家多于采用国籍标准的国家。当前，采用住所标准的国家主要有中国、日本、法国、德国和瑞士等。

2. 居所标准

国际税法中居所标准是指以自然人在征税国是否拥有居所作为判断是否为该征税国居民纳税人的标准。居所是自然人经常居住但不具有永久居住性质的场所。与住所相比，居所更能体现自然人真实的活动地域，在这一点上居所标准比住所标准显得更为合理。居所与住所的区别在于，居所是指自然人暂时居住的某一处所，其设定条件比住所要宽，它不要求有久住的意思，只要求有一定居住时间的事实。采用居所标准的国家，主要有英国、加拿大、澳大利亚等。

3. 居住时间标准

居住时间标准是指某一自然人在一国境内居住时间达到法定期限即构成该国税法上的居民。对于居住时间的长短，不同国家有不同规定，大多数国家规定为半年或一年。居住时间规定半年的国家有英国、印度、印度尼西亚等，规定为一年的国家有中国、日本、巴西等。居住时间如果不累计计算的可以不受年度限制，如果累计计算则一般限定在一个纳税年度。

4. 混合标准

目前，国际上广泛采用住所标准和时间标准相结合的混合标准来综合认定国际税法上自然人的居民身份。例如，德国所得税法规定，在德国境内有住所，或者无住所但有居所且居住6个月以上的自然人为德国税法上的居民。

5. 意愿标准

意愿标准是指自然人在行使居民管辖权的国家内有长期居住的主观意愿或被认定为有长期居住意愿的，即被视为该国居民。① 判断某一自然人是否有在本国长期居住的主观意图，通常要综合考虑其签证时间长短、劳务合同期限、是否建立家庭或购置永久性食宿设施等因素。

（二）法人的居民身份的确认标准

法人是依法成立的、有必要财产与组织结构、能独立享有民事权利、承担民事义务的社会组织。相对于自然人而言，法人的活动范围更为广泛，经济内容更为丰富。出于征税和法律保护的需要，居民和公民的概念扩大到了法人，世界各国关于公司、法人团体的居民身份判断标准，主要有实际管理和控制中心所在地标准、总机构所在地标准两种。

1. 实际管理和控制中心所在地标准

按照这一标准，法人的实际管理和控制中心设在哪一国，便视为哪一国的居民纳税人。所谓法人的实际管理和控制中心地，指的是作出和形成法人的经营管理重要决定和

---

① 刘隆亨．国际税法．2版．北京：法律出版社，2007：31.

决策的地点。这个实际管理和控制中心并不等同于法人的日常经营业务管理机构，关于法人的经营管理的重要决定，一般是经过董事会研究决定，因而董事会经常举行会议的地点，是判断法人实际管理和控制中心所在地的重要标志。采用这一原则的国家有英国、加拿大、奥地利、新西兰、印度和新加坡等。

这一标准的优点是以管理和控制的实际中心来判断，更符合法人的实际经营情况。但由于管理和控制中心以董事会经常举行会议的地点或董事的居住地来判断，缺乏客观的标准。

2. 总机构所在地标准

总机构所在地标准是指法人的居民身份是根据法人在本国是否设有总机构来判定。凡是总机构设立在本国境内的跨国公司，无论其投资者是哪国人，都应确定为本国的居民纳税人。所谓法人的总机构，指的是负责管理和控制企业的日常经营业务活动的中心机构，通常指负责公司的重大经营决策以及全部经营活动，并统一核算盈亏的总公司或总部、总店等，它是企业总的管理或控制机构。按此标准，法人的居民身份决定于它的总机构所在地。法国、比利时与日本等国均实行这一标准。

这一标准的优点是以总机构所在地为判断标准，比较客观准确，简单易行，但仅以总机构所在地来判断，也较难反映公司的真实情况，会将总机构所在地不在一国，但实际控制或管理地在该国的纳税人排除在居民纳税人之外。

除了上述两种主要的关于法人居民身份的确认标准外，也有国家采取法人注册地标准、法人资本控制标准、法人主要营业活动地标准来认定法人的居民身份。

在各国的国际税法实践中，并非仅限于采取上述关于自然人和法人居民身份认定标准中的一种，许多国家往往同时兼采两种以上标准，以尽可能地扩大自己的居民税收管辖权。

二、公民税收管辖权

公民税收管辖权也称为国籍税收管辖权，是指征税国基于政治权力对具有本国国籍的公民来源于世界范围内的全部收入以及存在于世界范围内的所有财产所行使的课税权力。行使公民税收管辖权的核心是纳税人公民身份的确定，由于公民资格与国籍在法律上等同，各国均以国籍来区分本国公民与非本国公民。凡是本国公民，对其一切应税收益、所得或财产都要征税，而不论这些课税对象是来源于或存在于本国或其他国家。因此，依据公民税收管辖权，公民对征税国负有无限的纳税义务，而不考虑纳税人与国家之间是否存在经济关系。目前，仅有美国、墨西哥等少数国家主张这种管辖权。

（一）自然人公民身份的确认

自然人公民身份的确认，取决于自然人的国籍，具有哪个国家的国籍，该自然人就是哪个国家的公民。自然人国籍主要有以下几种情况：

1. 出生国籍

出生国籍也称为国籍的原始取得，出生国籍方式或采用血统主义原则，即以一个人出生时父母的国籍为依据确定其国籍；或采出生地主义原则即以一个人的出生地所属的国家为依据确定其国籍；或采用血统主义与出生地主义相结合的原则确定其国籍。

2. 继有国籍

继有国籍是指个人因入籍（旧称归化）而取得的国籍。入籍与个人的出生无关。各国法律规定通过入籍而赋予个人国籍的情况主要有婚姻、收养、领土改变和个人申请入籍等。

（二）法人公民身份的确认

法人的公民身份与法人的国籍是同一的。国际上对法人国籍的确定没有统一的标准，根据各国的立法与实践，有以下几种确定法人国籍的主张：

1. 法人登记地说

法人登记说也称为法人成立地说。该主张认为，法人的国籍应依其成立地而定。凡在内国设立的法人即为内国法人，凡在外国设立的法人即为外国法人。目前，英美等一些国家采用这一标准。

2. 住所地说

该学说认为，法人的住所地是确定法人国籍的标准。住所在内国的为内国法人，住所在外国的为外国法人。但对法人的住所地理解不同，该标准又可分为主事务所所在地说或管理中心所在地说和营业中心所在地说。

主事务所所在地说主要为欧洲大陆国家采用。该主张认为应以法人董事会、监事会所在地来确定法人的国籍。营业中心所在地说主要为一些发展中国家如埃及、叙利亚等国采用。该主张认为，法人实际从事营业活动的所在地为法人的住所地。

3. 资本控制说

资本控制说也称为成员国籍说。该主张认为，法人负责人和股东的国籍与法人国籍的确定有关联，法人国籍的确定，要看法人的资本控制在哪一国公民手中，然后根据资本控制者的国籍来确定法人的国籍。资本控制说是第一次世界大战时各交战国处理敌国财产和敌国法人问题的法律依据，在平时各国一般不采用资本控制说来确定法人的国籍。

4. 复合标准说

复合标准说认为，应该把法人的住所和法人登记注册地结合起来确立法人的国籍。比如，日本法律规定，要取得日本内国法人的资格，除依日本法成立外，还须在日本设有住所，凡不符合这两个条件的均被视为外国法人。

目前，对于法人国籍的确定，各国在实践中都是根据自己的利益和需要，灵活运用上述各种标准来综合认定法人的国籍。

三、所得来源地和财产所在地税收管辖权

所得来源地和财产所在地税收管辖权是指征税国基于作为征税对象的所得或者财产系来源于或者存在于本国境内的事实而主张行使的征税权，在所得税法上则称为所得来源地税收管辖权，在财产税法上则称为财产所在地税收管辖权。在这种税收管辖权下，纳税人只承担有限的纳税义务，即他仅需要就来源于征税国境内的那部分所得或位于征税国境内的那部分财产价值征税。

（一）所得来源地税收管辖权

所得来源地税收管辖权也称为来源地课税原则，或领土课税原则，是基于纳税人的所得来源于本国境内的事实而主张行使的税收管辖权。因此，关于所得来源地的识别，就成为各国所得来源地税收管辖权的重要内容。在所得税法上，纳税人的各项所得或者收益可以划分为四类，即营业所得、劳务所得、投资所得和财产所得。各国对于不同类别所得的认定标准和原则存在一定的差别，以下分别论述各国税法对各类所得的来源地识别的通常做法和标准。

1. 营业所得来源地标准

营业所得，又称为营业利润或经营所得，通常是指纳税人从事各种工商经营活动所取得的利益，包括但不限于从事生产、采购、销售、服务等一系列经营业务在内的一种综合经营活动所获得的利润。对于营业所得来源地的认定，各国税法一般都采用营业活动发生地或常设机构所在地的标准。以营业活动发生地作为营业所得来源地的标志，这种做法比较受英美国家青睐。至于营业发生地的含义，各国税法有不同的解释。有些国家认为合同的签订地为营业活动发生地的标志，有的国家则以货物或服务的交付地为营业活动的发生地。

对于营业所得来源地的认定，有些国家采用常设机构标准，这种做法多为大陆法系国家采用。如果一个企业通过在某国境内设立的营业机构或者固定场所实施经营活动并获得收益，那么该国家可以判定该笔收益来源于本国境内。相比之下，这种做法更具有可操作性和合理性，也逐渐成为国际上普遍接受的判断所得来源地的标准。

2. 劳务所得来源地标准

劳务所得是指纳税人（自然人）因为他人提供劳动服务而获得的经济报酬。纳税人如果为企业，则劳务所得在各国税法上通常会认定为营业所得。个人劳务所得可以分为独立劳务所得和非独立劳务所得。独立劳务所得是指个人以自己的名义独立从事某种专业性的劳务或者其他独立性活动而获得的收入。例如以个人名义提供服务的律师、医

生等的业务收入，以及个人独立从事科学、文艺或教育活动获得劳务报酬。非独立劳务所得是指个人受雇于他人从事劳动工作而获得的工资、薪金、劳动津贴或者奖金等。在国际税法上，确认个人的劳动所得的来源地标准主要有劳动发生地标准、劳动所得支付地标准、劳务报酬支付人居住地标准和停留时间标准。

（1）劳动发生地标准。劳动发生地标准也称为劳务提供地标准，是指个人在哪个国家提供劳务，其所得的劳务报酬即为来源于哪个国家的所得。劳动发生地对于独立劳务者和非独立劳务者有所不同。对于独立劳务者，劳务提供地的判断主要看他用以提供劳务的固定基地（即商业存在的形式，如诊所、律师事务所、会计师事务所等）设在哪个国家。对于非独立劳务者，主要是看他受雇佣提供劳务的地点，他提供劳务的行为发生地即为劳务报酬的来源地。

在根据劳务提供者判断劳务所得来源地方面还有一些例外。其中，一个普遍认可的例外是：在跨国提供劳务的情况下，为一国政府工作而取得的报酬视为来源于其本国。①

（2）劳动所得支付地标准。劳动所得支付地标准以劳务所得的居民或者固定基地、常设机构所在国为劳务所得的来源地国。如果某些跨国提供劳务的劳动者所得是由本国居民支付的，或者是由本国的非居民设在本国的固定基地或常设机构支付的，该项劳务所得应当认定为来源于本国。目前，英国坚持以就业所得的来源地为所得的支付地。

（3）劳务报酬支付人居住地标准。劳务报酬支付人居住地标准是指以实际支付劳动者报酬的机构或个人是否为本国居民为标准来确定劳务所得来源地的标准。如果实际支付劳动报酬的人是本国居民，则劳动者的劳务所得视为来源于本国。例如，某建筑公司派自己的员工到公司在外国的工程项目做短期工作，工资薪金依然由建筑公司发放，这时，劳务报酬支付人居住地为劳动者所得来源地。

（4）停留时间标准。停留时间标准，是指以跨国劳务提供者在另一个国家境内因提供劳务而停留的时间连续或累计达到一定的天数（一般为 183 天）为依据，来确定劳务所得来源地。亦即，如果某一劳务提供者在某一国境内提供独立或非独立劳务而未设立固定基地，但他停留在该国境内的时间连续或者累计达到一定的天数，该国就可以判定该项劳务所得来源于其境内，而对其行使收入来源地管辖权征税。②

3. 投资所得来源地标准

投资所得是指纳税人从事各种间接性投资所获得的经济收益，包括股息、利息、红

① 刘剑文．国际税法学．2 版．北京：北京大学出版社，2004：92.
② 刘隆亨．国际税法．2 版．北京：法律出版社，2007：41.

利、特许权使用费和租金收益。此处的投资所得亦称纳税人的消极投资所得，因为投资人不直接参与企业的经营管理，而是通过提供资金、技术、权利或财产而获得收益。股息是投资者因为拥有股份、股权以及其他与股份类似非债权性公司权利而获得的收益；利息是指投资者凭借债权而取得的所得；特许权使用费是指因向他人提供专利权、商标权、商誉、专有技术等无形资产而获得的收益；租金是指转让有形资产的使用权而获得的收益。

各国确认这类投资所得的来源地，主要采用投资权利发生地原则和投资权利使用地原则来判断投资所得来源地。所谓投资权利发生地原则是指以权利提供人的居住地为投资所得来源地的原则，投资使用地原则是指权利或者资产的使用或者实际负担投资所得的债务人的居住地为投资所得来源地的原则。

4. 财产收益来源地标准

财产所得包括动产财产收益和不动产所得。不动产所得是指纳税人在不转让不动产所有权的情况下，使用和出租不动产取得的经济利益。由于不动产所得与不动产所在位置有密切联系，因此，不动产所得的来源地的判断，各国的做法比较一致，一般都以不动产的所在地作为不动产所得来源地。

财产收益，又称财产转让所得或资本利得，是指纳税人转让其财产的所有权取得的所得，即转让有关的财产取得的收入扣除财产的购置成本和有关的转让费用后的余额。财产收益又可以分为不动产转让所得和动产转让所得。对于不动产转让所得来源地的认定，各国一般以不动产所在地为准。对于转让不动产以外的其他财产所得来源地的认定，各国主张的标准不一，主要观点有二：一是主张以转让者的居住国为所得来源地。二是主张以财产的实际销售地或成交地为所得来源地。例如，美国规定，在美国销售动产，包括有形动产和无形动产的资本所得，皆属于来源于美国的所得。①

另外，有的国家根据财产种类的不同存在不同的做法：（1）转让或出售在非居住国的常设机构的财产所得，或从事个人独立劳务的固定基地的财产所得，通常由常设机构或固定基地所在的国家作为财产所得来源国。（2）转让股票、债权等所得的收益，各国分歧较大，国际上目前主要通行两个标准：一是转让者居住国为来源地；二是被转让股份、债券公司的所在国为来源国。（3）对于出售从事国际运输的船舶、飞机及其附属动产所得的收入，按照国际惯例，一般应以这些所得所属企业的实际管理机构所在国为来源国。②

① 刘剑文．国际税法学．2 版．北京：北京大学出版社，2004：95.
② 刘隆亨．国际税法．2 版．北京：法律出版社，2007：41.

5. 其他所得来源地标准

其他所得是指不属于上述四类所得范围内的其他收入或收益。一般来说，除上述四类主要种类的所得外，纳税人取得的能够归入其他所得收入或收益项目的并不多，但不是完全没有，如纳税人取得的抽奖、中彩收入；馈赠收益或拾得无主物收益。对其他所得各国所得税法上通常是以收款人的居住地为此类所得的来源地，或者授权由主管税务机关根据有关所得具体情况确定其来源地。①

（二）财产所在地税收管辖权

财产所在地税收管辖权是指财产税方面基于财产或财产价值存在于一国境内的事实而主张行使的征税权。在财产所在地税收管辖权下，征税国主张征税的依据是作为征税对象的财产和财产价值位于征税国境内的事实，纳税人也仅需就位于征税国境内的财产或财产价值进行纳税而承担有限的纳税义务。在各国税法上，土地、房屋等不动产所在地基本上都是以不动产实际坐落地来确定征税权；船舶、飞机、汽车等交通工具则多以注册地所在国为征税国，确定财产的税收管辖权。

第三节　国际重复征税

重复征税现象不仅在各国国内存在，而且在国际经济关系中表现得尤为突出。国际重复征税阻碍了国际经济交往、限制技术、资本、人员和资源的合理跨国流动。国际重复征税包括法律性的重复征税和经济性的重复征税。通过单边、双边或多边措施消除或减少国际重复征税，成为国际税法追求的主要目标之一。

一、国际重复征税产生的原因

深入分析产生国际重复征税的各种因素，对于从源头上增强消除或减轻国际重复征税制度、措施和办法的针对性和实效性具有十分重要的意义。国际重复征税现象产生的根本原因在于有关国家各自主张的税收管辖权在纳税人的跨国所得或财产价值上发生重叠或冲突，其本质是体现不同国家之间税收利益的分配冲突。理论上，属人税收管辖权包括居民税收管辖权和公民税收管辖权，但是，在实践中，只有少数国家采用公民税收管辖权。所以国际税收管辖权之间的冲突主要体现为居民税收管辖权与来源地税收管辖权之间的冲突、居民税收管辖权与居民税收管辖权之间的冲突、来源地税收管辖权与来源地税收管辖权之间的冲突三个方面。

---

① 廖益新．国际税法学．北京：高等教育出版社，2008：38.

（一）居民税收管辖权与来源地税收管辖权之间的冲突

目前，绝大多数国家在所得税和一般财产税方面，既对本国居民来自居住国境内外的一切所得和财产价值行使居民税收管辖权，也对非居民来源于本国境内的所得和财产价值行使来源地税收管辖权。因此，在一国居民所得的来源于居住国境外的跨国所得上，必然会产生一国的居民税收管辖权和另一国的来源地税收管辖权之间的冲突，这种类型的冲突即为造成当今大量国际重复征税的最普遍的原因。

从税收管辖权的本质属性上看，这种冲突和矛盾是无法从单方面解决的，因为无论是所得来源地国还是居民所属国都不愿意放弃自己合法的税收利益。

（二）居民税收管辖权与居民税收管辖权之间的冲突

居民税收管辖权与居民税收管辖权之间的冲突，也即两个国家的居民税收管辖权之间的冲突，是国际税法中属人管辖权之间的冲突之一。由于各国国内法在居民纳税人身份认定上采用不同的标准，会导致同一纳税义务人需要对两个或两个以上的国家承担居民纳税义务，而且是无限的纳税义务。

例如，一个在采用住所标准的 A 国居住的自然人，如果前往一个采用居住时间标准的 B 国工作，并且在 B 国的停留时间达到了 B 国税法上规定的构成居民身份的时间界限，该自然人就同时成为了 A 国和 B 国的居民纳税人。对于该自然人来自全球范围内的所得和收益，两个国家均可以主张居民税收管辖权，从而导致国际重复征税现象。

（三）来源地税收管辖权与来源地税收管辖权之间的冲突

两个国家的来源地税收管辖权之间的冲突，是税收领域的属地管辖权之间的重叠。由于各国税法对同一种类所得的来源地认定标准不一致，有关国家之间的来源地税收管辖权之间可以产生冲突。当同一笔所得被两个或两个以上国家依据各自标准认为是来自其本国境内的时候，就产生了来源地税收管辖权的冲突。

例如，在劳务所得的来源上，有的国家采用劳动发生地标准，有的采用劳动所得支付地标准，还有的国家采用劳务报酬支付人居住地标准。假设 A 国的某公司聘请 C 国的某公民到 B 国从事技术指导工作，这个自然人在 B 国工作的工资是由 A 国境内的公司支付的。如果 A 国税法采用劳务报酬支付人居住地标准，B 国采用劳务发生地标准，则该自然人的劳务所得将分别被 A 国和 B 国认为是来源于本国而主张来源地税收管辖权。

总之，国际重复征税是国际经济交往中的主权国家各自基于主张自己的税收管辖权而产生的冲突所致，因此，国际重复征税的消除或者减轻也需要主权国家基于公平互利原则各自限制自己的税收管辖权或放弃一定的税收管辖权。

二、国际重复征税的概念与范围

（一）国际重复征税的概念

对于国际重复征税的概念，学术界存在着不同的观点。有学者认为国际重复征税应该包括法律意义和经济意义的两种不同类型的重复征税现象。完整的广义上的国际重复征税的概念，应该是指两个或者两个以上的国家，对同一纳税人或不同纳税人的同一征税对象或税源，在相同期间内课征相同或类似性质的税收。①

也有学者认为，应将国际双重征税作狭义和广义之分：狭义的国际双重征税专指法律性国际双重征税，而广义的概念则将经济性国际双重征税包括进来。②

还有学者认为，国际重复征税一般指两个国家各自依据自己的税收管辖权按同一税种对同一纳税人的同一纳税对象在同一征税期限内同时征税。③

综上所述，学者们争论的实质和焦点是，国际重复征税的概念范围是否仅仅限于法律意义的国际重复征税，还是应该同时包括经济意义的国际重复征税。目前为止，绝大多数专家倾向于从广义上理解国际重复征税，即不管是法律意义的国际重复征税还是经济意义的国际重复征税都应纳入国际重复征税的概念范围。本书同意完整的广义上的国际重复征税的概念。

（二）国际重复征税的范围

1. 法律意义的国际重复征税

所谓法律意义的国际重复征税，是指两个或多个国家，对同一个纳税人就同一征税对象，在同一期限内课征相同或类似的税收。国际重复征税概念包括以下五个要件：

（1）存在两个或多个征税主体。存在两个或多个征税主体是指征税主体是两个或多个不同的国家，这是产生国际重复征税的前提条件，也是与内国法上的重复征税相比最突出的特征之一。

（2）纳税主体只有一个。在法律意义的国际重复征税中，纳税主体是惟一的，这是与经济意义的国际重复征税相区别的重要标志，因为经济意义的国际重复征税的纳税主体是两个以上。

（3）同一个课征对象。在法律意义的国际重复征税中，同一个课征对象可以是应税所得，也可以是应税财产价值，这也是与经济意义的国际重复征税相区别的重要标志，因为经济意义的国际重复征税针对不同的课征对象。

---

① 廖益新．国际税法学．北京：高等教育出版社，2008：49.

② 刘剑文．国际税法学．2 版．北京：北京大学出版社，2004：147.

③ 高尔森．国际税法．北京：法律出版社，1988：57.

（4）在同一纳税期间。同一纳税期间，即在同一纳税期间内发生的征税，是构成国际重复纳税的要件之一，如果纳税不是在同一纳税期间进行的纳税，就不构成国际重复征税。

（5）课征相同或类似的税收。课征相同或类似的税收，是指两个或多个征税主体对同一纳税人的同一笔所得或财产征税，而且适用的税种是相同的或者类似的。如果征税适用的税种不同也不类似，则不构成法律意义的国际重复征税。

2. 经济意义的国际重复征税

经济意义的国际重复征税，也称为国际重叠征税或国际双层征税，是指两个以上的国家对不同的纳税人就同一课税对象或同一税源在同一期间内课征相同或类似的税收。[①] 与法律意义的国际重复征税相比，经济意义的国际重复征税的特征除了不具有同一纳税主体这一特征外，与法律意义的国际重复征税的特征相同。

经济意义的国际重复征税现象，主要表现在两个国家分别同时对在各自境内居住的公司的利润和股东从公司获得的股息的征税上。从法律上看，公司和股东是具有独立纳税资格的不同纳税人，公司通过经营活动取得公司营业利润和股东获得股息，也是属于不同纳税人的所得，因此，一国对属于其境内的公司利润征税和另一国对其境内的股东取得的股息进行征税都有法律上的依据，并非对一个纳税人的重复征税。但是从经济的角度来看，就存在不合理的地方。因为公司实质上是由若干个股东组成，公司资本是股东持有股份的总和，公司的利润是股东分得股息的源泉，如果一方面对公司利润征税，另一方面又对作为公司税后利润分配的股息再征税，就属于对同一征税对象或税源进行重复征税。从经济效果的角度来看，对公司利润征收的所得税最终还是按照股东的持股比例由股东分担。从经济上看，这与对同一纳税人的同一所得的重复征税实际上并无二致。

另外，丈夫给妻子的抚养费被妻子居住国归属为妻子的所得征税，但是丈夫的居住国却不将这笔抚养费从丈夫的所得中扣除而照常征税时，也会产生经济性的国际双重征税。在对跨国公司进行转让定价调整时，也会出现经济性国际双重征税的情况。[②]

三、国际重复征税的危害及其消除办法

（一）国际重复征税的危害

在跨国经济活动中，跨国纳税人必然受到不同国家征收权的管辖，相对于国内经济活动主体，从事跨国经济活动的纳税人往往要承担更高的纳税义务，最终还可能导致国

---

① 陈安．国际经济法．3版．北京：北京大学出版社，2004：446.

② 刘剑文．国际税法学．2版．北京：北京大学出版社，2004：146.

际重复征税。无论是法律意义的国际重复征税还是经济意义的国际重复征税，其所产生的在法律上和经济上的负面影响是基本相同的，不利于税负公平和税收中性原则的实现，不利于相关国家税收利益和纳税人税收权益的实现，也不利于国际经济关系的发展和经济秩序的建立。

1. 国际重复征税违背国际税法的基本原则

从税法的基本原理以及国际税法的基本原则来看，国际重复征税违背"税负公平"和"税收中性"原则。

(1) 国际重复征税有违"税负公平"原则。在国际税法中，涉外纳税人的公平负税原则是指涉外税收纳税人所承担的税收与其所得的负担能力相适应的原则。该原则有两层含义和要求：一方面，要求横向的公平，是指在一个国家范围内经济情况相同的情况下纳税人负担相等的税收；另一方面，要求纵向的公平，即经济情况不同的纳税人承担与其经济情况相适应的不同税收。国际重复征税使得一个国家范围内经济情况相同的情况下纳税人税负过重，也不能实现经济情况不同的纳税人承担与其经济情况相适应的不同税收的目的。

(2) 国际重复征税有违"税收中性"原则。在税法上，税收中性原则，又称税收中立原则，是指国家的税收不应对纳税人的投资取向、经营决策和行为选择产生直接的影响，特别是纳税人对投资区域、行业领域和经营方式的选择，应主要由价值规律和市场竞争来驱动，国家的税收政策、法律和制度的影响应该是中性的。在存在国际重复征税的情况下，纳税人根据市场条件，本来准备对外投资，但重复征税的存在使得税负加重，税收利益降低，却可能使得纳税人取消对外投资的计划，而转向国内投资。因此，国际重复征税也是不符合税法上的税负中性原则的。①

2. 国际重复征税不利于国际经济贸易的发展

从国际经济的角度来看，国际重复征税不利于增进国家的税收利益、经济利益和国家经济贸易的发展。

(1) 国际重复征税不利于增进国家的税收利益和经济利益。在正常的情况下，国际经济活动，特别是国际直接投资会使得双方当事人受益，从而双方当事人所属的国家也可以从跨国投资中获得当事人收益的征税，进而使得国家税收利益增加。当由于各国税法制度不同而导致存在国际重复征税的情况下，跨国纳税人承担比国内经济活动纳税人更重的税负，就会阻止其到外国从事跨国经济活动。这样，对资本输入国来说，在本国需要吸引外资和技术发展本国经济时，如果过分主张属地管辖权，将达不到吸引外资的目的，也不利于该国经济的发展；对于资本输出国而言，在本国市场饱和以及资本过

---

① 刘隆亨．国际税法．2版．北京：法律出版社，2007：92.

剩的情况下，对外投资是企业生存发展的必要，如果不对居民的境外所得采取消除重复征税的措施，本国公司将没有对外投资的积极性，也就缺乏利润增长点，政府税收实际上无法实现增长。

（2）国际重复征税不利于维护正常的国际经济秩序。在国际竞争中，各国以自己的利益为重，出现税收管辖权之间的重叠，造成国际重复征税是难免的，这恰恰反映了国家之间的税收矛盾。如果各国都坚持各自的税收管辖权不放，必然影响国际生产要素和资本的自由流动，对国际统一市场的形成和全球经济效率的提高会产生负面影响，不利于国际经济的正常交往和国际经济合作。

（3）国际重复征税阻碍国际经济贸易的发展。由于国际重复征税的存在使得跨国纳税人税负加重，预期利润降低，就会严重挫伤其进行跨国直接投资的积极性，减少或取消对外直接投资，进而转向国内投资，对国际经济发展产生不利影响，阻碍国际资本、技术、人员的正常流动。

综上所述，国际重复征税会引发诸多不利后果。各国政府已经意识到采取有效措施避免和消除国际重复征税的必要性，即开始通过单边、双边或多边措施解决国际重复征税问题，对本国税收管辖权进行适当自我的限制，平衡协调有关国家之间的国际税收利益分配关系，从而增进各有关国家的共同利益。避免或减轻国际重复征税，符合各国的共同利益，也是各国税法制度和税务征管实践中共同追求的目标之一。

（二）国际重复征税的消除办法

国际重复征税会引发诸多不利后果，避免或减轻国际重复征税，符合各国的共同利益。在国际税收协定中，对于跨国所得，一般都规定来源地国一方行使税收管辖权的条件和范围，对于这些由来源地国优先征税的所得，居住国还是有权主张其居民税收管辖权的。因此，要消除国际重复征税，国际税收协定必须同时规定居住国一方对其居民行使税收管辖权时，应采取适当的消除或避免国际重复征税的措施。纵观各国签订的国际税收协定，居住国一方可能采取的消除国际重复征税的方法主要有免税法和抵免法。

1. 免税法

（1）免税法的含义。免税法，也称为豁免法或外国税收豁免，是指居住国一方对本国居民来源于来源地国的已经在来源地国征税的跨国所得，在一定条件下放弃居民税收管辖权。由于居住国放弃了对其居民纳税人来源于境外的那部分所得的征税权，从而避免了在这部分跨国所得上居住国的居民税收管辖权与所得来源地国的来源地税收管辖权的冲突，有效地防止了国际重复征税的发生。①

免税法是居住国在承认来源地国税收管辖权的基础上，居住国放弃本国居民来源于

① 陈安．国际经济法．3 版．北京：北京大学出版社，2004：461.

来源地国的已经在来源地国征税的跨国所得。为此，居住国的财政税收利益将受到不同程度的影响，完全采用免税法来消除国际重复征税的国家并不多。

（2）免税法的分类。免税法以承认来源地国税收管辖权的独占为前提。在实际操作中，由于各国税法的不同，免税法又可以分为无条件免税法和有条件免税法；在居住国实行累进税率制度情况下，免税法可以分为全额免税法和累计免税法。

① 无条件免税法和有条件免税法。所谓无条件免税法，是指居住国对本国居民纳税人来源于境外的所得或财产免于征税而不附加任何条件，主张居民税收管辖权的国家只对本国居民纳税人的境内所得进行征税。这是彻底消除国际重复征税的做法，当然也是以居住国放弃一定的税收管辖权为代价的，实践中大多数国家并不采用。

所谓有条件免税法，是指居住国对本国居民来源于境外的、符合特定条件的所得或财产予以免税的做法。实行有条件的免税法是为了防止一笔所得或财产在国内外都没有被征税，或者只征很低的税。实行免税法的国家往往对本国居民来源于境外的所得或财产免于征税设定严格的条件①：

首先，给予免税的外国所得必须来自于课税与本国相似的所得税的国家，而对来自不征所得税或税率很低的国际避税港的所得不给予免税。

其次，享受免税的外国所得一般为本国纳税人在外国的分公司利润或从参股比重达到一定比例的外国企业分得的股息、红利（即“参与免税”）。本国纳税人从外国取得的利息、特许权使用费以及股权比重达不到要求的股息在这些国家一般不能享受免税。

最后，本国纳税人的国外所得要享受“参与免税”，其在外国企业持有的股份还必须达到规定的最短期限。

② 全额免税法和累计免税法。在居住国所得税实行累进税率的情况下，实行免税法的国家，对于无条件免税法和有条件免税法，还存在全额免税法和累计免税法的划分。

全额免税法，是指居住国对居民纳税人来源于境内的所得计算征税时，其适用税率的确定，完全以境内这部分应税所得额为准，不考虑居民纳税人来源于境外的免于征税的所得额。这种方法对居民国的财政收入的损失较大，所以，这种方法在国际税收实践中极少被采用，目前，只有法国、澳大利亚及部分拉美国家采用。②

累计免税法，是指居住国虽然对居民纳税人来源于境外的所得予以免税，但在对居民纳税人来源于境内的所得确定应当适用的累进税率时，要将免予征税的境外所得额考虑在内的方法。这样适用的结果是对居民纳税人来源于境内的所得确定适用的税率，比

---

① 朱青．国际税收．北京：中国人民大学出版社，2001：56－57.

② 刘隆亨．国际税法．2版．北京：法律出版社，2007：196.

采用全额免税法条件下的税率要高，居住国采用这种办法对居民纳税人计算征收的所得税额，也比适用全额免税法计征的税额更多。[①]

实际上，居住国采用累计免税法，相当于是对本国居民纳税人的境外所得有保留地放弃税收管辖权，只有在适用全额免税的情况下才是对境外所得完全放弃居民税收管辖权。

免税法虽然可以在一定程度上避免或消除国际重复征税，但是其负面的影响也是显而易见的。首先，这种方法是建立在居住国放弃税收管辖权的情况下才可以使用的方法，未能在消除国际重复征税问题上兼顾居住国、来源地国和跨国纳税人这三方的利益平衡。其次，当所得来源地国所得税或财产税税率低于居民国税率的时候，免税法将造成有境外收入和财产的纳税人税负小于仅有境内所得或财产的纳税人税负的结果，有悖税负公平和税收中性原则。目前，适用免税法的国家相对较少。实行免税法的国家对居民来源于境外的所得或财产给予免税的范围往往有一定的限制，一般适用于营业利润、个人劳务所得、不动产所得和境外财产价值，对于投资所得则不适用免税法。[②]

2. 抵免法

（1）抵免法的含义。抵免法，也称“外国税收抵免”或“税额扣除法”，是指居住国按照居民纳税人境内外所得或者一般财产价值的全部数额为基数计算纳税额，但对居民纳税人在境外已经缴纳的所得税或财产税，允许从居住国应纳税额中扣除。抵免法可以有效地避免国际重复征税。抵免法早在 1918 年就被英、美两国用来解决国际重复征税问题。[③]

抵免法在既承认居民税收管辖权，又承认来源地税收管辖权的基础上，以承认来源地国有税收优先权为前提。对于某个纳税人，先由税收来源地国家征税，然后由居住国行使税收管辖权，而且，对其纳税人在外国已经交付的税收予以抵免。

（2）抵免法的分类。根据不同的标准，抵免法有不同的分类。

① 根据抵免的税额有无限制，抵免法可分为全额抵免法和限额抵免法。

全额抵免法，是指允许居民纳税人将其在国外实际缴纳的全部税额，从其在居住国以外国内外所得的应纳税额中予以抵免，不管外国所得已经在外国缴纳的税额是否超过该笔所得应在居住国缴纳的税额。

限额抵免法，又称为“普通抵免”，是指只允许居民纳税人用其在外国实际缴纳的税额抵免不超过该笔应税所得依据居住国税率应缴纳的税额的抵免方法。居民纳税人在

---

① 陈安．国际经济法．3 版．北京：北京大学出版社，2004：461.
② 陈安．国际经济法．3 版．北京：北京大学出版社，2004：462.
③ 刘隆亨．国际税法．2 版．北京：法律出版社，2007：201.

外国的应税所得或财产按照居住国税率计算的应纳税额是抵免限额。

② 根据法律意义的国际重复征税和经济意义的国际重复征税的特点和不同，可以把抵免法分为直接抵免法和间接抵免法。

直接抵免法，是指居住国对同一纳税人在来源地国缴纳的税额（如同一居民个人就其境外来源的工资薪金所得在来源地已缴纳的所得税额，或同一法人企业在境外分支机构所在国缴纳的所得税额），允许用来直接抵免该居民个人或企业的总部机构所应汇总缴纳居住国的相应税额的办法。直接抵免法是用来解决法律意义的国际重复征税的办法。

间接抵免法，是指居住国计征其居民公司境内外所得的应纳税额时，允许其扣除由其所得的股息所承担的那部分其下层国外公司缴纳的国外公司税额。间接抵免法是消除国际重复征税的重要方法之一。

3. 税收饶让抵免

税收饶让抵免，也称为税收饶让或者饶让抵免，是指居住国对本国纳税人在所得来源地国享受的所得税减免税款，视为在国外已经实际缴纳而给予抵免扣除的一种税收优惠措施。也就是说，在计征居民纳税人国内外所得在居住国应纳所得税税额时，对其在外国因得到税收优惠而减免的那部分应纳未实际缴纳的税额，视同已经缴纳，准予抵免。

第四节　国际逃税与避税

二战以后，跨国公司迅猛发展以及少数国家或地区实行低税率和零税率政策，为各国国内已经存在的逃税和避税活动提供了广阔的国际空间。国际交通便捷化和通讯网络化的发展，更是助长了国际逃税和避税的发生。国际逃税和避税不仅损害了有关国家的税收管辖权，而且破坏了正常的国际经济竞争秩序。如何对国际逃税和避税进行规制，成为世界各国和国际组织机构面临的主要经济问题之一。

一、国际逃税和避税概述

国际逃税和避税是国际税收征管中的突出问题之一，是各国国内逃税和避税发展的更高阶段，两者有区别也有联系。

（一）逃税和避税

在各国税法上，逃税是指纳税人故意通过违反税法强制性法律规定，采取不当手段，减轻或逃避纳税义务的行为。从广义讲，纳税人因过失没有履行纳税义务，也属于逃税。从性质上看，逃税是明显的违反法律行为；从形式看，逃税的重要表现为纳税人有意识地采取错误申述、虚假申报、隐瞒收入、多列支出等手段，达到少纳税或不纳税的目的，具有明显的欺诈性。逃税行为一经查实，纳税人将面临行政乃至刑事处罚。

在各国国内法上，避税没有明确的定义，概括地讲，避税是指纳税人利用形式上不违反税法强制法律规定，特别是利用税法的缺漏或不足，通过某种公开的或者形式上不违法的方式来减轻或规避其本应承担的纳税义务的行为。避税虽然是纳税人故意所为，但不具有明显的违法性，税务机关往往没有办法制裁避税人，只能完善本国税法以减少避税，规定禁止规避本国税法，堵塞可能被纳税人利用的法律漏洞。

逃税和避税的相同点在于它们都会使得征税国税收利益受到损失，其不同点在于在法律性质、法律后果和管制方式等方面存在一定的差异。

（二）国际逃税和避税

1. 国际逃税和避税的含义

国内税法上的逃税和避税的概念以及它们之间的关系也可以适用于国际逃税和避税的关系。所谓国际逃税，一般是指跨国纳税人采取某种违反税法的手段或措施，减少或逃避就其跨国所得或财产价值本应承担的纳税义务的行为。而国际避税，则是纳税人利用某种形式上并不违法的方式，减少或规避其就跨国征税对象本应承担的纳税义务的行为。①

国际逃税和避税都可以使纳税人减少其应缴纳的税额，不过前者因其性质为违法行为，可能面临税务机关或司法机关日后的法律制裁；后者是各国法律并不企图禁止的合法行为。

2. 国际逃税和避税的区别

从严格意义上讲，国际逃税和避税有明显的区别，主要表现在行为性质、主观形态、具体手段以及可能的法律后果等方面。

（1）行为的法律性质不同。国际逃税是各国明令禁止的违法行为。纳税人通过隐瞒收入、谎报支付、虚报成本等方式，达到减少或逃避企业或个人的所得税额的目的；而国际避税则是法律并不明确禁止的行为，虽然纳税人具有明显的规避、降低或迟延本应承担的纳税义务的行为，但是，国际避税客观上并不违法，而且往往采取合法的方式进行。

（2）主观形态方面不同。国际逃税不仅包括故意逃税行为，也包括过失逃税行为，只要纳税人没有通过合法的行为减少纳税都构成逃税，系违法行为；而国际避税行为的发生是由于税法上的漏洞、立法技术的欠缺所致，很难认定具有故意违法的因素或欺诈的故意。

---

① 陈安．国际经济法．4版．北京：北京大学出版社，2007：513.

（3）具体手段不同。国际逃税多是通过多列支出、少列收入方法进行，具体表现为隐瞒收入、谎报支付、虚报成本等税收欺诈方法，这些方法或手段往往是不公开、不正当或不合法的。而国际避税则是个人或企业经营活动的巧妙安排，利用税法的漏洞、反常和缺陷，谋取税收利益，从而达到避免或减少税负的目的，这些手段发生在应税事实未产生之前，谈不上合法，但不违法。①

（4）法律后果不同。从跨国纳税人行为的法律性质来看，国际逃税具有明显的违法性，因此，将面临民事的、行政的乃至刑事的法律制裁，一般要求支付逃避的税款，还要缴纳税款的利息和罚金。国际避税由于不具有违法性，各国只能通过完善税法、堵塞法律漏洞等手段来规制国际避税，而不能直接追究跨国避税人的法律责任。

二、国际逃税和避税的主要方式

（一）国际逃税的主要方式

国际逃税，也即国际偷税漏税，表现形式多种多样，主要是隐藏企业或个人收入以减少应税所得、虚构成本以减少应税所得、伪造财务账簿以及记账凭证和从事地下经营逃避税务监管等。

1. 隐藏企业或个人收入以减少应税所得

隐藏企业或个人收入以减少应税所得是纳税人国际逃税的主要手段之一，特别在广大的发展中国家，由于消费者索取发票的意识不强，或者跨国公司采取手段少开发票以减少账目收益，导致大量的跨国公司的收入隐形化，应税所得大量减少，实现国际逃税目的。

2. 虚构成本以减少应税所得

虚构成本以减少应税所得，主要是指跨国纳税人不如实地增加成本扣除项目，减少应税所得，逃避纳税义务。在实践中，虚构成本以减少应税所得多表现为谎报所得、虚构成本、虚报投资等。此外，通过虚报、谎报固定资产构价、高估财产价值、虚增投资资本等手段以扩大折旧基数，也可以达到国际逃税的目的。

3. 伪造财务账簿以及记账凭证

伪造财务账簿和记账凭证，实现偷税漏税目的，也是跨国纳税人惯用的伎俩之一。在经营过程中，有的跨国纳税人设有两套账簿，一套账簿用来登记虚假的经营项目以应付税务审查，另外一套账簿则反映纳税人的真实利润情况。伪造记账凭证的做法主要是在购入时多开发票，在售出时少开或不开发票，以达到隐蔽利润和所得实施偷税漏税的目的。②

---

① 刘隆亨．国际税法．2版．北京：法律出版社，2007：228.

② 刘隆亨．国际税法．2版．北京：法律出版社，2007：235.

4. 从事地下经营逃避税务监管

跨国纳税人从事地下经营，是指纳税人不按照有关国家的规定，进行工商登记和税务登记，从事隐瞒的地下经营活动。由于跨国纳税人没有进行工商登记，没有登记的基本信息，税务机关无法掌握纳税人的地址、身份、收入等情况进而无法实施税务监管，这就给跨国纳税人提供了国际逃税的机会，造成有关国家的税收大量流失。

（二）国际避税的主要方式

由于国际逃税将可能面临严重的法律后果，许多跨国纳税人慑于法律的严惩而选择国际避税。国际避税的方式也是花样繁多，但常用的避税方式，可分为以下几类：

1. 纳税主体的跨国转移

纳税主体的跨国转移，是自然人常用的一类国际避税方式。由于各国一般以个人在境内存在居所、住所或居留达一定天数等法律事实，作为行使居民税收管辖权的依据，纳税人因此往往采取移居国外或压缩在某国的居留时间等方式，达到规避在某国承担较高的居民纳税人义务的目的。

法人企业也可能通过选择注册成立地或改变总机构所在地和决策控制中心地等方式，规避高税率国的公民税收管辖权或居民税收管辖权。

2. 征税对象的跨国转移

这是目前跨国公司最常用的一类国际避税方法，避税方式主要有以下两种：

（1）跨国关联企业转移定价。关联企业，也即联属企业，通常是指在管理、资金、经营、购销等方面存在直接或间接拥有或控制关系的企业或经济组织，也包括直接或间接地同为第三国企业控制或拥有的企业或经济组织。跨国关联企业，是指分处于两个或两个以上国家境内彼此之间存在拥有或控制关系的企业或经济组织。

跨国关联企业的转移定价行为，是指跨国关联企业之间进行交易时，出于关联企业集团整体利益或跨国经营战略目标的需要，在交易定价和费用分摊上，不是基于正常的独立竞争市场原则和交易价格进行，而是人为地抬高或压低交易价格或费用标准，使关联企业某一实体的利润转移到另一个企业的账上的现象。跨国关联企业采取转移定价，通常是将设在高税率国家的企业利润人为地转移到位于低税率国家的某个企业实体上，即将整个关联企业的经营利润集中在低税率或零税率的国家，从而避免在高税率国承担较高的所得税纳税义务，使整个跨国关联企业的总体税负大大降低。

（2）利用避税港进行避税。避税港，又称避税地或避税乐园，一般是指那些对所得和财产不征税或按很低的税率征税的国家和地区。它们主要分布在靠近北美洲的大西洋和加勒比海地区、欧洲中南部和亚太地区等，如巴哈马、百慕大、开曼群岛、巴拿马、哥斯达黎加、淄鲁、瑞士、列支敦士登等。一般来说，这些国家或地区地理面积小，没有太大的财政支出的需要，政治上稳定、交通和通讯服务业发达、外国人出入自由、政府很少干预经济、外汇进出比较自由、有严格的银行保密和保护商业秘密的制度，从而可以吸引大量的公司来这里注册“基地公司”。

利用避税港进行国际避税，主要是通过在避税港设立“基地公司”的形式进行，将避税港境外的所得和财产汇集在基地公司的账户上，进而实现国际避税的目的。所谓基地公司，是指在避税港设立却受外国控制的壳公司，这类公司的主要的或全部经营活动发生在避税港境外。跨国纳税人通过基地公司进行国际避税的方式多种多样，有的是利用基地公司虚构中转销售业务，实现销售利润的跨国转移；有的是以基地公司作为持股公司，将联属企业在各国的子公司的利润以股息形式汇集到基地持股公司账下，逃避母公司所在国对股息的征税；有的是以基地公司作为信托公司，将在避税港境外的财产虚构为基地公司的信托财产，从而把实际经营这些信托财产的所得，记在基地公司的名下，达到不纳税或少纳税的目的。①

3. 资本弱化

资本弱化，也称为“隐蔽的股份投资”，是指跨国纳税人通过改变资本性质来避免或减少本应承担的国际税负的方法。正常情况下，跨国公司经营所需要的资金中，股东的股份出资和银行贷款占有较大的比重。但股份出资和银行贷款所产生的收益的待遇、性质和适用税率是不同的。股东通过股份投资后取得的股息产生于公司的税后利润，在多数情形下，不能从公司的应税所得中事先扣除。而且在有些国家公司股东的股份出资还要承受财产税（主要是资本税）的负担。银行所获得的贷款利息，在各国一般都属于可列支的费用，允许从公司的应税所得中扣除。因此，股东因出资而取得的股息往往经历两次重叠征税，即作为分配股息的企业所得税和股东股息所得税。

虽然有些国家在税法上采取了可行措施以消除或减轻经济意义上的重复征税现象，但往往着眼于解决国内的重复征税问题，一般不扩大适用于解决对跨国股息的国际重叠征税。此外，股息来源国一般对跨国股息的境外支付征收预提所得税，而且这种股息预提税在收款人的居住国可能得不到抵免。相比之下，银行贷款则不受国际重复征税的影响。虽然有的国家对支付给非居民的利息也课征预提税，但是利息的税率往往比股息的预提税率要低得多，而且有不少国家给予利息免税待遇。

综上所述，股权融资和银行贷款融资形式的国际税负差异较大，跨国纳税人把本来应以股东出资形式投入的股本金转为采用银行贷款方式提供借贷，可以避免或减轻其本应承担的国际税负。这类国际避税安排在国际税法上称作“隐蔽的股份投资”或“资本弱化”。

---

① 陈安．国际经济法．4 版．北京：北京大学出版社，2007：515.

4. 套用国际税收协定

所谓套用国际税收协定，也称为滥用国际税收协定，是指原本没有资格享受税收协定优惠待遇的第三国居民，为获取该优惠待遇而在协定缔约国一方境内设立具有缔约国居民身份的公司，从而享受了该税收协定提供的优惠待遇，减轻或避免了其跨国所得本应承担的纳税义务。一般来说，国际双重税收协定为缔约国各方的居民提供了某些减免税的优惠待遇，这些优惠待遇不适用于非缔约国的居民纳税人。纳税人套用税收协定设置的公司也称为“传输公司”。随着各国签订国际双重征税协定数量的不断增多，跨国纳税人套用国际税收协定进行国际避税的现象也会日益增多。

三、管制国际逃税和避税的法律措施

（一）管制国际逃税和避税的国内法律措施

对于管制国际逃税行为，主要靠各国国内税法的实施。一方面，加强对跨国纳税人的税务申报制度和税务监督审查制度，规范不恰当会计行为；另一方面，加大打击隐藏企业或个人收入以减少应税所得、虚构成本以减少应税所得、伪造财务账簿以及记账凭证和从事地下经营逃避税务监管等行为。管制国际逃税，也需要国际合作。单纯依靠国内法的实施难以遏制日益严重的国际逃税现象。特别是建立国际税收情报交换制度和加强税收征管方面的相互协助尤为重要。

对于管制国际避税的国内法律措施，许多国家都有专门性的法律规定，以限制国际避税行为，主要如下：

1. 防止跨国关联企业转移定价避税

跨国纳税人转移定价和不合理分摊成本和费用，使得其在不同国家境内的各个经济实体的真实盈亏状况被人为改变。为使关联企业在各国的经济实体的利润额尽可能符合各自的实际经营情况，各国一般采用正常交易原则对关联企业之间的收入和费用分配进行相应的调整。所谓正常交易原则，即将关联企业的总机构与分支机构、母公司与子公司，以及分支机构或子公司相互间的关系，当作按照独立竞争的企业之间的关系来处理。如果有纳税人人为地抬价或压价等不符合这一原则的现象发生，有关国家的税务机关则可依据公平的市场价格，重新调整其应得收入和应承担的费用。

2. 防止利用避税港避税

目前，世界各国对利用避税港避税行为的法律管制措施有三种类型：一是通过税收立法禁止跨国纳税人在避税港设立基地公司；二是禁止跨国纳税人非正常的利润转移；三是取消境内股东在基地公司的未分配股息所得的延期纳税待遇，以打击纳税人在避税港设立基地公司积累利润的积极性。这些措施旨在禁止在避税港设立基地公司或取消设立基地公司可能得到的经济利益。在各国税务审查力量有限的情况下，这种禁止性的规定难以取得预期的效果。

3. 防止资本弱化避税收

针对通过资本弱化进行避税的行为，有的国家通过特别立法和税务征管规定，或者运用正常交易原则，限制股东对公司的过多贷款融资安排，或者将以贷款融资掩盖股份融资情况下公司付给贷款股东的利息视为股息，禁止从公司应税所得中列支扣除。在我国，外商投资企业的注册资本和投资总额的比率必须遵守相关的管理规定，在一定程度上制约了投资者将股权转变为债权。对于内资企业，纳税人从关联方取得的借款金额超过其注册资本 50% 的，超过部分的利息支出，不得在税前扣除。在 2007 年颁布的《中华人民共和国企业所得税法》第 46 条中，中国正式确立了采用固定比例法方式的资本弱化税制，规定企业从其关联方接受的债权性投资与权益性投资的比例超过规定标准而发生的利息支出，不得在计算应税所得额时扣除。该资本弱化税制已经于 2008 年 1 月 1 日起生效施行。①

（二）管制国际逃税和避税的国际法律措施

管制国际逃税和避税的国际法律措施，主要是通过双边、多边的国际条约，确定具体的防止国际逃税和避税的国际合作制度。目前，各国防止国际逃税和避税的国际合作法律制度主要有三个：

1. 国际税收情报交换制度

通过国际税收情报交换制度，各国税务机关能够了解掌握纳税人在对方国的经营和收益情况。目前，许多国家在对外签订的双边性税收协定中规定了相互提供税收情报，尤其是防止国际逃税所需要的情报资料的制度。也有些经贸与投资往来关系密切的国家，相互间还订有情报交换的专门协定。

根据国际税收协定中缔约国所需情报资料的不同，交换情报的方法，一般分为例行的交换、经特别请求的交换以及一方主动提供情报等方法。晚近，也有的国际税收协定缔约国可以对本国居民纳税人在对方境内的活动进行税务检查，或者允许对方的税务代表入境进行税务检查，以获取必要的情报资料。

2. 在双边税收协定中设立反套用条款

套用国际税收协定，是国际税收协定被滥用的表现之一，在双边税收协定中，设置专门的反套用条款，确定不适用协定优惠待遇的传输公司标准和方法，限制非缔约国纳税人套用税收协定在缔约国境内设置“传输公司”。

3. 建立税收征管方面的协助制度

建立税收征管方面的协助制度，主要包括国际税收协定缔约国的税务机关接受另一

---

① 陈安．国际经济法．4 版．北京：北京大学出版社，2007：520.

缔约国税务机关的委托，代为送达纳税通知书、代为采取税收保全措施和追缴税款等征税行为。目前，有的跨国纳税人经常将所得和财产转移到境外或累积在避税港不汇回国内，甚至本身移居国外，逃避纳税义务，在这种情况下，如果有关国家可以提供这方面的税务行政协助，可以有效地制止国际逃税或避税行为。目前，已有很多国家就税务行政协助订立了一些多边税收协定。

总之，加强对国际逃税和避税的法律管制，不仅要靠各国完善国内税法的实施，而且需要国际社会的协助，才能使管制国际逃税和避税有所成效，单单依靠各国自己的努力或国际税务协助，很难对跨国纳税人的国际逃税和避税实施有效监管。

第五节 国际税收协定

一、国际税收协定概述

随着国际经济关系的发展，跨国税收关系也越来越复杂化，国家之间的税收矛盾、摩擦、冲突、国际重复征税和国际逃税避税问题不断扩大。各国为了缓解国际税收领域的矛盾，解决国际重复征税和国际逃税与避税问题，达成了许多双边或多边条约。

（一）国际税收协定的概念与种类

国际税收协定是指两个或两个以上国家，为了协定彼此的税收利益分配关系以及加强税收合作，在遵守国际税法的基本原则的基础上达成的书面协议。国际税收协定是国际条约的一种，条约一旦签署，双方必须信守。

国际税收协定根据不同分类标准可以分为不同的种类。通常情况下，国际税收协定按照缔约国的数目多少，可以分为双边税收协定和多边税收协定；按照协定涉及的内容范围，国际税收协定可以分为综合性的国际税收协定和专项性的国际税收协定。

（二）国际税收协定的发展历史

国际税收协定的发展，大致经历了两个发展阶段，即早期的国际税收协定和现代时期的国际税收协定。

1. 早期的国际税收协定

早期的国际税收协定可以追溯到19世纪中叶。1843年，比利时和法国缔结了世界上第一个税收协定，该协定的主要目的在于解决两国在税务问题上的相互合作和情报交流等问题。① 世界上第一个关于遗产税方面的国际税收协定，是1872年8月英国与瑞

① 刘隆亨．国际税法．2版．北京：法律出版社，2007：97.

士之间签订的关于避免对遗产双重征税的协定。世界上第一个关于所得税的国际税收协定，是 1899 年 6 月奥匈帝国与普鲁士王国之间缔结的税收协定。① 早期的国际税收协定内容简单、条款不规范，具有随机性和盲目性。

2. 现代的国际税收协定

现代的国际税收协定是二战以后，随着世界经济的发展，特别是 1977 年 OECD 通过的《关于对所得和财产避免双重征税协定范本》（以下简称“OECD 范本”）和 1979 年联合国经济及社会理事会通过、1980 年正式颁布的《发达国家和发展中国家关于双重征税的协定范本》及其注释（以下简称“联合国范本”）的两个文件的诞生，标志着现代国际税收协定的形成。国际税收协定也从此进入模式化的成熟阶段。

20 世纪 90 年代以后，伴随着经济全球化的到来，OECD 于 1977 年公布其范本及注释后，先后于 1992 年、1994 年、1995 年、1997 年、2000 年、2003 年、2005 年频频对该范本及其注释进行了修订。2001 年，联合国也颁布了新的税收协定范本，对其 1980 年税收协定范本条款及注释作出了较大的修订。截至 2009 年 5 月 28 日，中国已经先后与 90 多个国家签订国际税收协定，其中 86 个协定已经生效。②

二、国际税收协定的主要内容

国际税收协定有双边税收协定与多边税收协定、综合性税收协定和专项性税收协定等诸多类型，其中影响最为广泛的是关于对所得和财产避免双重征税与防止国际逃税和避税的综合性的双边税收协定。目前，大部分国家签订的税收协定都是以 OECD 范本和联合国范本为基础，结构大致相同或类似。下面以双边税收协定为例来介绍国际税收协定的内容。

（一）税收协定的适用范围

1. 税收协定在空间和时间上的效力范围

（1）税收协定在空间上的效力范围。税收协定在空间上的效力范围，是指税收协定生效的地域范围。协定在地域上的适用范围与缔约国各国税法有效适用的地域范围一致。缔约国税法有效适用的地域范围，包括缔约国所有的领土、领海以及领海以外缔约国根据国际法拥有勘探开发海底和底土资源以及海底以上水域资源权利的区域。

（2）税收协定在时间上的效力范围。税收协定在时间上的效力范围，是指税收协定条款有效适用的期限。通常协定本身从生效后的下一个纳税年度起适用。除非另有规

① A A Knechtle. Basic problems in International Fiscal Law. Amsterdam Kluwer, 1979: 185.

② 参见：[2009 - 05 - 28]. 国家税务总局网：http: //www.chinatax.gov.cn/n480462/n480513/n481009/index.html.

定，双重征税协定一般长期有效，但缔约双方往往也规定自协定生效起若干年后（通常为5年）可以单方面通知对方终止协定。

2. 协定适用的税种范围

国际税收协定一般只适用于以所得或财产价值为征税对象的税种。协定通常要具体列出缔约双方各自适用于协定的现行税种，同时考虑到双方各自税制在协定签订后可能发生的变化，一般还明确规定协定也适用于签订后缔约国任何一方增加或代替与现行税种相同或实质相似的税收。

3. 协定对人的适用范围

为了规制非缔约国居民套用双边税收协定，现代各国之间签订的双重征税协定，除个别条款外，一般明确规定仅适用于具有缔约国一方或双方居民身份从而对缔约国负有居民纳税义务的纳税人。因此，只有那些被认定为是缔约国一方居民的纳税人，才能享受协定中的优惠待遇。各国税收协定中对“缔约国一方居民”这一关键用语都作出了明确的定义，通常是指按照缔约国法律，根据住所、居所、管理场所或其他类似性质的标准，负有纳税义务的人。

（二）对各类跨国所得和财产价值征税权的划分

为确定协定缔约国双方对各类跨国所得和财产价值的征税权划分，双重征税协定往往要确定协调缔约国双方在各类跨国所得和财产价值上征税权冲突的基本原则。

（三）避免和消除国际重复征税的方法

双重征税协定规定的避免和消除国际双重征税方法，详见本章第三节。

（四）税收无差别待遇

税收无差别待遇，也即防止国际税收歧视待遇，是国民待遇原则在税收领域内的体现。税收无差别待遇，是指缔约国一方国民在缔约国另一方境内负担的税收或有关纳税条件，不应与缔约国另一方国民在相同情况下负担或可能负担的税收或有关纳税条件不同或比其更重。双重征税协定中税收无差别待遇原则通常包括国籍无差别、费用扣除无差别、资本构成无差别和常设机构无差别原则。

（五）税收协定适用和解释争议解决办法

双边税收协定在各自适用的过程中，难免会由于各国税制的不同，导致对双边税收协定理解有出入或有矛盾，进而引发争议，这些争议主要是通过相互协商程序解决。相互协商程序是双重征税协定规定的一种独特的解决协定在适用过程中发生的争议问题和解释分歧的程序。它无需通过正式的外交途径进行，可以由缔约国双方的税务主管当局相互直接联系接洽处理，具有形式不拘、灵活便利的优点。

近年来，随着解释和适用税收协定的争议的不断增加，人们发现相互协商程序也存在着约束力弱、纳税人的参与有限等不足。有鉴于此，越来越多的税收协定开始规定以税收仲裁程序来解决相关争议。①

（六）税务行政合作

国际双重征税协定中规定的税务行政合作方式，主要包括缔约国税务主管机关之间建立的税务情报交换制度和税款征收协助制度。情报交换制度，主要包括双方交换情报的种类和范围、情报交换的方法、交换情报的使用和保密义务规定等方面内容。税款征收协助制度，是指一国的税务机关可接受另一国税务机关的委托，代为执行某些税款征收行为。税务行政合作对于实现双边税收协定的宗旨具有重要意义。

三、国际税收协定与国内法的关系

国际税收协定属于国际公法的范畴，国内税法属于国内公法的范畴，国际税收协定与国内税法的关系类似于国际法与国内法的关系，主要表现在以下几个方面：

（一）国际税收协定和国内税法的功能和性质有所不同

国内税法确立了征税权的创设、课税对象范围和程度以及征税程序方式等，而国际税收协定则在于运用冲突规范限制缔约国一方的来源地税收管辖权，同时规定缔约国另一方在行使居民税收管辖权时应该采取的消除双重征税措施。

（二）国际税收协定与国内税法彼此配合、相互补充

首先，税收协定中法律规范的功能和作用，需要缔约国国内税法上有关法律规范的配合补充才能得以实现；其次，对于协定本身有争议的用语，按照协定的解释规则，允许依照缔约国国内有关税法概念进行解释。

（三）国际税收协定的效力高于一般的国内税法

为了实现国际税收协定的目的和宗旨，在协定与国内税法冲突时，税收协定条款原则上应有优先适用的效力，这也是国际经济法基本原则——“有约必守”在国际税收领域的体现。另外，鉴于跨国纳税人可能会利用双重征税协定进行国际避税，协定优先于缔约国国内税法的地位不宜绝对化。在纳税人滥用税收协定的情况下，国内反避税规定的适用，应不受协定条款的影响。

思考题

1. 国际税法的调整对象有哪些？

2. 如何理解国际税收公平互利原则？

---

① 陈安．国际经济法．4版．北京：北京大学出版社，2007：493.

3. 解决国际重复征税的方法有哪些？
4. 规制国际逃税和避税的法律措施有哪些？

课外阅读书目

廖益新．国际税法学．北京：北京大学出版社，2008.
刘剑文．国际税法学．2版．北京：北京大学出版社，2004.
马红范．合理避税实务操作与案例解析．北京：中国华侨出版社，2006.

第十一章

国际经济争端解决

内容提要

国际经济争端就是国际经济法主体在国际经济贸易交往中产生的各种法律纠纷。有了争端，就需要解决，国际经济争端解决机制，就是为处理国际经济争端而设的，它是处理国际经济争端的法律、法规、惯例等的总称，是国际经济法的一个重要分支。关于国际经济争端的解决方式，目前主要有司法方式、ADR 方式和仲裁方式等，对此，本章将作详细阐释。

第一节　国际经济争端解决概述

一、国际经济争端

国际经济争端是指国际经济法主体之间在国际经济贸易交往中产生的法律纠纷。国际经济法的主体包括自然人、法人、国家和国际经济组织。因此，国际经济争端包括不同国籍的私人（即自然人或法人，下同）之间、国家之间、国际经济组织之间、国家与他国私人之间、国际经济组织与私人之间、国家与国际经济组织之间经济交往中产生的法律争端。

国际经济争端与国内经济争议相比具有以下几个特点：（1）国际经济争端发生在国际经济贸易领域，如在国际贸易、国际投资、国际金融和国际税收等领域。（2）国际经济争端的主体具有涉外性。国际经济争端的主体通常是不同国家的自然人、法人，此外，还有国家和国际经济组织。（3）国际经济争端涉及的法律关系的标的物位于国外。（4）产生、变更或消灭国际经济法律关系的法律事实发生在国外。（5）国际经济争端的解决方式是多种多样的，程序比较复杂。

二、国际经济争端的解决方式

在实践中，解决国际经济争端的方式主要有司法方式、ADR 方式和仲裁方式。

（一）司法解决方式

1. 国际司法解决方式

国际司法解决方式是指将国际经济争端提交国际法院解决的方式。

国际法院是联合国六个主要机构（联合国大会、安理会、经济及社会理事会、托管理事会、国际法院和秘书处）之一，也是联合国的主要司法机关。按照《联合国宪章》和《国际法院规约》的规定，只有国家才能充当国际法院的诉讼当事国，任何国际组织、个人和团体、地方政府以及非主权的政治实体，都不能成为法院的诉讼当事方。因此，通过国际法院解决国际争端是有局限的，它只能受理国家之间的经济争端，不能受理不同国籍的私人之间、国际经济组织之间、国家与他国私人之间、国际经济组织与私人之间、国家与国际经济组织之间的经济争端。虽然，国家可以代表其国民在国际法院进行诉讼，但必须具备两个前提条件：一是代表其国民的政府必须居于原告地位；二是只能对另一个国家起诉。[①] 因此，国际法院的管辖范围只是扩及实际上的国家与他国私人的经济争端，并且需要转化为国家之间经济争端的形式。国家在其国民因外国国家行为而遭受利益损失的情况下，不一定采取国际司法解决的方式。国家考虑到种种因素，可能会采取政治解决方式，例如谈判或发出外交照会；也可能会采取经济制裁方式，例如中止援助或者实行出口或进口限制。

在实践中，国际法院解决国际经济争端方面存在较大的局限性。

2. 国内司法解决方式

国内司法解决方式是指将国际经济争端提交各国国内法院解决的方式。

各国法院是根据本国的民事诉讼法所确定的管辖权规则来对案件行使管辖权的。一般说来，各国的管辖权规则主要有属人管辖、属地管辖、协议管辖和专属管辖。在诉讼过程中，根据各国的立法和实践，一般都允许当事人共同选择解决争议应当适用的法律，如果当事人未能作出选择，法院一般适用法院地有关的冲突规则来决定应适用的法律，通常是指与案件有最密切联系的国家的法律。法院经审理后作出的判决，仅仅在该国境内有效，外国法院没有承认和执行该判决的义务，除非有国际条约的约束，或者有互惠关系。

（二）ADR 方式

1. ADR 的含义

ADR（Alternative Dispute Resolution）又称选择性争议解决方式，是替代诉讼解决

---

① 王铁崖．国际法．北京：法律出版社，1995：590－591.

国际民商事争议的各种方法的统称。

广义的ADR是指当事人之间约定的通过诉讼以外的方法解决争议的各种方法的总称。即除了通过法院解决争议的方法外，其他各项解决争议的方式均可称之为ADR，包括仲裁、调解和模拟诉讼等。狭义的ADR是指可以被法律程序接受的，通过协议而非强制性的有约束力的裁定解决争议的任何方法。因此，仲裁被排除在外。①

针对上述两种观点，应当说狭义理解ADR是比较合理的，因为虽然仲裁方式也是替代诉讼解决争议的一种重要方式，但它与其他非诉讼方法有着明显不同，即除了具有高度的灵活性和自主性之外，还具有一定的强制性，如果一方当事人不履行仲裁裁决，有关当事人可以向法院申请强制执行。

2. ADR的主要表现形式

常见的ADR主要有以下几种表现形式：

（1）双方当事人自行协商

这是由争议双方当事人自行解决他们之间争议的最常见的方法。其特点是没有第三者的介入，而由当事各方通过友好协商的方式，自行解决他们之间的争议。在国际商事合同的争议解决条款中，一般首先规定的是“由本合同产生的争议，当事双方应当通过友好协商的方式解决”。事实上大多数争议都是由双方当事人自行解决的。

（2）双方当事人选择第三者进行调解

调解是指第三者根据双方当事人的请求，通过尽量协调双方的分歧，而不是作出有约束力的决定的方式解决当事人之间争议的方法。调解可以说是ADR中最常见和最重要的一种形式，是所有其他形式的ADR的基础。与法院审判相比，调解费用低、耗时少，有利于维持当事人的友好关系。调解人只具有促使双方当事人达成协议的职责，如果一方当事人因某种理由在调解过程中不予合作，调解即告失败。如果调解失败，当事人可以继续寻求其他的解决争议的方法。

（3）模拟法庭（又称微型审理“Mini-trail”）

这里所指的微型审理并非我们通常所说的一般意义上的法庭审理，它实质上是一种模拟诉讼的调解方式。通常由当事人双方各派一名高级行政长官组成专门小组，并共同推选一名首席调解员。各方当事人所指定的行政长官一般只代表各方当事人的利益，轮流以口头或书面方式提出自己的意见，如同法院公开审理一样，只不过形式更加简单。

模拟法庭的设立与程序完全取决于当事人之间的协议。一般说来，模拟法庭的组成和程序相当灵活，无固定的模式。

---

① 田晓云. 国际经济法. 北京：人民法院出版社，2004：541.

(4) 仲裁/调解（Mediation-Arbitration，“Med-Arb”）

这是介于调解和仲裁之间的一种解决争议的模式。在这种模式中，当事人事先同意在调解失败后，调解员将继续担任仲裁员。

(5) 法院指定的调解或仲裁

这种方式具有司法的性质，在美国和澳大利亚某些州的一些法院可以建议或命令当事人通过法院指定的调解员或仲裁员进行调解或仲裁。根据案情以及各州不同的规则，调解员或仲裁员的决定对当事人或有约束力或者没有约束力。

3. ADR的法律特征

在国际经济争端的各种解决方式中，ADR 主要是纯民间性质的解决方法。它主要具有如下特征：

(1) ADR 中的当事人具有高度自愿性。ADR 是在双方当事人协商自愿的基础上进行的，其组成和程序规则均由当事人双方自主决定。

(2) ADR 程序具有较大的灵活性。ADR 种类繁多，各种 ADR 程序十分灵活，几乎没有固定模式。当事人可视其争议的具体情况来选择合适的解决争议的形式与程序。

(3) ADR 程序快捷、及时而且费用低廉。由于当事人不必遵循严格的诉讼程序和诉讼时效，简化了解决争议的程序，因而大大缩短了解决争议的时间，并降低了相关费用。

(4) 通过 ADR 达成的解决争议的方案没有法律上的强制执行的效力。这是 ADR 与诉讼和仲裁之间最重要的区别。ADR 协议不具有排除法院管辖权的法律效力。例如调解失败后，当事人可以向法院起诉。此外，如果当事人之间存在事先同意，也可以进行仲裁。采用 ADR 方式所达成的方案对当事人也无法律约束力，方案是否得到履行或遵守完全取决于当事人自愿。实际上，由于基于 ADR 程序所作出的决定是在双方友好协商的基础上达成的，故一般都易于得到履行和遵守。

（三）仲裁方式

仲裁是指双方当事人自愿将争端提交第三方仲裁机构审理，由其作出裁决，并受其约束的争端解决方式。仲裁对国际经济贸易领域争端的解决所起的作用越来越大，特别是在 20 世纪 60 年代以后，得到了国际经济贸易领域人士的普遍认可。

第二节　国际商事仲裁

一、国际商事仲裁的概念与特点

（一）国际商事仲裁的概念

仲裁（Arbitration）亦称“公断”，是指双方当事人自愿将其争议提交给第三者居中进行裁决，并约定自觉履行该裁决的一种制度。仲裁用于解决商事纠纷的做法，已有很久的历史。早在古罗马时期，商人之间就通过仲裁处理各种商务争议。13、14 世纪意大利各城邦国家之间也经常采用仲裁的方式解决彼此之间的商事纠纷。19 世纪末 20 世纪初以后，随着国际贸易与经济合作的广泛开展，国际商事争议日益增多，世界各国普遍把仲裁作为解决争议的一种有效方式，仲裁制度获得国际社会的普遍承认。不少国家纷纷修改或制定仲裁法律，设立仲裁机构，受理国际商事仲裁案件。

按照仲裁所适用的领域，仲裁可以分为以下几种：

一是国际仲裁，即指采用仲裁的方式解决国家之间的争端。国际仲裁也是建立在自愿的基础上，当事国之间订立仲裁协议，将争端交付仲裁并承担执行仲裁裁决的义务。国际仲裁是和平解决国际争端的方式之一，属于国际公法的研究范围。

二是国家仲裁，又称行政仲裁，是指在国家行政部门设立仲裁机构，解决该部门管辖范围内的争议。

三是国内仲裁，即由非国家行政部门所属的仲裁机构，解决国内经济贸易和劳动等争议。如有些国家的商会下设仲裁机构，解决国内民商事领域中发生的纠纷。

四是国际商事仲裁（International Commercial Arbitration），又称国际经济贸易仲裁、国际经济贸易与海事仲裁等，是指国际民商事关系中的双方当事人，以书面形式达成协议，自愿将其争议交给第三者居中进行裁决，仲裁裁决对双方当事人都有拘束力。国际商事仲裁属于国际私法的研究范围。

在国际民商事领域，采用仲裁的方式来解决当事人之间争端的做法由来已久，经过几百年的实践，已逐步建立起以国内立法和国际条约为主要组成部分的较为完善的国际商事仲裁制度。目前，国际商事仲裁受理的常见的案件主要有：国际货物买卖合同中的争议；国际货物运输中的争议；国际贸易支付结算中的争议；国际投资、技术贸易中的争议；国际合作开发自然资源、国际工程承包中的争议；国际保险中的争议；国际知识产权保护中的争议；海上船舶碰撞、海上救助和共同海损中的争议；跨国侵权行为中的争议等。

近十几年来，随着信息技术的迅猛发展，特别是数据电文信息和互联网（Internet）的大量普及，电子商务迅速崛起，出现了网络仲裁现象。网络仲裁又称“在线仲裁”（Online Arbitration），与传统的“线下仲裁”（Offline Arbitration）不同，是在网上通过网络技术进行的仲裁。[①] 在国际商事仲裁领域，采取网络仲裁的做法并不是很多，主要是网络仲裁在仲裁裁决的效力和执行、网络仲裁的公正性和权威性等方面受到质疑，而且目前网络技术的发展也有一定的限度，虽然可以在网上提交和交换仲裁文书和文件材

---

① 贺小勇．国际经济法学．北京：中国政法大学出版社，2008：688.

料，但在网上仍不能令人满意地完成证据的检查等程序。作为新生事物，网络仲裁的发展需要更加完善的网络技术和明确的立法保障，并应建立适当的网络仲裁模式。

（二）国际商事仲裁的特点

国际商事仲裁作为解决国际经济贸易和海事争议最为常见的途径，一般具有以下法律特点：

第一，国际商事仲裁是以双方当事人自愿达成的协议为基础，也就是只有双方当事人在争议发生前或争议发生后，以书面形式达成协议，表示愿意将该争议提交某仲裁机构或仲裁员解决时，才可以进行仲裁。仲裁机构或仲裁员进行裁决的管辖权是由双方当事人提交仲裁的合意所授予的，而非出于强制性的法定管辖。这是仲裁与诉讼的最大区别。诉讼无需当事人的协议，只要原告在有管辖权的法院起诉，被告必须应诉，否则法院可缺席判决。

第二，国际商事仲裁的机构一般是民间性的组织，隶属于商会或其他商业团体，它的管辖权来自双方当事人的仲裁协议；而法院是一个国家的审判机关，具有法定的管辖权。

第三，国际商事仲裁程序中，当事人享有充分的选择权。双方当事人可以自行选择仲裁机构、仲裁地点、仲裁员、仲裁形式和仲裁所适用的法律；而在诉讼中，当事人必须依照诉讼法的规定进行活动，无权对法官和诉讼程序等作出选择。

第四，国际商事仲裁的专业性比较强，仲裁员一般都是社会上有较高威望，并具有法律、国际贸易或海事方面等专门知识的专家，因此便于准确、迅速地处理各种专业性、技术性较强的案件。

第五，国际商事仲裁的裁决一般都是终局的，对双方当事人都有拘束力。如果一方当事人不主动执行，则另一方当事人可以向有关法院提出申请，要求法院予以强制执行。国际商事仲裁的对象是带有国际因素的商事争议，其裁决的执行往往需要在其他国家生效并执行，与此相关也就产生了一系列涉及仲裁裁决的承认与执行制度。

二、国际商事仲裁机构

（一）国际商事仲裁机构和种类

仲裁机构就是受理案件的仲裁组织形式。一般而言，国际商事仲裁机构根据其组织形式的不同，可以分为临时仲裁机构和常设仲裁机构。

1. 临时仲裁机构

临时仲裁机构又称特别仲裁机构（ad hoc arbitration agency），是指根据当事人之间所达成的仲裁协议，在实际争议发生后，由双方当事人推选仲裁员临时组成仲裁庭进行仲裁，并在审理终结作出裁决后即行解散的仲裁机构。

在国际商事仲裁活动中，临时仲裁机构具有许多优点：比较灵活，当事人可以依据争议的性质协商制定仲裁程序规则；费用较低，不需要向仲裁机构交纳管理服务费；审理速度快，程序简便，不受仲裁机构内部程序规则的期间限制；临时仲裁机构可以促进当事人之间的合作共事，有利于纠纷的及时解决。

临时仲裁机构是国际商事仲裁中最早采用的方式。在19世纪之前，国际社会基本上采用临时仲裁机构的方式来处理商事争议。19世纪以来，各种常设仲裁机构不断增加，国际商事仲裁多数在常设仲裁机构进行。但是，临时仲裁机构在国际商事仲裁中仍然占有十分重要的位置。

2. 常设仲裁机构

常设仲裁机构（permanent arbitration agency）是指根据国际条约或一国国内立法的规定成立的，有固定的组织形式、仲裁地点、仲裁规则和仲裁员名单，并具有完整的办事机构和健全的行政管理制度的仲裁机构。

这种常设仲裁机构是由临时仲裁机构发展来的，常常是附设于某个或多个国际或国内民间组织。它与临时仲裁机构相比具有许多优越性，因而自19世纪中叶以来，在世界各国得以迅速发展，目前已成为国际商事仲裁的主要形式。当今世界有130多个常设仲裁机构。常设仲裁机构又可以分为以下几类：

（1）国际性的常设仲裁机构

这种仲裁机构不属于任何特定国家，而是依据有关国际条约建立在一个国际组织或国际机构之下，用以处理国际商事争议。目前主要有国际商会仲裁院和解决投资争议国际中心。此外，还有一些区域性的国际商事仲裁机构，如美洲国家间商事仲裁委员会等。

① 国际商会仲裁院（Court of Arbitration of the International Chamber of Commerce）。该院成立于1923年，隶属于国际商会，总部在法国巴黎，下设理事会和秘书处。理事会由40多个成员国各自推选一名法律或具有解决国际商事争议经验的专家组成，其职能是与秘书处一起对提交仲裁的案件进行监督和管理。仲裁院设主席1名，副主席8名，秘书长1名和若干名顾问。秘书处由来自10个国家的人员组成。仲裁院理事成员和秘书处工作人员不得担任仲裁案件中的仲裁员或代理人。国际商会仲裁院是目前世界上处理仲裁案件最多的仲裁机构，在国际商事仲裁中发挥了极其重要的作用。

② 解决投资争议国际中心。该中心是根据1965年《解决国家与他国国民之间投资争端公约》于1966年10月成立的，隶属于世界银行，总部设在美国华盛顿。该中心的宗旨在于兼顾资本输出方与资本输入方的利益，提供解决国家与他国私人投资者之间投资争议的一整套调解和仲裁规则，从而鼓励私人资本的国际流动。中心由行政理事会和秘书处组成。行政理事会委员由各成员国派代表担任，主席由世界银行行长担任，秘书

长和秘书处负责中心的事务性工作，行政理事会下设一个调停人小组和一个仲裁小组，其成员由各缔约国及管理委员会主席指派。中心具有完全的国际法人资格，具有缔结契约、取得和处理动产和不动产的诉讼能力。中心在各缔约国境内享有公约所规定的特权和豁免权。

（2）国家性的常设仲裁机构

这是指根据一国国内立法设立在一个国家内的全国性的仲裁机构，有的专门受理国际商事纠纷案件，有的既可以受理国际商事案件，又可以受理国内商事案件。如我国的中国国际经济贸易仲裁委员会，瑞典的斯德哥尔摩商会仲裁院，英国的伦敦国际仲裁院以及美国的仲裁协会等。

① 斯德哥尔摩商会仲裁院（The Arbitration Institute of the Stockholm Chamber of Commerce，简称 SCC Arbitration Institute）。该院于 1917 年成立，隶属于斯德哥尔摩商会，总部设在瑞典的斯德哥尔摩。目前，它是世界上最著名的仲裁机构之一。SCC 仲裁院是建立在商会内的独立实体，下设一个由 3 人组成的理事会，理事会成员由商会执行委员会任命，任期 3 年。理事会的理事长由精通处理商务争议的法官担任；另外两名理事，一名由执业律师担任，一名由商业界知名人士担任。此外，仲裁院还设立秘书处，秘书长由一名律师担任。

② 伦敦国际仲裁院（London Center of International Arbitration）。该院于 1892 年成立，原名伦敦仲裁会，1903 年改为伦敦仲裁院，1981 年又改为伦敦国际仲裁院。该院由伦敦市政府、伦敦商会和女王特许仲裁员协会共同组成的管理委员会管理。该院的日常事务由女王特许仲裁员协会负责，仲裁员协会的会长兼任伦敦国际仲裁院的执行主席。该仲裁院备有仲裁员名单，由来自 30 多个国家的具有丰富经验的仲裁员组成，以供当事人选择。仲裁员可以由当事人指定，也可以由仲裁院主席指定，在某些情况下还可以由其他机构指定，包括法院。目前，该仲裁院也是国际商事和海事仲裁的中心之一。

③ 美国仲裁协会（American Arbitration Association）。该协会成立于 1926 年，总部设在美国纽约，在全美 24 个主要城市设有分支机构。该协会是一个民间的、非营利性的仲裁机构，由美国仲裁社团、美国仲裁基金会以及其他一些工商团体组成。它既受理国内商事争议案件，也受理国际商事争议案件。1991 年颁布了国际仲裁规则，但是，当事人也可以约定适用《联合国国际贸易法委员会仲裁规则》。

（3）专业性的常设仲裁机构

这是各个行业公会或协会为了解决该行业发生的经济贸易纠纷而设立的仲裁机构。这种仲裁机构一般是非开放性的，不受理非会员之间的争议案件。但有些专业性常设仲裁机构是开放性的，凡涉及本专业的争议案件都可以受理。如英国的海事仲裁委员会、中国海事仲裁委员会等。

（二）中国的国际商事仲裁机构

根据1994年8月颁布的《中华人民共和国仲裁法》的规定，涉外仲裁包括涉外经济贸易、运输和海事中发生的纠纷的仲裁。涉外仲裁委员会是由中国国际商会组织设立的，其主任、副主任和委员均可由中国国际商会聘任。涉外仲裁委员会的仲裁员可以从具有法律、经济贸易、科学技术等专门知识的中外人士中聘任。目前，中国的国际商事仲裁机构主要指在中国国际贸易促进委员会（中国国际商会）内设立的中国国际经济贸易仲裁委员会和中国海事仲裁委员会。

1. 中国国际经济贸易仲裁委员会

中国国际经济贸易仲裁委员会（China International Economic and Trade Arbitration Commission）是根据中央人民政府政务院的决定于1956年成立的，当时定名为“中国国际贸易促进委员会对外贸易仲裁委员会”。这是中国有史以来的第一个对外贸易常设仲裁机构。当时该仲裁委员会受理案件的范围仅限于对外贸易中发生的争议，包括商品买卖、运输、保管中发生的争议。1980年为了适应中国对外开放的需要，国务院发出通知，决定改名为“中国国际贸易促进委员会对外经济贸易仲裁委员会”，将其受案范围扩大到有关中外合资经营、合作经营、合作生产、合作开发、技术转让、补偿贸易、来件装配、来料加工、金融信贷、外国投资、涉外租赁业务等各种对外经济合作中所发生的争议。1988年6月，国务院再次作出决定，将其改名为现在的“中国国际经济贸易仲裁委员会”，并将其受案范围进一步扩大为国际经济贸易中发生的一切争议。从2000年10月1日起，中国国际经济贸易仲裁委员会同时使用“中国国际商会仲裁院”的名称。

中国国际经济贸易仲裁委员会总部设在北京，先后于1989年1月在深圳和1990年4月在上海设立了分会。2004年6月18日起，中国国际经济贸易仲裁委员会深圳分会更名为“中国国际经济贸易仲裁委员会华南分会”，同时使用“中国国际商会仲裁院华南分院”的名称。1999年之后，又先后在大连、福州、长沙、重庆、成都和天津设立了办事处，作为仲裁委员会的专业联络和宣传机构。深圳、上海两个分会和北京总部适用同一个仲裁规则和同一个仲裁员名册，它们的区别只在于受理案件的地点和开庭的地点不同。现行的仲裁员名册是由来自40多个国家的仲裁员组成，以供当事人选择。该仲裁委员会已在国内外享有良好的声誉，每年受理的案件也大幅度增加，其仲裁裁决的公正性已得到普遍好评。根据近年来的统计，中国国际经济贸易仲裁委员会的受案数量，已跃居世界第一位。

2. 中国海事仲裁委员会

中国海事仲裁委员会（China Maritime Arbitration Commission）是1959年根据国务

院的决定成立的，当时定名为“中国国际贸易促进委员会海事仲裁委员会”。该仲裁委员会的受案范围包括：海上船舶相互救助、海上船舶与内河船舶相互救助的报酬争议；海上船舶碰撞、海上船舶与内河船舶碰撞及海上船舶损害港口建筑物或设备发生的争议；海上船舶租赁业务，海上船舶代理业务，以及根据合同、提单或其他运输文件办理的海上运输业务及海上保险方面的争议。1982 年经国务院批准，将其受案范围扩大到双方当事人要求仲裁的其他海事争议。1988 年 6 月经国务院批准，又将其改名为现在的“中国海事仲裁委员会”。中国海事仲裁委员会总部在北京，2003 年 1 月在上海设立了分会，目前还在大连、广州、天津和宁波设立了办事处。

上述两个涉外商事仲裁委员会的性质是中国国际贸易促进委员会下设的民间性的常设仲裁机构。仲裁委员会设主席一人、副主席和委员若干人，下设秘书处，负责日常事务。目前，这两个涉外仲裁委员会受理了大量的涉外商事仲裁案件，注重调查研究，分清是非，实行仲裁与调解相结合的方法，在国际上的声誉越来越高。

三、国际商事仲裁协议

（一）仲裁协议的含义和特点

仲裁协议（arbitration agreement）是双方当事人同意把他们之间的争议交付某仲裁机构进行仲裁的一种书面的共同意思表示。根据仲裁法律与实践，仲裁协议是仲裁机构或仲裁员受理争议案件的依据。没有仲裁协议，就不能进行仲裁。

有效的仲裁协议在法律上具有以下特点：（1）仲裁协议的主体必须合格，仲裁协议的签订者是具有诉讼能力的争议双方当事人或他们的合法代理人；（2）仲裁协议必须是双方共同的真实意思表示，应在自愿、平等、协商的基础上达成一致意见，不允许一方当事人将自己的意志强加于另一方当事人；（3）仲裁协议可以在争议发生之前签订，也可以在争议发生之后签订；（4）双方当事人在仲裁协议中可以选择他们所属国家的仲裁机构，也可以选择第三国或国际性的仲裁机构；（5）仲裁协议的形式必须是书面的，书面协议包括当事人所签署的仲裁协议书、合同中的仲裁条款以及当事人在往来书信中或电报中的仲裁意思表示。

（二）仲裁协议的种类

1. 仲裁条款（arbitration clause）

仲裁条款是指在争议发生之前，双方当事人在合同中所订立的将有关争议提交仲裁解决的专门条款。它是仲裁协议的基本形式。

仲裁条款一般都印在格式标准合同中，只要当事人在合同上签字，仲裁条款也随之生效。但仲裁条款又独立于合同，合同的变更、解除、终止或者无效，不影响仲裁条款的效力。这是世界上绝大多数国家所承认的原则。仲裁条款的内容详略不等。

2. 仲裁协议书（submission to arbitration agreement）

仲裁协议书是指双方当事人在争议发生后订立的，表示愿意将此争议交付仲裁的专门协议。仲裁协议书独立于主合同之外，在多数情况下，是在合同中没有仲裁条款，或者在仲裁条款不明确而无法执行的情况下，双方当事人在争议发生后根据需要共同达成的书面协议。一般而言，仲裁协议书与仲裁条款具有同等的法律效力，它们都是仲裁机构受理案件的依据。

3. 其他书面形式的仲裁协议（arbitration agreement in other written documents）

这主要是指双方当事人就有关的合同、国际商事法律关系等争议，通过往来信函、电报、电传、电子邮件以及其他书面材料等，足以说明双方当事人同意将其争议提交仲裁解决的文字表示。

（三）仲裁协议的基本内容

仲裁协议是整个仲裁程序中最主要的文件，一般而言，不论何种形式的仲裁协议，它的内容基本上应包括如下几个方面：

1. 提交仲裁的争议事项

当事人在仲裁协议中应首先明确表示把他们之间的何种争议提交仲裁。在仲裁条款中一般应规定："凡因本合同所发生的争议，应提交××仲裁机构仲裁。"其中"凡因本合同所发生的争议"就是提交仲裁的事项。

2. 仲裁地点

仲裁地点是仲裁协议的主要内容之一。在双方当事人订立仲裁协议时，各方一般都力争在本国进行仲裁，因为当事人对于自己所在国家的法律和仲裁制度比较了解和信任。仲裁地点的选择，实际上直接关系到仲裁的结果，关系到有关当事人的利益，因此这个问题往往成为当事人在订立仲裁条款时争执的焦点。

3. 仲裁机构

一般而言，确定仲裁机构的做法有两种：一是在常设仲裁机构进行；二是由临时仲裁庭进行特别仲裁。在常设仲裁机构进行仲裁是国际商事仲裁中普遍采用的方式。如果被选择的国家有几个仲裁机构时，还应明确具体由哪个仲裁机构进行仲裁。当事人在仲裁协议中应当清楚地写明仲裁机构的全称，这样，有利于准确决定仲裁机构，对于国际商事仲裁的顺利进行至关重要。

4. 仲裁规则

仲裁规则是双方当事人和仲裁庭在整个仲裁活动中所应遵守的行为规范。仲裁规则的选择对争议案件的审理结果关系重大。当事人在签订仲裁协议时，应明确约定有关仲裁所适用的仲裁规则，以确保仲裁程序的顺利进行。国际上对仲裁规则选择的通行做法是，适用受理案件的仲裁机构所制定的仲裁规则。此外，也有一些国家的仲裁机构允许当事人选择其他的仲裁规则。

5. 仲裁裁决的效力

仲裁裁决的效力是指裁决是否为终局的，对双方当事人有无约束力以及能否再向法院上诉要求变更等。一般都在仲裁协议中写明：仲裁裁决是终局的，对双方当事人都有约束力，任何一方都不能向法院上诉要求变更。在中国，凡由中国国际经济贸易仲裁委员会或中国海事仲裁委员会作出的裁决，都是终局的，对双方当事人都有拘束力。

6. 法律适用

在国际商事仲裁中，适用何国实体法来确定双方当事人的权利与义务关系，也是仲裁协议应包括的一个内容。国际上通行做法是，允许当事人自由选择应适用的法律。

（四）仲裁协议的法律效力

有效的仲裁协议的法律效力主要体现在以下几个方面：

1. 仲裁协议排除了法院对该争议案件的管辖权

世界上绝大多数国家的仲裁立法都承认这一法律效力。中国《仲裁法》第5条规定："当事人达成仲裁协议，一方向人民法院起诉的，人民法院不予受理，但仲裁协议无效的除外。"在有仲裁协议的情况下，当事人必须受仲裁协议的约束，属于协议范围内所发生的争议，必须以仲裁方式解决。如果任何一方当事人违反协议，向法院提起诉讼的，则法院不应受理此种争议，或根据另一方当事人的请求停止诉讼程序，把争议发给仲裁机构审理。

2. 有效的仲裁协议是有关仲裁机构行使仲裁管辖权的重要依据之一

仲裁机构对争议案件的管辖权来自当事人的仲裁协议和申诉人的仲裁申请。世界各国的仲裁机构只能受理有仲裁协议的案件。仲裁庭受理争议的范围也仅限于仲裁协议中明确规定的事项，对于任何超出仲裁协议范围的其他事项，仲裁庭一般无权受理，即使仲裁机构就这些事项作出裁决，有关当事人也会拒绝执行。

3. 有效的仲裁协议是执行有关仲裁程序的依据

仲裁协议中所规定的仲裁规则、仲裁方式等问题必须为仲裁机构或仲裁员所遵守。整个仲裁程序，必须根据当事人在仲裁协议中所选择的仲裁规则进行仲裁。

4. 仲裁协议是保证仲裁裁决具有强制执行力的法律前提

一项有效的仲裁协议是法院承认与执行仲裁裁决的重要依据。在裁决作成之后，一般情况下当事人都能自动执行。如果败诉方拒不履行仲裁裁决，胜诉方即可向有关法院提交有效的仲裁协议和裁决书，请求法院强制执行该裁决。

四、国际商事仲裁程序

（一）仲裁申请

当事人向仲裁机构提交仲裁申请书以及仲裁机构受理此案是仲裁程序正式开始的标志。在仲裁程序中，提出仲裁申请书的一方当事人称为申请人或申诉人，与其相对应的另一方当事人称为被申请人或被诉人。至于仲裁申请书的内容，各国有关法律的规定大致相同。一般而言，申请书的内容应包括：申诉人和被诉人的名称、地址、电话及法定代表人；申诉人所依据的仲裁协议；案情和争议要点；申诉人的请求及其所依据的事实和证据等。送交仲裁申请书应当附具与仲裁有关的合同、仲裁协议、双方往来的电函及其他有关证据。此外，申请书及其有关附件，均应按被诉人的数目备好副本。

如果向常设仲裁机构申请仲裁，可将上述材料交给该仲裁机构的秘书处，并应按该机构的规定预付仲裁费用。如系临时仲裁机构，则将上述材料直接送交仲裁员和被诉人。

仲裁机构收到仲裁申请书后，应对申请书、仲裁协议等文件进行审查。如决定受理，应及时通知有关当事人，并将仲裁申请书及其附件的副本送达被诉人。被诉人在该仲裁机构的仲裁规则规定的期限内可以提交答辩书或提出反诉。

（二）组成仲裁庭

仲裁庭是在仲裁程序中具体审理国际商事争议的机构，一般由仲裁员组成。各国法律对于仲裁员的资格、仲裁庭的组成方式等方面的规定不尽相同。

各国法律对于仲裁员的任职条件规定为：仲裁员必须是具有完全权利能力和行为能力的人，未成年人以及其他无行为能力的人不得担任仲裁员；仲裁员必须是具有国际经济、贸易和法律专业知识的人士；仲裁员必须是具有无私、公正品德的人；仲裁员必须是与该争议案件没有利害关系的人。

各国仲裁法和仲裁规则一般都允许当事人在仲裁协议中指定仲裁员，这是仲裁与诉讼的根本区别之一。仲裁庭的组成形式一般有独任仲裁庭和合议仲裁庭两种。如果仲裁庭由一人组成的，称为独任仲裁庭。该仲裁员由双方当事人共同协商选定，或者委托仲裁机构代为指定。如果仲裁庭由三人组成的，称为合议仲裁庭。双方当事人各自在仲裁机构提供的仲裁员名册中指定一名，然后再共同选定或委托仲裁机构指定第三名仲裁员，作为首席仲裁员。中国的仲裁法是这样规定的。

目前，许多国家的仲裁法和仲裁规则都规定了仲裁员回避制度。仲裁员只要与本案有一定的利害关系，都应当回避。仲裁员可以主动请求回避，也可以由当事人向仲裁机构提出请求某仲裁员回避。仲裁员回避与否的决定，一般由仲裁机构作出。中国《仲裁法》第35条规定，当事人提出回避申请，应当说明理由，在首次开庭前提出；回避事由在首次开庭后知道的，可以在最后一次开庭终结前提出。第36条规定，仲裁员是否回避，由仲裁委员会主任决定；仲裁委员会主任担任仲裁员时，由仲裁委员会集体决定。[①]

（三）审理案件

仲裁庭组成之后，即可对争议案件进行审理。仲裁审理一般涉及以下问题：

1. 审理方式

国际上通行的审理方式有口头审理和书面审理。口头审理是仲裁庭事先通知双方当事人或其代理人，在规定的开庭日出庭，以口头方式陈述意见，进行答辩，回答质询等。如果任何一方当事人拒不出庭，仲裁庭有权作出缺席裁决。书面审理是由仲裁庭根据双方当事人、证人和专家提供的书面证据、材料，对有关案件进行的审理，不要求当事人出庭。

上述两种审理方式一般允许当事人自由选择，这是国际上的通例。此外，口头审理一般不公开进行，如果双方当事人协议公开审理的，也可以公开进行，但涉及国家秘密的除外。

2. 审核证据和询问证人

在仲裁审理过程中，仲裁庭有权对当事人提供的证据进行审核，必要时也可自行调查、收集有关证据。对当事人提供的证据，可以请有关专家鉴定。仲裁庭可以要求与案件有关的证人出庭作证。但是，在证人不愿出庭作证的情况下，一般国家都规定，仲裁庭无权强令证人出庭作证，而应由当事人或仲裁庭向有关法院提出申请，经法院认可并发出传票，才能强令证人出庭作证。

3. 保全措施问题

在整个仲裁程序中，为了防止当事人隐匿、转移和变卖有关财产，保证胜诉方能得到应有的补偿，可以对有关当事人的财产采取一种临时性的强制措施。

对于仲裁庭在仲裁程序中是否有权直接对当事人的财产采取保全措施，各国的规定不一。美国、日本等国家的仲裁法和仲裁规则授予仲裁庭有采取保全措施的权力。而英国、澳大利亚、瑞士等国法律规定，仲裁庭无权对当事人的财产采取保全措施，只有法院依一方当事人或仲裁庭的申请，认为必要时才可以采取保全措施。中国也规定，只有法院才有权采取保全措施。中国现行《民事诉讼法》规定，当事人申请采取财产保全的，中华人民共和国的涉外仲裁机构应将当事人的申请，提交被申请人住所地或者财产所在地的中级人民法院裁定。

---

① 黄进．国际私法．北京：法律出版社，2005：618.

（四）仲裁裁决

仲裁裁决是仲裁庭对争议事项进行审理之后所作出的终审决定。仲裁庭作出裁决后，整个仲裁程序也就结束了。

在仲裁过程中，双方当事人可以自行和解，也可以在仲裁庭的主持下进行调解。调解达成协议的，仲裁庭应制作调解书或根据协议的结果制作裁决书。调解不成的，应当及时作出裁决。但是，调解不是仲裁的必经程序，也不是仲裁裁决的前提条件。

对于裁决书的形式和内容，各国法律一般规定必须以书面形式作成。关于裁决书是否要说明理由，各国的规定不一。英国、美国等国的仲裁规则不要求在裁决中写明理由。而德国、法国、瑞士、日本、意大利、荷兰及东欧一些国家则规定裁决书必须附具理由。联合国国际贸易法委员会仲裁规则规定，除了双方当事人同意不需要说明理由的裁决书外，裁决书应说明理由。中国仲裁法和涉外仲裁机构的仲裁规则也规定，除当事人经调解达成和解协议的案件之外，裁决书应当说明裁决所依据的理由，由仲裁员签名，并加盖仲裁委员会印章。

五、国际商事仲裁裁决的承认与执行

（一）国际商事仲裁裁决的承认与执行的含义

仲裁裁决一经作出，当事人就应自觉执行；如果败诉方拒不执行该裁决，胜诉方可以请求法院予以强制执行。承认仲裁裁决，是指法院许可该仲裁裁决所确认的当事人的权利与义务在法院地国境内有效。执行仲裁裁决，是指法院在承认仲裁裁决效力的基础上，按照法律规定的执行程序，给予强制执行。一般而言，仲裁裁决的承认与执行可以分为两种：一是法院承认与执行本国仲裁裁决；二是法院承认与执行外国仲裁裁决。①

仲裁裁决如果是由本国仲裁机构作出的，位于境内的一方当事人不主动执行时，另一方当事人可以向本国法院申请强制执行。该法院要先对仲裁裁决进行形式审查，认为符合有关法律规定的，即承认其法律效力，并按照国内民事诉讼法的规定，像执行法院判决一样给予强制执行。如果经过形式审查，发现仲裁裁决不符合有关法律规定的，法院对于当事人的申请应予驳回。法院进行形式审查的内容一般包括：仲裁协议是否有效；仲裁员资格是否合法；仲裁员行为是否得当；仲裁庭的组成是否合法；仲裁程序是否符合要求；裁决的形式、内容是否合法等。

仲裁裁决如果是在外国作出的，拒不执行裁决的一方当事人位于国内，或者其财产在国内的，另一方当事人可以向内国法院提出申请，要求承认与执行该外国仲裁裁决。内国法院承认与执行外国仲裁裁决一般应以存在有关条约为前提。如果没有双边或多边

---

① 黄进．国际私法．北京：法律出版社，2005：624－625.

条约，本国的仲裁裁决要在外国得到承认与执行就比较困难。在这种情况下，许多国家要求在互惠的基础上，依照本国法律规定的条件和程序，承认与执行外国仲裁裁决。如美国法律对此就作了类似的规定。然而，在瑞典承认与执行外国仲裁裁决就不要求以互惠为原则，程序也比较简单。由此可见，各国对此的法律规定和司法实践也不尽相同。

（二）仲裁裁决在作成国国外执行的条件

目前世界各国法律原则上对于承认与执行外国仲裁裁决作了严格的条件限制，但在具体规定上又有所不同。以下介绍世界上几个主要国家的有关规定。

1. 英国的规定

外国仲裁裁决要在英国承认与执行，必须以国家之间的互惠为基础，而且双方当事人都应受1927年《关于执行外国仲裁裁决的日内瓦公约》的缔约国之一的管辖；或者是当事人在英国境内重新起诉，经法院批准并制作成判决。此外，裁决本身还应当具备以下条件：（1）仲裁协议必须在法律上是有效的；（2）必须是根据上述仲裁协议由双方当事人共同协商而组成的仲裁庭所作的裁决；（3）必须是按照支配该仲裁程序的有关法律所作出的裁决；（4）该仲裁裁决在作成国必须是终局的；（5）裁决事项依英国法律是可以仲裁的；（6）该仲裁裁决与英国法律和公共秩序互不冲突。

2. 美国的规定

在美国，外国仲裁裁决的承认与执行必须以国家之间存在互惠为前提条件。根据美国联邦仲裁法的规定，对于在1958年《关于承认与执行外国仲裁裁决公约》的缔约国境内所作出的裁决，可以由联邦法院按照国内裁决所要求的程序予以承认与执行。但是，对于在非上述公约的缔约国境内所作出的裁决，需要在美国承认与执行的，一般要求当事人在美国法院重新起诉，经法院作出判决后，再按照美国的民事诉讼法的规定予以执行。此外，有关法院有权改变原仲裁裁决的内容，而另行作出其认为合适的判决。

3. 瑞典的规定

根据现行瑞典法律的规定，外国仲裁裁决在瑞典的承认与执行不要求以国家之间的互惠为前提条件，任何外国的仲裁机构的裁决都可以通过简便的手续在瑞典得到承认与执行。外国仲裁裁决作出后，由胜诉一方向瑞典的斯德哥尔摩上诉法院提出简单的申请，并附具该裁决书及其译文的文本。该法院收到申请后，即通知败诉一方，如果败诉一方对仲裁裁决没有异议，法院就可以作出执行该仲裁裁决的决定；如果有异议，则让有关当事人到适当的初审法院另行起诉解决。

（三）1958年《纽约公约》

由于世界各国关于承认与执行外国仲裁裁决的条件和程序不尽相同，从20世纪初起，国际社会就致力于建立统一的、比较完善的承认与执行外国仲裁裁决的国际法律制度。至今为止，国际上先后缔结了三个有关公约，即1923年由国际联盟主持制定的《日内瓦仲裁条款议定书》、1927年制定的《关于执行外国仲裁裁决的公约》和1958年由联合国主持制定的《关于承认与执行外国仲裁裁决公约》。其中最后一个公约又称1958年《纽约公约》，现已取代前两个公约，成为目前世界上最完善的关于承认与执行外国仲裁裁决的国际公约。中国于1986年12月2日正式加入了该公约，从1987年4月22日起该公约对中国生效。①

该公约的主要目的在于统一和简化各国执行外国仲裁裁决的法律程序，主要内容有：

1. 承认与执行外国仲裁裁决的范围

由于自然人或法人之间的争议而引起的仲裁裁决，在一国领土内作成，而在另一国请求承认和执行时，适用该公约。但是，缔约国可在互惠基础上声明，本国只对在另一缔约国领土内所作出的仲裁裁决的承认与执行，适用该公约，即“互惠保留”；缔约国也可声明，本国只对根据本国法律属于商事法律关系所引起的争议适用该公约，即“商事保留”。中国在加入该公约时对上述两项规定均提出了保留。

2. 承认与执行外国仲裁裁决的标准

缔约国应相互承认和执行对方国家所作出的仲裁裁决，在承认和执行对方国家的裁决时，不应较之承认和执行本国仲裁裁决规定实质上更为苛刻的条件或者征收更高的费用。

3. 承认与执行外国仲裁裁决的条件

根据该公约的规定，凡有下列情况之一者，被请求执行的国家机关可依被申请人的请求，拒绝承认与执行裁决：(1) 缺乏有效的仲裁协议；(2) 被申请人未得到指定仲裁员或进行仲裁程序的适当通知，或者由于其他原因未能提出申辩；(3) 裁决的事项超出了仲裁协议规定的范围；(4) 仲裁庭的组成或仲裁程序与当事人的协议不符，或者在双方当事人无协议时，与仲裁地国家的法律不符；(5) 仲裁裁决对当事人尚未发生法律拘束力，或裁决已被仲裁地国家的有关当局依法撤销或停止执行；(6) 争议事项，依执行地国家的法律不能以仲裁方式解决；(7) 承认与执行此项裁决将与执行地国的公共秩序相抵触。

4. 承认与执行外国仲裁裁决的程序

根据该公约的规定，申请承认与执行仲裁裁决的当事人，应提供经正式认证的仲裁裁决的正本或经正式证明的副本，以及据以作出裁决的仲裁协议正本或经正式证明的副本。如果上述裁决或仲裁协议所用的文字不是执行地国家的法定文字，申请人还应提交有关文

---

① 贺小勇. 国际经济法学. 北京：中国政法大学出版社，2008：698.

件的译文文本。译文文本应由官方的或经过宣誓的翻译员或外交或领事人员认证。

（四）中国承认与执行外国仲裁裁决的实践

目前，中国的《民事诉讼法》和《仲裁法》对于涉外仲裁裁决的承认与执行问题作了比较详细的规定。此外，中国已于 1986 年 12 月 2 日正式加入的《纽约公约》，也成为中国在承认与执行外国仲裁裁决实践中的主要法律依据。

1. 外国仲裁裁决在中国的承认与执行问题

根据中国有关法律的规定，外国仲裁裁决需要在中国承认与执行的，应由当事人直接向被执行人住所地或者其财产所在地的中级人民法院申请。中国有管辖权的人民法院接到申请后，应对该仲裁裁决进行审查，如认为其符合《纽约公约》规定的条件，应裁定承认其效力，并依中国《民事诉讼法》规定的有关程序予以执行。

中国人民法院对于在《纽约公约》缔约国领土内所作出的仲裁裁决的承认与执行，适用该公约的规定；对于在非缔约国领土内所作出的仲裁裁决的承认与执行，如果对方国家与中国有双边条约或有互惠关系的，按照互惠原则处理；如果对方国家既非缔约国，又与中国无双边条约或互惠关系的，中国则按一般标准进行审查，即看此裁决是否违反中国法律的基本原则，是否违反中国主权、安全和社会公共秩序，如果未违反，则予以承认与执行；如违反则不予承认与执行。

2. 中国仲裁裁决在外国的承认与执行问题

根据中国《仲裁法》第 72 条和《民事诉讼法》第 264 条第 2 款的规定，中国仲裁机构所作出的仲裁裁决需要在外国承认与执行的，应具备下列条件：（1）被执行人或者其财产不在中华人民共和国领域内；（2）有关当事人请求到外国执行；（3）当事人应当直接向有管辖权的外国法院申请承认与执行仲裁裁决。

执行地国家的法院在接到申请后，应根据与中国缔结或共同参加的国际公约，或者按照互惠原则，对该申请予以审查，并依其本国法规定的执行程序予以执行。

第三节 国际民事诉讼

一、国际民事诉讼概述

国际民事诉讼，又称涉外民事诉讼，是指因涉外民商事法律关系发生争议而提起和进行的司法诉讼，即法院在诉讼当事人和参与人的参加下，对涉外民商事案件进行受理、审理、裁决和执行的活动。

一般认为，国际民事诉讼应遵守以下几个基本原则：

第一，国家主权原则。这是国际民事诉讼最基本的原则。根据这项原则，一个国家有权通过立法的形式对该国境内的所有诉讼活动和行为进行管辖；外国人在该国境内进行诉讼活动都必须遵守当地的诉讼法律、法规；有关国家还可以根据本国利益对某些案件行使专属管辖权。

第二，平等互惠原则。根据该项原则，在国际民事诉讼中，国家在平等的基础上相互给予对方国民以民事诉讼权利，在同等的条件下相互适用对方的民事诉讼法律，相互给予司法协助，包括相互承认与执行对方法院的判决和仲裁裁决等。

第三，国民待遇原则。在国际民事诉讼中，这是指一个国家给予本国人的民事诉讼权利也给予在本国境内的外国人。

第四，遵守国际条约和参照国际惯例原则。

二、涉外民事诉讼管辖权

涉外民事诉讼管辖权是指一国法院受理具有涉外因素的民事案件的权限范围和法律根据。它所涉及的核心问题是要解决依照什么标准或原则来判定某国法院对于某一涉外民事案件是否有权受理。

综观各国的立法和司法实践，一般而言，解决涉外民事诉讼管辖权应当遵循以下几项原则：

（一）普通管辖原则

普通管辖又称为“一般管辖”或“地域管辖”，是以涉外民事诉讼的被告方住所、居所所在地为标志确立的管辖。

各国法院对涉外民事案件实行普通管辖又分为以下几种情况：（1）以被告住所地为标志，案件由被告住所地法院管辖。这是国际上普遍认可的一项原则，德国、日本、瑞士、奥地利、希腊、北欧诸国、泰国、印度、巴基斯坦、缅甸、斯里兰卡等国都实行这一原则。（2）以国籍为标志，案件由当事人所属国法院管辖。法国和受法国民法典影响的比利时、荷兰、西班牙、葡萄牙等国，基本上采用这种做法。（3）以送达地为标志，即只要能在本国境内将传票送达给被告，哪怕是临时过境的外国被告，本国法院就取得了对其的诉讼管辖权。英国、美国等普通法系国家采取这一做法。

（二）特别管辖原则

特别管辖又称“特殊地域管辖”，是以案件与法院地的特定联系因素为标志来确定管辖权。这些特定联系因素主要是物和行为。物指诉讼标的物或当事人的其他财产；行为指具有法律意义的作为或不作为。按照这些因素确定一国法院对涉外民事案件的管辖权，也是国际上经常遵循的原则。

特别管辖一般分为以下几种情况：（1）关于合同的诉讼，由合同缔结地或履行地法院管辖；（2）关于侵权行为的诉讼，由侵权行为地法院管辖；（3）关于物权的诉讼，由诉讼标的物所在地或被告财产所在地法院管辖；（4）关于公司、商行的分支、代理或其他机构经营业务而引起的争议，由该分支、代理或其他机构所在地法院管辖；（5）关于海事案件，由船舶登记地、行为发生地、船舶扣留地、被告营业地法院管辖。

（三）专属管辖原则

专属管辖又称“排他管辖”或“独占管辖”，是指通过国内立法或国际条约规定一国法院对某些涉外民事案件具有独占的或排他的管辖权。别国法院对于此类案件不能行使管辖权；当事人也不得以协议变更这类案件的管辖。这些被列入专属管辖范围的案件一般都与本国的政治、经济、法律、社会制度以及公共利益密切相关，因而只能由本国法院管辖。

属于专属管辖的涉外民事案件主要有：（1）关于不动产的诉讼，由不动产所在地法院管辖，这是国际上公认的原则；（2）关于婚姻、家庭、继承等案件，许多国家也列入专属管辖的范围；（3）有关商标、专利和著作权的诉讼；（4）关于法人成立、解散或破产的诉讼；（5）有关在本国境内发生的重大侵权行为案件。

（四）协议管辖原则

协议管辖又称“合意管辖”，是指涉外民事诉讼的当事人在争议发生前或发生后达成管辖权协议来具体确定案件的管辖。协议管辖是当事人意思自治理论在涉外民事诉讼程序中的体现。协议管辖是有限制的，一般适用于涉外经济、贸易、运输和海事等方面的案件，专属管辖范围内的案件不得采用协议管辖加以排除，但协议管辖可以变更平行管辖。当事人也不得为达到某种目的而故意通过协议规避对该案有管辖权的法院的合法管辖。

（五）平行管辖原则

平行管辖又称为“有条件管辖”或“重叠管辖”，是指一国在主张对某类案件具有管辖权的同时，也不否认其他国家的管辖权。这样，对同一类涉外民事案件就使两个或两个以上国家的法院都有管辖权。如果平行管辖的连结因素在内国，由内国法院管辖；如果该连结因素在某一外国，则由该外国法院管辖。

三、国际民事司法协助

（一）国际民事司法协助的概念

国际司法协助是指一国司法机关应另一国司法机关的请求，代为进行某些诉讼行为，如送达司法文书和司法外文书，调查取证，以及承认和执行外国法院的判决等。国际司法协助一般包括国际民事司法协助、国际行政司法协助和国际刑事司法协助三种性质和类型不同的司法协助。我们在这里所指的司法协助是专指国际民事司法协助。①

国际民事司法协助是指在国际民事诉讼过程中，一国司法机关和另一国司法机关相互请求，代为送达文书、调查取证以及从事其他诉讼程序方面的合作。这种司法协助行为是由委托方提出请求协助的行为和受托方提供协助的行为所构成。司法委托行为和协助行为在内容上要求保持一致，通过司法协助，委托方的主观意愿到达协助方，协助方协助行为的客观结果返回到委托方。我们从国际民事司法协助行为的概念和行为本身的性质来看，这种司法协助是国家有关机构特别是有关司法机关之间的委托与协助行为；从委托行为方面来看，这种行为必须具备两个条件：一是国家有关机构依法有权直接行使的行为；二是必须是受委托请求的行为。

（二）国际民事司法协助的类型

从司法协助的作为与不作为的行为形态来划分，国际民事司法协助可分为积极的司法协助和消极的司法协助两种类型。积极的司法协助行为是指依据有关条约和法律规定，由一方提出司法协助委托请求，另一方以作为方式提供民商事司法协助的行为。消极的司法协助行为是指依据有关条约和法律规定，一方在他国境内直接实施诉讼行为，他国以不作为方式予以许可；这是一种特殊的司法协助，它以协助方不作为和客观存在的、默示的许可与同意为协助活动完成的前提。

从司法协助实施的法律根据来划分，国际民事司法协助可分为依条约进行的和依有关国内法进行的两种协助形式。19 世纪末以来，各国通过缔结国际条约寻求国际民事司法协助，使得这一领域有了较大的发展。但由于各国政治、经济、社会、文化等方面的差别，并非所有的司法协助问题都能依赖国际条约加以解决，在无条约的情况下，各国为了便于涉外诉讼，往往以国内立法的形式，将国际民事司法协助的一般性规范包括在民事诉讼法中。

（三）国际民事司法协助的内容

在国际民事诉讼中进行司法协助应包括哪些内容，学术界对此历来持有争议，并存在狭义和广义的两种观点。狭义的司法协助仅指送达文书和调查取证；广义的司法协助除了上述内容外，还包括对外国法院判决、仲裁机构裁决的承认和执行。②

从世界各国的立法和司法实践来看，目前大多数国家开始采用广义上的司法协助。在我国，国际民事司法协助的内容主要包括以下四个方面：（1）传递和送达司法文书及司法外文书；（2）代为调查取证；（3）承认和执行外国法院的判决及仲裁机构的裁决；（4）根据请求提供本国的民事实体和程序方面的法律和法规文本。

---

① 田晓云．国际私法．北京：北京大学出版社，2010：280.

② 章尚锦．国际私法．北京：中国人民大学出版社，2005：375.

（四）国际民事司法协助的法律依据

总而言之，国际民事司法协助的法律依据是国内立法和国际条约。

目前，世界上大多数国家的立法就民事司法协助问题作了规定，成为进行司法协助的法律依据，但其规定较为笼统，各国民事诉讼法只作一些原则性规定，内容显得很不完善，我国亦然。如我国《民事诉讼法》第二十九章“司法协助”中的规定也只是一些辅助性规范，缺乏可操作性。因此，为了推动国际民商事交往的正常开展，有效加强国际间的司法协助，国际社会制定了一些国际条约来协调各国之间的司法协助问题。

自19世纪末开始，各国通过缔结双边、多边国际条约广泛开展司法协助活动。最早的国际条约是1896年在海牙签订的《民事诉讼程序公约》，后于1905年和1954年两次作了修订。最有影响的是下面两个海牙公约：（1）1965年11月通过的《关于向国外送达民事或商事司法文书和司法外文书公约》（Convention on the Service Abroad of Judicial and Extrajudicial Documents in Civil or Commercial Matters），我国于1991年3月批准加入该公约。（2）1970年3月签订的《关于从国外调取民事或商事证据的公约》（Convention on Obtaining Civil or Commercial Evidence from Abroad），我国于1997年7月批准加入该公约。以上两个海牙公约被认为是国际社会在涉外送达和取证方面内容比较完备的法律文件。此外，1971年2月在海牙签订的《关于民商事外国判决的承认与执行公约》（Convention on the Recognition and Enforcement of Foreign Judgements in Civil or Commercial Matters）及其附加议定书，1980年10月在海牙签订的《国际司法救助公约》（Convention on International Access to Justice）等也对司法协助问题作了规定。

一些区域性的国际条约也为解决本区域的国际民事司法协助作出了贡献。如1928年的《布斯塔曼特法典》（Bustamante Code）、欧共体于1968年以及欧共体与欧洲自由贸易联盟于1988年制定的《关于民商事司法管辖权和判决执行的公约》（Convention on Jurisdiction and the Enforcement of Judgement in Civil and Commercial Matters）、1975年《美洲国家间关于国外调取证据的公约》（Inter-American Convention on the Taking of Evidence Abroad）等，均对此作了规定。

此外，国际民事司法协助的双边条约或协定，是加强国家之间在司法协助领域友好合作的最切实的途径，也成为国际民事司法协助的主要的法律依据之一。

（五）涉外司法文书的送达

1. 涉外司法文书送达的含义

涉外司法文书的送达是指在涉外民事诉讼中，依照国际条约或其他有关法律规定的方式，将有关司法文书或司法外文书，经司法协助渠道交付给受送达人的行为。司法文书（Judicial Document），又称诉讼文书，是指涉外民商事诉讼中与法院和司法程序有关的、由法院实施诉讼行为并依法制作的各种书面文件。司法文书的范围有：一是法院或有关司法机关制作的传票、通知、决定、调解、裁定、判决书和送达回证、公告以及法庭制作的各种笔录；二是诉讼参与人依法提交的起诉书、答辩书、反诉、上诉、申请、委托及鉴定书等。司法外文书（Extrajudicial Document），又称非诉讼文书，是指非法院作成的、诉讼程序以外的文书。司法外文书的范围包括：由申请人提交的需要确认的材料，各有关主管机关依法制作的公证书、认证、汇票拒绝、离婚协议、失踪或死亡宣告、确认无行为能力、收养同意和给付催告书等。

目前，在我国开展的国际民事司法协助的实践中，涉外司法文书的送达所占的比例最大。它主要包括内国法院委托某一外国法院送达司法文书，以及接受外国法院委托向本国境内的有关当事人送达司法文书两个方面。

2. 涉外司法文书的送达方式

(1) 国际条约关于涉外司法文书送达的方式

目前，世界上有关涉外司法文书送达的国际条约对于送达方式的规定不尽相同，归纳起来，共有下列几种主要方式：

① 外交途径送达。这种方式由一国法院将司法文书及送达回证送交本国外交部，外交部再通过本国以及受送达方所在国的外交机构（主要为使馆），将司法文书转送给受送达方，受送达方接到司法文书及回证后，应将回证退回送达国外交部或送达国驻受送达国使馆，再转给送达国提出委托的法院。一般情况下，在国家之间没有司法协助条约的条件下，大多采用这种方式。

② 领事机构送达。一国法院将司法文书寄交给该国驻受送达国的领事，由领事转递给受送达国的司法机关，再由该司法机关送达给当事人或其他诉讼参与人。1964 年《维也纳领事关系公约》第 5 条中规定：领事应“依照现行国际协定，或者在没有这类国际协定时依照符合接受国法律和规章的任何其他方式，为派遣国法院转送司法文书和司法外文书，或执行录取证词的司法委托或嘱托”。

③ 法院送达。各国法院之间在有共同参加或缔结的国际条约的条件下，可以直接相互送达司法文书或司法外文书。

④ 邮寄送达。在受送达方所在国的法律允许的情况下，送达方法院将有关司法文书或司法外文书以邮件形式通过正常邮寄送达。

⑤ 公告送达

当受送达人的住所、居所不明或者其住所、居所设在某个不提供送达协助的国家，或由于超出法院管辖范围不能有效送达，或向情况不明的当事人送达时，根据有关当事人的请求并证明了实行公告送达的理由后，由法院以公告形式送达。

(2) 我国关于涉外司法文书送达的方式

我国《民事诉讼法》第 245 条对于涉外司法文书的送达作了明确规定。根据这条规定，人民法院对在中华人民共和国领域内没有住所的当事人送达司法文书，可以采用下列方式：

① 依照受送达人所在国与中华人民共和国缔结或者共同参加的国际条约中规定的方式送达。

② 通过外交途径送达。

③ 对具有中华人民共和国国籍的受送达人，可以委托中华人民共和国驻受送达人所在国的使领馆代为送达。

④ 向受送达人委托的有权代其接受送达的诉讼代理人送达。

⑤ 向受送达人在中华人民共和国领域内设立的代表机构或者有权接受送达的分支机构、业务代办人送达。

⑥ 受送达人所在国的法律允许邮寄送达的，可以邮寄送达，自邮寄之日起满6个月，送达回证没有退回，但根据各种情况足以认定已送达的，期间届满之日视为送达。

⑦ 不能用上述方式送达的，公告送达，自公告之日起满6个月，即视为送达。

（六）委托调查取证

1. 委托调查取证的含义

委托调查取证是指在涉外民事诉讼中，一国司法机关和另一国司法机关可以相互请求，就有关案件的某些事项代为调查取证。

委托调查取证的主要内容有：① 对诉讼当事人进行询问；② 对有关证人进行询问；③ 对有关鉴定人进行询问；④ 代为调取证据，即代为进行与案件有关的调查，收集有关证据；⑤ 代为进行鉴定和司法勘验以及其他与委托调查取证有关的行为。

一般而言，一个主权国家是不允许其他国家在其境内直接调查取证的，为了使国际民商事诉讼活动得以顺利进行，在国与国之间开展有关调查取证的协助是很有必要的。被请求协助调查取证的司法机关，一般只依本国法律规定的程序予以协助，如果委托国司法机关对此有特殊要求，也可采取与本国法律不抵触的特殊程序进行。

委托调查取证的请求书由请求国作出，其主要内容有：请求与被请求机关的名称、当事人及其代理人的姓名和住址、被调查人的姓名和住址、受理的诉讼的性质及有关必要情况、需要获取的证据或其他需要履行的司法行为及其他必要事项等。

2. 有关委托调查取证的法律规定

（1）国际条约关于委托调查取证的规定

国际社会为了统一委托调查取证的程序规定，1968年第11届海牙国际私法会议一致通过并于1970年3月18日正式签署了《关于从国外调取民事或商事证据的公约》。目前，共有20多个国家批准或加入了该公约，我国于1997年7月正式批准加入。该公约共分2章42条，关于委托调查取证的主要内容有下列：

① 委托调查取证的方式。公约规定主要有外交途径、领事途径和法院直接联系等。公约规定，缔约国的外交官和领事人员以及依法指定的特派员可以在另一缔约国内收集证据，询问证人。

② 调查取证的一般规定。根据该公约，委托调查取证应遵循的规定有：第一，在民商事方面，一个缔约国的司法机关可以根据其本国法律规定，通过请求书要求另一缔约国的司法机关调取证据或为其他司法行为，但请求书不得用来调取不是旨在用于已在进行或将进行的审判程序的证据。上述“其他司法行为”一词不包含司法文件的送达或通知，也不包含保全措施或执行措施在内。第二，每个缔约国应指定一个中央机关（联邦制国家可指定几个中央机关）作为统一接受取证请求的机关和依法将请求转送至本国有权执行请求的主管机关。中央机关如果认为公约的规定没有受到遵循时，应就此立即通知向它递交请求书的请求国机关，并指出其提出异议的理由。第三，如果被请求机关无权处理时，应根据该国法律的规定，将请求书及时转送本国有权受理的司法机关。第四，被请求机关应根据请求机关的要求，将进行的程序的时间及地点通知它，以使当事人或其代理人可以到场。第五，负责执行请求书的司法机关应根据其本国法律所规定的方式和程序进行，但也可应请求机关的要求，采用不与被请求国的法律相抵触的特殊程序履行委托。

③ 委托调查取证的例外。根据公约第 12 条的规定，请求书只有在下列条件下，才能被拒绝执行：第一，请求书所请求事项不在被请求执行的法院权限范围之内；第二，被请求国认为请求书的执行将会损害其主权或安全。但是，被请求国不得仅以其国内法对诉讼事项应由其专属管辖或以其国内法对该事项不准提起诉讼为由拒绝执行。

④ 委托调查取证的费用。公约规定，执行请求书不应要求请求国支付任何性质的手续费或费用，但如果请求国要求用特殊方式履行，由此引起的费用，以及付给鉴定人和翻译人员的酬金，被请求国有权要求其偿付。

(2) 我国关于委托调查取证的规定

关于国际民事司法协助中的委托调查取证问题，我国民事诉讼法以及对外签订的有关司法协助条约或协定对此作了规定。我国《民事诉讼法》第二十九章规定，根据我国缔结或参加的国际公约或按照互惠原则，人民法院和外国法院可以相互请求代为调查取证。涉及民商事案件的委托调查取证，应当依照我国缔结或参加的国际条约所规定的途径进行，没有条约关系的，通过外交途径进行；外国驻我国的使馆可以向该国公民调查取证，但不得违反我国的法律，并不得采取强制措施。未经我国主管机关准许，任何外国机关或个人不得在我国领域内调查取证。人民法院接受外国法院委托调查取证，一般依我国的法定程序进行，也可以应外国法院的要求采用特殊方式，但不得违反我国法律；我国法院或外国法院相互间请求委托对方国家调查取证的请求书及其所附文件，应当附有被请求国文字译本或国际条约规定的其他文字文本。

四、外国法院判决的承认与执行

（一）外国法院判决的承认与执行的含义

一般而言，外国判决（foreign judgement）的范围，有广义和狭义之分。狭义的外国判决是指外国法院对当事人之间的民事权利与义务所作出的具有法律意义的决定；广义的外国判决还包括一国司法机关的裁决、裁定、命令以及要求金钱支付或要求当事人作为或不作为的法律决定。在实践中，一般将国际组织所作出的判决也视为具有外国判决的性质。

承认与执行外国法院判决（recognition and enforcement of foreign judgement）是指某国法院所作出的涉外民商事案件的判决经请求获得另一国法院承认与执行的一项制度。

承认外国法院判决与执行外国法院判决是两个既有联系又有区别的问题。承认外国法院判决，是指内国法院对外国法院判决所作的确认，使之具有与本国法院判决同等的法律效力。如果任何一方当事人就同一诉因在内国法院起诉，内国法院可以用外国法院判决已被承认为理由驳回起诉。执行外国法院判决，是指一方当事人不履行外国法院判决所规定的义务时，内国法院通过适当程序采取强制执行的措施。

执行外国法院判决的条件要比承认外国法院判决更为严格。执行以承认为前提，但承认判决并不一定需要执行判决。如一项涉外离婚判决或宣告涉外婚姻无效的判决，通常只需承认其效力，而无需执行；但若涉外离婚判决是附有支付赡养费或子女抚养义务的，则就产生了执行问题。

（二）外国法院判决的承认与执行的方式

世界各国在承认与执行外国法院判决时，大体上采用发给执行令程序方式和英美判例法程序方式。① 一国如果采用了发给执行令程序，在执行外国法院判决前，必须先对该判决进行审查，然后由有关法院发给执行令，依照本国的法定程序执行。一国如果采用了英美判例法程序，把外国判决作为向执行地国法院重新提起诉讼的依据，经内国法院审理后，作出与外国判决内容相同的一项判决，然后据此依内国的法定程序予以执行。

在采用发给执行令程序的国家中，各国具体做法也不尽相同。有些国家如法国、意大利、土耳其等在要求承认与执行外国法院判决前，对外国法院判决要从法律和事实两个方面进行实质性审查，如审查外国法院是否有管辖权，作出判决的法院是否遵守了现行有效的诉讼程序规则，审理过程中冲突法和实体法的适用是否正确等。另一些国家如

---

① 章尚锦．国际私法．北京：中国人民大学出版社，2005：382.

荷兰、东欧及北欧诸国等，只在承认与执行外国法院判决前，对外国判决实行一般性监督而不作实质性审查或不作严格具体规定。此外，如阿根廷、比利时、玻利维亚、巴西、智利、希腊、葡萄牙等国实行对外国判决认可的方式，只有当内国法院对外国判决审查和认可后，才能宣布承认与执行外国法院判决。

实行英美判例法程序的国家中，当有关外国判决的承认与执行没有国际条约的规定时，可将外国判决作为一种证据提出。受理法院有义务将之视为证据，并考虑是否予以承认。在这种情况下，当事人有责任将外国判决作为证据加以提供。英国和美国采用这种方式。但英国除此做法外，还有一种特殊的民事登记方式，有关当事人可在外国判决作出后 6 年内去英国高等法院登记，登记时只对外国判决作一般性审查，登记后该判决按执行英国法院判决的程序予以执行。

（三）外国法院判决的承认与执行的条件

承认与执行外国法院判决是国际司法协助的需要，各国对是否承认与执行外国法院的判决，以及在什么条件下承认与执行外国法院判决，一般都通过国内立法或国际条约加以规定。综合国际条约和有关国家的立法，承认与执行外国法院判决一般应当具备下列条件：（1）作出判决的法院对该案件享有管辖权；（2）判决必须是在判决国发生法律效力的终局判决；（3）判决不是用欺诈手段获得的；（4）被告在审理过程中有合理的机会行使辩护权；（5）判决不得与执行地国或其他第三国就同一争议作出的已发生法律效力的判决相矛盾；（6）承认与执行该判决不违反执行地国的公共秩序；（7）判决不带有惩罚性质，或以征收税款为目的；（8）判决的事项属于执行地国司法管辖的范围。

（四）我国关于相互承认与执行法院判决的规定

目前，关于我国与外国相互承认与执行法院判决的规定主要有 1991 年颁布、2007 年修正的《中华人民共和国民事诉讼法》和 1992 年 7 月最高人民法院发布的《关于适用〈中华人民共和国民事诉讼法〉若干问题的意见》，以及近年来我国与外国签订的司法协助条约或协定。

我国《民事诉讼法》第 264 条规定了我国法院判决请求在外国承认与执行的条件和程序：我国法院作出的发生法律效力的判决、裁定，如果被执行人或者其财产不在中华人民共和国领域内，当事人请求执行的，可以由当事人直接向有管辖权的外国法院申请承认与执行，也可以由人民法院依照中华人民共和国缔结或参加的国际条约的规定，或者按照互惠原则，请求外国法院承认与执行。

我国《民事诉讼法》第 265 条对外国法院的判决在我国承认与执行问题作了规定：外国法院作出的发生法律效力的判决、裁定，需要中华人民共和国人民法院承认与执行的，可以由当事人直接向中华人民共和国有管辖权的中级人民法院申请承认与执行，也可以由外国法院依照该国与中华人民共和国缔结或者参加的国际条约的规定，或者按照互惠原则，请求人民法院承认与执行。

根据我国《民事诉讼法》第 266 条的规定，我国承认与执行外国法院判决的条件是：（1）判决作出国与我国存在条约或互惠关系；（2）该外国判决必须已经发生法律效力；（3）该外国判决不得违反我国法律的基本原则；（4）该外国判决不得损害我国的主权、安全和社会公共秩序。

根据上述 1992 年最高人民法院的司法解释，凡与我国没有司法协助协议又没有互惠关系的国家的法院作出的裁决，如果需要我国法院予以司法协助，当事人应向有管辖权的我国中级人民法院起诉。该国法院没有通过外交途径直接请求我国法院的，应予退回，并说明原因。

关于承认与执行外国法院判决的方式，根据我国《民事诉讼法》的规定，如果作出发生法律效力的判决、裁定的法院所在国与我国缔结或者共同参加了国际条约，或者具有互惠关系的，我国法院以裁定承认符合审查条件的外国判决的效力；需要执行的，发出执行令，按照民事诉讼法的有关规定执行。

在有关的司法协助条约或协定中，对于承认与执行外国法院判决的范围，主要包括法院和其他主管机关对民商事案件所作出的判决、对刑事案件中有关赔偿请求作出的裁决以及对仲裁庭作出的裁决等。关于拒绝承认与执行外国法院判决的条件为：（1）依被请求一方的法律，裁决是由无管辖权的法院作出的；（2）依作出裁决一方的法律，裁决尚未生效，不能执行；（3）败诉一方当事人未经合法传唤，或在无诉讼行为能力时未能得到适当的代理；（4）被请求一方的法院对于相同当事人之间就同一诉因提起的案件已作出了发生法律效力的裁决；（5）该外国判决的承认与执行有损被请求一方的国家主权、安全或公共秩序。

关于承认与执行外国法院判决的程序，有的条约规定应由当事人直接向另一国法院提出申请；也有的双边协定规定，承认与执行的请求既可由当事人直接向对方国家有管辖权的法院提出，也可通过两国指定的中央机关向另一国法院提出。被请求一方法院应审查请求执行的裁决是否符合条约规定的条件，但不得进行任何实质性审查。请求承认与执行裁决，应附下列文件：（1）裁决书或与原本相符的裁决书副本。如果副本中没有指明裁决已经生效和可以执行，则应附有法院出具的证明其已生效和可以执行的正式文件。（2）送达回证或证明裁决已经送达的其他文件。（3）证明未出庭的败诉一方已经合法传唤，以及在其没有诉讼行为能力时可得到适当代理的证明书。（4）请求书和前三项所指文件经证明无误的译本。

第四节 世界贸易组织争端解决机制

一、世界贸易组织争端解决机制的形成与发展

世界贸易组织争端解决机制是世界贸易组织（WTO）的重要成就和主要特色。《马拉喀什建立世界贸易组织协定》附件二《关于争端解决规则与程序的谅解》（DSU）是WTO关于争端解决的最基本的法律文件。它规定了适用于乌拉圭回合各项协议下可能产生的争端的一套统一规则，确立了WTO的争端解决机制。WTO的争端解决机制是以关贸总协定（GATT）的40多年争端解决实践为基础，经过发展和重新谈判而确立起来的。①

WTO现行的争端解决机制起源于1947年GATT第22条和第23条关于争议解决的程序。按照第22条的规定，任何缔约方对与GATT有关的事项，可以要求同其他缔约方进行协商；而被要求协商的缔约方应当尽可能迅速地提供适当的机会进行协商，以便就争议事项达成和解。1947年GATT第22条和第23条规定了执行GATT各项协议过程中缔约方之间争端解决的核心规则，包括磋商、申诉、专家组建议及执行等方面的规定。GATT争端解决机制的这套规则存在内容太过粗略、操作性不强等弊端，特别是GATT理事会采用协商一致的原则通过专家组的建议或作出其他决策。为了自身的利益，败诉方政府可以行使否决权阻止整个过程。出于同样原因，在确定专家组的职权范围、选择专家组的人员组成、败诉方政府采取改正措施等方面，有关进程都有可能被进一步拖延。这样就损害了人们对GATT争端解决制度的信心，使谈判各方决定要为WTO建立一套统一的约束力更强的争端解决机制。经过1986~1994年GATT乌拉圭回合多边贸易谈判，终于形成了WTO争端解决机制的基本法律文件《关于争端解决规则与程序的谅解》（DSU）。DSU包括27条和4个附件，主要内容是涉及世界贸易组织争端解决机制的适用范围、管理机构、一般原则、基本程序和特殊程序。

WTO的DSU合理地吸收了GATT争端解决机制中经实践证明行之有效的一系列制度，并对之进行了有机的结合；另一方面，它又在总结经验与教训的基础上，针对原机制存在的各种弊端，采取了大胆的改进与革新；同时，进一步拓宽了争端解决机制的适用范围，丰富了解决争端的各种手段。WTO争端解决机制适用于乌拉圭回合各项协议，包括GATT、《WTO协定》本身及其所附全部货物贸易协议、GATS和TRIPs协议等。

---

① 贺小勇．国际经济法学．北京：中国政法大学出版社，2008：648.

WTO 的新机制在保留了 GATT 体制中的一些核心内容外，还采用了上诉程序，规定了补偿和交叉报复措施等，加强了这一体制的作用，增强了约束力。

二、世界贸易组织争端解决机制的适用范围

WTO 争端解决机制的适用范围包括适用的协定范围、适用的诉讼范围和适用的主体范围。

（一）适用的协定范围

GATT 争端解决机制分散在 1947 年总协定和东京回合各守则中。而 WTO 争端解决机制则直接建立了针对整个世界贸易组织体系的一种统一的争端解决机制。《关于争端解决规则与程序的谅解》第 1 条第 1 款规定："本谅解的各项规则及程序应适用于根据本谅解附件一所列各协定（本谅解称之为'适用协定'）的协商和争端解决条款所提起的各项争端。"根据附件一，这些适用协定包括：《世界贸易组织协定》、《货物贸易多边协定》、《服务贸易多边协定》、《与贸易有关的知识产权协定》、《关于争端解决规则与程序的谅解》、《民用航空协定》、《政府采购协定》。即除了《贸易政策审查机制》外，所有因《世界贸易组织协定》及其附件所产生的争端都要受到 DSU 的管辖。

同时，DSU 的许多适用协定中都规定有适合其内容的关于争端解决的"特殊或附加的规则"，例如《反补贴协定》第 4 条规定，专家小组可以请求常设专家组就确定有关措施是否为被禁止的补贴提供协助，而且必须无变动地接受常设专家组的结论。这就有别于 DSU 之下的专家小组常规程序。

这样，一般程序规则和特殊附加规则的共存不仅导致 DSU 与某一适用协定的争端解决条款相左，也可引发各个适用协定的特殊或附加规则之间的冲突。为此，DSU 作了解决冲突的规定：第一，如果适用协定的特殊或附加规则与 DSU 的规则相冲突，遵循特别法优于一般法的原则，特殊或附加规则应优先适用。在一个争端涉及一个以上适用协定的特殊或附加规则时，如果这些特殊或附加规则之间存在冲突，争端双方又不能就程序规则达成一致时，由制度解决机构主席经与争端各方协商后，决定应该遵守的程序规则。第二，如果上述规则仍不能解决适用协定争端规则的相互冲突及其与 DSU 的冲突，可以诉诸国际公法的解决规则，澄清各适用协定的规定。第三，有关成员方可以将此类问题提请 WTO 作出权威的解释。根据《WTO 协定》第 9 条，部长会议和总理事会享有解释《世界贸易组织协定》和多边贸易协定条文的排他权力。DSU 第 3 条第 9 款承认各成员方谋求通过 WTO 解释各适用协定的权利。此外，根据 DSU，有关成员方也可以通过向上诉机构上诉，获得上诉机构对多边贸易协定条款的权威解释。

（二）适用的诉讼范围

GATT 争端解决机制适用的诉讼范围包括违法之诉和非违法之诉。WTO 争端解决机

制不仅保留了 GATT 争端解决机制关于适用的诉讼范围，而且从条文上将违法之诉和非违法之诉区分开来，并且就两种诉讼规定了不同的也更加具体明确的解决程序和补救方法，这也是 WTO 机制对 GATT 的一个重大突破。①

1. 违法之诉（Violation Cases）

GATT 第 22 条规定的违法之诉，是指投诉方认为它依照总协定直接或间接享有的利益由于被投诉方违反总协定的规定的行为或措施正在蒙受损失而提起的投诉。DSU 第 3 条第 8 款继续沿用了这样的规定："如果存在违反依据某适用协定承担的义务的情况，则该行为被认为明确构成利益的损害或丧失的情况。这意味着一般有这样一个假定，即对该规则的违反已对适用协定其他缔约方造成不利影响，而在这种情况下，被告方有权对原告的指控予以反驳。"

该条款的措词似乎可以理解为，即使某成员方被裁定违反 WTO 义务的情况成立，仅初步构成利益损害或丧失的案件，而这种"利益的损害或丧失"的推定是可以反驳的；此时由被起诉方承担举证责任，只要被起诉方能证明实施的措施对其他成员没有"不利影响"，便可成功反驳上述推定。迄今为止，已有多个国家试图根据该条来反驳这类初步构成利益损害或丧失的案件，但是却没有一件能够成功。在众多的案例中，专家组一直保持同一调子，即仅证明对贸易量没有影响并不足以证明没有"利益的损害或丧失"。

其中，较有影响力的一个案件是 1987 年"美国就石油和某些进口物质征税"一案。当时，美国国内通过了一项法律，对某些石油产品予以征税，且对进口产品的征税税率要高于国内产品。就此，加拿大、欧共体和墨西哥在与美国磋商失败后，分别要求 GATT 缔约方全体设立专家组审议此案。在美国辩解中，它并没有否认其违反了 GATT 第 3 条有关国民待遇原则的规定，但它收集了众多数据，试图以贸易流量数据来证明因征税的差别很小，对进口产品的进口量不会造成任何影响。专家组在审阅过往案例的基础上，得出了这一结论："尽管缔约方全体未曾明确地决定非法措施导致利益丧失或减损的推定是否可以被反驳，但从实践上来讲，这种推定是不可反驳的推定。"专家组进一步解释说，即使这种推定可以被反驳，GATT 第 3 条所保护的并不是对出口贸易量的预期，而是对进口产品和国内产品之间竞争关系的预期。因此，若被起诉方采取的某种措施导致了国内产品的竞争条件比进口产品更为有利的情况，这种情形应构成起诉方于 GATT 第 3 条所获的利益丧失，而与该成员贸易量是否受到影响无关。

在 WTO 争端解决机制中，若裁定有违反 WTO 义务的行为，违反方有义务停止违反 WTO 有关规定的措施，并采纳争端解决机构的建议。补偿也是救济方法之一，但它

① 余敏友．世界贸易组织争端解决机制法律与实践．武汉：武汉大学出版社，1998：126.

只是一种临时措施，即只有当被诉方未在合理期限内执行争端解决机构的建议和裁决时方可采用。若起诉方和被诉方在合理期限满后20天内未能就补偿问题达成一致，起诉方可以要求争端解决机构授权对被诉方进行报复，即中止对被诉方承担的减让或其他义务。

2. 非违法之诉（Non-violation Cases）

GATT第23条规定的非违法之诉，是指总协定缔约方认为另一缔约方采取的不与总协定抵触的措施正在对它依照总协定直接或间接享有的利益造成丧失或损害而提起的投诉。总协定确立这种非违法之诉主要是为了防止总协定具体规定未明确禁止的贸易措施（如出于政治目的采取的限制性贸易措施和“灰色区域”的贸易措施）及其他各种“丧失”或“损害”破坏对等贸易谈判和关税减让表所产生的相互利益的平衡。总协定缔约国不仅有权利要求其他缔约国履行总协定所明确规定的法律义务，而且有权确保由此产生的一种更广泛的权利义务平衡和各种商业机会。但是，自1948年1月1日至1994年12月31日，GATT一共处理过241个国际贸易案件，只有8个案件分析过GATT第23条的问题，仅占全部案件的3.3%，这也表明在处理非违法之诉时各方都非常谨慎。①

1952年“澳大利亚对硫酸铵补贴”一案是GATT历史中第一件“非违法之诉”案例。工作组裁定澳大利亚政府撤销对智利硝农肥的战时补贴，而维持对硫酸铵农肥补贴的做法，并没有违反澳大利亚政府的GATT义务。但是，若澳大利亚政府的行为破坏了智利硝农肥和硫酸铵的竞争关系，而根据各种相关情况及协定的条款，这是智利政府当时在与澳政府谈判对智利硝农肥免征关税时所不能合理预期的，则智利政府“利益损害或丧失”的情况存在。因澳大利亚政府当时在关税减让谈判时将两种农肥划为同一类产品并对其采取同样的措施，智利政府很可能合理地假定澳大利亚政府对两种农肥的补贴将会继续下去。因此，工作组得出这一结论，“因实施不违反总协定条款的措施，初步构成智利政府从关税减让获得的利益受到减损的案件”。

WTO争端解决机制将非违法之诉分成两种情况，每种情况的程序与补救各不相同。

第一种非违法之诉，即GATT第23条第1款第2项所述类型之诉。其规定：“如该项规定适用于某适用协定，在争端一方认为其依照有关适用协定直接或间接享受的任何利益由于一成员采取不论是否与该协定冲突的任何措施而正在受到丧失或损害或该协定任何目标的实行正受到阻碍的情况。”绝大多数非违法之诉均属于这种情况。总的看来，对于此种非违法之诉，专家小组或上诉机构只能提出建议或作出裁决。虽然违法之诉与非违法之诉在许多环节上可适用同一程序，但必须遵守另外一些规则：（1）申诉

① 朱榄叶．世界贸易组织国际贸易纠纷案例评析．北京：法律出版社，2000：132.

方负举证责任。即申诉方应提供详细的理由，支持其指控不与有关适用协定冲突的某些措施对其依据该适用协定享有的利益造成了损失或阻碍了该适用协定目标的实现。(2) 专家小组或上诉机构应建议有关成员国达成一项相互满意的调整方法，而不能作出撤销该项措施的建议。(3) 在非违法之诉程序中，仲裁可以决定利益蒙受损失或损害的水平，也可以提出有关相互满意调整方法的建议，但是，此种建议对争端当事方没有约束力。(4) 补偿可以作为解决该争端的最终方法。

第二种非违法之诉，即 GATT 第 23 条第 1 款第 3 项所述类型之诉。也有学者称之为其他情况之诉。即如 GATT 第 23 条第 1 款第 3 项的规定可适用于某些适用协定，争端一方认为由于存在不受 GATT 第 23 条第 1 款第 1 项和第 2 项规定调整的任何情势，其依照有关适用协定直接或间接享受的任何利益正受到丧失或损害或依照有关适用协定目标的实现正受到阻碍的情况。此种诉讼仍可适用 DSU 程序，但仅限于从开始直到散发专家小组的报告这一段的程序。至于专家小组报告的审议通过，对建议或裁决执行的监督规则应适用总协定《1989 年 4 月 12 日争端改进决定》所规定的相应程序。

随着国际贸易体制下新领域和新议题的出现，缔约方求诸“非违法之诉”的几率增加，仅在 1996、1997 两年，就有 15 起涉及“非违法之诉”的争端，其中有 6 起进入专家组程序。如在 WTO 成立后的第一起“非违法之诉”案件——“富士－柯达案”中，美国对日本政府提起投诉，认为其有关法律、规章和要求阻碍了美国胶卷和相纸在日本的销售，违反了 GATT1994 和《服务贸易总协定》(GATS) 中关于国民待遇和市场准入的规定。同时，美国进一步主张，即使日本政府的措施不违反上述规定，但由此形成的竞争壁垒已直接或间接损害了美国在 GATT1994 和 GATS 下享有的利益，构成“非违法之诉”的依据。在审理过程中，由于美国没能证明日本的措施是政府的措施，也没有证明美国的利益受到损害，所以，最后美国由于证据不足而败诉。①

（三）适用的主体范围

WTO 争端解决机制主要适用于 WTO 成员方（包括单独关税区，不包括一国的其他地方政府）相互之间因解释和适用前述国际协定所产生的争端。对于 WTO 与其成员之间因解释和适用前述国际协定所发生的争端，原则上也应根据 DSU 解决。WTO 成员方与非成员方的国家和国际组织之间的争端，则不在 WTO 争端解决机制的管辖范围之内。依据 DSU 第 10 条第 2 款，非成员方也不可成为 WTO 争端案件中的第三方当事人。

三、世界贸易组织争端解决机制的特点

WTO 现行的争端解决机制是为多边贸易体制提供安全和可预测性的一个中心环节。

---

① 朱榄叶．世界贸易组织国际贸易纠纷案例评析．北京：法律出版社，2000：120－134.

与 GATT 的争端解决机制相比，世界贸易组织争端解决机制更加完善和有效，具体在以下几个方面表现出来：

（一）统一性

在 DSU 执行之前，自 1947 年到 1994 年 12 月 31 日的 GATT 实践，有争端的各方依据 GATT 第 22、23 条的规定，也可以选择 1947 年以后陆续制定的 GATT 各具体协议中有关解决争议的特别规定和程序来解决争端，但它们之间缺乏衔接机制，无法协调。1995 年 1 月 1 日 DSU 得以执行以后，所有的经济贸易争端都纳入到 DSU 的规则之中解决，形成了统一的争端解决机制。而且，在 DSU 中明确规定，争端解决机制与其他协议的规定有冲突时，按照具体协议的规定，即采取特殊优先的原则。例如，关于补贴问题，一个国家被裁决违背 WTO 的有关规则，按照 DSU 规定，可给予被裁决方相应合理的限期来执行裁决，但根据《补贴和反补贴措施协议》，若某成员实施了红色的补贴措施，必须立即改正。这时应优先适用《补贴和反补贴措施协议》，被裁决方必须无任何缓冲余地地立即执行裁决，停止其红色补贴措施的实施。

（二）效率性

决策程序的改变可以说是 GATT 与 WTO 争端解决体制的最重要的区别。根据 GATT 的决策规则，重要的决定要经过协商一致作出。而在 WTO 框架内，则采取“反向一致”或称“倒协商一致”的做法，只要不是各方一致反对，则有关决策就可获得通过，这样仅有一方或几方的反对就不能阻止争端解决程序的进行，除非各方经协商一致作出否决的决定。比如，如果一争端方请求设立专家组，且有关请求已列入争端解决机构会议的议题，那么争端解决机构就必须最晚在下一次的会议上设立专家组，除非“争端解决机构经协商一致决定不设立专家组”（unless the DSB decides by consensus not to establish a panel）。但这种否决的协商一致一般不会形成，因为提出设立专家组请求的国家不太可能改变自己的初衷。专家组的报告和上诉机构的报告在争端解决机构会议上要获得通过等决策程序也是采取这种方式。另外，如果争端各方对专家组成员组成不能达成一致，则由总干事来作出决定。这些规定有效地排除了 GATT 规则中存在的阻止多边争端解决进程的可能性，使争端解决更加迅速、有效。

（三）强制性

WTO 争端解决机制规定了解决争端的办法，使用最多的就是要求违反协议的一方撤销那些不符合《WTO 协定》的措施。如果不能撤销，一般可采取提供补偿作为替代办法。如果违反协议一方也拒绝提供补偿，那么只有实施报复了，也就是受损害的国家得到争端解决机构的授权后，可以针对违反协议的成员暂停实施贸易减让或履行义务。这样就增强了该机制的有效性、约束力和威慑力。

四、世界贸易组织争端解决机制的程序和方法

根据 DSU 的规定，WTO 争端解决机制包括以下程序阶段：

（一）磋商程序（negotiation）

当协议项下的争端发生后，争议双方应首先自行磋商解决。实际上，WTO 成立后所接受的大部分申诉都是通过磋商得到解决的。1995 年，在争端解决机制下，双边解决纠纷就达 21 件，到 1997 年 6 月 25 日，磋商要求已达到 88 件。按照 DSU 的规定，如果一缔约方认为它在协议项下的权利由于另一缔约方的原因受到损失，应当向该缔约方提出磋商的书面请求。

为了防止协商谈判的久拖不决，DSU 为这类磋商的每个阶段都规定了时限。第一，收到磋商请求的一方应在收到此项请求的 10 天内给予答复，并于 30 天内与对方进行磋商，以求获得彼此都满意的解决方法，此项请求还应向 WTO 争端解决机构（Dispute Settlement Body，即 DSB）和有关理事会、委员会通报，并说明提出请求的理由，包括争议所涉及的措施及其法律依据。第二，从接到措施请求之日起 60 天内应协商完毕，遇有紧急情况例如易腐物品等，应在 10 天内开始协商，20 天内完成协商。

收到磋商请求的一方如果自收到此项请求之日起 10 天内未能作出答复，或在此后 30 天或双方约定的期限内未能进行磋商，或者在 60 天内通过磋商未能解决争议，提出申诉的一方可请求 DSB 设立专家组解决争议。

首先向 DSB 提出磋商请求的是日美汽车贸易争端。1995 年 5 月，日美关于汽车及其零部件的谈判破裂，美国决定对日本实行制裁，并向 WTO 起诉，日本也决定在美国宣布制裁清单后立即向 WTO 起诉，并准备对美国采取报复性措施。5 月 16 日，美国决定，除非在 6 月底之前日本向美国汽车和零部件开放它的市场，否则就对日本的豪华汽车征收 100% 的惩罚性关税，对于美国公布的单方面措施，日本认为美国违反了 WTO 的规定，并建议把日美磋商的场所转移到 WTO，依照 WTO 的有关规定和争端解决程序进行磋商，美国也表示将遵守 WTO 的规则和原则，希望在 6 月底实施制裁前同日本达成协议。6 月 28 日，日美谈判代表最终在世贸组织的总部达成了协议，避免了一场贸易战。

（二）斡旋（good offices）、调解（conciliation）和调停（mediation）

斡旋、调解和调停是在争端的各当事方同意之下自愿进行的程序，可以在任何时候开始和终止。对于各项程序，尤其对各当事方所持的立场应当保密，并且不得损害任何一个当事方按照这些程序在进一步的诉讼程序中所享有的权益。总干事以其职务上的资格可进行斡旋、调解或调停，协助各成员方解决争端。如果斡旋、调解或调停程序终止，或者在 60 天内争端当事方均认为斡旋、调解或调停已不能解决争端，起诉当事方

可以提出请求设立一个专家小组。如果争端当事方同意，在该专家小组进行工作的同时，斡旋、调解或调停的程序仍可继续。

（三）专家小组（panel）

如上所述，如果磋商失败，或有关当事国在10天之内未答应磋商要求，或经过60天未解决争端，则起诉当事方可提出建立专家小组的请求。DSB最迟应在第二次审议起诉当事方要求时建立专家小组，除非DSB以磋商一致的方式同意不成立专家小组。因此，专家小组的建立几乎是自动的。专家小组由3人组成，如果各方同意，也可以由5人组成。专家小组的成员应确保有独立性和多样性的背景、丰富的经验。除非争端各方均同意，否则争端当事方的公民或在争端中有实质利害关系的第三方的公民都不得作为有关争端的专家小组成员。

专家小组的职责是帮助争端解决机构履行WTO规则所赋予的责任。因此，专家小组应该就其所面对的事项以及各有关协议的适用范围的一致性作出客观的评价，同时提出其他有助于争端解决机构制定各项建议或作出各项裁决的调查材料。专家小组应经常与争端各当事方进行磋商，并给他们以足够的机会以达成双方满意的解决办法。

专家小组应在6个月内完成工作，最长不得超过9个月。在紧急情况下，专家小组应在3个月内向争端当事方作出报告。专家小组的报告完成后，便提交给争端解决机构。为了给各成员方提供足够的时间来考虑专家小组的各项报告，争端解决机构只有在这些报告向各成员方分发20天后，才能考虑通过这些报告。对专家小组报告提出异议的各成员方，至少应在将要审议该项报告的争端解决机构会议的前10天，提交解释其异议的书面理由。争端各当事方应有权全面参与由争端解决机构主持对专家报告的审议，他们的各种意见均应被充分记录在案。专家小组报告向各成员方发送后的60天内，该报告应在争端解决机构会议上予以通过，除非争端一方已正式将上诉决定通知争端解决机构，或者争端解决机构协商一致决定不通过报告。

（四）上诉程序（appellate review）

WTO的争端解决程序中设立了上诉审查程序，并建立了相应的常设上诉机构（appellate body）受理上诉案件。WTO的争端解决机制给予在专家小组程序中每一方上诉的可能，但是上诉仅限于专家小组报告中涉及的法律问题，及由该专家小组所作的法律解释。

该上诉机构由7名成员组成，这7名成员应能广泛地体现世界贸易组织成员方的代表性，任期4年。他们必须是法律与国际贸易方面的公认权威人士，且独立于任何政府。在处理上诉案件时，3名上诉成员即可开庭审理。他们可以维持、更改或推翻专家小组的法律裁定和结论。通常，上诉程序不得超过60天，无论任何情况均不得超过90天。在上诉机构公布报告之日后30天，除非争端解决机构一致反对通过该上诉机构报告，否则，争端机构将通过报告。对于所通过的上诉机构报告，争端当事方必须无条件地予以接受。

例如在委内瑞拉和巴西诉美国关于汽油标准的纠纷中，委内瑞拉根据 GATT 第 22 条第 1 款、《贸易技术壁垒协议》第 14 条第 1 款和 DSU 第 4 条，于 1995 年 1 月 23 日，要求与美国协商。委内瑞拉指出，美国环境保护局发布的法律不符合 GATT 规定。两国之间的磋商没有达到令人满意的结果。3 月 25 日，委内瑞拉请求 DSB 成立专家组。5 月，根据 DSU 第 9 条的多边投诉程序，巴西作为起诉一方参加进来。1996 年 1 月，专家小组裁定美国实行了歧视性的进口汽油检验标准，违反了 WTO 的非歧视性原则。2 月，美国根据上诉机构的工作程序，正式对专家小组的报告提出上诉。4 月，上诉庭作出报告，认定美国的有关措施违反了 GATT。5 月，DSB 通过了该报告。1996 年 12 月 3 日，委内瑞拉和美国就实施专家组报告的期限达成一致意见，执行期为 15 个月。1997 年 8 月 19 日，美国宣布它已经实施了专家组的建议。

（五）仲裁（arbitration）

仲裁作为一种与专家组/上诉机构程序并存的一种选择性争端解决手段，被规定在 DSU 第 25 条中。第一，世界贸易组织中的迅速仲裁作为一种选择性手段，能够有利于解决由当事双方已明确界定的问题的争端。第二，除本谅解另有规定外，诉诸仲裁应以各当事方就遵循的程序达成一致意见的双边协议为条件。诉诸仲裁的协议应在该仲裁程序实际开始之前尽早通知所有成员。第三，只有根据已经同意诉诸仲裁的各当事方的协议，其他成员才可以成为仲裁程序的当事方。接受仲裁的各当事方应同意遵守仲裁裁决。仲裁裁决应通知 DSB 和任何相关协议理事会或者委员会，任何成员均可就有关仲裁问题提出任何质疑。第四，本谅解第 21 条和第 22 条在细节上作必要的修改后应适用于仲裁裁决。根据第 25 条的规定，在有关争端当事方通过磋商不能解决争端时，如果当事方协议同意采用仲裁方式解决争端，则不需要通过专家组程序来解决争端，而应按照仲裁程序由仲裁员进行裁决并遵守仲裁裁决。

除上述第 25 条规定的自愿仲裁之外，在 DSU 第 21 条和第 22 条中还规定有关于局部问题的仲裁或者称为辅助性仲裁。即仲裁还可以作为确定争端各方将执行争端解决机构建议和裁定的期限的方法，和作为确定中止减让或其他义务的水平或投诉方是否遵守指导考虑中止减让义务的原则和程序的方法。在 WTO 争端解决的实践中已有多个案件采用此类仲裁。例如，1995 年欧共体、加拿大和美国与日本关于酒的关税分类的纠纷，1996 年欧共体、日本和美国与印度尼西亚关于汽车工业措施的纠纷，1997 年欧共体与智利关于酒类税收的纠纷，1997 年欧共体、美国与韩国关于酒税的纠纷，1995 年加拿大与澳大利亚关于鲑鱼进口措施的纠纷等案件中都根据 DSU 第 21 条第 3 款的规定由仲裁员对“合理期限”进行了仲裁。而 1996 年美国、加拿大与欧共体关于牛肉进口限制的纠纷不仅通过仲裁确定了执行上诉庭和专家组报告的合理期限，而且其后根据 DSU 第 22 条第 6 款的规定通过仲裁确定了对暂停关税减让的幅度。该案在专家组报告后，欧共体向 DSB 提出上诉，上诉庭提交了报告，1998 年 2 月 13 日，DSB 通过了上诉庭报告和经修改的专家组报告。1998 年 4 月 16 日，美国要求通过仲裁确定执行上诉庭和专家组报告的期限。仲裁员于 1998 年 5 月 29 日作出裁决，合理期限为 15 个月，即到 1999 年 5 月 13 日为止。1999 年 4 月 28 日，欧共体通知 DSB，它有可能无法达到专家组和上诉庭报告中的要求，它希望考虑对申诉方的补偿。1999 年 6 月 3 日，美国和加拿大根据 DSU 第 22 条第 2 款，要求 DSB 授权，对欧共体 2.02 亿美元和 75 万美元的商品暂停关税减让，欧共体则根据 DSU 第 22 条第 2 款要求通过仲裁确定对暂停关税减让的幅度。1999 年 7 月 12 日，仲裁员确认，美国和加拿大各自受到的损害分别是 1.168 亿美元和 1 130 万加元。1999 年 7 月 26 日，DSB 授权美国和加拿大对欧共体出口的上述金额的产品暂停关税减让。①

（六）实施程序

DSU 强调："为了保证有效解决与所有成员方利益有关的各种争端，必须迅速实施争端机构的建议或裁决。"在专家小组或上诉机构的报告通过之日后 30 天内召开的争端解决机构会议上，有关当事方必须表明其执行建议的意图。如果立即执行是不现实的，则该成员方必须在争端解决机构所确定的"合理期限"内执行。如在该合理期限内未采取行动，则它有义务与原告进行谈判，以确定一项相互可以接受的补偿办法，例如削减与原告利益有特别关系的关税。如果在 20 天后仍未达成任何满意的补偿办法，原告可以请求争端解决机构授权其中止对被告的减让或义务。争端解决机构除非协商一致反对该项请求，否则它应在"合理期限"届满之日后的 30 天内给予此种授权。原则上，减让的中止应限于该争端所涉及的同一部门。如果此种做法不可行或无效，则中止可以扩大到同一协定的不同部门。依此类推，如果此种做法又不可以或无效，且情况非常严重，则中止可以扩大到另一项协定。

对于以上任何情况，争端解决机构将对其所通过的建议和裁决的实施进行监督，并且把几件悬而未决的案件保留在其议程内直到该问题得到解决。

思考题

1. 简述国际经济争端的概念和解决方式。

---

① 朱榄叶．世界贸易组织国际贸易纠纷案例评析．北京：法律出版社，2000：541.

2. 简述外国商事仲裁裁决的承认与执行的条件。
3. 涉外民事诉讼管辖权是如何规定的？
4. 世贸组织争端解决机制的主要程序是什么？

课外阅读书目

余劲松，吴志攀．国际经济法．北京：北京大学出版社，2009.
郭寿康，赵秀文．国际经济法．北京：中国人民大学出版社，2009.
田晓云．国际私法．北京：北京大学出版社，2010.
韩立余．世界贸易组织法．北京：中国人民大学出版社，2010.

主要参考书目

余劲松，吴志攀．国际经济法．北京：北京大学出版社，2009.
郭寿康，赵秀文．国际经济法．北京：中国人民大学出版社，2009.
王传丽．国际经济法．北京：法律出版社，2009.
张丽英．国际经济法．杭州：浙江大学出版社，2009.
董世忠．国际经济法．上海：复旦大学出版社，2009.
左海聪．国际经济法的理论与实践．武汉：武汉大学出版社，2009.
车丕照．国际经济法．北京：中国法制出版社，2008.
贺小勇．国际经济法学．北京：中国政法大学出版社，2008.
吴志忠．国际经济法．北京：北京大学出版社，2008.
莫世健．国际经济法．北京：中国政法大学出版社，2008.
张瑞萍，高国柱．国际经济法教程．北京：对外经济贸易大学出版社，2008.
赵云．国际经济法学．北京：科学出版社，2008.
［日］中川淳司，等．国际经济法．白巴根，译．北京：北京大学出版社，2007.
陈安．国际经济法．北京：法律出版社，2007.
廖益新．国际经济法．厦门：厦门大学出版社，2007.
汤树梅．国际经济法案例分析．北京：中国人民大学出版社，2006.
黄东黎．国际经济法．北京：社会科学文献出版社，2006.
张晓东．国际经济法原理．武汉：武汉大学出版社，2005.
李仁真．国际经济法．北京：中国政法大学出版社，2005.
田晓云．国际经济法．北京：人民法院出版社，2004.
沈木珠．国际贸易法研究．北京：法律出版社，2010.
赵秀文．国际贸易法专题研究．北京：中国人民大学出版社，2009.
王传丽．国际贸易法．北京：中国政法大学出版社，2009.
韩立余．国际贸易法案例分析．北京：中国人民大学出版社，2009.

许军珂．国际贸易法专题研究．北京：中国法制出版社，2007.
郭瑜．国际贸易法．北京：北京大学出版社，2006.
韩立余．世界贸易组织法．北京：中国人民大学出版社，2010.
臧立．世界贸易组织法．北京：法律出版社，2003.
孙南申．国际投资法．北京：中国人民大学出版社，2008.
余劲松．国际投资法．北京：法律出版社，2007.
徐冬根．国际金融法高级教程．北京：对外经济贸易大学出版社，2009.
刘丰名．国际金融法．北京：中国政法大学出版社，2007.
金晓晨，谢海霞．国际税法．北京：首都经济贸易大学出版社，2008.
刘隆亨．国际税法．北京：法律出版社，2007.
杜新丽．国际商事仲裁理论与实践专题研究．北京：中国政法大学出版社，2009.
刘晓红．国际商事仲裁专题研究．北京：法律出版社，2009.
杜新丽．国际民事诉讼与商事仲裁．北京：中国政法大学出版社，2009.
赵秀文．国际商事仲裁法．北京：中国人民大学出版社，2008.
李旺．国际民事诉讼法．北京：清华大学出版社，2003.

后　　记

国际经济法是高等学校法学专业的必修课程，本书基本上涵盖了国际经济法的主要内容，适合法学专业学生选用。

本书由下列人员撰写，具体章节分工如下：

赵哲伟（国际关系学院法律系）：第一章、第八章、第十一章；

吴用（中国青年政治学院法律系）：第二章；

李英（华北电力大学人文学院法政系）：第三章；

杨逢柱（北京中医药大学人文学院法律系）：第四章、第十章；

张江涛（北京理工大学法学院）：第五章、第七章；

臧立（外交学院国际法系）：第六章；

谢菁菁（国际关系学院法律系）：第九章。

全书由赵哲伟设计编写大纲，并统稿和定稿。

由于编者水平有限，时间仓促，书中难免有疏漏错误，恳请读者批评指正。

编　者

2010 年 7 月